테슬라
모터스

# 테슬라
# 모터스

## 일론 머스크, 자동차를 혁명하다

찰스 모리스 지음 · 엄성수 옮김

—
개정
증보판

&#9672; 을유문화사

# 테슬라
# 모터스

**일론 머스크, 자동차를 혁명하다**

발행일
2015년 7월 15일    초판 1쇄
2016년 9월 25일    초판 8쇄
2020년 5월 25일 개정판 1쇄
2021년 9월  5일 개정판 4쇄


지은이 | 찰스 모리스
옮긴이 | 엄성수
펴낸이 | 정무영
펴낸곳 | (주)을유문화사

창립일 | 1945년 12월 1일
주  소 | 서울시 마포구 서교동 469-48
전  화 | 02-733-8153
팩  스 | 02-732-9154
홈페이지 | www.eulyoo.co.kr
ISBN  978-89-324-7429-8  03320

# 차례

# 감사의 말

마크 타페닝, 이언 라이트, 톰 게이지, 그리고 폴 카로사 등 일부러 시간을 내어 자신이 알고 있는 테슬라 이야기를 들려준 모든 이에게 고마움을 전하고 싶다.

전기 자동차 잡지 『차지드*Charged*』의 발행인 크리스천 루오프에게 특히 감사드린다. 그가 아니었다면 나는 이 책을 낼 생각을 하지 못했을 것이다. 그가 물심양면으로 도와준 덕분에 나는 이런저런 정보들을 수집할 수 있었고, 그 결과 이 책도 쓸 수 있었다. 그는 이 책이 나오기까지 많은 구체적인 조언과 편집상의 도움을 주었다.

나는 또 EV 에넥스(www.evannex.com)를 위해 블로그를 쓰는 과정에서도 테슬라에 대해 많은 걸 배웠다. 그래서 매트 프레스먼과 그의 팀에 진심으로 감사한다.

그리고 물론 내가 하는 모든 일에서 그렇듯, 내 아내 데니스에게 늘 감사할 뿐이다.

**일러두기**

이 책에서 지은이의 원주는 번호로 표시한 뒤 후주로 처리했으며,
옮긴이 주는 ●, ■, ▲로 표시한 뒤 각주로 처리했다.

# 서문

우리 사회는 지금 혁명적인 변혁의 초기 단계에 들어와 있다. 화석 연료로 움직이는 개인 소유의 요즘 자동차와 트럭들은 자율 주행 전기 자동차로 대체될 것이며, 그 자율 전기 자동차는 태양력과 풍력과 같이 재생 가능한 에너지원이 주축이 될 새로운 에너지 시스템과 밀접한 관련을 맺고 움직이게 될 것이다. 이 같은 혁명의 효과는 자동차 및 에너지 분야를 훨씬 뛰어넘어 폭넓은 분야에서 느껴지게 될 것이다.

철로와 텔레비전, 인터넷 같은 기술 혁신의 초기에도 그랬듯, 경제는 물론 지정학, 대중문화 등 사회의 모든 분야가 영향을 받게 될 것이다. 특히 한 회사가 이런 특별한 변화에 역사상 유례가 없을 만큼 큰 영향력을 행사하고 있고 또 앞장서 그 변화를 이끌고 있는데, 그 회사가 바로 테슬라다.

전기 자동차 EV는 전혀 새로운 발명품이 아니지만, 모든 면에서 내연 기관 자동차와 맞먹거나 뛰어넘는 현대적인 고성능 전기 자동차를 개발해 시장에 내놓은 것이 테슬라$^{Tesla}$였다. 다른 자동차 제조업체들의 자동차 전기화 노력에 불을 당긴 것도 테슬라였다. 막대한 자원을 가졌음에도 다른 거대 자동차 기업들은 아직 완전히 테슬라에 필적할 만한 전기 자동차는 만들지 못했다. 사실 전기 자동차를 대하는 다른 자동차 제조업체들의 관점은 미적지근한 관심에서부터 노골적인 적대감에 이르기까지 다양하다. 이 책을 쓰고 있는 현재, 일부 자동차 제조업체들, 특히 럭셔리 브랜드들은 전기 자동차에 보다 큰 관심을 보이고 있다. 물론 이 모든 건 주로 테슬라와의 경쟁 때문이다. 전기 자동차 분야에서 테슬라가 해 왔고 또 지금도 하고 있는 역할은 레게 뮤직에서 밥 말리$^{Bob\ Marley}$가 한 역할과 비슷하다. 해당 분야를 완전히 제패하고 있다는 것이다.

게다가 테슬라는 이제 단순한 자동차 제조업체를 훨씬 뛰어넘는 존재로 진화했다. 미래의 새로운 에너지 경제는 어떤 한 가지 기술 발전에서 생겨나는 것이 아니라, 자동차의 전기화, 자율성 및 연결성, 새로운 자동차 소유 모델들, 재생 가능한 에너지의 사용 증가, 배터리 저장 등 여러 트렌드가 합쳐지고 상호 보완되면서 생겨난다. 테슬라는 이 모든 분야에서 선두를 지키고 있다. 모든 기업이 '비전'을 가지고 있지만, 테슬라의 비전은 전 세계의 에너지 및 교통 시스템을 모두 아우르고 있으며 꾸준히 현실로 만들어 나가고 있다.

나는 이 책의 초판을 2014년에 썼는데, 그때의 세상과 지금의 세상은 아주 다르다. 그 당시 테슬라는 단기간 내에 괄목할 만한 업적을 이룬 신생 기업이었다. 비전은 아주 명확했지만, 그 비전이 성취될 수 있을지는 전혀 명확하지 않았다. 회의론자들은 여전히 전기 자동차는(그리고 재생 에너지는) 절대 크게 사랑받지 못할 것이라 말하고 있었고, 심지어 많은 전기 자동차 지지자도 전기 자동차가 자리를 잡으려면 몇십 년은 걸릴 것으로 예측했다. 또한 많은 사람은 전기 자동차 시장이 커지면 거대 자동차 제조 업체들이 테슬라를 상대로 치열한 경쟁을 벌일 것이며, 어쩌면 아예 회사를 인수하겠다고 할지도 모른다고 예측했다.

그러나 단 3년 만에 그 모든 예측은 뒤집혔다. 현재 테슬라는 미국의 최장수 비즈니스 잡지『포천Fortune』이 선정한 500대 기업 중 하나이며, 시가 총액 면에서 세계에서 가장 큰 자동차 제조업체 중 하나가 되었고(생산량 면에선 아주 규모가 작지만), 자동차 분야를 뛰어넘어 에너지 생산 및 저장 등 관련 분야로까지 사업 영역을 넓혀 가고 있다. 몇몇 거대 자동차 제조업체들이 전기 자동차 분야에 도전했지만, 아직까지는 테슬라에게 그리 심각한 위협을 안겨 주지는 못하고 있는 것 같다. 사실 기존의 자동차 제조업체들이 시장 점유율을 잃고 고전을 면치 못하게 된다는 고전적인 시나리오도 이젠 얼마든지 현실화될 수 있을 듯도 하다. 또한 인수·합병 문제와 관련해서도 이제 다른 거대 기업들이 테슬라를 인수·합병하기보다는 오히려 테슬라가 다른 거대 기업 한두 곳 정도를 인수·합병할 가능성이 더 높아 보인다.

물론 새로운 경제 행태는 그리고 그 경제 안에서의 테슬라의 위치는 여전히 확고하지 못하다. 혁명의 과정을 미리 예측하는 건 불가능한데도 많은 사람이 예측을 시도한다. 하지만 그중 맞는 예측은 얼마 되지 않는다. 이 책은 미래에 대한 예측들을 일부 담으면서도 회사 설립에서부터 현재에 이르는, 주로 가까운 과거 테슬라의 역사에 그 초점을 맞추고 있다.

경험 많은 사업가 마틴 에버하드Martin Eberhard와 마크 타페닝Marc Tarpenning은 2003년에 함께 테슬라 모터스를 설립했다. 그리고 곧바로 남아프리카 공화국에서 미국으로 이민 온 카리스마 넘치는 일론 머스크가 합류했다. 이 신생 기업의 목표는 가솔린이 아닌 전기로 움직이는 자동차를 만드는 것이었다. 전기 자동차는 자동차 산업 초기에 흔히 볼 수 있었기 때문에,

전기로 움직이는 자동차를 만든다는 건 전혀 새로운 아이디어가 아니었다. 그러나 테슬라의 창업은 아주 타이밍이 좋았다. 마침 리튬 이온 배터리 기술의 발전 덕분에 가솔린 자동차와 맞먹는 성능을 가진 자동차를 만들 수 있을 만큼 강력하고 가벼운 배터리 제조가 가능해졌던 것이다.

새로운 기술이 있든 없든, 실용적인 전기 자동차를 만들려는 건 돈키호테처럼 무모한 짓이었다. 자동차를 만드는 건 웹페이지를 구축하는 것과 다르다. 자동차는 차고나 기숙사 방 안에서 뚝딱 만들어 낼 수 없기 때문이다. 사실 경제 전문가들이 '진입 장벽'이라는 개념을 설명할 때 흔히 언급하는 것이 자동차 산업이다. 자동차 산업에 뛰어드는 것만도 막대한 자본이 필요하다. 또한 극도로 복잡한 기술을 디자인하고 제작하고 마케팅해야 하며, 보급품 네트워크 및 생산 시설, 유통, 서비스 채널 등을 관리해야 하고, 미로처럼 복잡한 각종 규제와 요구 조건들을 충족시켜야 한다. 게다가 이 모든 일을 100년 가까이 사업해 온 거대 자동차업체들보다 더 잘 해내야 한다. 그 거대 업체들도 새로운 자동차 모델 하나를 출시해 수만 대를 팔아 이익을 내려면 10년 가까이 걸릴 수 있다.

기술적인 장애물도 구조적인 장애물 못지않게 만만치 않았다. 필요한 모든 부품을 구하더라도, 그 모든 걸 하나로 합쳐 필요한 성능을 제대로 발휘하는 적절한 가격의 자동차를 만들어 내야 했다. 게다가 그 당시는 비교적 수명이 짧은 가전제품에서 잘 돌아가던 리튬 이온 배터리를 자동차에 장착했을 때 8년에서 10년 정도 견뎌 줄지도 장담할 수 없었다.

'철학적인 장애물'이라고 불러도 좋을 장애물도 있었다. 순전히 돈을 벌기 위해서라기보다는 테슬라의 창업자들처럼 공익에 이바지하기 위해 사업을 하려는 기업가들도 있는데, 문제는 세상이 늘 그런 기업가들을 색안경을 끼고 본다는 것이다. 특히 테슬라의 경우는 색안경 정도가 아니라 기존 자동차업계와 석유 기업들, 심지어 정치계 일각에서까지 노골적인 적대감을 드러냈다.

그간 신생 기업과 기존 자동차업체들이 여러 차례 상업성 있는 전기 자동차를 만드는 일에 뛰어들었다가 쓴맛만 봤다. 1970년대에 석유 파동이 발생하자 미국 플로리다주의 한 자동차업체가 시티카<sup>CitiCar</sup>라는 전기 자동차를 만들었지만 곧 문을 닫았다. 1990년대 말에는 여러 거대 자동차업체들이 시장에 전기 자동차 모델들을 내놓았는데, 그중 가장 유명한 것이 제너럴 모터스<sup>GM</sup>의 EV1이었다. 그러나 GM은 3년 후 그 프로그램을 포기하면서 이미 생산된 EV1까지 다 폐기 처분해, 전기 자동차 애호가들로부터 분노를 사는 것은 물론 이런저런 음모론까지 떠돌게 만들었다.

그러나 일론 머스크와 그가 이끄는 테슬라는 아주 의지가 굳고 결연했으며, 단순히 뛰어난 기업가적 능력과 든든한 자금 그 이상의 것들로 무장하고 있었다. 그들에겐 번뜩이는 아이디어가 있었다. 단순히 돈을 절약해주는 합리적인 자동차를 만드는 게 아니라, 섹시하면서도 스포티한 소형 경주용 자동차를 만들기로 한 것이다.

그들의 전략은 그대로 먹혀들었다. 첫 모델 로드스터<sup>Roadster</sup>는 자신의 목표를 달성한 뒤 명예롭게 퇴역했고, 그 대신 그들의 두 번째 자동차인 모델 S<sup>Model S</sup>가 나와, 상이란 상은 거의 다 휩쓸며 자동차업계로부터도 극찬을 받았다. 그러나 테슬라는 결코 달리는 말에 채찍질을 멈추지 않았다. 새로운 시장으로 영역을 넓혀 갔고, 자동차 대량 생산 계획을 계속 밀어붙였으며, 전기 자동차 충전 인프라와 태양열 에너지, 배터리 저장 등등의 분야에서 신기원을 이룩했다. 테슬라는 거의 처음부터 계속 언론과 대중의 큰 사랑을 받아 왔다. 기업과 그 리더들에게 무자비할 정도로 냉담한 사회에서 테슬라와 CEO 일론 머스크는 거의 모든 사람에게 존경받았다.

인류 역사상 그렇게 짧은 기간에 이토록 건설적인 힘과 명성을 거머쥔 회사나 개인은 거의 없었다.

앞으로 테슬라의 역사를 들여다보노라면, 위기도 여러 차례 겪는 등 그야말로 험난한 길을 걸어왔음을 알게 될 것이다. 또한 테슬라가 기술 발전 및 사업 면에서 여러 인상적인 업적을 이루었지만, 성공의 주된 이유는 아주 간단하다는 것도 알게 될 것이다. 늘 혁신적인 제품들을 생각해 냈고 만들어 낸 것이다.

테슬라 전기 자동차의 품질은 자타가 공인하는데, 그것은 그간 그들이 결정적인 순간순간 현명한 기술적 결정들을 내린 것에 힘입은 바 크다. 물론 그 결정들 중 일부는 당시에는 위험해(또는 무모해) 보였지만, 결국 다른 경쟁 업체들보다 우위에 설 수 있는 테슬라의 장점들이 되었다.

표준적인 노트북 스타일의 배터리를 자동차 동력원으로 쓴다는 테슬라의 결정은 어찌 보면 대학 기숙사 안에서나 나옴 직한 아마추어적인 결정 같아 보인다. 그러나 앞으로 좀 더 자세히 살펴보게 되겠지만, 그 덕분에 테슬라의 자동차들은 기술적인 측면에서 여러 가지 장점을 갖으며 배터리 공급 관련 문제들에서도 자유로워지게 된다.

모델 S를 디자인할 때 테슬라는 대부분의 다른 업체들처럼(그리고 로드스터를 제작할 때 자신들이 그랬던 것처럼) 기존의 가솔린 엔진 모델을 차용해 쓰지 않고 아예 처음부터 끝까지 100퍼센트 전기 자동차로 새로 디자인했고, 그 덕분에 오늘날 시판 중인 다른 전기 자동차들보다 여러 면에서 유리한 점이 많다. 모델 S의 배터리는 납작해 섀시* 바닥에 깔리며, 이로써

---

* 자동차의 기본 골격인 프레임에 엔진, 변속기, 클러치, 핸들, 차축, 차바퀴를 조립한 것으로, 자동차가 달리는 데 필요한 최소한의 기계 장치

무게 중심이 아래쪽으로 가게 되어 핸들링이 좋고 안전도도 크게 향상되었다. 다른 전기 자동차 대부분은 탑승 공간과 짐칸이 좁다는 단점이 있는데, 모델 S는 그 문제도 말끔히 해결했다. 많은 자동차 전문가가 지적하고 있듯이, 일반 전기 자동차들은 배터리가 워낙 커서 어떤 식으로 처리한다해도 트렁크 공간이 좁아질 수밖에 없다. 그러나 테슬라 모델 S는 비슷한 가솔린 엔진 모델들보다 오히려 짐 실을 공간이 더 넓다.

테슬라는 이처럼 기술적인 면 외에 사업적인 면에서도 여러 가지 놀라운 일을 해 왔다. 테슬라는 창업한 지 겨우 10년 만에 흑자로 돌아섰다. 이는 신생 자동차업체로서 아주 이례적인 일일 뿐만 아니라, 자동차업계에서 처음 있는 일이다. 많은 업체가 아주 놀라운 기술력을 앞세워 뛰어들었다가 사업적인 면에서 실패의 쓴맛을 봤던 것이다. 그러나 테슬라의 경영진은 처음부터 사업 및 금융 면에서 아주 인상적인 수완을 발휘해 왔다.

경영진에 일론 머스크처럼 막강한 자금 동원력을 가진 슈퍼스타가 있어 필요할 때 언제든 억만장자 친구들을 동원할 수 있는 게 테슬라의 큰 장점 중 하나라고 말하는 사람들도 있다. 그러나 그런 말은 일론 머스크의 놀라운 금융 관련 수완을 과소평가하는 것이다. 그가 맨 처음 큰돈을 번 것이 금융 분야라는 사실을 상기할 필요가 있다. 금융이야말로 그가 다른 산업 분야들에서 혁신을 이루는 데 더없이 중요한 부분인 것이다. 감히 장담하건대, 금융 면에서 큰 그림을 그려 나가는 그 특유의 능력이 없다면, 아마 일론 머스크가 이끄는 첨단 기술 기업들은 하나도 살아남지 못했을 것이다.

일론 머스크가 이끄는 솔라시티SolarCity는 태양 전지를 직접 만들지 않고 사들여 일반 소비자들에게 임대하거나 대기업 및 정부 단체들과 대규모 계약을 체결함으로써, 태양 에너지 산업에 대한 정의 자체를 바꿔 놓았다.[1] 또한 그가 이끄는 스페이스X SpaceX는 여러 대의 우주선을 쏘아 올려

국제우주정거장까지 갔다 오게 하는 데 성공했다. 그 회사가 사용하는 기술은 미국항공우주국NASA이나 다른 여러 민간 우주여행 기업들이 사용하는 기술과 크게 다를 바 없지만, 우주 비행이라는 복잡한 과정을 훨씬 더 저렴한 가격에 수행하는 방법을 찾아냈다.

일론 머스크는 에디슨 같은 발명가는 아니지만, '큰 그림'을 그리는 데 남다른 재능을 갖고 있다. 그런데 자동차업계처럼 큰 그림이 중요한 업계도 없다. 자동차를 제조하는 것은 자동차 제조업체들이 하는 일 가운데 한 부분에 지나지 않는다. 자동차업체들은 그 외에도 계획, 디자인, 자금 조달, 마케팅, 유통 등에 신경 써야 하고 판매한 차량에 대한 서비스도 해야 한다. 그리고 이 모든 것을 하는 데 필요한 물리적 기반 시설도 구축하여 유지 및 관리해야 한다. 게다가 이익을 내려면, 이 복잡한 모든 일을 적절한 규모로 해야 한다. 생산 라인이나 다른 어떤 부문에서 너무 모자라거나 넘칠 경우, 곧바로 실패할 수도 있다. 테슬라는 이런 사실을 잘 알고 있다. 그래서 처음부터 원자재 공급과 제조 능력, 유통 등 모든 부문의 규모를 체계적으로 적절히 유지해 오고 있다.

테슬라의 장기적인 목표는 늘 가격이 적절한 전기 자동차를 제조하는 것이었지만, 일론 머스크와 그의 파트너들은 곧장 그런 목표를 달성하는 건 비현실적이라는 걸 잘 알고 있었고, 긴 안목에서 3단계의 전략을 구사하기로 했다. 먼저 로드스터 같은 고가의 모델을 소량 생산한 다음, 모델 S 같은 중간 가격의 모델을 생산하고, 그 뒤 대량 판매를 목적으로 보다 값싼 자동차(모델 3)를 만든다는 것이었다. "어떤 신기술이든 대량 판매에 들어가려면 적어도 크게 세 단계를 거쳐야 합니다." 머스크의 말이다. 테슬라는 제3세대 자동차인 모델 3의 대성공(최근의 판매 개시일 이후 50만 대 이상의 선주문을 받았음)을 통해 자신들의 3단계 자동차 생산 계획이 현명한 계획이었음을 입증해 보였다.

많은 작가가 일론 머스크를 마케팅 천재라 부르고 있지만, 정작 그 자신은 그런 말에 고개를 갸우뚱하는 듯하다. 여러 인터뷰에서 그는 자신은 마케팅에 대해 생각해 본 적이 거의 없다고 했다. 진정 혁신적인 제품만 만들어 낸다면 마케팅은 절로 된다는 것이다. 아닌 게 아니라 오늘날까지 테슬라는 전통적인 광고를 한 적이 거의 없으며, 마케팅 부서 같은 걸 운영한 적도 거의 없다. 처음부터 각종 미디어에서 먼저 찾아왔기 때문에 굳이 미디어에 다가갈 필요도 없었다.

우리는 애완 돌Pet Rock*처럼 아무 쓸데도 없는 제품이 뛰어난 마케팅을 통해 많은 돈을 벌어 주기도 하고, 베타맥스Betamax*처럼 뛰어난 제품이 부적절한 마케팅으로 인해 실패하는 경우도 있다는 것을 잘 안다. 그러나 마케팅 없이 절로 팔려 나가는 테슬라의 자동차들은 그 어떤 요란한 미디어 광고도 해낼 수 없는 훨씬 더 근본적인 변화를 촉발시켰다. 일부 전문가들이 말하는 이른바 '패러다임의 변화', 그러니까 제품에 대한 전혀 새로운 관점을 만들어 낸 것이다.

헨리 포드Henry Ford는 자동차를 부자들만을 위한 사치품이 아니라 일반 대중도 쉽게 살 수 있는 교통수단으로 생각함으로써, 그리고 (적어도 보다 좌파 성향이 강한 사람들의 관점에서 봤을 때) 자기 공장의 노동자들에게 충분한 급여를 주어 모델 TModel T를 살 수 있게 함으로써 자신의 자동차 제국을 만들어 냈다. 애플과 마이크로소프트는 컴퓨터를 따분한 은행가들이나 쓰는 실용적인 도구가 아니라 일반 대중이 집에서 이용하는 재미있는 액

---

- 게리 로스 달Gary Ross Dahl이란 인물을 벼락부자로 만들어 준 애완용 돌
- 일본 소니사가 1975년에 개발한 VTR 방식으로, 뛰어난 성능에도 불구하고 뒤에 나온 VHS 방식과의 경쟁에서 패해 시장에서 사라졌다.

세서리로 제공함으로써 일대 변혁을 일으켰다.

마찬가지로, 테슬라의 성공 역시 전기 자동차에 대한 일반 대중의 인식을 바꿈으로써 이루어졌다. 테슬라 전기 자동차가 나오기 전까지만 해도, 사람들은 일반적으로 전기 자동차 하면 기껏해야 외딴 곳에 사는 북극곰들이나 이용할 법한, 출력도 약한 상자 모양의 실용적인 차량, 아니면 느긋하게 그래놀라*를 떠먹는 털 많은 남자들이나 타는 아주 비실용적인 플라스틱 골프 카트의 이미지를 떠올렸다. 전기 자동차에 대한 그런 이미지는 아직까지도 남아 있어서 주류 신문이나 잡지들은 요즘 어디서나 볼 수 있는 도요타의 전기 자동차 프리우스Prius 까지도 '환경 히피eco-hippies', 즉 환경주의자들이나 타는 자동차라고 말할 정도다. 물론 보다 최근 들어 '그래놀라'보다는 '케일'이 환경주의자들이 즐겨 먹을 음식으로 대체되었지만, 고정관념은 쉬이 사라지지 않는 법이다.

그러나 시속 125마일(약 200킬로미터)까지 달릴 수 있는 테슬라의 2인승 로드스터에 올라 느긋하게 우유에 탄 그래놀라를 떠먹는 사람은 없다(그랬다간 아마 우유를 다 쏟게 될 것이다). 테슬라는 유행을 앞서가면서도 흥미롭고, 심지어 조금 위험하기까지 한 최첨단 전기 자동차를 만들어 내는 데 천재적인 솜씨를 발휘했다. 그런데 이런 경우 대개 그렇듯, 테슬라의 천재적인 솜씨는 사실 아주 간단한 것이어서 많은 천재성을 필요로 하지도 않았다.

사람들 대부분은 실용성이나 가격만 보고 자동차를 선택하진 않는다. 옷을 살 때처럼 그 당시 유행이나 감정에 끌려서 자동차를 선택하는 것이다. 자기 동료들(또는 자기 동료가 되었으면 하고 바라는 사람들)이 사는 걸

* 볶은 곡물, 견과류 등이 들어간 아침 식사용 시리얼

보고 사는 것이다. 일론 머스크와 그의 동료들이 그런 사실을 처음 간파한 건 아니지만(자동차 마케팅 종사자라면 누구든 그 비슷한 얘기를 할 것이다), 당연해 보이는 그런 이론을 전기 자동차 분야에 적용한 것은 그들이 처음이었다.

연료비를 절약하거나 지구를 보호하자는 사람들만큼이나 전기 자동차에 열렬한 지지를 보내는 사람들도 있다. 그러나 사실 그런 사람들은 그리 많지 않으며, 그들은 일반적인 미국인이 동일시하고 싶어 하는 대상도 아니다. 인터넷 붐이 일어나면서, 안경을 쓰고 셔츠 주머니에 각종 필기구를 잔뜩 꽂은 괴짜(주로 남성이며, 여자 친구가 같이 있는 경우는 거의 없다)가 과거에 비해 더 많은 인정을 받고 있긴 하지만, 그렇다고 그런 괴짜가 자동차 제조업체들이 자동차를 팔려는 주 고객의 이미지는 아니다. 게다가 요즘 보수적인 미국인들 가운데 일부는 '지구' 또는 '환경'이란 말 한마디에 특정 제품에서 영원히 멀어질 수도 있다.

그러나 만일 당신 자동차와 똑같은 자동차를 몰고 다니는 사람들이 영화배우나 실리콘 밸리 갑부라면, 그리고 그들이 만일 그 자동차를 몰고 더없이 세련된 파티에 나타나 이런 말을 한다면 어떻겠는가? "0마일에서 60마일(약 96킬로미터)까지 도달하는 데 3.9초밖에 안 걸려. …… 아, 그리고 연료가 얼마나 절약되는지는 기억이 잘 안 나네." 이것이야말로 자동차가 불티나게 팔리도록 만드는 이미지다. 테슬라 전기 자동차의 창조성에 대해서는 맨 처음부터 다른 그 어떤 전기 자동차보다(그러니까 심지어 자동차업계의 거인 닛산이나 GM 같은 업체들의 전기 자동차보다) 훨씬 더 많이 언론에서 다루어졌고, 훨씬 더 광범위한 분야(첨단 기술, 사업, 환경, 자동차, 패션 등)의 미디어에서 다루어졌다.

물론 모든 미디어가 테슬라에 대해 찬양 일색인 건 아니다. 아주 합리적인 반대 글에서부터 음모론적인 불평불만 글에 이르는 반反테슬라 글은 쉽게 찾아볼 수 있다.[2] 우익 내지 보수 성향이 강한 일부 사람들에게도 전기 자동차 산업은 곧 진저리나게 싫은 대상이 되었다. 원래 워낙 새롭고 혁신적인 기술은 손가락질받기 쉬운 법인 데다, 좌익 내지 진보 성향이 강한 오바마 행정부가 전기 자동차 산업을 강력하게 밀었다는 점을 감안하면(사실 가장 중요한 친親전기 자동차 프로그램에 서명을 한 건 우익 내지 보수 성향이 강한 부시 대통령이었지만), 이는 놀랄 일도 아니다.[3] 밋 롬니Mitt Romney* 역시 2012년 대통령 후보 TV 토론에서 두 번이나 테슬라 얘기를 꺼냈는데, 실패한 태양 전지판 제조업체 솔린드라Solyndra와 혼동해, 오바마가 실패한 기업인 테슬라에 자금 지원을 했다는 말실수를 하기도 했다.[4][5]

반면에, 전前 GM 부회장 밥 루츠Bob Lutz 같은 다른 유명한 보수주의자들은 전기 자동차 산업이 미국 제조업에 다시 활기를 불어넣고 있고 외국 석유에 대한 미국의 의존도도 줄여 주고 있다며 전혀 다른 목소리를 냈다.[6]

주식 시장 역시 처음에는 테슬라에 회의적이었다. 주가는 2010년 주식 시장 상장 이후 급등했지만, 늘 조금만 안 좋은 소식이 있으면 금세 아주 큰 폭으로 떨어졌다. 테슬라 주식은 늘 전무후무할 정도로 많은 단기 투자자를 끌어들였는데, 그들은 주가가 400달러에 근접해 있는 현재까지도 테슬라 주식을 그대로 쥐고 있다.

2012년 중순, 테슬라의 행보에 가속도가 붙었다. 테슬라는 6월에 두 번째 모델인 모델 S를 소비자들의 손에 넘기기 시작했다. 그것만으로도 신생 자동차 제조업체로서는 기적과 같은 일이었다. 테슬라는 2009년 이후

---

• 매사추세츠 주지사로, 2012년 미국 대통령 선거에 공화당 후보로 출마했으나 민주당 후보였던 당시의 현직 대통령 오바마에게 패했다.

모델 S에 대한 예약 주문을 받아 왔는데, 예약 주문이 많아 초기의 생산 속도로 그 주문에 맞추려면 1년 이상 걸릴 지경이었다.

테슬라 입장에서는 그야말로 행복한 비명을 지를 일이었지만, 이것은 반드시 뛰어넘어야 할 시련, 그러니까 유망한 많은 신생 기업이 끝내 극복하지 못한 큰 시련이기도 했다. 과연 주문에 맞춰 자동차 생산 속도를 높일 수 있을까? 만일 적절한 시간 내에 자동차를 고객들에게 인도하지 못하면, 그간 쌓아 올린 명성도 한순간에 물거품이 되는 것이다. 게다가 자동차 개발과 생산 기반 구축에 들어간 비용을 상쇄하고 남을 정도의 이익도 올려야 했다.

실리콘 밸리의 선두 주자답게 테슬라는 보기 좋게 그 시련을 극복했다. 2013년 1월, 모델 S의 생산 라인을 자신들의 목표치인 연간 2만 대 규모까지 늘렸다는 발표를 내놓은 것이다. 게다가 새로 나온 세단은 고장이 별로 없었고 대규모 리콜이나 스캔들도 없었다.

서비스가 개선되었다거나 초강력 배터리가 개발되었다는 소식 등 테슬라에서는 연일 희소식이 흘러나왔고, 일론 머스크는 자신의 트위터를 통해 그런 소식들이 사실이라는 걸 공식 확인해 주었다.

그러다가 어느 날부터인가 각종 미디어에서 테슬라 전기 자동차에 대한 극찬이 쏟아지기 시작했다. 자동차 잡지 『모터 트렌드*Motor Trend*』는 테슬라의 모델 S를 '그해의 자동차'로 선정했다. 미국 소비자 잡지 『컨슈머 리포츠*Consumer Reports*』는 모델 S에 최고 높은 등급을 매겼다. 연방 차량 안전 규제 당국도 모델 S에 과거 그 어떤 자동차보다 높은 점수를 주었다. 그러나 「뉴욕 타임스」처럼 모델 S에 매우 통렬한 비판을 가한 매체들도 있었다.[7]

2013년 5월에는 재정적인 면에서 신기원을 이룬 일이 있었다. 테슬라가 흑자로 전환되었다는 역사적인 발표가 나온 것이다. 그러자 테슬라에 대해 부정적인 얘기를 하던 미디어들도 하루아침에 테슬라 예찬론자로 돌변했다. 테슬라는 수익금을 비축하려 하기보다는 즉시 개선된 현금 유동성을 활용해 자금력을 더 키움은 물론 새로운 자동차 모델 개발 계획에 한층 더 박차를 가했다.

그러나 회사의 마스터플랜 이행을 가로막는 거대한 장애물들이 주기적으로 모습을 드러내곤 했다. 그 장애물들은 때론 전기 자동차의 특성(대량의 배터리를 공급할 기가팩토리의 필요성이나 장거리 여행에 필요한 방대한 슈퍼 충전기 네트워크의 필요성 등)에서 비롯됐으며, 때론 테슬라 스스로 자초한 경우(모델 X의 팰컨 윙 도어의 경우처럼)도 있었다. 2017년 테슬라는 중간 가격대의 모델 3를 환호 속에 세상에 내놓음으로써 나름대로의 목표를 달성했으며, 곧 이어 다음 모험들(픽업트럭, 세미트럭, 터널 등)로 나아갈 준비를 했다.

테슬라는 그간 마치 어떤 제품의 놀라운 장점들을 하나하나 드러내는 TV 광고 같은 모습을 보여 주었다. "자, 자동차 구입에 얼마까지 생각하고 계신가요? 잠시 기다려 보세요. 여기 이런 자동차도…….”

사람들은 이제 테슬라의 패턴에도 익숙해졌다. 일론 머스크가 자신의 트위터를 통해 조만간 뭔가 빅뉴스가 터질 거라는 암시를 하면 미디어들이 이런저런 추측을 하고, 그러다 전기 자동차와 관련된 아주 새롭고 획기적인 뉴스가 터져 나오고, 곧이어 테슬라의 주가가 뛴다. 이전에는 전기 자동차 관련 미디어들만 테슬라의 움직임에 관심을 보였지만, 2013년 이후부터는 비즈니스 및 일반 자동차 관련 미디어들도 점점 테슬라의 일거수일투족에 큰 관심을 보이고 있다. 테슬라는 빅뉴스를 내놓을 때마다 다음 무대를 준비했으며, 일론 머스크의 시선은 이미 다음 목표로 향해 있곤 했다.

# 1 희망의 승리 : 전기 자동차의 짧은 역사

## 자동차 시대

전기로 움직이는 자동차란 전혀 새로운 아이디어가 아니며, 사실 자동차
역사만큼이나 오래되었다. 자동차 초창기에 전기로 움직이는 '말 없는 마
차'는 흔했다. 발명가들은 1820년대에 이미 다양한 종류의 전기 자동차를
만들어 냈지만, 전문가 대부분은 1888년 독일의 발명가 안드레아스 플로
켄Andreas Flocken이 만든 플로켄 엘렉트로바겐Flocken Elektrowagen을 진정한 최초
의 전기 자동차로 보고 있다.

　1800년대 말에서 1900년대 초 사이 자동차가 흔해지면서 도로에는 가
솔린 엔진 자동차와 전기 자동차, 그리고 심지어 스팀 자동차까지 한데 어
울려 다녔다. 1900년대 초에는 미국에 굴러다니는 자동차의 약 38퍼센트
가 전기 자동차였다.[1] 잠시 동안이긴 하지만, 전기 자동차는 한때 최첨단
기술이 담긴 자동차로 여겨지기도 했다. 초창기의 가솔린 엔진 자동차는

시끄러운 데다 냄새가 났고, 특히 시동을 걸려면 손으로 크랭크를 돌려 줘야 했는데, 시동이 잘 안 걸릴 때는 그야말로 젖 먹던 힘까지 다 짜내야 했다. 1900년에 미국에서 가장 많이 팔린 자동차 모델은 컬럼비아 일렉트릭 런어바웃Columbia Electric Runabout으로, 최고 속도가 시속 15마일(약 24킬로미터)에 가격은 850달러였다.

그 당시 전기 자동차의 가장 큰 결점은 오늘날과 비슷한 배터리 기술의 한계 때문에 주행 거리가 짧다는 것이었다. 도로망이 확장되면서 이 결점은 더 두드러져 보였다. 그래서 초창기 전기 자동차의 주 고객은 고상한 부잣집 여성들이었다. 자동차를 끌고 쇼핑 장소까지만 갔다 오면 되는 데다, 가솔린 자동차에서 나는 소음과 냄새에 예민했기 때문이다.

1897년에 하이럼 퍼시 맥심Hiram Percy Maxim이 머플러muffler, 즉 소음기를 만들고, 1912년에 찰스 케터링Charles Kettering이 전기 시동기를 만들어 내는 등 가솔린 엔진 자동차와 관련해 이런저런 혁신이 일어나면서 가솔린 엔진 자동차에 대한 거부감이 사라지기 시작했고, 가솔린도 가격이 점점 내려가는 데다 구하기도 쉬워졌다. 게다가 헨리 포드가 대량 생산에 성공하면서 가솔린 엔진 자동차 가격 또한 점점 낮아져 1916년에는 대당 360달러까지 내려갔다. 그렇게 해서 결국 가솔린 엔진 자동차와 전기 자동차 간의 싸움은 내연 기관ICE을 이용하는 가솔린 엔진 자동차의 승리로 막을 내렸다.

전기 자동차는 도로에서 자취를 감췄지만, 짧은 주행 거리가 문제 되지 않고 배출 가스가 없고 조용한 자동차가 필요한 곳에서는 여전히 이용되었고, 지금도 이용되고 있다. 물류 창고 등에서 이용되는 지게차와 영국의 유명한 우유 배달용 소형 자동차가 좋은 예다. 현재 달 표면에 서 있는 아폴로 우주선의 달 표면 작업 차량 세 대도 전기 자동차다(기다려 보라. 어쩌면 머지않아 일론 머스크의 스페이스X가 관광객을 달까지 실어 나르게 될 것이

1 2    1 플로켄 엘렉트로바겐    2 컬럼비아 일렉트릭 런어바웃
3      3 세브링뱅가드의 시티카

고, 그러면 달 표면에 서 있는 그 작업 차량에 올라탄 관광객 사진을 볼 수 있을지도 모른다).

　그간 미국의 3대 자동차 GM, 포드Ford, 크라이슬러Chrisler와 다른 자동차 제조업체들은 꾸준히 전기 자동차와 관련된 실험을 해 왔고, 잠시 몇 가지 전기 자동차 모델을 생산하기도 했다. 1970년대에는 석유 파동으로 전기 자동차에 대한 관심이 다시 높아지면서 시티카라는 전기 자동차까지 나왔다. 이 전기 자동차는 세브링뱅가드Sebring-Vanguard라는 플로리다주의 한 자동차 제조업체에서 1974년부터 1977년까지 생산했다. 로버트 보몬트Robert Beaumont가 디자인한 시티카는 지금까지도 많은 사람이 갖고 있는 전기 자동차에 대한 부정적인 면들을 그대로 지니고 있었다. 골프 카트 같은 조그만 2인승 자동차로, 플라스틱 차체에 6볼트짜리 납 배터리 여덟 개로 움직였고, 최고 속도가 시속 60마일(약 96킬로미터)에 주행 거리도 40마일(약 64킬로미터)밖에 안 됐던 것이다. 어쨌든 시티카와 관련 모델들은 4,444대 생산되어, 2011년 테슬라 로드스터가 나오기 전까지 미국에서 가장 많이 생산된 전기 자동차로 기록되었다.

## 대의大義는 순교자를 필요로 한다

그 후 1990년대 초 전기 자동차를 다시 부활시킨 것은 미국 캘리포니아주의 대기자원위원회CARB였다. 캘리포니아주에서 자동차를 판매하는 업체들은 배출 가스가 전혀 없는 무공해 자동차ZEV를 일정 수만큼 생산해야 한다는 규정을 만든 것이다. 대형 자동차업체들은 모두 전기 자동차를 만들어 냈다. 크라이슬러의 테반TEVan, 포드의 레인저 EV Ranger EV 픽업트럭, GM의

EV1과 S10 EV 픽업트럭, 혼다의 EV 플러스<sup>EV Plus</sup> 해치백<sup>hatchback</sup>,* 닛산의
알트라 EV<sup>Altra EV</sup>, 그리고 도요타의 라브4 EV<sup>RAV4 EV</sup> 등이 그렇게 해서 나온
전기 자동차다.

그러나 그와 동시에 자동차업계 로비스트들과 다국적 석유 기업에 몸
담고 있는 그들의 동료들은 캘리포니아주 대기자원위원회의 무공해 자동
차 생산 의무 조항을 폐지시키려 애썼다. 그들의 노력은 결국 성공했고,
정부의 무공해 자동차 생산 의무 조항이 사라지자마자 거대 자동차 제조
업체들은 모두 전기 자동차 생산 계획을 중단했다. 그뿐 아니라 제조업
체 대부분은 자신들의 전기 자동차를 끌어모아 폐기 처분했다. 이 당시
생산된 전기 자동차 가운데 지금까지 도로를 달리고 있는 것은 도요타의
라브4 EV 몇 대뿐이다(몇 년 후 도요타는 테슬라의 배터리를 장착한 2세대
전기 자동차를 내놓았으나, 이 모델 역시 단명했다. 7장 참조).

거대 자동차 제조업체들은 이 기간에 만들어진 전기 자동차들을 자동차
역사에서 아예 지워 버릴 작정인 듯했다. 자동차 제조업체들의 그런 태도
가 멀리 내다보지 못한 그 업체들의 단견 때문이었는지, 아니면 어떤 불순
한 음모 때문이었는지에 대해서는 논란이 많다. 한 가지 분명한 것은 적어
도 두어 군데의 다국적 석유 기업이 이 문제에 관심이 많았고 전기 자동차
에 대해 전혀 우호적이지 않았다는 것이다. 2001년 미국 석유 기업 텍사코
<sup>Texaco</sup>(후에 셰브런<sup>Chevron</sup>과 합병)는 GM 전기 자동차 EV1의 마지막 세대 모델
에 사용된 배터리를 제조한 GM의 자회사 GM 오보닉스<sup>GM Ovonics</sup>를 사들였
으며, 소문에 따르면 그 회사의 특허들을 활용해 니켈-수소 합금 배터리

---

* 뒷좌석 공간과 화물 적재 공간이 합쳐져 있는 자동차로, 해치<sup>hatch</sup>라 불리는 문을 들
어 올려 화물을 적재하게 되어 있다.

(NiMH)의 발전을 방해했다고 한다. (도요타와 다른 자동차 제조업체들은 훗날 오보닉스의 기술을 사용하지 않고 자체적으로 니켈-수소 합금 배터리를 개발한다.)[2]

GM은 특히 전기 자동차에 가혹했다. 팔지 않고 임대했던 EV1 모델들을 하나하나 수거한 뒤 거의 다 폐기 처분해 버린 것이다. 몇 대는 박물관에 기증했는데, 그나마 구동 장치를 쓸 수 없게 만든 상태였다. 그중 한 대는 플로리다주 월트 디즈니 월드의 에프코트EPCOT*에 전시되어 있고, 구동 장치에 손을 대지 않은 유일한 EV1 모델은 스미소니언 박물관이 소장하고 있는 것으로 알려져 있다.

전기 자동차 지지자들은 대개 GM이 EV1 모델을 폐기 처분한 것을 일본의 진주만 공격에 맞먹는 역사적 범죄로 보고 있지만, EV1의 마케팅 책임자였던 존 데이블스John Dabels는 2013년 한 인터뷰에서 이런 말을 했다. "저는 GM의 결정에 전적으로 공감합니다. 누군가 공식 허가를 받은 미국 내 대리점에서 자동차를 구입할 경우, 제조업체 입장에서는 10년간 그 자동차에 대한 부품 및 서비스 제공을 보증해 줘야 하거든요." 데이블스는 이어서 이렇게 말했다. "사람들이 음모론 운운하면, 저는 EV1을 죽이기 위한 음모론 같은 건 없다고 말합니다. 자동차업계 사람들이 그런 걸 생각해 낼 만큼 명석하진 못했거든요. 저도 생각을 많이 해 봤는데, EV1이 살아남지 못한 이유는 그 자동차에 대한 회사 내부적인 이해력 부족 때문이었지 외부적인 요인 때문은 아니었어요."[3]

전기 자동차의 선구자 톰 게이지Tom Gage 역시 자동차 제조업체들이 모든 문제의 원흉이라고 생각하지 않는다. 그 당시 크라이슬러의 규제 관련 부서에서 일했던 그는 내게 최초의 무공해 자동차 의무 생산 규정 자체가

• 월트 디즈니 월드의 여러 테마 파크 중 하나

역효과를 낳는 조치였다고 말했다. 그런 규정 없이도 GM은 이미 EV1을 생산해 판매하고 있었고, 자체 시장만 확보했다면 이익을 남길 수도 있었다는 것이다. 그런데 그 규정 때문에 다른 자동차 제조업체들까지 전기 자동차 생산에 뛰어들면서, 가뜩이나 조그만 전기 자동차 시장에 너무 많은 업체가 참여한 꼴이 되었다는 것이다.

이 모든 슬픈 이야기는 2006년에 개봉된 영화 〈누가 전기 자동차를 죽였나?Who Killed the Electric Car?〉에 자세히 나와 있다. 그 영화에서 영화 제작자 제시 디터Jessie Deeter와 크리스 페인Chris Paine은 자동차 제조업체, 석유 로비스트, 정부 등을 전기 자동차를 죽인 '범인'으로 지목하고 있다. 잠시 전기 자동차에 관심을 보이다 언제 그랬느냐는 듯 곧 기름을 많이 잡아먹는 SUV* 차량으로 몰려간 일부 전기 자동차 애호가들도 범인으로 꼽았다. 그러나 전기 자동차는 결코 폐차장으로 갈 준비가 됐던 게 아니라 그저 터널 속으로 들어가 보이지 않은 것뿐이었다.


## 전기 자동차, 지하로 숨어들다

전기 자동차 애호가들은 거대 자동차 제조업체들의 행태를 보면서 그 업체들은 결코 전기 자동차를 만들지 못할 것이며, 결국 차세대 전기 자동차는 그 업체들과 무관한 조그만 업체들에 의해 만들어질 거라는 확신을 갖게 되었다. 일론 머스크도 그런 사람들 중 하나였다. 우주 탐사 분야에서 그와 비슷한 일이 벌어지는 것을 목격했기 때문이다. NASA가 그 중요한

• sports utility vehicle의 줄임말로, 흔히 스포츠 유틸리티 카라고 한다.

우주 탐사 일을 거의 민간 기업들에 넘겨 버렸던 것이다.

아이러니하게도, GM과 다른 거대 자동차 제조업체들이 전기 자동차 개발 계획을 폐기하던 바로 그 무렵, 전기 자동차의 성능을 대폭 개선할 새로운 종류의 배터리가 출시되었다. GM의 초창기 EV1 모델에는 나온 지 100년 가까이 된 납 배터리가 쓰였으나, 마지막에 생산된 모델에는 자회사 GM 오보닉스에서 제조한 니켈 수소 합금$^{NiMH}$ 배터리가 쓰였다. 그리고 새로운 배터리 덕분에 자동차 무게는 약 1,400킬로그램에서 1,300킬로그램으로 줄어들고, 주행 거리는 초창기 모델의 60마일(약 96킬로미터)에서 160마일(약 257킬로미터)까지 대폭 늘어났다.

또한 니켈 수소 합금 배터리는 현대적인 하이브리드 자동차* 1세대의 탄생을 가능하게 해 주었다. 내연 기관과 전기 모터를 동시에 활용하는 하이브리드 자동차 역시 새로 생겨난 건 아니다. 최초의 하이브리드 자동차는 1901년 페르디난트 포르셰$^{Ferdinand Porsche}$에 의해 개발되었으며, 잠수함에서도 그와 유사한 기술이 수십 년간 쓰이다 원자력으로 대체되었다.[4] 그리고 도요타가 1997년 최초의 현대적인 하이브리드 자동차인 프리우스를 내놓았는데, 이 모델은 그 후 지금까지 전 세계적으로 500만 대 이상 팔려 나갔다.

하이브리드 자동차는 전기 자동차가 아니며, 전기 자동차의 최대 장점도 최대 단점도 갖고 있지 않다.[5] 하이브리드 자동차는 여전히 가솔린 같은 화석 연료를 써야 하며, 훨씬 작은 배터리를 쓰고, 주행 거리 제한도 없다. 그러나 많은 사람은 하이브리드 자동차와 그 후에 나온 플러그인 하

---

• 하이브리드 자동차와 전기 자동차의 중간 단계로, 전기 모터와 가솔린 엔진을 함께 사용한다. 전기 콘센트에 플러그를 꽂아 충전한 전기로 주행하다가 충전한 전기가 모두 소모되면 가솔린 엔진으로 움직인다.

이브리드 자동차를 100퍼센트 전기 자동차로 가기 위한 중간 단계로 보고 있으며, 하이브리드 자동차에 쓰이는 많은 부품이 그대로 전기 자동차에서도 쓰인다.

EV1의 참담한 실패 이후 거대 자동차 제조업체들은 늘 전기 자동차에 대해 아주 부정적인 태도를 취했으며, 일부 경영진은 아예 공개적으로 소비자들이 절대 전기 자동차를 사지 않을 거라고 주장했다. 그러나 전 세계적으로 수십 개의 중소 자동차 제조업체들이 계속 주문 생산 방식으로 소량의 전기 자동차를 생산했고, 수백 명의 개인이 차고 안에서 자신이 아끼는 가솔린 엔진 자동차를 전기 자동차로 개조해, 전기 자동차에 대한 꿈을 계속 살려 나갔다.[6] 그런데 전기 자동차로 개조하는 데 드는 비용이 만만치 않아, 그런 개인들은 전기 자동차로 바꿔 기름값을 아끼기 위해서라기보다는 전기 자동차 기술에 대한 애정 때문에 개조를 한다.

전기 자동차를 대량 생산할 수 있는 회사를 설립하고 전기 자동차를 팔아 이익을 낸다는 건 결코 쉬운 일이 아니지만, 몇몇 강인한 사람들이 그런 시도를 해 오고 있다. 현재 전 세계에 소규모로 전기 자동차를 생산해 판매하는 회사는(또는 그렇다고 주장하는 회사는) 최소한 10여 곳 정도 되는데, 그 회사들이 생산·판매하는 전기 자동차는 대개 시내 주행 전용 소형 시티카들이다. 그중 일부는 실용성이 전혀 없어 보인다. 대표적인 예가 극도로 폭이 좁은 2인승 소형 전기 자동차 탱고Tango로, 가격이 20만 달러이며 구매자가 직접 조립해야 한다. (현재까지 12대밖에 팔리지 않은 걸로 알려져 있음.)[7] 미래가 있어 보이는 전기 자동차들도 있는데, 이탈리아 타차리Tazzari 그룹이 만든 다양한 소형 전기 자동차들이 좋은 예다.[8] 인도의 마힌드라 레바Mahindra Reva는 전기 자동차를 4,000대 넘게 팔았으며 2016년에는 영국에서 e2o라는 이름의 시티카를 판매하기도 했다.[9]

능히 짐작이 가겠지만, 이 기업들 가운데 일부는 아주 파란만장한 기업 역사를 갖고 있다. 전기 자동차 싱크 시티TH!NK City를 만든 싱크 글로벌Think Global은 1991년 노르웨이에서 설립됐으며, 잠시 포드 자동차에 소유권이 넘어갔다가 다시 이탈리아 회사로 팔렸으나, 결국 다시 노르웨이 회사가 되었다. 이 회사는 20년간 네 차례나 파산 선고를 받았다. 또한 2012년에 생산이 중단되기 전까지 적어도 2,500대의 전기 자동차를 제작했다. 싱크 시티 모델들은 지금도 노르웨이 오슬로 거리에서 그 모습을 볼 수 있다.[10]

미국의 그린테크 오토모티브GreenTech Automotive는 미시시피주의 공장에서 마이카MyCar라 불리는 소형 양문 전기 자동차를 만들었다.[11] 그러나 2013년에 이 회사의 최대 투자자 중 한 사람이었던 버지니아 주지사 테리 매콜리프Terry McAuliffe가 한때 이 회사와 관련된 스캔들에 휘말려 곤욕을 치르기도 했다. 그의 정치적 반대자들은 이 회사에 대해 그야말로 속 빈 강정이며 복잡한 비자 사기극을 벌이기 위한 위장 기업에 지나지 않는다고 주장했다.[12] 이 회사는 2015년부터 주문을 받기 시작했으며, 아직도 자동차를 생산 중인 것으로 알려져 있다.

언론에서 별로 다뤄지지 않았지만, 그간 '느릿느릿한' 전기 자동차 또는 '이웃 나들이용' 전기 자동차 시장은 꾸준히 성장해 왔다. 교외의 쇼핑몰에서 거구의 보안 요원들을 싣고 다니거나 '유흥가'에서 얼큰하게 취한 사람들을 실어 나르는 덮개 없는 소형 무게 차량들이 모두 전기 자동차다. 전기 자동차는 이미 전 세계적으로 수백만 대에 이르며, 2015년에 중국에서만 60만 대가 팔렸다.[13]

그린테크 오토모티브의 마이카

# 전기 자동차의 세기世紀

2010년대의 시작을 알리는 커튼이 올라갈 무렵 전기 자동차는 다시 서서히 중앙 무대로 돌아왔다. 아무래도 이번에는 사라지지 않고 계속 머물 듯하다. 초반에 가장 두각을 드러낸 모델은 역시 2010년 말에 생산된 플러그인 하이브리드 쉐보레Chevrolet 볼트Volt와 순수한 전기 자동차 닛산 리프LEAF이며, 다른 주요 자동차업체와 소수의 독립 자동차업체들도 그 대열에 합류해 왔다. 그리고 유가가 오르고 지구 해수면도 오르는 상황에서, 자동차 업계에는 세 가지 특기할 만한 일이 일어났다.

첫째, 2008년부터 2010년 사이 미국 자동차 산업은 생과 사를 오가는 상황을 맞았고, 그러면서 전기 자동차 분야에 큰 변화가 일어났다. 미국 자동차 산업의 위기는 여러 가지 복합적인 원인들로 발생했는데, 전 세계적인 금융 위기도 그 원인 중 하나였다. 그 문제에 대해서는 그간 수많은 분석이 나왔으니 여기서는 더 자세히 다루지 않고, 정치적 견해가 다른 사람들은 그 문제를 전혀 다른 각도에서 보기도 한다는 점만 밝히고 넘어가겠다.

미국의 3대 자동차 제조업체 중 적어도 두 업체는 미국 정부가 도움의 손길을 뻗어 오지 않았다면 그대로 파산하고 말았을 것이다(포드는 GM이나 크라이슬러보다는 재정 상태가 조금 더 나아 실질적으로 '구제 금융'을 받은 것은 아니나, 연방 정부로부터 대출 보증이나 다른 여러 혜택을 받았다). 그리고 미국 정부는 재정적 지원을 지렛대 삼아 자동차 제조업체들을 상대로 보다 연료 효율성이 뛰어난 차량 생산을 독려했다. 구제 금융을 해 주면서, 미국 에너지부DOE를 통해 자동차 제조업체들에 전기 자동차 생산과 연계된 다양한 대출과 보조금을 지원해 준 것이다.

이런 정책들은 조지 W. 부시 대통령 시절에 시작되었으나, 전기 자동

2010년 12월 첫 출시된 닛산 리프는 현재까지 세계에서 가장 많이 팔린 전기 자동차다.

차 산업 육성에 강한 의지를 가진 오바마 행정부에 들어와 지속되고 확장되었다. 오바마 대통령은 2011년의 한 연설에서 2015년까지 최소 100만 대의 전기 자동차가 도로를 달리게 하는 게 목표라고 했으나, 2013년에 미국 에너지부 대변인이 인정했듯 그것은 지나치게 낙관적인 기대였다. 그러나 미국 정부는 물러서지 않고 계속 그 목표를 밀어붙였다. 오바마 행정부에서 에너지부는 자동차 및 배터리 제조업체들에게 각종 대출과 보조금을 지원해 주었고, 차지포인트ChargePoint와 이후에 나온 전기 자동차 프로젝트EV Project라는 두 가지 방대한 전기 자동차 충전망을 구축하는 데 지원을 아끼지 않았으며, 배터리 기술과 다른 전기 자동차 관련 문제들에 대한 광범위한 연구에도 자금을 댔다.

보수적인 언론에서는 전기 자동차를 '오바마 자동차Obamamobiles'라 부르는 경우가 많았지만(우익 성향의 전문가들은 특히 쉐보레 볼트에 강한 적대감을 보이고 있음)14 그건 늘 과장된 얘기였다. GM*은 미국 자동차업계가 위기를 맞기 전에, 그리고 오바마가 대통령 선거에 나오기 전에 이미 해병대 출신으로 노골적인 보수주의자인 전 GM 부회장 밥 루츠의 지휘 아래 쉐보레 볼트를 개발 중이었으며, 그렇게 해서 2007년 쉐보레 볼트의 콘셉트 카가 처음 발표되었다. 게다가 전기 자동차에 대한 미국 에너지부의 세금 감면 정책과 진보 기술 차량 제조ATVM 대출 프로그램에 서명한 것도 조지 W. 부시 대통령이었다. 오바마 행정부의 백악관 자동차대책위원회는 GM을 상대로 쉐보레 볼트를 제작하라고 떠민 것이 아니라, 오히려 2009년 GM의 파산 이후 진행된 구조 조정 과정에서 쉐보레 볼트 개발 프로젝트를 폐기시키려 애썼다. 그러나 밥 루츠는 끝까지 쉐보레 볼트 개발 프로

---

• 1910년에 설립된 자동차 회사 쉐보레는 1918년 GM에 합병됐다.

젝트를 끌고 나갔다.[15]

어쨌든 에너지부의 대출 프로그램은 전기 자동차 산업을 일으키는 데 큰 역할을 했다. ATVM 대출 프로그램에 따라 자동차업계를 향해 무려 250억 달러 규모의 대출이 가능해졌는데, 이 프로그램의 최종 목표는 미국에서 생산되는 자동차들의 연비를 늘리고 외국 석유에 대한 미국의 의존도를 낮추자는 것이었다. 그리고 이 프로그램에 따라, 포드는 59억 달러를 대출받아 연비가 보다 뛰어난 모델들을 생산할 수 있게 공장 시설을 개선했고, 닛산 북미 법인은 16억 달러를 대출받아 테네시주에 배터리 공장과 리프 조립 라인을 건설했으며, 테슬라는 4억 6500만 달러를 대출받아 모델 S를 개발하는 데 썼다(7장 참조). 그 외에도 피스커 오토모티브Fisker Automotive가 ATVM 대출 프로그램에 따라 대출을 받았고, 배터리 제조업체인 A123이 별도의 에너지부 대출 프로그램에 따라 대출을 받았다.

캘리포니아주 대기자원위원회CARB 역시 2025년까지 신규 판매 차량의 16퍼센트는 무공해 자동차여야 한다는 의무 생산 규정을 또다시 들고 나와 전기 자동차 발전에 일조했다.

정부 정책이 대개 다 그렇듯, CARB의 의무 규정은 너무 복잡했다. 그들은 모든 차량을 저공해 차량LEV에서부터 초저공해 차량ULEV, 슈퍼 초저공해 차량SULEV, 부분 무공해 차량PZEV, 무공해 차량ZEV까지 여러 부류로 나누었는데, 특히 무공해 차량 기준을 만족시킬 수 있는 자동차는 배터리로 움직이는 전기 자동차나 수소 연료 전지 자동차뿐이었다.

결국 캘리포니아주에서 자동차 판매고가 가장 높은 여섯 개 자동차 제조업체(GM, 포드, 크라이슬러, 도요타, 혼다, 닛산)는 캘리포니아주에서 100퍼센트 전기 자동차 모델을 만들어 팔 수밖에 없었다. 이 같은 무공해 자동차 의무 생산 규정에 대해 닛산은 콧노래를 부르며 따르고, 피아트 크라이슬러Fiat Chrysler*는 싫다고 발버둥치는 등, 전기 자동차에 대한 각 업체의 전략에 따라 다른 반응을 보였다.

전기 자동차 리프로 이미 상당한 재미를 본 닛산은 무공해 차량 의무 생산 규정에 별 이의가 없는 편이었다(사실 테슬라와 마찬가지로, 닛산은 무공해 자동차 의무 생산 규정을 잘 지켜 다른 자동차 제조업체들에 팔아 현금화할 수 있는 크레디트까지 획득해 오고 있다). GM과 포드는 플러그인 하이브리드 자동차(GM은 쉐보레 볼트, 포드는 C-맥스C-MAX와 퓨전Fusion)에 거의 모든 걸 걸었지만, 두 회사 모두 적어도 겉으로는 즐거운 표정으로 순수 전기 자동차 모델들(GM은 스파크Spark, 포드는 포커스Focus)도 시장에 내놓았다.

이미 일련의 프리우스 하이브리드 모델들로 큰 재미를 본 도요타는 물론 그 모델들의 지속적인 개발 및 판매에 주안점을 두었다(도요타는 2012년에 프리우스 플러그인 하이브리드 모델도 내놓았다). 혼다는 도요타와 비슷한 정책을 폈지만, 별로 재미를 보지 못했다. 1999년에 하이브리드 차량 인사이트Insight를 내놓은 데 이어 그간 다른 여러 하이브리드 버전을 내놓았지만, 판매는 그저 그랬다. 그래서 하이브리드 자동차는 현재 혼다의 제품군 중 비주력 모델 상태에 머물러 있다.

도요타와 혼다는 캘리포니아주의 무공해 차량 의무 생산 규정에 따라 마지못해 새로운 전기 자동차들(새로운 세대의 도요타 라브4와 혼다 피트Fit)을 시장에 내놓았지만, 두 회사 모두 그 자동차들에 대해 활발한 마케팅을 펼치진 않았으며, 2014년에는 그나마 해 오던 마케팅 작업까지 중단했다. 그리고 바로 그 해에 두 회사 모두 새로운 수소 연료 전지 자동차를 내놓았

---

• 크라이슬러는 GM, 포드와 함께 미국 자동차업계의 '빅 3'로 불리지만, 경영난으로 1998년 독일 다임러에 합병되어 2007년까지 다임러-크라이슬러로 존속하다가 2009년 이탈리아의 피아트에 팔려 피아트 크라이슬러가 되었다.

다. 후에 도요타는 배터리로 움직이는 전기 자동차를 비웃고 수소 연료 전
지 자동차의 우수성을 강조하는 광고들을 내놓으면서 자동차업계에서 존
재감을 드러냈다(11장 참조).

피아트 크라이슬러는 이른바 빅 3 가운데 유일하게 하이브리드 자동
차나 전기 자동차를 전혀 생산하지 않다가, 캘리포니아주의 무공해 차량
의무 생산 규정에 따라 어쩔 수 없이 전기 자동차를 생산하게 되었지만,
그 규정을 공개적으로 비판했다. 전기 자동차에 대해 부정적인 생각을 갖
고 있는 걸로 유명한 최고경영자CEO 세르조 마르키온네Sergio Marchionne는 이
런 말을 한 적이 있다. "전기 자동차의 잠재력에 대해서는 계속 탐구해 볼
가치가 있지만, 규제 당국에 의해 억지로 강요당하는 건 아니라고 봅니
다."16 어쨌든 피아트 크라이슬러는 2013년 캘리포니아에서 마지못해 전
기 자동차 피아트 500e를 출하했는데, 세르조 마르키온네는 쓸데없이 적
자만 내는 자동차란 뜻으로 그 모델을 '경제적 레몬economic lemon'이라 불렀
다. 그러나 아이러니하게도 그 조그만 자동차는 나오자마자 히트작이 됐
고 자동차 평론가들의 극찬을 받았으며, 몇 대 안 되는 초도 물량은 미처
대리점에 나오기도 전에 다 팔려 버렸다. 그럼에도 불구하고 피아트 크라
이슬러는 이미 생산 계획이 잡힌 소량의 500e 외에는 더 생산하지 않겠다
고 공언했으며, 정확한 판매 수치조차 공개하지 않았다.

당연한 일이지만, 자동차 제조업체들의 로비 단체인 자동차제조사연합
은 미국 환경 보호청에 캘리포니아의 무공해 차량 의무 생산 규정을 폐기
해 달라는 청원을 냈다. 당시 자동차제조사연합의 대변인 글로리아 버그
퀴스트Gloria Bergquist는 이런 말을 했다. "우리는 전기 자동차를 만들어 대리
점에 내놓아야 할 의무가 있지만, 소비자들은 그 자동차를 살 의무가 없습
니다."17 그러나 무공해 차량 의무 생산 규정을 폐기하려는 노력은 현재까

지도 성공을 거두지 못하고 있다.

CARB의 무공해 차량 의무 생산 규정에 따르면, 그 규정에 적합한 차량을 판매하지 못하는 자동차 제조업체들은 그 규정에 적합한 차량을 판매하는 업체들로부터 크레디트를 사올 수 있게 되어 있다. 그 덕분에 테슬라는 아주 짭짤한 부수입도 올리고 있다. 이에 대해서는 10장에서 좀 더 자세히 다루겠다.[18]

전기 자동차 관련 전문가들은 '준수 자동차compliance car'라는 말을 만들어 냈는데, 이는 자동차 제조업체들이 무공해 차량 의무 생산 규정을 준수하기 위해 만들긴 하지만 실제 판매에는 별 관심 없는 전기 자동차 모델을 뜻한다.[19] 전기 자동차 애호가들 입장에서는 그런 자동차들이 존재한다는 사실만으로도 더없이 실망스럽겠지만, 실제로 어떤 자동차 제조업체가 전기 자동차를 만들어 대리점에 전시하는 것이 꼭 그 모델을 팔려는 생각 때문만은 아니다.

내막을 잘 모르는 사람들 눈에는 팔 생각도 없는 자동차 모델을 돈까지 들여서 개발하는 것이 미친 짓으로 보일지 모르나, 자동차업계에서는 전혀 드문 일이 아니다. 자동차 제조업체들은 늘 새로운 기술들을 연구하며, 실제 생산하지도 않을 '콘셉트 카'나 시제품, 그리고 온갖 종류의 차량을 만들어 낸다. 주요 자동차 제조업체들의 '스컹크 웍스skunk works', 즉 자동차 비밀 연구소를 방문하면 수소나 압축 공기, 심지어 보다 희한한 기술로 움직이는 실험용 자동차들을 얼마든지 볼 수 있다.

어쨌든 이런 이유들로 자동차 제조업체들은 어떤 새로운 모델의 전면적인 생산 여부를 결정하기에 앞서 그 모델을 소량 생산해 제한된 '테스트 시장'에 내놓는 경우가 많다. 또한 이익보다는 홍보를 목적으로 한 '후광' 모델로 제작하는 경우도 많다. 일부 자동차 제조업체들의 경우에는 전기 자동차가 바로 이런 범주에 들어가는 것이다.

진보 성향의 전기 자동차 지지자들은 인정하기 싫은 사실일 수도 있지만, 테슬라를 제외한 기존 자동차 제조업체들이 전기 자동차에 관심을 가지게 된 계기는 연방 정부의 지원 정책에 힘입은 바가 크다. 마찬가지로 공공 충전 시설(테슬라의 슈퍼차저 경우는 예외)의 대대적인 확충 역시 대개 정부 후원 덕에 이루어져 왔다. 대부분의 선진국 정부는 전기 자동차에 호의적인 편이어서 전기 자동차 구매자에 대한 인센티브, 전기 자동차업계에 대한 대출 편의, 전기 자동차 연구비 지원 같은 다양한 지원 정책을 펴고 있다.

미국에서 전기 자동차 붐이 일게 된 것은 결코 환경 문제에 대한 우려 때문만이 아니다. 정치인들 입장에서는 외국에 대한 에너지 의존도를 줄이고 국내 자동차 산업을 살리자는 바람이 더 큰 동기인 것이다.

미래학자 앨빈 토플러Alvin Toffler는 인류의 발전 과정을 크게 세 시기(그는 '물결wave'이란 말을 썼지만)로 나누었다. 제1의 물결인 농업 혁명, 제2의 물결인 산업 혁명, 그리고 제3의 물결인 산업화 이후의 시기로 나눈 것이다. 그런데 근래 들어 '산업화 이후'라는 용어는 점점 더 부적절한 용어로 여겨지고 있다. 산업이 보다 발전된 미래의 경제에서 여전히 아주 중요한 역할을 할 것으로 보이기 때문이다. 다만 여기서 말하는 미래의 산업이란 중공업 위주의 소위 '굴뚝' 산업이 아니라 교육받은 노동력과 현대적인 교통 및 통신 인프라에 의존하는 첨단 산업이다.

전기 자동차 산업이야말로 이 같은 미래 첨단 산업에 딱 들어맞는다. 그리고 전기화와 그 사촌인 자동화 및 연결화는 자동차 산업과 에너지 산업을 탈바꿈시키면서 숙련된 기술을 요하는 많은 첨단 일자리를 창출해 낼 것이다. 그리고 고도의 연결성이 필요하며 스스로 움직이는 미래의 친환경 자동차들은 아마 지금처럼 제3세계의 저임금·비숙련 작업장에서는 조립하기 힘들 것이다.

세계 각국 정부들은 친환경 기술이라 부를 수 있는 이런 전기화 및 재생 에너지 기술 같은 기술 분야의 발전에 대해 잘 알고 있으며, 그런 기술 분야를 장려하려 애쓰고 있다. 2017년 현재 이런 추세는 특히 유럽과 중국에서 더 가속화되고 있다. 미국의 경우, 보수주의 정치인들의 부상으로 인해 그 반대의 길을 걷고 있다. 그러나 친환경 기술에 대한 지원 여부가 늘 보수/진보 성향으로 구분되는 건 아니어서, 공화당 성향이 강한 일부 주 정부들은 친전기 자동차 정책들을 시행하고 있기도 하다.

전기 자동차가 르네상스 시대를 맞고 있는 또 다른 이유를 꼽으라면, 그건 정부와는 무관하게 순전히 전기 자동차 회사 테슬라 자신이 기울인 노력 때문이다. 이후의 장들에서 살펴보겠지만, 미국의 자랑거리인 전형적인 미국 신생 기업 테슬라는 미국의 전기 자동차 산업에 한 차례도 아니고 세 차례나 지대한 공헌을 했다. 우선 초창기 모델인 로드스터가 성공을 거둠으로써 GM의 밥 루츠 같은 사람들로 하여금 심기일전해 자사의 전기 자동차 프로그램들을 되살리게 만들었다. 그다음 2013년부터 모델 S로 또다시 큰 성공을 거둠으로써 BMW, 메르세데스<sup>Mercedes</sup> 같은 고급 대형 승용차 제조업체들로 하여금 전기 자동차 개발 프로그램에 한층 더 박차를 가하게 만들었다. 그리고 2017년에 모델 3를 내놓음으로써 주요 자동차 제조업체들 사이에 또다시 전기 자동차 붐을 일으켰다.


## 불운했던 테슬라 사촌들

사실 전기 자동차를 대량 판매하려는 원대한 꿈을 가졌던 최초의 신생 기업은 테슬라가 아니다. 2000년대 초에 다른 몇몇 기업이 돈키호테처럼 완전 무장한 채 전기 자동차라는 풍차를 향해 달려들었다. 그 가운데 특히 세 기업은 끝내 꿈을 이루지 못한 채 중도에 파산해, 이후 '그 기업들은 실패했는데, 어째서 테슬라는 성공했는가?' 식의 기사에 많이 등장하게 되었다.

캘리포니아에 기반을 둔 자동차 제조업체 압테라 모터스<sup>Aptera Motors</sup>는 2005년에 설립되어 개인 투자자들로부터 4000만 달러를 투자받아 특수한 공기 역학적 디자인을 적용한 2e라는 전기 자동차 시제품 몇 가지를 만들었다. 그간 디자인된 다른 많은 전기 자동차와 마찬가지로, 지지자들은 '미래 지향적'이라고 말했고, 비판론자들은 '1950년대 SF 영화에나 나옴 직한 물건'이라고 말했다. 그만큼 2e는 외형이 독특했다. 나를 비롯해 일부 사람들은 2e처럼 외형이 특이한 자동차들은 많이 팔릴 가능성이 전혀 없을 뿐 아니라, 가뜩이나 전기 자동차를 비실용적인 장난감 정도로 치부하는 대중의 인식만 더 강화시킨다고 생각했다. 어쩌면 압테라 모터스 역시 막바지에 그런 결론을 내렸는지도 모른다. 어쨌든 그 회사는 미국 에너지부로부터 1억 5000만 달러의 대출을 받아 보다 전통적인 외형을 띤 5인승 중형 세단 승용차를 개발하려 했다. 그러나 필요한 자금을 마련하는 데 실패했고, 결국 그것이 마지막 결정타가 되어 2011년 12월 파산했다.

2009년 캘리포니아 남부에 설립된 또 다른 신생 자동차 회사 코다<sup>Coda</sup>는 압테라 모터스와 정반대되는 문제를 갖고 있었던 듯하다. 2011년 11월부터 생산하기 시작한 이 회사의 세단형 전기 자동차는 대체로 꽤 괜찮은 자동차라는 평을 받았다. 그 모델은 3만 7,250달러에 주행 거리가 88마일(약 140킬로미터)로, 그 당시 시장에 나와 있던 그 어떤 전기 자동차보다 경쟁력이 있었다. 게다가 마케팅 능력이 아주 뛰어나, 한번은 기름 냄새 나는 한

압테라 모터스의 2e

지역 '주유소 gas station'를 하루아침에 푸른 '그래스 스테이션 grass station', 즉 잔디밭으로 바꾸는 마케팅 이벤트를 선보이기도 했다.

그러나 자동차 전문가들은 주로 코다 세단의 볼품없는 구식 외형에 대해 비판했다. 회사의 실적 역시 그저 그랬다. 원래는 2012년 2월부터 자동차를 공급할 예정이었으나 출시일 또한 늦춰졌다. 그러면서 점점 안 좋은 뉴스들이 나오기 시작했다. 그해 4월에 코다는 미국 에너지부에 냈던 3억 3400만 달러 규모의 대출 신청을 철회했다. 2년간 승인을 기다린 끝에 내린 철회 결정이었다. 코다는 원래 연방 정부에서 그 돈을 대출받아 오하이오주에 배터리 공장을 세울 계획이었다.

그 무렵 더 큰 문제가 발생했다. 미국 도로교통안전국 NHTSA에서 일부 에어백 결함 문제를 들어 코다 세단에 대한 리콜 조치를 명령한 데다, 충돌 테스트 결과에 따라 코다 세단에 그리 좋지 않은 안전 등급을 매긴 것이다.

2013년 5월, 코다는 미국 파산법 11조에 따라 파산 신청을 냈고, 곧이어 예전 공급업체들과의 소송에 휘말렸다. 이 회사는 그간 117대의 전기 자동차밖에 팔지 못했다.[20] 코다는 가까스로 파산 상태에서 벗어나 자동차 배터리 시스템을 제작하는 코다 에너지 Coda Energy로 제2의 삶을 살려 했으나, 2016년에 결국 재생 에너지 기업인 엑세르고닉스 Exergonix에 인수됐다.[21]

여러 면에서 테슬라와 비교되는 피스커 오토모티브의 이야기는 정말 비극 그 자체다. 이 회사는 대부분의 비평가들이 지금까지도 극찬하고 있는 훌륭한 자동차들을 생산하는 데 성공했다. 그러나 중요한 순간에 두 차례 잘못된 결정을 내린 데다 계속 운이 따르지 않았다. 이렇게 되면 신생 자동차 제조업체 입장에서는 사실 더 이상 견딜 재간이 없다.

애스턴 마틴 Aston Martin과 BMW의 여러 유명한 자동차 모델을 디자인한

피스커 오토모티브의 카르마

유명한 디자이너인 헨리크 피스커Henrik Fisker는 2005년 동업자 베른하르트 쾰러Bernhard Koehler와 함께 피스커 코치빌드Fisker Coachbuild라는 자동차 제조업체를 공동 설립해, 고급 대형 승용차들을 생산했다. 2007년, 테슬라가 이 회사와 계약을 맺고 '화이트스타WhiteStar'란 암호명이 붙은 세단형 전기 자동차의 디자인을 의뢰하기도 했다. 그해 후반에 피스커 코치빌드라는 사명은 피스커 오토모티브로 바뀌었으며, 이후 카르마Karma*라는 이름의 고성능 전기 자동차를 자체 생산하기 시작한다. 그러자 테슬라 측에서는 피스커 오토모티브가 자사의 기업 비밀을 빼내 전기 자동차를 생산했다며 2008년 소송을 제기했다. 그러나 그해 말, 중재 재판관은 피스커 오토모티브의 손을 들어 주었고, 그 바람에 테슬라는 피스커 오토모티브에 114만 달러를 물어 줘야 했다(8장 참조).

피스커는 벤처 캐피털을 통해 수백만 달러를 끌어들였고, 미국 에너지부로부터 5억 2800만 달러의 대출을 받기로 조건부 승낙을 받았다. 그리고 에너지부의 대출이 대개 다 그렇듯, 대출금은 피스커 오토모티브가 일정 조건을 충족시킬 때마다 단계별로 지급되었다.

2010년 1월, 피스커는 매사추세츠주에 있는 A123이라는 회사와 전기 자동차 카르마에 대한 배터리 장기 공급 계약을 맺었다. A123의 리튬 이온 배터리는 그 회사 설립자들이 MIT 공대에서 개발한 기술을 토대로 만든 것이었다. 2010년, A123은 에너지부로부터 보조금을 받았고, 약 1억 2900만 달러의 보조금을 이용해 배터리 공장 두 개를 건설했다.

계약 조건의 일부로 A123은 피스커 오토모티브에 상당한 금액을 투자했다. 재무 분야 시장 조사업체인 프라이브코PrivCo에 따르면,[22] 최상의 제

---

• 힌두교에서 '업보' 또는 '인연'이란 뜻으로 쓰는 말

품을 제공하든 아니면 가장 좋은 가격을 제시하든 관계없이 기꺼이 자사
에 투자할 제품 공급업체를 선정하는 것이 헨리크 피스커의 스타일이라고
한다. 그 말이 사실이든 아니든, 지금 와서 돌이켜보건대, 가장 중요한 핵
심 부품을 단 한 군데 소규모 신생 업체에 맡기기로 한 피스커의 결정은
전혀 현명하지 않았던 것 같다.[23]

2010년, 피스커는 핀란드 회사 발멧오이Valmet Oy와 계약을 맺고 전기 자
동차 카르마를 핀란드에서 조립하기로 한다. 또한 그해 피스커는 에너지
부와의 합의도 마무리 짓는다. 대출금 가운데 1억 6900만 달러는 카르마
를 완성하는 데 쓰고, 나머지 3억 5900만 달러는 프로젝트 애틀랜틱Project
Atlantic이라 불린 차기 모델을 개발하는 데 쓰기로 한 것이다.

2011년, 피스커 오토모티브와 관련된 뉴스는 거의 장밋빛이었다. 수억
달러의 자금을 새로 끌어모았으며, 회사의 총자본 규모는 5억 달러에 육박
했다. 그해 7월에는 전기 자동차 카르마가 미국 환경 보호청으로부터 승인
을 받았고, 최초의 선적분이 미국에 도착해 첫 공식 판매 기록을 세웠다.

2011년 말에 이르자 미국 대통령 선거 운동이 뜨겁게 달아올랐다. 당
시 친환경 첨단 기술 기업들에 대한 민주당의 지원은 공화당 도전자들에
게 아주 좋은 공격거리였다. 에너지부와 그 수혜 기업들이 주공격 대상이
었는데, 특히 피스커 오토모티브가 집중포화를 맞았다. 선거 바로 전날,
ABC 심야 뉴스 프로그램 〈나이트라인Nightline〉은 '이제는 말할 수 있다' 성
격의 이야기를 내보냈다. 피스커 오토모티브가 미국도 아닌 핀란드에 일
자리를 만드는 데 귀중한 세금을 썼다는 게 이야기의 골자였다. 결국 오바
마 행정부가 정치적인 동지들에게 세금을 퍼주었다는 것이다. 그러나 사
실 피스커 오토모티브가 핀란드에서 카르마를 생산하기로 결정한 것은 에
너지부에서 대출해 주기로 결정하기 전의 일이었고, 생산은 핀란드에서

하지만 카르마의 디자인 및 엔지니어링 작업은 미국에서 이루어졌다. 게다가 연방 정부에서 대출해 준 돈은 거의 대부분 새로운 모델인 애틀랜틱을 개발하는 데 쓰였으며, 그 새 모델은 부통령 조 바이든 Joe Biden의 고향인 델라웨어주에서 조립하기로 되어 있었다. 그래서 자연스레 테이프를 자르고 자축하는 일에 조 바이든이 참여했다. 테슬라 역시 당시 ABC 방송에 등장했고 곧이어 전기 자동차에 비판적인 이야기들이 이어졌지만, 테슬라에 대해 언급된 건 정부로부터 자금 지원을 받은 신생 기업 중 하나라는 정도였다.

우익 성향의 사람들은 피스커 오토모티브에 대한 비판을 쏟아부었지만, 자동차 전문가들은 그 회사 자동차에 대한 칭찬을 아끼지 않았다. GM의 전부회장 밥 루츠는 카르마를 가리켜 '역사상 가장 아름다운 4도어 세단'이라며 극찬했다. 전기 자동차 카르마에 대한 그 많은 호평 가운데 헨리크 피스커와 그의 동료들이 가장 듣기 좋았을 평가는 영국 BBC 방송의 텔레비전 시리즈물 〈탑 기어 Top Gear〉에서 나왔다. 〈탑 기어〉는 전기 자동차를 경멸하는 내연 기관 자동차 마니아들이 즐겨 보는 프로그램이기도 하다. 5장에서 자세히 살펴보겠지만, 2008년에 〈탑 기어〉는 테슬라의 초창기 전기 자동차 로드스터를 혹평했고, 그 바람에 테슬라와 명예 훼손 소송까지 가, 미디어상에서 지루한 싸움이 벌어지기도 했다. 그래서 〈탑 기어〉가 피스커 오토모티브를 극찬한 것은 일론 머스크와 그의 회사 테슬라를 엿 먹이기 위한 계산된 행동이라고 말하는 사람들도 있다. 사실이 어떻든 『탑 기어』 매거진의 편집자 찰리 터너 Charlie Turner는 이런 말을 했다. "카르마는 총기가 넘쳐 나며 지적이면서도 화려한 분위기가 더해져 있다. 게다가 아주 부드럽게 작동도 잘되고 보기도 좋다. 그야말로 꼭 갖고 싶은 짜릿한 차다."

아, 그러나 2011년 말, 피스커의 운은 소진되기 시작한다. 배터리 공급업체 A123의 수익성이 위태롭다는 경고가 나와 피스커는 그 회사에 대한 배터리 주문을 줄였다. 대통령 선거가 목전에 다가온 최악의 순간에 당혹스럽게도 피스커가 채무 불이행 상태에 빠질 가능성이 높아지자, 미국 에너지부 관료들이 규정을 바꿔 가면서까지 피스커에 약간의 시간을 벌어 주었다.[24] 엎친 데 덮친 격으로, 카르마에서 원인 모를 화재가 두어 건 발생해 그해 12월에는 전국 도로교통안전국에서 카르마 239대에 대한 리콜 명령까지 내렸다.

이후 불행한 일들이 고속 도로 출구들처럼 규칙적으로 나타났다. 2012년 2월, 정리 해고가 단행되는 가운데 투자자 중 한 사람이 소송을 걸었고, 결국 헨리크 피스커는 CEO 자리에서 물러나 회장이 되고, 톰 라소다Tom LaSorda가 새로운 CEO가 되었다. 그러나 톰 라소다도 6개월 만에 물러나고, 쉐보레 볼트 생산에 관여한 바 있는 전 GM 고위 임원 토니 포사와츠 Tony Posawatz가 새로운 CEO가 되었다.

3월에는 제조상의 결함 때문에 A123의 배터리 일부를 리콜해야 했다. 그로 인해 막대한 금전적 손실을 입으면서 결국 피스커 오토모티브는 파산의 길을 걷기 시작했다. 차기 모델인 애틀랜틱 개발 계획을 취소하고 델라웨어 공장 문을 닫는 순간까지도, 피스커 오토모티브는 계속 벤처 캐피털 자금을 끌어모으려 애썼다. 그해 6월에 공화당 하원 의원 두 명이 피스커 오토모티브에 대한 조사에 착수함으로써, 이 회사가 큰 위기에 처해 있다는 사실이 온 세상에 알려졌다. 그리고 공동 창업주 헨리크 피스커와 베른하르트 쾰러는 이른바 '피스커 자동차에 대한 에너지부의 잘못된 투자'에 대한 하원 조사위원회에 증인으로 출석해 달라는 요청을 받았다. 8월에 피스커 오토모티브는 1,377대의 자동차를 리콜하고, 10월에는 A123이 결국 파산 선고를 받았다(A123은 1년 후 새로운 중국인 소유주들 덕분에 사업을 재개하지만, 과거에 투자했던 사람들은 모든 것을 잃고 말았다).

그해 11월에는 자연이 시련을 안겨 주었다. 허리케인 샌디Sandy가 미국 북동부를 강타하면서 뉴저지항 시설 안에 세워져 있던 카르마 신차 300대가 다 망가져 버린 것이다. 결국 피스커 오토모티브는 당시 입은 3000만 달러 이상의 피해 보상 문제를 놓고 보험회사와 법정 싸움까지 벌였고, 불길에 휩싸인 자동차들의 모습이 담긴 비극적인 사진 몇 장 때문에 두고두고 언론의 따가운 관심을 받았다(당시 허리케인 샌디로 인해 여러 자동차 제조업체의 신차 1만 6,000대가량이 파괴되었다).

피스커 오토모티브는 대부분의 직원을 정리 해고하고, 법률 회사를 고용해 파산 신청을 준비했다. 헨리크 피스커는 이듬해 3월 사임했다. 그렇게 해서 4월에 모든 것이 끝났다. 에너지부는 돌려받지 못한 대출금 1억 9200만 달러를 보존하기 위해 피스커 오토모티브의 남은 현금 대부분을 압류했다. 피스커 오토모티브는 설립에서 파산에 이르는 짧은 기간 동안 10억 달러 넘는 돈을 끌어모으고 또 썼다.

고객들에게 인도된 약 1,800대의 카르마는[25] 아직까지 도로 위를 달리고 있으며(아니면 차고 안에 잘 모셔져 있거나), 아마 앞으로 자동차 수집가들 사이에서 아주 귀한 소장품 대접을 받게 될 것이다. 이렇게 해서 피스커는 '왜 테슬라는 성공했는데, 피스커는 실패했나?' 식으로 많은 기사에서 다뤄졌고, 테슬라는 플러그인 승용차 시장에 살아남은 유일한 독립 기업이 되었다.

그 후 중국 투자자들을 비롯한 여러 그룹이 피스커 오토모티브를 인수해 되살려 보려 했으나, 그때마다 미국에서 자동차를 생산하는 데 필요한 미국 에너지부의 대출 조건이 인수를 가로막는 걸림돌이 되곤 했다. 그러다 마침내 2014년 2월, 중국 자동차 부품 제조업체인 완샹 그룹이 1억

4920만 달러에 피스커를 인수했다. 완샹 그룹은 피스커 전기 자동차 생산을 재개할 계획이며, 그럴 경우 델라웨어주 윌밍턴에 있는 피스커 공장을 활용할 것이다. 지금 중국에서도 '새로운 에너지 차량'에 대한 잠재 수요가 엄청나기 때문에, 완샹 그룹은 피스커 전기 자동차를 중국 시장에 내놓을 생각도 갖고 있다. 완샹 그룹은 이미 피스커 오토모티브에 배터리를 공급했던 A123까지 손에 넣었기 때문에, 피스커 전기 자동차를 다시 생산하는 데 필요한 모든 걸 갖춘 것으로 보인다. 이 책을 쓰고 있는 지금, 피스커는 이모션Emotion이라는 새로운 자동차의 예약을 받고 있는데, 이 자동차는 주행 거리가 400마일(약 644킬로미터)에 가격은 13만 달러로 알려져 있으나 언제 생산될 것인지는 아직 얘기된 바가 없다.

베터 플레이스Better Place는 자동차 제조업체는 아니지만 여기서 언급하고 넘어가지 않을 수 없다. 이스라엘 출신의 기업가 샤이 아가시Shai Agassi는 2007년에 베터 플레이스를 설립했다. 그는 아주 번뜩이는 여러 가지 아이디어를 가지고 있었으며, 전기화가 가장 먼저 시작될 것 같은 곳(이스라엘, 덴마크, 하와이 등)에 모든 역량을 집중한다는 전략을 구사했다. 베터 플레이스는 투자자들로부터 약 8억 5000만 달러를 끌어모으며 많은 호평을 받았다. 그리고 샤이 아가시는 세계에서 벤처 창업이 가장 활발한 국가인 이스라엘의 성공 비결을 소개한 유명한 책 『창업 국가Start-Up Nation』에도 소개되었고, 시사 주간지 『타임』에서 선정한 '2009년 가장 영향력 있는 인물 100인'에 선정되기도 했다. 또한 이스라엘 대통령 시몬 페레스Shimon Peres는 공공연하게 베터 플레이스를 극찬했다.

아, 그러나 배터리 교체(배터리 자동 교환소를 이용해 다 쓴 배터리를 가득 충전된 배터리로 바로 교체하는 것)에 회사의 역량을 집중시킨 것이 결국 베터 플레이스의 치명적인 약점으로 밝혀졌다. 자동차 제조업체들은 전기 자동차 배터리의 가장 이상적인 모양과 배치에 저마다 강한 신념 같은 걸 갖고 있어서 특정한 배터리 표준에 의견 일치를 본다는 건 거의 불가능했기 때문이다. 게다가 배터리 교체는 그 자체가 과도기적인 기술로 보였다. 현재보다 훨씬 성능이 뛰어난 배터리가 개발되거나 무선 충전 기술 같은 게 나온다면, 배터리 교체 자체가 불필요해질 테니 말이다.

베터 플레이스의 배터리 교체 기술이 적용된 전기 자동차 모델은 르노Renault의 플루언스 Z.E.Fluence Z.E.밖에 없었는데, 그 모델은 별로 큰 인기를 얻지 못했다. 베터 플레이스는 원래 10만 대의 세단형 전기 자동차를 주문할 계획이었으나, 4,000대 정도밖에 팔리지 않았다. 르노는 2014년 이 모델의 생산을 중단했다.[26]

2012년 말, 베터 플레이스는 미국과 호주 지점을 폐쇄했으며, 샤이 아가시가 회사를 떠나고 그 후임으로 온 에번 손리Evan Thornley 역시 두 달 만에 그만두었다. 2013년 5월, 베터 플레이스는 결국 기업 청산 절차에 들어갔다. 당시 CEO였던 댄 코언Dan Cohen은 자동차 생산업체들로부터 더 이상 지원이 이루어지지 않는다고 하소연했다. 2013년 11월, 이스라엘 신생 기업인 냐르지Gnrgy는 기업 합병 시도에 나섰다가 실패한 뒤 결국 파산한 베터 플레이스를 약 45만 달러라는 헐값에 인수했다. 당시 이스라엘 현지의 한 뉴스에서는 그 인수 가격은 이스라엘 텔아비브의 아파트 한 채 값밖에 안 된다고 자조 섞인 말을 하기도 했다.[27] 한창 잘나갈 때는 여기저기 토크쇼에도 출연하고 일론 머스크에 비견되는 등 신화적인 기업가로 칭송받던 샤이 아가시의 이미지 역시 베터 플레이스호와 함께 침몰했다. 2014년에 나온 미국 경영 월간지 『패스트 컴퍼니Fast Company』의 한 기사에서 그는 지나치게 자신감 넘치는 장사꾼으로 묘사되었다.[28]

## 새로운 돈키호테들

이처럼 여러 기업이 전기 자동차 시장 진출에 실패하고 거대 자동차 제조업체들이 전기 자동차 제작에 별 노력을 기울이지 않았다는 걸 감안하면, 테슬라가 여러 해 동안 전기 자동차 시장에서 독주하다시피 한 건 놀랄 일도 아니다. 그러나 테슬라가 2016년에 모델 3를 내놓고 전례 없이 많은 선주문을 받게 되자, 또다시 새로운 잠재적 경쟁 기업들이 생겨나기 시작했다. 그런데 그 기업의 대부분은 동일한 공식을 따르고 있다. 대개 주머니가 두둑한 중국인들로부터 투자를 받고 있고, 테슬라에 몸담았던 사람들을 직원으로 채용하고 있으며, 테슬라와 마찬가지로 고가의 슈퍼카부터 생산하고 점차 보다 저가의 대중용 자동차로 옮겨간다는 계획을 갖고 있는 점이다.

패러데이 퓨처Faraday Future는 2015년에 전기 자동차 시장에 모습을 드러내면서 혁신적인 전기 자동차 모델을 제작할 계획이라며 무지갯빛 미래를 그렸지만, 그 외에 세세한 설명은 하지 않았다. 이 회사의 공동 설립자 닉 샘슨Nick Sampson은 2010년부터 2012년까지 테슬라에서 차량 및 섀시 엔지니어링 부문 책임자를 역임했으며, 그전에는 10년간 로터스Lotus에서 근무했다. 패러데이 퓨처에는 샘슨 외에도 테슬라에서 고위직을 지낸 사람들이 여럿 더 있었고 BMW와 GM, 볼보, 스페이스X 출신의 전문가들도 있었다.

2017년 1월, 패러데이 퓨처는 FF91이라는 자동차를 공개했다. 이 자동차는 다多모터 방식에 전륜 구동이 옵션이었고 한국 기업 LG화학LG Chem과 제휴해 만든 배터리가 장착됐으며, 안면 인식과 지능형 자율 주차 기능 등 여러 가지 첨단 기술이 들어 있었다. 패러데이 퓨처는 그해 11월에 노스 라스베이거스 지역에서 약 28만 제곱미터 면적의 땅에 10억 달러짜리 자동차 제조 공장을 건설하기 시작했다. 그러나 이 공사는 부도 어음과 관련된 논란 속에 중단되었다. 이듬해 2월 패러데이 퓨처는 야심만만했던 애초의 계획을 대폭 축소해, 제품 포트폴리오를 전기 자동차 7대에서 2대로 줄이고, 공장 규모도 애초 규모의 3분의 1도 안 되는 약 6만 제곱미터로 줄이기로 했다.[29]

2017년 현재 이 회사는 여전히 활기차게 돌아가고 있으며, 직원 수는 1,440명으로 알려져 있다. 또한 FF91 모델은 파이크스 피크 힐 클라임Pikes Peak Hill Climb 경주에서 새로운 기록을 수립했다. 양산 전기 자동차 테슬라 모델 S가 갖고 있던 이전 기록보다 20초 빠른 기록으로 달린 것이다.[30]

신생 자동차 제조업체인 넥스트 EVNext EV 역시 중국인들이 돈을 댄 회사고, 직원 중에 테슬라 출신들이 여럿 있으며 포뮬러 E 경주 출전 경력이 몇 년쯤 된다. 2016년 10월에는 이 회사에서 개발 중인 백만 달러짜리 전기 슈퍼카가 유명한 독일의 뉘르부르크링 경주 트랙에서 역량을 발휘하는 모습이 잠시 언론에 공개되기도 했다. 넥스트 EV는 이 전기 슈퍼카를 곧 한정 생산할 예정이라고 한다.[31]

2016년 7월, 중국이 자금을 대고 한때 테슬라 부사장이자 모델 S 수석 엔지니어였던 피터 로울린슨Peter Rawlinson을 최고기술경영자로 영입한 신생 기업 아티에바Atieva가 전기 동력 장치를 장착할 수 있게 개조한 밴 에드나Edna의 성능 시연회를 가졌다. 박스처럼 생긴 이 작은 밴은 드래그 스트립drag strip*에서 페라리나 모델 S보다 빨랐다. 아티에바는 12월에 회사 이름을 루시드 모터즈Lucid Motors로 바꾼 뒤 전기 럭셔리 세단인 루시드 에어Lucid Air를 공개했는데, 이 모델은 2019년에 생산을 시작할 예정이다.[32]

---

• 두 대의 차가 나란히 경주할 수 있는 직선형 포장 도로

전기 슈퍼카 경주에 뛰어든 또 다른 신생 기업으로는 자동차 강국들과는 거리가 먼 동유럽 국가 크로아티아에서 탄생한 리막 오토모빌리Rimac Automobili을 꼽을 수 있다. 바로 앞에서 언급한 세 회사와는 달리 중국의 자금이 투입되지 않은 이 회사는 2009년 크로아티아의 수도 자그레브 외곽에 있는 조그만 도시의 한 차고 안에서 탄생했다. 회사 이름은 설립자 마테 리막Mate Rimac에서 따온 것으로, 그는 '어린 일론 머스크'에 비유되는 앳된 기업가다. 리막의 콘셉트 원Concept One 슈퍼카는 포뮬라 E 대회의 처음 두 시즌 동안 페이스 카pace car*로 사용됐다.33

## 혁명을 위한 무대 설치

금세기에 들어오면서 전기 자동차를 향한 일반 대중의 지배적인 태도는 서로 다른 두 갈래의 변화를 겪는다. 테슬라가 설립될 당시 전기 자동차는 친환경주의자들을 위한 비현실적인 장난감 같아 보였다. 물론 그 당시에는 그런 수준의 전기 자동차밖에 제작할 수 없었기 때문이다. 그러나 일단 테슬라가 이익을 내고 모델 S가 극찬을 받기 시작하면서 상황은 돌변했다. 자동차업계와 언론계 전문가들은 이제 전기 자동차의 가능성을 보기 시작했지만, 많은 사람은 여전히 전기 자동차가 틈새 제품 정도로 남을 거라고 주장했다. 그러다 테슬라의 모델 3를 비롯해 제3세대의 전기 자동차들이 거리에 쏟아져 나오기 시작하면서 사람들의 지배적인 태도 역시 또 한 차례 변화를 겪는다. 그리고 이 책을 쓰고 있는 지금 전기 자동차의 발전 시

• 경주 출발에 앞서 경주차를 선도하는 자동차

간표에 대해 여전히 많은 이견이 있긴 하지만, 자동차와 오일 업계 경영진을 비롯해 현재 자동차 분야에서 일어나는 일을 잘 아는 사람들은 거의 다 앞으로도 계속 전기화가 이루어질 거라는 사실을 안다.

매스미디어는 원래 독자들이 많이 모는 승용차에 가장 관심이 높은 편이다. 그래서 주류 신문이나 잡지들을 읽어 보면 전기 자동차는 인기를 얻지 못하고 있는 것 같은 인상을 받을 수도 있다. 전기 자동차 판매 비율은 아직 전체 자동차 시장의 1퍼센트 정도밖에 되지 않는다. 세계의 많은 지역에서 전기 자동차는 여전히 보기 드문 자동차다. 그러나 전반적으로 봤을 때, 자동차의 전기화는 이제 피할 수 없는 결론을 향해 곧 본격적으로 움직이기 시작할 듯하다.

전기화는 업계를 완전히 재편하고 시장을 점거해 버릴 전형적인 '와해성 기술disruptive technology'이다. 와해성 기술은 기술 분야에서 보편화된 개념이지만, 인류의 창의력만큼 오래된 개념이기도 하다. 철제 기구나 말, 증기 기관, 전기 등이 모두 와해성 기술에 속한다. 전형적인 와해 시나리오를 그래프로 그릴 경우 S 자 모양이 된다. 첫 번째 새로운 기술은 특정한 틈새 활용 분야들을 제외하곤 이전 기술보다 덜 활용되며, 활용도가 서서히 늘어난다(완만하게 올라가는 S 자의 첫 번째 부분). 그러다 마침내 S 자 첫 부분 끝의 티핑 포인트tipping point*에 도달하면 활용도가 갑자기 높아진다(거의 수직으로 올라가는 S 자의 두 번째 부분). 배터리 기술이 발달해 제작비가 내연 기관 제작비와 비슷해지는 시기가 전기 자동차의 티핑 포인트가 될 거라고 믿는 사람이 많다. 이러한 추세가 계속된다면 그 시기는 2020년 내지 2022년이 될 것이고, 그 이후부터는 곧 전기 자동차가 기존 자동차들보

• 어떤 현상이 서서히 진행되다 한순간 폭발하는 지점

다 더 많이 팔리게 될 것이다.

오늘날 전기 자동차는 이미 여러 틈새 분야에서 내연 기관 자동차보다 더 활용도가 높다. 만일 그 틈새 분야들의 전기화가 진행되면서 배터리 수요가 늘어나고 기술이 더 발전된다면, 더 많은 사람이 전기 자동차의 편리함을 알게 될 것이다.

그런 틈새 분야 중 하나가 상용차 분야다. 전기 자동차는 상업적인 면에서 활용도가 워낙 다양해 다른 결함들은 별문제가 되지 않는다. 게다가 전기 자동차를 활용할 경우 비용 절감 효과도 금방 눈에 띈다. 예를 들어 매일 똑같은 코스를 다니는 시내 배달용 차량의 경우 대개 그 주행 거리가 전형적인 전기 자동차의 주행 거리 이내이며, 매일 저녁 중앙 차고로 되돌아가 그곳에서 편리하게 충전할 수 있다. 게다가 상용차들을 관리하는 사람들은 차량의 패션 트렌드보다는 지출 비용에 더 많은 신경을 쓴다. 그들은 대개 일반 개인과 달리 자신이 관리하는 차량들이 1년에 정확히 몇 킬로미터를 주행하는지, 연료비와 유지비가 얼마나 들어가는지 등을 잘 안다. 만일 전기 자동차 판매인들이 고객들에게 전기 자동차가 절약할 수 있는 연료비와 관리비가 꽤 많아서 오래지 않아 일반 자동차들보다 더 비싼 초기 구입비를 상쇄하고도 남는다는 걸 설명할 수만 있다면, 상용차 관리자들은 분명 전기 자동차를 더 많이 구입하기 시작할 것이다.

그러나 현재까지 상용차 분야에서 전기 자동차를 시험 삼아 써 본 경우는 많아도, 주문한 경우는 별로 없다. 상용차 시장 전문가들이 내게 한 말에 따르면, 잃어버린 퍼즐 조각은 전기 자동차의 신뢰성이라고 한다. 경비 절약도 중요하지만, 더 중요한 건 신뢰성이라는 것이다. 상용차 관리자들은 몇 년이고 계속해서 아무 문제없이 100퍼센트 잘 쓸 수 있다고 확신하기 전까지는 전기 자동차를 대량 구매하려 하진 않을 것이다. 그리고 그걸 확신하려면 여러 해 동안 직접 테스트를 해 봐야 한다. 그런데 이 책을 쓰고 있는 지금 그 '여러 해'가 다 끝나가기 때문에, 이제 전 세계 많은 상용차 관리자들이 전기 자동차를 대거 주문할 시기가 된 셈이다. 독일 우체국은 지금 자체 개발한 전기 밴 2,500대를 운용 중이며, 영국 우정 공사는 최근 푸조의 파트너 L2 전기 밴을 100대 구입했다. 자타가 공인하는 세계 최대 규모의 상용차 이용 업체인 UPS는 몇 년째 전기 트럭들을 테스트해 왔는데, 이제 시험 운행을 완료하고 정식으로 주문하기 시작했다. UPS에 전기 트럭을 공급 중인 여러 기업 중 하나인 워크하우스 그룹Workhouse Group의 경우, 주문량이 처음엔 2대였으나 이후 18대로, 다시 125대로, 그러다 2016년 10월에 200대로 점점 늘어나고 있다. UPS가 일단 본격적인 전기화에 돌입할 경우, 다른 기업들 역시 아마 그 뒤를 따를 수밖에 없을 것이다.

현재 전기 상용차 시장을 목표로 삼고 있는 기업들로는 XL 하이브리즈XL Hybrids, 오렌지 전기 자동차Orange EV, 에피션트 드라이브트레인즈Efficient Drivetrains, 피닉스 모터카즈Phoenix Motorcars, 볼더 전기 자동차Boulder Electric Vehicle, 스미스 전기 자동차Smith Electric Vehicles, 모티브 파워 시스템즈Motiv Power Systems, 일렉트릭 비이클 인터내셔널Electric Vehicles International(최근에 퍼스트 프라이어리티 그린플릿First Priority GreenFleet에 인수), 라이트스피드Wrightspeed(테슬라의 공동 설립자인 이안 라이트가 이끌고 있음), 뉴 이글New Eagle 등을 꼽을 수 있다. 반면 애저 다이내믹스Azure Dynamics, 에코 오토모티브Echo Automotive, 브라이트 오토모티브Bright Automotive 같은 신생 기업들은 상용차 고객들이 뛰어들기를 기다리다 지쳐 파산했다. 비아 모터스VIA Motors 같은 기업들도 계속 버티고 있지만, 미래는 그리 밝아 보이지 않는다.

전기 상용차와 마찬가지로 전기 버스 또한 천천히 그러나 꾸준히 자신의 영역을 넓혀 가고 있다. 미국과 유럽의 도시 수십 곳에서 이미 배터리 전기로 움직이는 버스를 운용 중이다. 상용차와 마찬가지로 전기 버스 대부분은 비교적 소규모로 시험 운행 중이지만, 몇몇 도시에서는 이미 대기오염의 주범인 디젤 버스를 단계적으로 완전히 제거할 계획을 세워 놓고 있다. 로스앤젤레스는 최근에 전기 버스 95대를 구입했으며 2030년까지는 모든 버스를 전기 버스로 대체할 예정이다. 2017년 1월 런던 시장 사디크 칸Sadiq Khan은 런던시가 2018년부터 더 이상 순수 디젤(하이브리드가 아닌) 버스는 구입하지 않을 예정이라고 공언했다. 그 당시 런던은 이미 무공해 버스 70대를 운용 중이었고, 300대를 더 구입할 계획이라고 했다.

미국의 경우, 전기 버스를 공급하는 가장 큰 두 기업은 프로테라Proterra 와 캘리포니아 랭커스터에 제조 공장을 둔 중국 기업 BYD다. 길리그Gillig 와 뉴 플라이어New Flyer 같은 전통적인 버스 제조업체 역시 현재 전기 버스를 테스트 중이다. 유럽은 볼보 버스가 시장을 선점하고 있다.

사실상 거의 모든 종류의 차량들이 적어도 전기화를 시작하고 있다. 스칸디나비아반도에서는 전기 페리보트가 운행에 들어갔고, 캘리포니아에서는 전기 스쿨버스가 시험 운행 중이며, 채굴 장비 및 공항 지상 지원 차량 같은 각종 장비와 차량들도 전기화되고 있다. 제로Zero, 알타 모터즈Alta Motors, 이탈리아 기업 에네지카Energica 등은 전기 오토바이를 판매하고 있다. 믿거나 말거나지만, 그 유명한 오토바이 제조업체 할리 데이비슨Harley Davidson 역시 라이브와이어LiveWire라는 이름의 전기 오토바이 시제품을 제작했으며,[34] 2017년 5월에는 자신들이 결국 전기 오토바이 모델을 만들어 낼 거라고 공언하기도 했다.[35] 혁명은 하늘 위에서도 일어나고 있다. 지금 몇몇 신생 기업이 다양한 전기 비행기를 개발 중이며, 항공 업계의 리더 보잉Boeing과 에어버스Airbus 역시 전기 비행기를 실험 중이다.

많은 사람이 아직 전기 자동차라고 하면 조그만 골프 카트를 떠올린다. 하지만 그런 잘못된 인식은 자동차 경주 트랙에서 전기 자동차들이 공룡 같은 가솔린 자동차들을 따돌리는 걸 보면 곧 사라지게 된다. 포뮬러 1의 일부로 100퍼센트 전기 자동차로 이루어진 경주인 포뮬러 E는 지금 벌써 세 번째 시즌을 맞고 있으며, 모든 대륙 주요 도시의 거리에서 전기 자동차 경주를 벌이고 있다. 약간 변형된 모델 S를 사용하는 테슬라의 일렉트릭 GT 챔피언십 Electric GT Championship은 올해 첫 경주에 나설 예정이다. 전기 자동차들은 또 전통적인 자동차 경주에서도 두각을 드러내고 있다. 2013년 파이크스 피크 힐 클라임Pike's Peak Hill Climb에서는 전기 오토바이가 2륜 차량 부문에서 우승을 거두었고, 2015년에는 전기 자동차가 종합 부문에서 1, 2위를 석권했다. 이런 경주들은 자동차 제조업체들 입장에서는 새로운 기술을 테스트해 볼 수 있는 소중한 기회가 되고('일요일에 경주를 하고 월요일에 판다.'), 일반 대중 입장에서는 전기 자동차에 대해 더 많은 걸 알게 되는 기회가 된다. 테슬라의 모델 S는 세계의 도로 경주 문화에서도 두각을 드러내고 있다.

전기 구동 장치는 지금 소리 소문 없이 조용히 '재래식' 차량들 속에 숨어 들어가고 있다. 이른바 '마일드 하이브리드mild hybrid'가 나오면서 시동기와 발전기가 동력 전달 장치를 보조하는 단순한 장치로 대체되고 있고, 또 경우에 따라서는 회생 제동 기술과 출발/정지 기술을 이용해 연비를 개선하고 있다. 전기 자동차와 같은 부품들을 일부 이용하는 이런 기술은 현재 수십 종의 인기 모델에 활용 중이다. 최근에 볼보는 2019년부터 자신들의 모든 자동차 모델에 전기 모터를 장착할 것이라고 발표했다. 유력 자동차 제조업체 중에 처음으로 순수 내연 기관 차량을 점진적으로 없애겠다는 곳이 나온 것이다.

미국과 유럽의 자동차 제조업체들이 전기화에 선뜻 뛰어들지 않고 망설이는 사이에, 잠자던 용 한 마리가 지금 하늘로 날아오르기 위해 몸을 풀고 있다. 중국은 세계 최대의 자동차 시장이며, 현재 아주 빠른 속도로 전기화의 길을 가고 있다. 중국 지도자들은 전기 자동차의 발전에서 두 가지 큰 장점을 보고 있다. 첫째, 중국의 도시들은 숨 막힐 듯 심한 대기 오염에 시달리고 있고, 그로 인해 건강 및 생산성 면에서 막대한 비용을 지불하고 있다. 빠른 속도로 전기화를 달성하고 모든 에너지를 재생 에너지로 전환하는 수밖에 달리 해결책이 없다. 둘째, 중국 자동차 제조업체들은 전기 자동차 분야에 뛰어듦으로써 외국 경쟁 기업들을 따라잡고 추월할 수 있다.

중국 정부는 민주주의 국가의 정부에 비해 기업을 상대로 더 크고 강력한 힘을 발휘할 수 있다. 그래서 미국이나 유럽 기업과는 달리, 중국 기업들은 전기 자동차를 생산하자는 정부의 결정에 일사불란하게 보조를 맞춰 왔다. 반면에 아무리 중국이라 해도 소비자들은 원하지 않는 제품을 강제로 구입하지는 않는다. 또 전기 자동차를 널리 보급하려는 노력이 각종 문제에 직면하지 않은 것도 아니다. 우선 중국에서는 도시 주민 대부분이 아파트에 살고 있어 전기 자동차 전용 주차장이 없기 때문에 충전하는 게 큰 문제다. 게다가 최근 들어 풍요로운 삶을 살게 된 중국 소비자들은 실용적인 시티카보다는 최대한 큰 SUV, 특히 포르셰나 BMW 같은 유명 외국 브랜드를 선호한다. 그래서 이런 외국 기업들은 순전히 중국 시장을 목표로 다양한 플러그인 하이브리드SUV plug-in hybrid SUV*들을 개발해 그 수요에 응하고 있다. 이는 중국 정부의 인센티브 정책으로 인해 생겨난 의도치 않은 결과지만, 그 SUV 가운데 상당수는 의도와는 달리 전기 자동차 기능은 전혀 쓰이지 않고 있다.

당연한 얘기지만, 중국 정부의 막대한 보조금 정책 때문에 사기 행위도 자주 일어난다. 일부 기업들은 전기 자동차 제작 대수를 속이다 적발되기

---

• 배터리 전기 동력으로 주행하다 배터리가 방전되면 내연 기관 엔진을 사용하는 자동차

도 했고, 정부 보조금을 받을 목적으로 있지도 않은 공장이 있다고 사기를 치는 경우도 있었다. 그래서 중국에서는 이런 사기 행각을 벌이다 적발된 경영자 여럿이 교도소에 수감되기도 했다.

이런 문제점에도 불구하고 한 가지 분명한 사실은 중국의 지도자들이 전기 자동차 시대를 앞당기기 위해 많은 노력을 쏟고 있으며, 중국의 자동차 시장이 워낙 거대해 전 세계 자동차업계에 미치는 영향이 엄청나다는 것이다. 예를 들어 미국과 유럽 도시들은 한 번에 몇십 대 정도의 전기 버스를 구입해 시험 운행하고 있는데, 중국 도시들은 한 번에 수천 대씩 주문하고 있다. 중국 정부는 최근 새로운 무공해 차량 제작 의무화 법령을 발표했다. 그 법에 따르면 중국 자동차 제조업체들은 2018년까지 전체 자동차의 8퍼센트에 해당하는 대수의 무공해 차량을 제작해야 하며, 2020년까지는 그 비율을 12퍼센트로 올려야 한다. 전 세계 자동차 제조업체 대부분(테슬라는 제외)을 대변하는 자동차 협회들은 중국 정부에 즉각 서신을 보내 그 비율을 낮춰 달라고 요청했으나, 중국인들이 물러설 거라고 믿을 만한 근거는 거의 없다.

또한 '전기화' 외에 다른 두 가지 중요한 기술 발전이 자동차업계를 변화시키고 있다. 그중 하나는 자동차 '자율성'(자율 주행)이고 다른 하나는 '연결성'(차량들이 무선으로 서로 데이터를 실시간 송수신하는 것)이다. 이 세 가지 기술 트렌드는 다양한 방식으로 서로를 보강한다. 이 세 가지 기술 트렌드는 반드시 상호의존적인 건 아니지만(가솔린으로 움직이는 자동차들도 자율 주행과 연결성은 가질 수 있으므로), 여러 가지 이유로 함께 가는 경우가 많다. 물론 이 세 가지 트렌드 전체에서 가장 앞서가는 기업은 테슬라다. 나는 한동안 이 세 가지 기술 트렌드를 '트리플 트렌드'라 불렀는데, 그러다가 나중에야 네 번째 트렌드도 있다는 걸 깨달았다. '새로운 소유 모델'(우버Uber나 카 셰어링 등)이 바로 그것으로, 이는 기술적인 트렌드라기보다는 사회적인 변화에 가깝다. 자동차와 직접적인 관련은 없지만 자동차와 긴밀히 연결되어 있는 다섯 번째 트렌드도 있다. '옥상 태양열 에너지와 배터리 저장 장치의 부상'이 바로 그것이다.

이 다섯 가지 트렌드와 기타 다른 트렌드들은 여러 방식으로 서로를 보완하고 강화시킨다. 자율성 덕에 자동차 함께 타기가 보다 실용적인 일이 되고 있으며, 거대한 사업 기회들도 생겨나고 있다. 그리고 연결성 덕에 자동차 제조업체들은 자율성 기술을 개선하는 데 도움이 될 만한 많은 데이터를 수집할 수 있다. 또한 자율성 덕에 충전 과정이 자동화되고, 따라서 아파트 거주자들 입장에서는 전기 자동차를 소유하는 게 더 매력적인 옵션이 되고 있다. 또 자율성과 자동차 함께 타기 덕에 사람들이 전기 자동차를 구입하는 게 더 수월해지고 있다.

옥상 태양열과 전기 자동차의 관계는 술집의 땅콩과 같다. 옥상에 태양열 장치를 설치한 주택 소유주들은 곧 그렇게 절약한 전기를 자신의 자동차에 활용하고 싶다는 생각을 하게 될 것이고, 전기 자동차를 구입한 운전자들은 자신의 자동차에 어떻게 청정에너지를 공급할 것인가를 생각할 것이기 때문이다. 이 다섯 가지 트렌드 간의 시너지 효과는 복잡하고 아직 제대로 이해되지도 못하고 있으며 이 책에서 다룰 주제도 아니다. 중요한 건 이 트렌드들은 서로 상호 보완 작용을 하며, 비용이 떨어지고 규모의 경제가 커지면서 점점 가속화되고 있다는 것이다. 지금 전기 자동차의 생태계가 형성 중인데, 이 생태계는 자동차 제조업체들과 부품 제조업체들(대형 공급업체들과 소규모 신생 기업들), 충전 서비스 공급업체 등으로 이루어져 있다. 이 모든 것은 하드웨어 제작업체들, 소프트웨어 개발업체들, 금세기 초에 오늘날의 인터넷을 만들어 낸 통신 인프라 제공업체 등이 들어

차 있는 온상을 연상케 한다.

전기 자동차 분야의 폭넓음과 전 세계적인 특성, 기술 발전의 빠른 속도 등을 제대로 이해한다면 전기 자동차가 곧 전 세계 교통 시스템을 완전히 뒤바꿔 놓을 거라는 사실 또한 확실히 알 수 있다. 또한 필연적으로 이런 결론을 내리게 될 것이다. 위에서 언급한 다섯 가지 주요 트렌드 측면에서 봤을 때, 테슬라는 그중 네 가지 트렌드(전기화, 자율성, 연결성, 옥상 태양열) 측면에서 늘 업계 리더였고, 지금도 그렇다. 그리고 테슬라는 그들이 다섯 번째 트렌드(자동차 함께 타기) 측면에서도 주도적인 역할을 할 거라고 공언하고 있다.

테슬라가 설립된 2003년에는 이런 일들이 전혀 일어나지 않았다. 전기 자동차 시장에서 테슬라는 혼자였고 소비자들은 여전히 전기 자동차라고 하면 장난감 같은 조그만 골프 카트를 떠올렸다. 이제 그런 시각은 이미 시대에 뒤떨어진 고리타분한 것이 되었다. 리튬 이온 배터리를 이용해 아주 강력하면서도 운전할 맛 나는 전기 자동차를 만드는 게 가능해진 것이다. 그러나 저렴한 비용으로 그런 자동차를 만들 수는 없었다. 그 당시에도 이론적으로 고성능 전기 자동차를 제작하는 건 가능했지만, 그렇게 만들어진 전기 자동차는 그야말로 소수의 환경주의자들에게나 어필할 수 있는 고가의 부티크 제품이었다. 일론 머스크와 그의 친구들은 머릿속에 훨씬 더 큰 그림을 그리고 있었다. 일반 대중을 위한 자동차를 만들고 싶었던 것이다. 그러나 자동차 가격을 적절한 선까지 끌어내리려면 대량 생산을 하는 수밖에 없고, 또 자동차를 대량 판매하려면 자동차를 적절한 가격에 파는 수밖에 없다. 이런 딜레마 때문에 거대 자동차 제조업체들도 전기 자동차 시장에서는 제대로 힘을 쓰지 못하는 것이다.

이에 대해선 후에 좀 더 자세히 얘기할 기회가 있겠지만, 머스크와 그의 친구들은 이 문제를 극복할 3단계 전략을 갖고 있었다. 먼저 소량 생산해 아주 비싼 가격에 팔 수 있는 고급 전기 자동차(로드스터)부터 시작해, 그 과정에서 배운 것들을 활용해 좀 더 많이 팔 수 있는 보다 나은 전기 자동차(모델 S)를 만들고, 그런 뒤 규모의 경제를 통해 중급 수준의 전기 자동차를 대량 생산해 대량 판매한다는 것이 기본 아이디어다. 머스크는 농담 삼아 '비밀' 계획이라며 이런 얘기를 하곤 했지만, 사실 수년간 여러 차례 아주 자세히 설명한 셈이다.[36]

지금까지 머스크와 그의 친구들은 그런 전략에 따라 1단계와 2단계를 대범하게 밟아 왔으며, 이제 3단계를 달성하려 하고 있다. 앞으로 어떤 일이 일어나든, 테슬라 팀은 이미 자동차의 역사를 새로 썼다. 아니 그 이상이다. 훗날 자동차 역사에서 테슬라의 등장은 어쩌면 조립 라인 방식에 의한 대량 생산이라는 헨리 포드의 혁신만큼이나 중대한 사건으로 기록될지도 모른다. 그 영향력은 광범위하게 미칠 것이다. 소비자들은 더 멋진 운전을 즐기고, 값싸면서도 더 오래 가는 자동차를 갖게 될 것이다. 자율성과 연결성 덕에 자동차들은 과거 그 어느 때보다 더 안전하고 더 편리해져 언젠가는 교통사고로 죽는 경우가 오래전에 정복한 질병으로 죽는 경우보다 더 보기 힘들어질지도 모른다. 게다가 지금 전기 자동차 분야의 기술과 재생 에너지 분야의 기술이 함께 발전하고 있어, 아마 앞으로 우리는 자연을 파괴하지 않고도 그런 기술들의 열매를 계속 따먹을 수 있을 것이다.

이 모든 일이 아마 테슬라의 선각자인 일론 머스크에게는 아주 흡족한 일일지언정 전혀 놀라운 일은 아닐 것이다. 왜냐하면 그는 여러 해 전 사업을 시작하면서 부유하면서도 강력한 인물이 되기보다는 세상을 더 좋게 변화시키자는 목표를 세웠기 때문이다.

# 2 테슬라의 비밀 병기, 일론 머스크

테슬라를 폄하하는 사람들이 종종 말하듯, 테슬라가 급부상한 것이 순전히 공동 설립자 겸 CEO인 일론 머스크의 유명세 덕일 수도 있다고 믿는다면, 그건 정말 너무나 단순한 생각이다. 일론 머스크도 종종 겸손하게 하는 말이지만, 다른 많은 사람의 공도 아주 컸다고 봐야 할 것이다. 게다가 주식을 통해 일반에 공개된 자동차 및 에너지, 기술 기업인 테슬라같이 복잡한 사업체를 단 한 사람이 좌지우지할 수 있다고 보는 것 자체가 말이 안 된다.

그러나 어쨌든 일론 머스크 없는 테슬라는 생각할 수 없다. 그는 멀리 내다보고 큰 그림을 그리는 능력과 재무 관리 능력이 뛰어나고, 그런 능력이 동료들의 현명한 기술적 결정들과 잘 어우러져 좋은 결실을 맺게 된 것이다. 그리고 그의 개인 재산과 카리스마와 폭넓은 인간관계가 테슬라를 두어 차례 실패의 늪에서 건져 올려 주었다는 사실 또한 부인할 수 없다.

일론 머스크는 그야말로 주문 제작된 듯한 미국의 영웅이다. 그는 어린 나이에 꿈의 나라 미국으로 건너온 이민자이며, 단순히 돈을 많이 벌기보다는 세상을 변화시키고 싶어 하는 이상주의자이고, 자신의 그런 꿈을 실현하는 데 필요한 원대한 계획은 물론 그 꿈이 실현되는 걸 보고야 말겠다는 집요함도 갖고 있다. 그는 또 마르지 않는 아이디어의 샘으로, 머릿속에 늘 뭔가 새로운 원대한 계획이 들어 있는 듯하다. 또한 언변이 좋은 데다 자신에게 쏟아지는 세상의 스포트라이트를 전혀 불편해하지 않으며, 언제든 뭔가 할 얘기가 있고, 그런 말을 하는 걸 전혀 쑥스러워하지도 않는다.

## 어린 시절

일론 리브 머스크Elon Reeve Musk는 1971년 6월 28일 남아프리카공화국의 프리토리아에서 태어났다. 아버지 에롤 머스크Errol Musk는 전기 및 기계 엔지니어였고,[1] 어머니 메이Maye는 영양 컨설턴트 겸 패션모델이었다. (그녀는 지금까지도 모델 일을 계속하고 있다.)

일론 머스크의 외할아버지 조슈아 홀드먼Joshua Haldeman은 모험을 아주 좋아했고, 그래서 가족을 이끌고 캐나다에서 한 번도 가 본 적 없는 남아프리카공화국으로 이주했다. 홀드먼은 어린 메이와 그녀의 오빠를 데리고 오랜 오지 여행을 떠나기도 했고, 한번은 자신의 자가용 비행기를 타고 호주까지 날아가기도 했다. 어린 일론 머스크는 그런 외할아버지의 탐험을 슬라이드 쇼로 보며 자랐다.

머스크 집안은 물질적으로 아주 풍요로웠다. 일론 머스크는 많은 책을 읽었고, 형제들(남동생 킴발과 여동생 토스카)과 함께 자주 해외여행을 다니곤 했다.

그러나 일론 머스크의 어린 시절은 대체로 그리 행복하지는 못했던 것 같다. "좋은 일들이 없었던 건 아니지만, 그렇다고 행복한 어린 시절도 아

테슬라 모터스의 CEO 일론 머스크는 세상을 더 좋게 변화시키겠다는 원대한 꿈을 현실로 만들어 내고 있는 혁신가다.

니었습니다." 그가 전기 작가 애슐리 반스<sup>Ashlee Vance</sup>에게 한 말이다. 우리 대부분이 그렇듯, 일론 머스크 역시 아버지와의 관계가 복잡하고 미묘했다. 일론 머스크의 부모는 그가 아홉 살쯤 됐을 때 이혼했다. 일론과 킴발은 결국 아버지와 함께 살기로 결정했다. 아버지 에롤 머스크는 성격이 아주 강한 사람이었고, 아들들에게 공학 및 다른 학문들을 많이 가르쳤다. 그의 성격은 어두운 면도 있어서 '삶을 비참하게 만드는 일에 능했다.' 집안 식구들 중 누구도 더 자세한 얘기를 하고 싶어 하지 않지만, 일론과 킴발은 아버지가 심리적 학대를 할 수도 있는 사람이라는 언질을 주곤 했다.

어린 일론 머스크가 불행했던 또 다른 이유는 학교 환경이 폭력적이었기 때문이다. 책을 좋아하고 똑똑했던 어린 일론 머스크는 아이들에게 늘 왕따를 당했다. 한번은 거친 아이들한테 너무 심하게 맞아 나중에 코 성형 수술을 받아야 할 정도였다.[2]

생전 처음 컴퓨터를 본 어린 일론 머스크는 바로 컴퓨터의 매력에 푹 빠졌다. 그런데 아이러니하게도 그의 아버지는 자신이 엔지니어이면서도 컴퓨터에 반감 같은 것을 가지고 있었다. "아버지는 컴퓨터가 아무짝에도 쓸모없는 물건이라면서 컴퓨터를 사는 것은 물론 컴퓨터를 쓰지도 못하게 하셨습니다. 그래서 난 결국 조금씩 돈을 모아 컴퓨터를 살 수밖에 없었는데…… 내가 용돈을 저축하는 걸 보시곤 결국 돈을 조금 보태 주셨습니다."[3]

머스크는 어린 시절부터 사업가적인 기질이 있었고 최신 기술에 능했다. 그리고 다른 많은 남자애들과 마찬가지로, 컴퓨터 게임에 푹 빠졌다. 그러나 그러면서 무위도식한 게 아니라, 그는 프로그래밍 분야에 파고들었다. 그가 처음 사용한 컴퓨터는 코모도어<sup>Commodore</sup>사에서 나온 8비트짜리 코모도어 VIC −20이었다. 열두 살이 되던 해, 일론 머스크는 〈블래스타 <sup>Blastar</sup>〉라는 우주 비디오 게임을 만들었다. 당시 인기 있던 게임 〈아스테로

이즈Asteroids〉와 〈스페이스 인베이더스Space Invaders〉를 합쳐 놓은 듯한 그 게임을 그는 500달러를 받고 한 컴퓨터 잡지에 팔았다. 그런 다음 사업가 기질을 발휘해 그 돈을 한 제약 회사 주식에 투자해서 나중에 제법 큰 이익을 남기고 팔았다.[4]

일론과 그의 남동생 킴발은 전자오락실을 열겠다는 큰 꿈을 가지고, 실제로 한 건물을 임대하기까지 했다. 그러나 전자오락실을 하려면 성인의 서명이 필요했는데, 부모님은 두 10대의 사업 계획을 용인하지 않았다.[5]

남아프리카공화국의 프리토리아 남자 고등학교를 졸업한 뒤, 1988년 열일곱 살이던 일론 머스크는 집을 떠났다. 당시 남아프리카공화국의 모든 남자는 의무적으로 일정 기간 군 복무를 해야 했다(그 제도는 1994년에 폐지되었다).[6] 그런데 군의 주요 임무 중 하나는 아파르트헤이트*에 앞장서는 것이었고, 그는 그것이 너무 싫었다. "군 복무 자체는 별문제 없었지만, 흑인들을 억압하는 남아프리카공화국 군인 생활을 하는 건 그야말로 시간 낭비라고 생각했어요." 그러나 일론 머스크는 평화주의자는 아니어서 이런 말을 했다. "잘못된 일을 하지 않는 한, 군대 자체는 제게 아주 잘 맞아요."[7]

큰 포부를 가진 다른 많은 젊은이들이 그랬듯, 머스크 역시 기업 활동을 하기에 좋은 미국으로 가고 싶어 했다. "위대한 일들을 이룰 수 있는 곳이니까요. 전 너무 심할 정도로 친미적이에요."[8]

캐나다에서 태어난 어머니 덕분에 그는 캐나다 거주 허가증을 받을 수 있었다. 부모는 그가 집을 떠나 외국에 가는 걸 막으려 했으나, 그의 결심이 워낙 확고해 결국 캐나다로 보냈다. 그는 잠시 캐나다 여기저기를 돌아다니다가 오랜 시간 버스를 타고 밴쿠버까지 갔다. 그런 다음 마침내 온타

* 예전 남아프리카공화국의 인종 차별 정책

리오주 킹스턴의 퀸스대학교에 들어가 2년을 보냈다. 그러나 수업은 거의 듣지 않았으며, 집에서 혼자 책을 읽고 시험 볼 때만 강의실에 나타났다.

젊은 학생들이 종종 그렇듯, 일론 머스크 역시 자기 자신만의 독특한 요리법들을 개발했다. "나는 하루 1달러도 안 되는 돈으로 괴혈병에 걸리지 않고 살기 위해 다양한 실험을 했어요." 그는 빙그레 웃으며 이렇게 말을 이었다. "예를 들면 피망 3분의 1개만 가지고도 스파게티 소스를 만들 수 있죠. 25센트나 30센트만 있으면, 소시지와 빵 한 덩어리를 사서 핫도그를 만들어 먹을 수 있고요."[9]

퀸스대학교에서 일론 머스크는 첫 번째 부인인 저스틴 윌슨Justine Wilson을 만났다. 두 사람은 졸업한 뒤 각자의 길로 갔지만, 나중에 다시 만나 2000년에 정식으로 결혼했다.

1992년 일론 머스크는 미국 펜실베이니아대학교에 들어가, 그곳의 와튼 경영대학원에서 학사 학위를 받은 다음, 다시 물리학으로 두 번째 학사 학위를 받았다.[10]

"학비가 감당 못할 만큼 비쌌는데…… 다행히 장학금을 받았고…… 그래서 일을 해 생활비와 책값만 벌면 됐어요. 제 관심 분야는 양자물리학과 재료과학이 뒤섞인 고에너지-밀도 충전기 물리학 분야였어요."[11]

일론의 대학 시절 이야기를 들어 보면, 훗날 그가 보인 성격의 일면들이 그대로 드러난다. 그의 남동생 킴발은 일론을 따라 캐나다로 이주해 퀸스대학교에서 공부했다. 두 사람은 불쑥불쑥 저명한 사람들을 만나 인터뷰를 하곤 했다. 캐나다 노바 스코티아 은행의 한 중역이 그들 중 하나로, 그는 대담하고 투지 넘치는 두 사람에게 워낙 큰 감명을 받아 인터뷰를 허락해 주었을 뿐 아니라 일론에게 인턴 일자리까지 제공했다.[12]

펜실베이니아대학 시절 일론은 울트라캐패시터ultracapacitor(막대한 에너지 저장 및 신속한 방출이 가능한 일종의 반도체)에 대한 논문을 썼다. 일론 의 담당 교수는 기술적인 측면뿐 아니라 재정적인 면들까지 면밀히 검토한 걸 보고 칭찬을 아끼지 않았다. 한 사람이 과학적인 지식과 재정적인 감각 을 두루 갖춘 경우는 드문데, 그런 재능이 훗날 일론 머스크가 성공하는 데 중요한 열쇠가 된다. 어쨌든 그런 재능이 아주 젊은 시절부터 나타났다는 게 흥미롭다.

실리콘 밸리가 손짓을 했다. 일론 머스크는 스물세 살 때 스탠퍼드대학 교에 들어갔는데, 원래 계획은 거기서 응용물리학과 재료과학 박사 학위를 받는 것이었다. 그런데 당시 인터넷 시장이 한창 뜨겁게 달아올라 젊은이 들이 대학 기숙사 방에서 세상을 변화시킬 아이디어를 짜내 돈방석에 앉고 있었다. 일론 머스크에게 그것은 뿌리치기 힘든 유혹이었다. 결국 그는 스 탠퍼드대학교에서 첫 수업도 듣기 전에 학교를 그만두고 자기 사업을 시작 했다. 처음에는 한 학기만 공부를 미룰 계획이었다. "대부분의 사업이 실패 하잖아요. 그래서 나는 실패한다 해도 좋은 경험이 될 것이고, 잃을 게 없 다고 생각했어요." 뛰어난 젊은 공학도를 여러 명 배출한 그의 지도 교수는 이렇게 말했다. "그는 절대 다시 돌아오지 않을 거라고 했는데, 그게 우리 가 나눈 마지막 대화였어요. 조만간 연락 한번 해 봐야겠네요."[13]


**집투**

1995년 일론과 킴발은 집투Zip2라는 회사를 설립했다.[14] 당시 신문사나 출 판사들은 이제 막 인터넷 세계에 눈뜨기 시작할 무렵이어서 온라인 접속 의 필요성을 알면서도 어떻게 해야 좋을지 방법을 모르고 있었다. 그리고 일부 선각자들은 지역 인터넷 콘텐츠의 잠재적 중요성을 알아보기 시작했다. 머스크 형제는 지도 제작 소프트웨어 애플리케이션인 업종별 전화번호부 CD-ROM을 가져다가 일론의 코딩 기술을 더해서 온라인 시내 안내 프로그램을 만들었다. 사용자들은 그 프로그램을 이용해 현지 기업체들이 지도상에서 정확히 어디에 위치해 있는지 찾아볼 수 있었다.

초창기에는 형편이 아주 안 좋았다. 일론 머스크는 주머니가 말랐고, 갚아야 할 학자금 대출까지 있었다. 아파트와 사무실을 다 가질 형편이 안 되었기 때문에 그는 아주 싼 사무실을 임대했고, 잠은 간이침대에서 잤으며, 샤워는 YMCA 시설을 이용했다.[15]

그들은 곧 유명한 벤처 자본가 스티브 저벳슨Steve Jurvetson을 만났는데, 두 사람의 협력 관계는 그 뒤로도 한동안 계속되었다. 스티브 저벳슨은 '아주 앳된 얼굴의' 일론 머스크와 킴발 머스크가 1996년 자신에게 집투 사업 계획을 설명하던 일을 지금까지도 잊지 않고 있다.[16]

스티브 저벳슨은 두 젊은 기업가가 실리콘 밸리 신생 기업으로 자리 잡아 가는 걸 도와주었는데, 일론 머스크는 곧 투자자들의 마음을 사로잡는 그 특유의 놀라운 재능을 발휘했다. 집투는 뉴욕 타임스, 나이트 리더Knight-Ridder, 소프트뱅크Softbank, 허스트Hearst 같은 지명도 높은 기업들로부터 투자를 유치했다. 전성기 시절, 집투는 「뉴욕 타임스」의 지역 안내 사이트인 '뉴욕 투데이'를 비롯해 「시카고 트리뷴」과 허스트 가문의 다른 신문들, 그리고 타임스 미러, 퓰리처 출판Pulitzer Publishing 체인 등 180개 이상의 온라인 도시 안내 사이트를 운영했다.[17]

어느 시점에선가 집투는 당시 비슷한 온라인 도시 안내 사이트를 운영하고 있던(지금도 여전히 운영하고 있음) 시티서치CitySearch와의 합병을 고려한 적이 있다. 그러나 지금 와서 생각하면 잘된 일인지도 모르지만, 그 거래

일론 머스크(우)와 스티브 저벳슨(좌). 스티브 저벳슨은 실리콘 밸리 최고의 벤처 투자자 중 한 명으로 일론 머스크와 중요한 협력 관계를 유지하고 있다.

는 성사되지 않았다.

2000년대로 넘어오기 직전, 포털 사이트들은 가장 유망한 '차세대 대박 상품'이었고, 미디어 관련 기업들은 온라인 콘텐츠를 확보할 목적으로 자신보다 규모가 작은 콘텐츠 제공업체들을 앞다퉈 사들였다. 미국 컴퓨터 기업 컴팩Compaq은 검색 엔진 알타비스타AltaVista를 사들여 최고의 웹 포털 사이트로 키우고 싶어 했다. 그리고 그해에 컴팩의 알타비스타 부문은 현금 3억 700만 달러에 주식 옵션 3400만 달러를 제공하는 조건으로 집투를 사들였다.

당시 일론 머스크가 보유하고 있던 주식은 2200만 달러로 알려져 있었는데,[18] 스물여덟 살 젊은이가 여생을 아주 편안하게 살고도 남을 거액이었다. 그가 그 돈으로 제일 먼저 산 것 중 하나가 매클래런 F1McLaren F1이었다. 그 당시 최고 성능 자동차로 꼽히던 그 자동차를 몰고 그는 캘리포니아 주 일대 도로를 질주하는 '모험'을 원 없이 즐겼다. (그런 모험은 이후 여러 해 동안 그의 일상이나 다름없었으나, 2012년 자동차 사고가 나면서 중단됐다.)[19] 그다음엔 은퇴해 섬 하나를 사서 마이타이나 홀짝이며 보낼 수도 있었겠지만, 그는 그런 일에는 전혀 마음이 끌리지 않았다고 했다.[20]

집투는 괄목할 만한 발전을 했지만 세상을 변화시키지는 못했기에, 일론 머스크는 지체 없이 그다음 사업에 착수했다. 소위 말하는 '연쇄 창업가'의 전형적인 모습을 보여 준 것이다.

일론 머스크가 회사를 창업하고 운영하는 일을 좋아한다는 건 의심할 여지가 없지만, 그것이 단순히 막강한 재력을 얻기 위해서만은 아니다. 인터뷰 자리에서 여러 차례 밝혔듯이, 그의 목표는 혁신하고 변화시키고 세상을 바꾸는 것이다. 젊은 시절 일론 머스크는 인류의 미래에 가장 큰 영향을 미칠 세 가지 중요한 분야를 꼽았는데, 하나는 인터넷이고 나머지는

청정에너지와 우주였다.[21]

일론 머스크는 2008년 한 인터뷰에서 자신이 헨리 포드의 온이노베이션OnInnovation 프로젝트에서 영감을 받았다는 얘기를 한 적이 있다. "나는 에디슨이야말로 확실한 롤 모델, 그러니까 가장 위대한 롤 모델 가운데 하나라고 생각합니다. 우리 자동차 회사 이름이 테슬라인 것은…… 우리가 교류 유도 전동기를 이용하고 있는데, 그것을 테슬라*가 만들어 냈기 때문입니다. 테슬라는 더 큰 대우를 받아야 할 인물이죠. 하지만 이런저런 걸 감안할 때, 나는 사실 테슬라보다는 에디슨의 팬입니다. 에디슨은 자신의 발명품들을 시장에 내놓아 세상 사람들이 쓸 수 있게 했지만, 테슬라는 그러지 못했거든요. 그러나 어쨌든 테슬라는 분명 위대한 인물입니다. 나는 또 애플의 스티브 잡스와 마이크로소프트의 빌 게이츠를 위대한 과학 기술자로 봅니다. 월트 디즈니 역시 아주 위대한 혁신가였다고 생각합니다."[22]

## 페이팔

1999년 인터넷 분야가 한창 붐을 이루면서 야심만만한 사이버 세계 탐사자들은 앞다투어 노다지를 캐러 나섰고, 현실 감각이 뛰어난 사업가들은 그들에게 삽과 곡괭이를 팔아 떼돈을 벌었다. 통찰력 있는 사람이라면 누구든 인터넷이 비즈니스 세계를 뒤바꿔 놓을 잠재력을 갖고 있다는 걸 알 수 있었지만, 기존 대기업들은 적시에 기회를 잡는 데 실패했다. 그 이유를 설명한 책은 얼마든지 많으므로, 여기서 굳이 그 얘기를 반복하지는 않

• 에디슨과 같은 시대에 활동했던 위대한 발명가 니콜라 테슬라Nikola Tesla를 가리킨다.

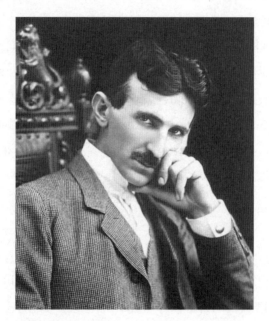

니콜라 테슬라

겠다. 어쨌든 기존 대기업들은 그 기회를 보지 못한 데다 인터넷 관련 사업은 누구나 쉽게 시작할 수 있었기 때문에(번뜩이는 아이디어에 피자와 카페인이 들어간 음료수만 있으면 된다), 당시 유행한 캐치프레이즈 중 하나인 '고정관념을 깨라'를 실천할 수 있는 사람들에게는 그야말로 기회의 문이 활짝 열려 있었다.

일론 머스크는 앞날에 대한 비전이 있었고, 자신의 아이디어를 개발해 상품화하는 일은 물론, 그 아이디어를 빠른 속도로 사업화해 나갈 수 있게 재정적인 뒷받침을 하는 일에도 경험이 있었다. 그래서 그는 그다음 온라인 금융 서비스 분야로 손을 뻗어 1999년 3월에 엑스닷컴X.com을 설립했다.

일론 머스크의 원래 계획은 예금 및 뮤추얼 펀드를 비롯한 다양한 금융 서비스를 한자리에서 해결하는 '원스톱 숍'을 구축하는 것이었다. 그러나 그는 곧 캘리포니아주 팰로앨토 유니버시티 애버뉴에 있던 자기 회사 근처의 다른 신생 기업에 큰 관심을 보였다. 그 신생 기업은 스탠퍼드대학교 신문인 「스탠퍼드 리뷰Stanford Review」와 일리노이대학교 출신들이 설립한 컨피니티Confinity로, 한 포켓용 컴퓨터에서 다른 포켓용 컴퓨터로 돈을 송금하는 시스템을 개발해 운용하고 있었다. 일론 머스크의 엑스닷컴과 마찬가지로, 컨피니티는 개인 대 개인P2P 이메일 송금 서비스를 제공하고, 그러기 위해 페이팔PayPal이라 불리는 뛰어난 온라인 결제 시스템을 개발했다.

머지않아 '전자 상거래e-commerce'라고 불리게 된 온라인 매매의 가능성에 대해서는 누구나 쉽게 내다볼 수 있었지만, 당시에는 그 전자 상거래를 어렵게 만드는 몇 가지 장애물이 있었다. 그 장애물 중 일부는 실제적인 것이었고, 일부는 가상적인 것이었다. 그리고 가상적인 장애물 중 하나는 인터넷상에서는 편리하게 돈을 주고받을 방법이 없다는 생각이었다. 이미 온라인상에서 완벽하게 활용되는 정교하고 성숙된 결제 방식, 즉 신용 카드가 있었지만 그 신용 카드에도 두어 가지 한계가 있었다.

그 당시에는 신용 카드 결제가 허용되려면 판매자는 신용 카드 가맹점 계좌라는 걸 가지고 있어야 했는데, 그 계좌는 순전히 신용 카드 교환소가 판매자와 자금과 정보를 교환하는 걸 가능하게 해 주는 사업용 계좌였다. 대기업이나 중견 기업은 신용 카드 가맹점 계좌를 내는 게 별일 아니지만, 영세 기업이나 개인 입장에서는 비용도 많이 들고 복잡한 일이었다.

그 당시 크게 다가왔던 또 다른 문제는 온라인 안전 문제였다. 충분히 이해가 갈 만한 일이지만, 구매자들이 순전히 웹사이트를 통해 알게 된 판매자나 온라인에서 뭔가 팔려고 하는 개인에게 자신의 신용 카드 번호와 다른 개인 정보가 노출되는 걸 꺼리기 때문이었다.

페이팔은 그 두 가지 문제를 말끔히 해결해 주었다. 판매자는 신용 카드 가맹점 계좌를 만들지 않고도 신용 카드를 받아들일 수 있게 되었고, 구매자는 자신의 신용 카드 번호나 다른 개인 정보를 노출하지 않고도 신용 카드나 은행 계좌 등을 이용해 이메일 주소로 누구에게든 돈을 보낼 수 있게 된 것이다. 페이팔은 곧 인터넷에서 가장 중요한 요소 중 하나가 되었고, 전자 상거래의 폭발적인 발전을 이끌어 냈다.

회사를 설립한 지 1년 정도 지났을 때 엑스닷컴과 컨피니티는 합병했고, 일론 머스크는 새로운 회사로 재편해 여기에 모든 힘을 집중했다. 그리고 2001년 2월에 회사 이름도 페이팔로 바꿨다. 당시 페이팔은 이미 400만 고객을 확보하고 있었고, 온라인 경매업체 이베이eBay에서 이루어지는 경매의 50퍼센트를 소화할 만큼 막강한 온라인 결제 기관이 되어 있었다.

늘 그렇듯 일론 머스크는 거대한 제국을 건설하고 싶다는 자신의 포부를 공공연히 밝혔는데, 다만 현재의 힘을 이용하기보다는 그 힘에 도전함으로써 그런 제국을 건설하고 싶어 했다. "우리의 장기적인 목표는 1조 달러 거래를 처리하는 겁니다." 그가 월간지 『아메리칸 뱅커*American Banker*』와의 인터뷰에서 한 말이다. "시티뱅크, 뱅크오브아메리카, 그리고 웰스파고는 걱정할 게 거의 없습니다. 우리가 기쁜 마음으로 고객을 그들의 온라인 사이트로 몰아줄 거니까요."[23]

페이팔 이야기는 나중에 일론 머스크가 테슬라에 적용해 큰 성공을 거둔 전략의 서막이기도 하다. 그는 페이팔 기술을 개발한 사람도 아니고, 페이팔의 잠재력을 알아본 유일한 사람도 아니었다. 그러나 그는 크게 생각할 줄 알았고, 그 생각을 실현할 줄도 알았다. 그리고 그는 오늘날 흔히 '바이럴 마케팅*viral marketing*'•이라 부르는 마케팅 기법을 만들어 냈다. 이것은 새로운 고객을 소개해 주는 고객에게 10달러를 주는 마케팅 기법으로, 폭발적인 성장을 이끌었다. 그런 다음 그는 금융 시장에 대한 자신의 식견을 활용해 2002년 2월 주식을 상장해, 페이팔을 대번에 주가 총액 12억 달러의 탄탄한 기업으로 바꿔 놓았다. 여기저기서 다른 인터넷 기업들이 문을 닫고 철수하던 시절에 거둔 성과였다.[24]

페이팔은 경매 사이트 이베이에게 없어선 안 될 엄청난 조력자였다. 그래서 이베이는 2002년 10월 페이팔을 인수하기로 결정하고 15억 달러의 주식을 매입해 페이팔을 인수한다. 페이팔의 최대 주주였던 일론 머스크는 주식 11.7퍼센트를 쥐고 있어, 그 거래를 통해 총 1억 8000만 달러를 손에 넣었다.

세상을 바꾸고 엄청난 부를 축적한 일론 머스크는 이번엔 섬 하나가 아니라 제도諸島를 사들일 수도 있었다. 그러나 그가 이번에 사들인 것은 카

---

• 블로그나 카페 등을 통해 소비자들에게 자연스럽게 정보를 제공해 기업의 신뢰도 및 인지도를 올리고 구매 욕구를 자극하는 마케팅 방식

리브해의 해변도 아니요 영국 전원에 있는 대저택도 아닌, 대기권 밖 우주 공간이었다. 그는 페이팔 주식 상장 직후 2002년 6월, 자신의 다음 회사 스페이스 익스플로레이션 테크놀로지스Space Exploration Technologies(일명 스페이스X)를 설립했다.

## 스페이스X

일론 머스크가 젊은 시절 인류의 미래에 가장 큰 영향을 미칠 세 가지 분야 중 하나로 우주를 꼽았던 것을 상기해 보라. 그가 어렸을 때만 해도, 우주에 대한 꿈을 가진 사람은 우주 비행사 아니면 정부의 우주 관련 기관에서 일하는 과학자가 되어야 했다. 그러나 금세기에 들어오면서 우주 탐사의 미래가 정부의 손에서 민간 기업가들의 손으로 넘어왔다. 역사가 또다시 원대한 포부를 가진 일론 머스크에게 일생일대의 기회를 준 것이다.

SF 작가 아이작 아시모프Isaac Asimov는 미래를 내다보는 생각을 많이 했다. 로봇이 지배하는 세상, 사람들이 서로 직접 만나는 일 없이 온라인상에서만 교류하는 사회 등이 그 좋은 예다. 그리고 인류가 우주여행을 즐길 수 있게 되느냐 아니냐는 한 개인의 숙명적 결정에 달려 있다는 것이 그의 책에 두어 차례 등장하는 주제였다.

일론 머스크는 언젠가 영국 일간지 「가디언」과의 인터뷰에서 자신은 아이작 아시모프의 『파운데이션 Foundation』25 시리즈에 영향을 받았다는 말을 한 적이 있다. "에드워드 기번Edward Gibbon의 『로마 제국 쇠망사 Decline and Fall of the Roman Empire』 미래 버전이라고나 할까요. 만일 여러분이 로마 제국의 전성기에 살고 있다면, 로마 제국의 멸망을 막기 위해 어떻게 해야 할까요,

2013년 3월 1일 스페이스X의 팰컨 9 로켓으로 발사된 드래곤 우주선은 국제우주정거장ISS에 최초의 화물을 운반했다.

어떤 조치를 취할 수 있을까요?"[26]

"우리는 소행성이나 거대 화산 때문에 멸망할 수도 있지만, 유전자 조작 바이러스, 핵전쟁, 위험천만한 마이크로 블랙홀, 아직 알려지지 않은 기술 등에 의해 멸망할 수도 있습니다. 과거 공룡들보다 더 많은 위험 요소에 둘러싸여 있는 거죠. 그래서 우리 인류는 조만간 푸른빛을 띤 이 조그만 지구 너머로 삶을 확대해야 합니다. 그렇지 않으면 멸종될 겁니다. 그런데 그걸 가로막는 게 뭐죠? 어처구니없게도 그건 신뢰할 수 있고 재사용 가능한 커다란 로켓들인데…… 항공사들은 비행기를 재사용할 수 있기 때문에 존재합니다. 그런데 우주 왕복선 같은 예외도 있지만, 로켓은 한 번밖에 못 쓰죠. 어쨌든 우리는 이 문제를 해결해야 하고 유인 우주 비행 비용을 100분의 1로는 줄여야 합니다. 제가 스페이스X를 설립한 이유도 바로 그것입니다."[27]

그는 「로스앤젤레스 타임스」에 이런 말도 했다. "로켓은 진짜 멋져요. 거부할 수가 없죠."

일론 머스크의 스페이스X를 회의적으로 보는 사람들은 없었을까? 물론 있었다. 2003년 「로스앤젤레스 타임스」에는 이런 글도 실렸다. "그는 머리 좋은 젊은이로 돈도 엄청 많이 벌었지만, 로켓 발사 사업 분야엔 이런 말이 있습니다. '백만장자가 되는 방법은 10억 달러를 가지고 사업을 시작하는 것이다.'*" 로켓 엔지니어이자 컨설턴트 회사 임원인 마셜 캐플런Marshall Kaplan의 말이다.

우주 항공 싱크 탱크인 글로벌시큐리티GlobalSecurity.org의 찰스 빅Charles Vick

---

• 10억 달러로 시작한 사업이 100만 달러 규모로 줄어들 만큼 로켓 발사 사업은 위험 부담이 크다는 뜻이다.

은 '통신 산업의 붕괴'로 규모가 작은 상업용 위성조차 계약하기 힘들어졌다고 했다. 통신 산업의 붕괴? 그렇다. 2003년에는 상황이 그렇게 돌아갔다.

우주 항공 분야에서 잔뼈가 굵은 전문가로 2002년 6월 회사 설립 당시 스페이스X에 합류한 톰 뮬러Tom Mueller는 지금은 널리 알려진 일론 머스크의 공식을 이렇게 설명했다. "제 경우 다른 기회도 여럿 있었는데, 일론이 연락했을 때 다른 사람들과 확연히 다르다는 걸 알 수 있었어요. 다른 사람들은 헬리콥터 날개라든가 어떤 기적 같은 기술 등 늘 뭔가 관심을 끌만한 복안을 갖고 있거든요. 하지만 일론은 그저 이미 나온 기술 가운데 최고의 기술을 확보하고, 간단한 비행체를 만들고, 제대로 된 로켓 추진체를 사용하고 싶어 했어요."[28]

이미 만들어진 로켓을 구입해야겠다는 생각으로 일론 머스크는 러시아를 두어 차례 찾아갔다. 거기서 탄두를 제거한 대륙간탄도미사일ICBM 두 기를 구입하려고 한 것이다. 대륙간탄도미사일이 정말 판매되고 있었다. 그는 러시아에서 이런저런 흥미로운 모험도 했지만, 결국 직접 로켓을 제작하는 게 더 낫고, 그래야 비용도 훨씬 더 줄일 수 있겠다는 결론에 도달했다.[29]

이번에도 일론 머스크는 이미 믿을 만하다고 입증된 자신의 방법을 쓸 준비를 했다. 이미 존재하는 기술들 가운데 최고의 기술을 받아들여 가차없이 비용을 줄이고 금융 노하우도 동원해 경쟁 회사 제품들보다 월등히 나은 제품을 만들어 낸 것이다. 그리고 그런 방법은 이번에도 통했다.

2008년 NASA는 스페이스X와 16억 달러 규모의 계약을 체결했다. 2011년에 퇴역하는 우주왕복선 대신 스페이스X의 팰컨 9 Falcon 9 로켓과 드래곤 Dragon 우주선을 이용해 국제우주정거장에 12회 비행하기로 한 것이다. 그 뒤 스페이스X는 2009년 9월 팰컨 1이 지구 궤도 안에 위성을 쏘아 올린 최초의 민간 로켓이 됨으로써 새로운 역사를 썼고, 2012년 5월에

스페이스X의 차세대 우주선 드래곤 2는 최초의 민간 우주선 드래곤을 기초로 하여 7인승 유인 우주선으로 개발되었으며, 기존 우주선과 달리 어디든 원하는 곳에 착륙할 수 있고 여러 번 재사용할 수 있다.

는 드래곤 우주선이 국제우주정거장에 도킹한 최초의 민간 우주선이 됨으로써 또 한 차례 새로운 역사를 썼다. 스페이스X는 이후 2015년 12월에 다시 한번 최초로 1단계 로켓을 무사히 착륙시켜 회수하는 쾌거를 이룬다. 이후에도 이 회사는 여러 차례 로켓을 쏘아 올려 지상은 물론 원격조정되는 두 대의 바지선(이름은 Of Course I Still Love You와 Just Read the Instructions다) 위에 무사히 착륙시켜 재사용하는 데 성공한다. 현재도 일론 머스크는 스페이스X의 최고 경영자다. 그의 장래 계획 속에는 화성에 인류의 정착촌을 건설하는 것 등이 포함되어 있다.

## 솔라시티

일론 머스크는 세상을 변화시키기 위해 오래전에 자신이 세운 목표들을 하나하나 꾸준히 달성해 나갔다. 그는 주택용 태양광 발전 시설 공급업체 솔라시티의 개념을 제시했고, 2006년 7월 그의 사촌인 피터 리브Peter Rive와 린든 리브Lyndon Rive가 솔라시티라는 회사를 설립했다.[30] 일론 머스크는 그 회사의 최대 주주 겸 이사회 의장이 되었고 린든 리브가 CEO가 되었다. 이 회사의 경우에도 이미 입증된 일론 머스크의 공식으로 놀랄 정도로 큰 성공을 거두었다. 2013년에 이르러 솔라시티는 미국 최대 태양광 에너지 소매 공급업체가 되어, 주택용 태양광 발전 시설의 무려 26퍼센트를 공급했다.[31]

그 당시 솔라시티는 어떤 중요한 기술을 새로 개발하지도 않았고 태양 전지판을 단 한 장도 자체 생산하지 않았다(대신 2014년에 태양 전지판 제조업체 실레보Silevo를 인수했다). 다른 산업 분야에서도 그랬듯, 일론 머스크는 태양열 발전의 보급을 가로막는 가장 큰 장애물은 기술 문제가 아니라 돈 문제라는 걸 간파했다. 적어도 일조량이 풍부한 지역에 있는 개인 주택 소유자와 기업은 태양 전지를 설치하면 돈이 절약된다는 걸 잘 안다. 그런데 왜 모두들 태양 전지를 설치하지 않는 걸까? 물론 초기 설치 비용이 워낙 많이 들기 때문이다. 주택 소유주들은 그런 비용을 지불할 여유가 없고, 기업들은 가용 자본을 핵심 사업에 투자하는 게 더 이득이기 때문에 그런 투자를 하지 않으려 하는 것이다. 솔라시티에 알아보라. 주택 소유주들에게 초기 설치 비용 부담을 거의 또는 전혀 주지 않고 태양 전지를 설치해 주며, 기본적으로 에너지 절약을 나눠 할 수 있게 해 준다.

테슬라가 2017년에 인수한 솔라시티에 대해서는 다음에 좀 더 자세히 말할 기회가 있을 것이다.


## 자선 활동과 각종 수상 경력

일론 머스크가 위대한 자선 사업가라는 사실은 놀랄 일도 아니다. 그는 현재 과학 교육과 아동 건강 및 청정에너지를 증진하는 일을 하는 머스크 재단Musk Foundation의 이사장이다. 다른 선행도 많이 하지만, 허리케인이나 기타 자연재해로 전력이 끊긴 지역에 태양열 발전 시스템을 기증하는 일도 한다. 그는 또 엑스 프라이즈 재단X Prize Foundation, 우주 재단Space Foundation, 항공학 및 엔지니어링 전국 아카데미National Academies Aeronautics and Space Engineering Board, 행성협회Planetary Society, 스탠퍼드 엔지니어링 자문단Stanford Engineering Advisory Board, 캘리포니아 기술 연구소California Institute of Technology 등 여러 자선 단체 및 연구 단체의 이사회 임원이기도 하다.

미 해군시설청NAVFAC 태평양 지역 본부가 주최한 에너지 행동의 날 박람회에서 솔라시티가 태양 전지판과 장비들을 전시하고 있다.

일론 머스크는 워런 버핏과 빌 게이츠가 앞장서 벌이는 '기부 서약Giving Pledge' 캠페인에도 참여했다. 기부 서약은 부유한 개인들이 자기 재산의 상당 부분을 자선 단체 등에 기부하기로 서약하는 캠페인이다. 그는 또 롱아일랜드 워덴클리프 소재 니콜라 테슬라 연구소 부지에 세워진 테슬라 과학 센터에 자금을 지원하고 있다.[32]

일론 머스크는 자신의 거대한 기업 및 자선 제국 내에서 일어나는 일들을 예의주시하고 있으며, 자신의 돈과 이름이 올바른 목적에 제대로 쓰이고 있는지에 대해 상당히 신경을 쓴다. 그는 처음에는 페이스북 창시자 마크 저커버그Mark Zuckerberg가 이민법 개혁(이민법 개혁은 어디 출신이든 가장 뛰어난 인재를 마음껏 채용하고 싶어 하는 하이테크 기업가들의 마음에 와닿는 문제였음)을 지원하기 위해 시작한 정치활동위원회* FWD.us의 지지자였다. 그런데 2013년 5월, FWD.us가 키스톤 파이프라인Keystone Pipeline 같은 우익 성향의 대의를 지지한다는 광고를 냈다. 정치활동위원회들이 좌우익 모두로부터 지지를 끌어내고 자신들의 여러 대의를 옹호하기 위해 그와는 별 관계가 없는 다른 한 가지 대의를 옹호하는 건 흔한 일이다. 그러나 일론 머스크는 그렇게 표리부동하고 위선적인 전략을 받아들이지 못했고, 결국 FWD.us에 대한 지지를 공개적으로 철회했다.[33]

2017년에 일론 머스크는 새로 만들어진 미국 대통령의 전략 및 방침 팀에 합류했다. 아마존, 애플, 페이스북, 마이크로소프트, 구글의 지주 회사인 알파벳Alphabet 같은 기업들의 경영진을 비롯해 첨단 기술 분야의 거물들로 구성된 대통령 자문 위원회였다. 많은 진보주의자가 일론 머스크를 비

---

• 미국에서 특정 입후보자를 당선시키거나 낙선시키기 위해 기업이나 노동조합 등의 이익 단체가 조직한 선거 운동 조직

판했다. 테슬라가 지향하는 가치들을 비웃고 조롱하는 듯한 대통령에게 협조한다는 게 그 이유였다. (돈을 들여 일부러 신문에 일론 머스크를 비판하는 전면 광고를 싣고, 광고판이 달린 트럭을 빌려 기후 변화 문제 해결을 거부하는 대통령과 결별할 것을 촉구하는 메시지를 붙인 채 테슬라 본사 일대에서 시위를 벌인 사람도 있었다.)

일론 머스크는 자신을 비판하는 사람들에게 이렇게 답했다. "자문 위원회는 조언하는 일을 할 뿐이며, 제가 위원회에 참여한다고 해서 이 행정부의 조치에 동의한다는 뜻은 아니며…… 저는 중요한 문제들을 결정하는 일에 참여함으로써 보다 큰 선을 행하는 데 일조할 수 있다고 믿습니다." 일론 머스크는 자신이 기후 변화 문제와 많은 논란을 불러일으키고 있는 회교도 여행 금지 문제에 대해서도 대통령에게 영향력을 행사하려 애쓰고 있다는 말도 했다.[34]

그러나 미국 행정부가 배출 가스 감축을 목표로 하는 강제력 없는 협약인 파리 협약에서 탈퇴하기로 결정하자 일론 머스크는 바로 대통령 자문 위원회에서 빠졌고, 트위터에 이런 글을 올렸다. "대통령 자문 위원회를 떠납니다. 기후 변화 문제는 현실입니다. 파리 협약 탈퇴는 미국에도 세계에도 좋은 일이 아닙니다."[35]

일론 머스크는 그간 우주 항공, 자동차, 사업, 디자인, 환경, 기술, 자선 분야 등 아주 다양한 분야에서 인정을 받았고 인상적인 상을 많이 받았다.

일론 머스크와 그의 기업들을 집중 조명한 잡지는 많지만, 그중 특히 『타임』지는 그를 '2010년 세계에 가장 큰 영향을 준 100인' 중 한 사람으로 꼽았고, 『에스콰이어*Esquire*』지는 그를 '21세기의 가장 영향력 있는 인물 75인' 중 한 사람으로 꼽았다.

일론 머스크는 역사상 보수적인 비즈니스 분야와 환경 분야 모두에서 영웅 대접을 받는 몇 안 되는 사람들 중 하나다. 2007년, 미국 과학 기술 잡지 『R&D 매거진』은 그를 '올해의 혁신가'로 선정했고, 미국 경제 잡지 『Inc. 매거진』 역시 그를 '올해의 기업가'로 선정했다. 2011년에는 아주 보수적인 격주간 경제 잡지 『포브스』가 일론 머스크를 '미국에서 가장 강력한 40세 이하의 CEO 20인' 중 한 사람으로 꼽았다. 또한 2008년에는 전미야생동물연합이 그에게 환경 보존 공로상을 수여하기도 했다.

일론 머스크는 우주 비행사 닐 암스트롱 Neil Armstrong, 항공기 디자이너 버트 루턴 Burt Rutan, 미국항공우주국 국장 존 글렌 John Glenn 등의 뒤를 이어 국제항공연맹이 수여하는 우주 황금 메달을 수상하기도 했다. 또한 그는 역사상 가장 젊은 나이에 '올해의 자동차 임원상'을 수상하면서, 포드사 회장 빌 포드 주니어 Bill Ford Jr., 전 GM 부회장 밥 루츠, 전 크라이슬러 회장 리 아이아코카 Lee Iacocca와 대등한 위치에 오르기도 했다.

일론 머스크는 그 밖에 우주 항공 관련 상으로 우주 상업화 발전을 위한 하인라인상, 키티 호크 재단에서 수여하는 항공 분야의 살아 있는 전설상, 미국 우주 항공협회에서 수여하는 조지 로상, 전미우주협회에서 수여하는 폰 브라운 트로피 등을 수상했다.

그는 또 명예박사 학위도 두 개나 갖고 있다. 하나는 아트센터 디자인 학교에서 받은 디자인 명예박사 학위이고, 또 하나는 서리대학에서 받은 우주 항공 엔지니어링 명예박사 학위다.

일론 머스크는 전설적인 미국의 영웅이 되었다. 아니, 어쩌면 살아 있는 슈퍼 영웅이라고 하는 게 더 정확할지도 모르겠다. 필연적인 일이겠지만, 그의 이야기는 실리콘 밸리에서 할리우드로 넘어갔다. 영화감독 존 패브로 Jon Favreau가 마블 코믹스 Marvel Comics의 만화 『아이언맨 Iron Man』을 영화로 제작했는데, 그는 『타임』 지에 일론 머스크를 아이언맨의 또 다른 자아 토니 스타크(존 파브로 감독의 2008년작 영화와 여러 후속편에서는 로버트 다우니 주니어Robert Downey Jr.가 연기함)의 모델로 삼았다는 글을 쓴 바 있다. "일론은 열정과 뛰어난 유머 감각과 호기심의 화신으로, 그런 열정과 유머 감각과 호기심을 필요로 하는 이 시대에 꼭 맞는 다재다능한 인물입니다."[36]

1963년 스탠 리Stan Lee가 마블 코믹스를 위해 만든 만화『아이언맨』시리즈에서 억만장자 플레이보이에 엔지니어링 천재인 토니 스타크는 심한 흉부 부상으로 거의 목숨을 잃을 뻔한 상황에 처한다. 그래서 최첨단 기술로 만든 갑옷을 입는데, 그 갑옷 덕에 목숨을 유지할 뿐 아니라 초인적인 힘을 발휘하게 된다.

〈아이언맨 2〉에서 일론 머스크의 스페이스X 공장은 슈퍼 악당이 사악한 로봇들을 제작하는 '햄머 인더스트리스'의 촬영 장소로 쓰였다. 그런데 아이러니하게도 영화가 제작될 무렵 그 공장 안에서는 테슬라의 수석 디자이너 프란츠 폰 홀츠하우젠Franz von Holzhausen이 전기 자동차를 혐오하는 사람들 눈에 사악한 로봇으로 비칠지도 모를 모델 S의 시제품을 제작하고 있었다. 일론 머스크는 그 영화에서 대사가 두세 마디밖에 안 되는 카메오로 깜짝 출연했다.

영화 블로거 제리 개릿Jerry Garrett은 할리우드에 떠돌고 있는 재미있는 소문 하나를 소개했다. 2008년 영화 〈아이언맨〉에서는 테슬라의 로드스터 모델이 잠시 등장했는데, 〈아이언맨 2〉를 제작할 때는 자동차 공식 후원 업체였던 아우디Audi사가 이제 자체 전기 자동차를 제작할 계획이어서 경쟁 업체인 테슬라 자동차가 〈아이언맨 2〉에 등장하는 것을 거부했다는 것이다.[37]

일론 머스크는 2005년에 나온 영화 〈땡큐 포 스모킹Thank You for Smoking〉에도 로버트 듀발을 위해 문을 열어 주는 다소 팰컨Dassault Falcon기(실제로는 일론 머스크의 개인 전용 제트기) 조종사 역으로 잠시 출연했다.

영화 〈아이언맨〉의 감독 존 패브로는 일론 머스크를 토니 스타크의 실제 모델로 삼았으며, 배우 로버트 다우니 주니어는 실제로 일론 머스크를 찾아가 직접 만난 후 영감을 받아 토니 스타크를 연기했다. 참고로 영화의 원작인 마블 코믹스 만화 『아이언맨』을 만든 스탠 리는 토니 스타크의 실제 모델을 사업가, 비행사, 영화 제작자로 이름을 떨친 미국의 억만장자 하워드 휴스Howard Hughes라고 밝혔다.

일론의 여동생인 토스카 머스크Tosca Musk는 머스크 엔터테인먼트Musk Entertainment를 통해 그동안 여러 편의 영화를 제작했는데, 특히 〈티키 바Tiki Bar〉 TV 시리즈는 기술 관련 잡지 『와이어드Wired』와 비즈니스 잡지 『포브스』 등에 의해 세계적인 인기를 얻은 최초의 인터넷 배포 영화 중 하나로 인정받은 바 있다.[38] 일론 머스크는 그녀의 첫 영화 〈퍼즐드Puzzled〉에 제작 책임자로 참여하기도 했다.

일론 머스크는 캐나다 퀸스대학교에서 만난 첫 번째 아내 저스틴(훗날 소설가로 성공)과 2000년에 결혼했다. 그들은 슬하에 아들 다섯을 두었는데, 둘은 쌍둥이이고 셋은 세쌍둥이(그중 첫째는 어려서 사망)다. 그러나 두 사람은 2008년에 이혼했고, 일론 머스크는 2010년에 영국 배우인 탈룰라 라일리Talulah Riley와 결혼했다. 일론 머스크는 지금 로스앤젤레스 인근의 부촌인 벨 에어에서 살고 있다.

이 모든 걸 읽고 나면, 여러분은 십중팔구 일론 머스크는 눈코 뜰 새 없이 바쁜 삶을 살 거라고 짐작할 텐데, 맞다. 그는 몇몇 인터뷰에서 자신은 일주일에 보통 100시간을 일한다고 말했다. "다른 사람들은 일주일에 40시간 일하는데 당신은 100시간 일한다면, 다른 사람들이 1년 걸려 끝낼 일을 넉 달이면 끝내겠죠."[39] 그러나 이는 일론 머스크다운 겸손한 말이다. 일주일에 100시간을 일하는 사람은 많지만, 그들은 절대 일론 머스크가 이룬 일의 일부도 이루지 못하기 때문이다. 더군다나 그는 아직 끝내지 못한 일이 많다.

그가 영웅으로 여기는 에디슨과 마찬가지로, 일론 머스크는 마르지 않는 샘물 같은 정신을 갖고 있어, 그야말로 끊임없이 인류의 상태를 개선시켜 줄 방법들을 생각해 내는 것 같다. 화성으로의 여행 외에 그의 '해야 할 일' 리스트에는 '하이퍼루프Hyperloop'도 포함되어 있다. 이는 승객들을 로스앤젤레스에서 샌프란시스코까지 단 30분 내에 실어 나를 수 있다는 초고속 최첨단 교통 시스템으로, 일론 머스크에 따르면 캘리포니아주가 초고속 철도 시스템 구축에 들어갈 걸로 예상하는 비용의 10분의 1이면 건설할 수 있다고 한다. 이것 외에 관련 벤처 기업인 보링 컴퍼니Boring Company도 있는데, 이 회사는 주요 도시들의 지하로 터널을 뚫어 교통 문제를 해결하는 것을 목표로 삼고 있다(12장 참조).

일론 머스크는 인공 지능AI에 대해서도 나름 강력하고도 논란의 소지가 많은 의견을 가지고 있다. 2014년 MIT에서 열린 한 연설에서 그는 인공 지능은 인류를 위협하는 가장 큰 실제적 위협이라며 이렇게 말했다. "인공 지능을 통해 우리는 지금 악마를 소환하는 셈입니다. 아시다시피 별 모양 pentagram*과 성수를 가지고 악마를 제압할 수 있다고 믿는 사람에 대한 얘기들이 있는데요. 그건 통하지 않습니다."[40] 기술 분야에서 인공 지능에 어두운 면이 있는가 없는가 하는 문제에 대해서는 의견이 양분되어 있다. 스티븐 호킹과 빌 게이츠는 인공 지능에 대해 경고를 하는 쪽이지만, 다른 사람들은 유언비어를 퍼뜨려 사람들을 불안하게 만든다며 일론 머스크를 비웃고 있다. 2017년 일론 머스크와 페이스북 창시자 마크 저커버그는 인공 지능 문제를 놓고 공개적인 설전을 벌였다. 마크 저커버그는 머스크를 '비관론자'라고 부르며, 그의 견해들은 아주 무책임하다고 말했다. 이에 대해 일론 머스크는 인공 지능에 대한 저커버그의 지식에 한계가 있다고 응수했다.

일론 머스크는 인공 지능의 잠재적인 위협에 대해 말로만 떠들지 않았다. 오픈AI OpenAI 라는 비영리 연구 단체를 공동 설립하면서 직접 행동에

• 사탄의 상징

나서기도 했다. 오픈AI는 인공 지능의 안전한 개발에 필요한 지침들을 만듦으로써 인공 지능의 위협을 줄이는 일을 하고 있다.[41]

일론 머스크는 자신이 하는 일에 아주 열정적이다. 그는 그간의 인터뷰에서 두어 차례 눈물을 보일 뻔했는데, 그것은 그가 테슬라와 스페이스X 둘 중 하나를 포기해야 할지도 모른다고 생각할 만큼 어려웠던 시절에 대해 얘기할 때였다. 그의 열정은 다른 사람들 눈에도 그대로 보이고, 그래서 주변 사람들에게까지 그대로 전염된다. 그가 투자자들로 하여금 돈키호테식으로 무모해 보이는 사업에 수백만 달러를 내놓게 설득할 수 있는 것도 그에게 그 같은 열정이 있기 때문이다.

일론 머스크의 자질 가운데 가장 놀라운 것은 미래를 내다볼 줄 아는 선견지명이다. 기업 세계에서 흔히 볼 수 없는 자질이 아닐 수 없다. 그는 믿기 어려울 만큼 야심찬 목표를 생각해 내고, 그 목표를 달성하는 데 필요한 모든 중간 단계들에 (설사 수십 년이 걸린다 해도) 초지일관 집중하는 능력을 갖고 있다. 『성공하는 사람들의 7가지 습관』을 쓴 스티븐 코비Stephen Covey[42]의 말처럼, 늘 끝을 생각하며 시작하는 것이다.

인터넷, 금융, 우주, 태양 에너지, 영화, 자동차 등 다양한 분야에서 일가를 이룬 일론 머스크를 보면서, 한곳에 정착하지 못하고 한 꽃에서 곧 다음 꽃으로 날아가는 벌 같다는 인상을 받을지도 모른다. 그러나 사실은 전혀 그렇지 않다. 그가 젊은 시절 가장 지적인 관심을 쏟았던 핵심 분야는 전기적 유동성이었는데, 그는 그간 한시도 그 분야에서 눈을 뗀 적이 없다. "원래 내가 (1995년에) 실리콘 밸리에 들어간 건, 물론 중간에 인터넷 분야로 잠시 한눈을 팔긴 했습니다만, 고에너지-밀도 충전기 분야, 특히 전기 자동차 응용 분야에서 스탠퍼드대학교 박사 학위를 받기 위해서였습니다."[43]

2003년 어느 날, 일론 머스크는 JB 스트로벨JB Straubel과 해럴드 로젠 Harold Rosen이라는 동료 엔지니어 겸 우주 항공 열성 팬과 함께 점심 식사를 했다. 두 사람은 스페이스X에 대한 얘기를 할 생각이었는데, 어쩌다 보니 얘기가 리튬 이온 배터리 기술의 발전 쪽으로 흘러갔고, JB 스트로벨은 일론 머스크에게 단 4초 안에 시속 0마일에서 시속 60마일(약 96킬로미터)에 도달하는 전기 스포츠카를 만들어 낸 자동차 제조업체 얘기를 했다.

# 3 한 자동차 제조업체의 탄생

당시에는 아무도 그런 사실을 눈치채지 못하지만, 한 시대의 종말을 알리는 어떤 상징적인 사건이 묘하게도 다음 시대의 시작을 알리는 사건과 동시에 일어나는 경우가 종종 있다. 2003년 말, 잠시 전기 자동차의 르네상스가 찾아오는 듯했으나, GM이 자신이 생산한 EV1 전기 자동차들을 끌어모아 전부 폐기 처분하면서 비참한 종말을 고했다. 그 일이 있고 겨우 몇 주일 뒤, 실리콘 밸리의 기업가 세 사람이 한자리에 모여 운명적인 점심 식사를 했다.

그중 한 사람인 일론 머스크는 온라인 결제 시스템인 페이팔로 돈방석에 앉았고, 다시 스페이스X라는 민간 우주 탐사 기업을 만든 유명한 선각자였다. JB 스트로벨은 전기 자동차 경주 대회인 아메리칸 솔라 챌린지 American Solar Challenge 경주용 태양열 자동차를 만든 스탠퍼드대학교 팀의 엔지니어였다. 그리고 해럴드 로젠은 '지구 정지 위성의 아버지'로 불리는 우주 항공 분야의 선구자였다. 세 사람은 할 얘기가 아주 많았다. 세 사람 다

로켓과 빠른 자동차, 친환경 기술을 좋아했기 때문이다. 일론 머스크의 기억에 따르면, 당시 JB 스트로벨이 그에게 AC 프로펄션<sup>AC Propulsion</sup>이라는 한 지역 회사가 만든 시제품 전기 자동차에 대한 얘기를 했다고 한다. 그런데 그 전기 자동차는 흔히 볼 수 있는 느려빠진 동네 나들이용 소형차가 아니라 포르셰급 성능을 자랑하는 로드스터*였다.[1]


## 출발점

AC 프로펄션[2]은 1992년 앨런 코코니<sup>Alan Cocconi</sup>와 왈리 리펠<sup>Wally Rippel</sup>에 의해 설립되었다. 두 사람은 나중에 EV1으로 이름을 바꾼 GM의 전기 자동차 임팩트<sup>Impact</sup>를 디자인한 인물들이었다(특히 왈리 리펠은 2006년도 영화 〈누가 전기 자동차를 죽였나?〉에도 나온 인물로, 2006년부터 2008년까지 테슬라에서 일하기도 했다). 전직 경주용 자동차 정비공이자 또 다른 스탠퍼드대학교 졸업생인 톰 게이지는 1994년 AC 프로펄션에 합류했는데, 그전에는 단명한 크라이슬러의 전기 자동차 개발 프로그램에 참여했었다.

　톰 게이지가 전기 자동차에 처음 눈뜬 것은 혼다 자동차에 컨설턴트로 채용되어 초창기 전기 자동차 시장 조사 일을 했던 1990년대 초다. 그는 캘리포니아 남부를 찾아갔는데, 그곳에 전기 자동차 개조 일을 하는 조그만 작업장들이 많았다. "그 작업장 주인들은 대부분 완전 아마추어거나 아니면 괴짜들이었어요. 앨런 코코니는 임팩트 디자인 문제로 사사건건 GM과 부딪쳤죠. 그는 자신의 아이디어가 더 좋다고 생각해, 결국 GM을 나와

---

• 좌석이 두 개인 오픈 카

AC 프로펄션을 설립했어요. 내가 그의 시제품 자동차(200마력의 전기 구동 장치가 장착된 혼다 시빅Civic 개조차)를 몰아 보니, 라이트 스위치가 바로 거기 있더군요. 그는 자신이 하는 말을 정확히 알고 있었고, 사실상 자기 집 앞 마당에서 만든 그 개조 자동차에 자신이 알고 있는 걸 그대로 적용한 거예요. 나는 그 자동차에 올라 블록을 돌아 고속 도로 진입로 쪽으로 갔어요. 오르막길이었는데, 계기판을 내려다보니 시속 80마일(약 128킬로미터)로 고속 도로로 향하고 있더군요. 고속 도로를 빠져나와 작업장 바로 앞에서 그가 말했어요. '잠시 멈춰 봐요.' 그러더니 스위치를 올리고는 이러더군요. '이제 가속 페달을 힘차게 밟아 봐요.' 그가 한 것은 구동력 조절 장치를 끈 거였어요. 가속 페달을 밟자, 갑자기 앞바퀴들이 힘차게 돌면서 연기가 나더군요.”

그 후 톰 게이지는 자신이 전기 자동차를 만들고 싶어 한다는 사실을 알게 되었다. “나는 자동차 엔지니어여서 조금은 알지만, 전기 자동차 기술에 대해선 사실 아는 게 별로 없었어요. 다른 사람들은 자신이 대체 무슨 말을 하는지도 정확히 몰랐지만, 앨런 코코니는 달랐어요. 게다가 그걸 받쳐 줄 하드웨어도 갖고 있었죠. 나는 옆에서 그를 돕기 시작했어요. 일을 한 가지씩 하다 보니, 1년도 안 되어 그야말로 AC 프로펄션에서 거의 모든 시간을 보내게 됐죠.”[3]

AC 프로펄션 팀은 캘리포니아 샌디마스에 있는 자신들의 작업장에서 전기 자동차 시제품을 만들었고, 그 자동차에 시간상의 출발점을 뜻하는 수학 기호인 티제로$t^0$라는 이름을 붙였다. 그때까지 전 세계적으로 많은 전기 자동차가 만들어졌지만, 대부분은 기름을 아껴 주는 실용적인 소형 기계, 그러니까 시쳇말로 '잘 꾸민 골프 카트' 같은 자동차였다. 그러나 티제로는 전혀 다른 전기 자동차였다.

폴 카로사 Paul Carosa는 테슬라 측에서 구애의 손길을 뻗기 시작한 2003년 당시 AC 프로펄션의 엔지니어링 부문 부사장이었다. GM 연구소 출신인 그는 AC 프로펄션에 합류하기 전에 한 우주 항공 기업의 전력 전자 분야에서 일했었다. 그가 내게 한 말에 따르면, 티제로 제작 아이디어는 오클라호마대학교 교수 존 페이건 John Fagan으로부터 나왔다고 한다. "그들은 오토바이 엔진용으로 제작된 피온텍 Piontek이라는 차량을 토대로 이 조그만 전기 스포츠카를 자신들의 버전으로 만들었는데, 앨런 코코니와 저는 그 아이디어에 많은 관심이 가서 피온텍으로부터 그 차량을 한 대 구입했어요. 톰 게이지가 우리에게 합류하기 전의 일이죠."

티제로(AC 프로펄션에서는 늘 전부 소문자로 tzero라고 씀)는 스포테크 Sportech라 불리는 스포티한 키트 카 kit car*를 바탕으로 만들어졌다. 스포테크는 당시 데이브 피온테크 Dave Piontek에 의해 판매됐다.[4] 섬유 유리 차체에 보강 철근 프레임으로 되어 있었다. 최초의 티제로는 28개의 옵티마 옐로 탑 Optima Yellow Top 납 배터리를 사용했는데, 그 무게만 약 450킬로그램이었고 자동차 양쪽 측면에 장착되었다. 그래서 이 자동차는 대부분의 다른 자동차들과 차 문을 여는 방법이 달랐다. "차 문 높이가 겨우 20센티미터 정도밖에 안 됐고, 45도 각도로 위로 열리게 되어 있어서 자동차 옆으로 올라타듯 타야 했어요." 폴 카로사가 내게 한 말이다. "차에 오르려면 측면에 장착된 배터리들을 넘어야 했죠. 차 옆에 높은 문틀이 서 있으니 그 위로 넘어서 탈 수밖에 없었던 거죠. 게다가 그리 공간이 넉넉한 차도 아니었어요."[5]

그 역사적인 스포츠카는 엔진 출력이 200마력이고 시속 60마일(약 96킬로미터)까지 올라가는 데 4.1초밖에 안 걸렸지만, 주행 거리가 약 60마일밖

• 고객이 직접 조립해서 쓰는 자동차

AC 프로펄션의 티제로

에 안 되었다. AC 프로펄션은 티제로를 8만 달러에 판매할 계획이었다.

2003년에 만들어진 두 번째 티제로 시제품은 노트북형 리튬 이온 전지 (파나소닉 18650 형태의 원통형 전지로, 지름이 18.6밀리미터에 길이가 65.2밀리미터 였음) 6,800개가 장착되어 있었고, 처음 모델보다 317킬로그램 정도 가벼 웠으며, 주행 거리는 300마일(약 480킬로미터)이었다. 그리고 놀랍게도 시 속 60마일까지 올라가는 데 3.6초밖에 걸리지 않았다.[6]

톰 게이지의 옆집에는 스티브 캐스너Steve Casner라는 사람이 살고 있었는 데, 그에게는 도요타가 내놓은 전기 자동차 라브4가 있었다. 어느 날 그가 톰 게이지의 앞마당에 전기 자동차가 서 있는 걸 보게 되어 두 사람은 전기 자동차에 대해 이런저런 얘기를 나누었다. 스티브 캐스너는 마틴 에버하드 와 함께 회사를 하나 운영하고 있었는데, 그는 톰 게이지가 AC 프로펄션 과 함께 벌이는 모험에 마틴 에버하드가 흥미를 느끼리라고 생각했다. 그 렇게 해서 2002년 12월, 톰 게이지와 마틴 에버하드는 직접 만났다. "우리 는 곧 티제로를 리튬 이온 배터리 차로 바꾸는 일에 푹 빠졌어요." 톰 게이 지가 내게 한 말이다. "그가 AC 프로펄션에 투자해서, 우리는 티제로의 개 조 작업을 마칠 수 있었어요. 우리는 그 차를 몰고 LA에서 샌프란시스코까 지 달렸는데, 중간에 딱 한 번 멈췄습니다. 납 배터리를 리튬 이온 배터리 로 바꿔 자동차 성능을 높인 데다 자동차 무게까지 줄여 주행 거리가 훨씬 길어진 겁니다. 그 차는 결국 그해의 미셸린 챌린지 비벤덤Michelin Challenge Bibendum*에서 최우수상을 받았습니다. 마틴 에버하드는 아주 감개무량해 했어요. 2003년 11월에 나는 그와 함께 LA 오토 쇼에 갔던 게 기억나는 데, 그때 그가 테슬라 얘기를 하더군요. 영국 명차 로터스 엘리스Lotus Elise

---

• 타이어 제조업체 미셸린이 매년 개최하는 친환경 자동차 경연 대회

를 전기 자동차로 개조하고 싶다고요. 모든 게 그렇게 시작된 겁니다."

당시 AC 프로펄션은 심각한 자금난을 겪고 있었다. 캘리포니아 무공해 차량 의무 생산 규정 덕에 잠시 전기 자동차 붐이 일어났을 때는 폴크스바겐Volkswagen 등 여러 회사와 컨설팅 계약을 맺어 자금이 풍부했지만, 2003년 그 규정이 철회되면서 자금이 고갈되었던 것이다. 그런 상황에서 마틴 에버하드가 투자한 10만 달러는 그야말로 가뭄 끝에 단비였다. 자동차 개발 팀은 그 자금을 리튬 이온 배터리를 장착한 티제로 개발에 쓸 수 있었다. "마틴 에버하드는 2004년에 약 3개월간 티제로를 빌려 왔어요." 톰 게이지의 말이다. "그는 그 자동차를 끌고 캘리포니아 북부로 가서 투자자들을 설득하는 데 활용했어요. 투자자들에게 자신이 말하는 전기 자동차가 어떤 건지 직접 보여 주면서 실제로 그런 자동차를 만들 수 있다는 확신을 갖게 한 겁니다. 그게 AC 프로펄션이 일대 도약하는 결정적 계기가 되었던 것 같아요."

티제로는 완전히 손으로 만든 차였다. "다른 차에서 가져다 쓴 건 그야말로 헤드라이트와 완충 장치 정도였어요. 모든 주요 부품을 일일이 손으로 만들었으니까요. 일종의 스포테크 키트였지만, 우린 사실 두 번째 자동차를 만들 때는 차체와 프레임을 다 바꿨어요. 스포테크는 일종의 견본이었던 거죠. 스포테크를 기본으로 삼으면서도 모든 건 일일이 손으로 만들었고, 그렇게 해서 스포테크를 전기 자동차에 더 잘 어울리게 변화시킨 거예요."

톰 게이지는 이런 말도 덧붙였다. "우린 계속해서 돈을 끌어다 댈 수 없다는 걸 깨달았어요. 예를 들어 충돌 테스트 기준 같은 것들도 통과해야 했거든요. 그래서 기어를 바꾸는 등 도요타의 사이언 엑스비Scion XB를 토대로 한 전기 자동차 이박스eBox를 개발하기 시작했어요. 우리 계획은 그걸 상업화하는 것이었고, 그러자면 돈이 필요했죠. 그래서 난 일론 머스크를 만나러 갔어요. 나는 티제로를 끌고 갔고, 그는 그 차를 직접 몰아 봤죠. 난 그에게 우리가 필요로 하는 건 이박스를 만들 돈을 구하는 것이라고 말했지만, 그는 이박스에는 관심이 없었어요. 그는 너무 평범하다면서 스포츠카를 원했어요. 그래서 난 그에게 마틴 에버하드와 얘기를 나눠 보라고 했죠."

톰 게이지와 AC 프로펄션은 이박스가 전기 자동차를 상업화하는 데 더 좋다고 생각했지만, 테슬라의 일론 머스크와 마틴 에버하드는 더 섹시한 티제로에 관심이 많았다. "미셸린 챌린지 비텐덤이 끝난 뒤, 마틴 에버하드가 내게 이렇게 묻더군요. '내 차를 만드는 일은 잘 되어 가고 있나요? 어떻게 되어 가고 있죠?' 그래서 난 우린 더 이상 티제로를 만들지 않을 거라고 말했어요. 어느 정도는 그게 그가 직접 전기 자동차 시장에 뛰어든 계기가 된 것 같아요. (당신이 만들지 않는다면, 내가 직접 만들지 뭐 그런 거죠.)" 톰 게이지의 말이다.

일론 머스크는 후에 AC 프로펄션은 자신들의 기술을 상업화하는 데 별 관심이 없는 것 같다고 말했지만, 폴 카로사는 자신과 자기 팀은 그저 일론 머스크나 마틴 에버하드와 상업화에 대한 생각이 달랐을 뿐이라고 말했다. 어쨌든 AC 프로펄션은 이박스를 총 25대 제작한 뒤 손을 들었다.

"최초의 티제로가 2000년 이전에 만들어졌으니까, 이박스는 그 뒤에 개발된 거예요." 폴 카로사가 내게 한 말이다. "마틴 에버하드는 티제로를 한 대 사고 싶어 했지만, 당시 우리는 티제로 세 대를 만들면서 적자를 보고 있던 참이라 그 모델은 더 만들지 않기로 결정했어요. 그 무렵 톰 게이지는 이박스 같은 개조 사업을 더 확장하려 애쓰고 있었어요. 이박스는 아주 멋진 개조 자동차이고 아주 실용적인 유틸리티 차량인데, 그들은 스포츠카처럼 섹시한 자동차를 원했어요. 티제로를 제작하면서 경험한 거지만,

직접 자동차를 제작하는 건 아무래도 우리에게 너무 힘든 일이라고 생각했어요. 우리 입장에선 개조 자동차를 만드는 게 더 낫다고 생각했고, 그래서 구동 장치에 더 집중하게 된 겁니다."[7]

마틴 에버하드와 그의 팀은 직접 전기 스포츠카를 만들기로 결정하고 2004년 5월 AC 프로펄션 측과 구동 장치 사용 허가 계약을 맺었다.

## 마틴 에버하드가 받은 계시

마틴 에버하드는 1960년 캘리포니아주 버클리에서 태어났다. 10대 시절에 일리노이주로 이사했고 일리노이대학교 어배너 샘페인 분교에서 컴퓨터 엔지니어링 분야 학사 학위와 전기공학 분야 석사 학위를 받았다.[8]

다른 테슬라 사람들과 마찬가지로, 그 역시 빠른 차를 좋아하면서도 기후 변화 문제와 미국의 중동 석유에의 의존 문제에 관심이 많았다. 그는 GM의 전기 자동차 EV1을 임대해서 쓴 전기 자동차 얼리 어댑터early adopter* 였다. 그래서 GM이 EV1을 모두 회수해 폐기 처분했을 때 누구 못지않게 분노했었다. 그러나 그가 전기 자동차 제작에 대한 계시를 받은 건 캘리포니아주 팰로앨토 지역에서였다. 그 지역에 갔다가 BMW와 메르세데스 벤츠처럼 잘빠진 고성능 자동차들이 도요타 프리우스처럼 못생긴 '얼간이 차' 내지 '형벌 차'들과 나란히 서 있는 걸 보고 느낀 게 많았던 것이다(그는 전기 자동차를 '얼간이 차' 내지 '형벌 차'라고 불렀다). "분명한 사실은, 사람들이 프리우스를 사는 건 기름값을 아끼기 위해서가 아니라는 겁니

* 남들보다 먼저 신제품을 사서 써 보는 사람

다. 기름값은 인플레이션을 감안하면 늘 쌌거든요." 마틴 에버하드의 말이다. "사람들이 프리우스를 사는 건 환경 문제에 대한 관심을 표명하고 싶어서입니다."

자신처럼 스피드와 환경이라는 상반된 개념을 사랑하는 사람들이 있고 또 스스로가 원하는 걸 살 여유가 있는 사람들이 있다는 걸 깨달은 마틴 에버하드는 뛰어난 성능과 아름다운 스타일, 그리고 최소한도의 화석 연료 소비, 이 세 가지를 다 갖춘 자동차를 만들기로 결심한다. 그 무렵 자신이 행한 한 프레젠테이션에서 그는 '포르시우스Porschius', 그러니까 포르셰와 프리우스의 최대 장점을 한데 모은 자동차, 그리고 자동차를 사랑하지만 기름 소비도 최소화하고 싶어 하는 사람들을 위한 자동차를 제시했다.

마크 타페닝은 캘리포니아주 새크라멘토에서 태어났고, 1985년 UC 버클리대학교에서 컴퓨터과학 학위를 취득했다. 사우디아라비아에서 미국 항공 기업 애브코Avco(후에 미국의 복합 기업 텍스트론Textron에 흡수됨)의 계약자와 컨설턴트로 몇 년간 일한 뒤, 실리콘 밸리로 건너와 두 군데 신생 기업에서 디스크 드라이브 분야의 일을 했다. 그러면서 그는 신생 기업에서 일하는 것이 '삶을 변화시킬 만큼 아주 짜릿하고 흥미진진하며 재미있다'는 걸 깨달았다.[9]

1997년, 그는 마틴 에버하드와 함께 로켓 전자책Rocket eBook이라 불리는 초창기 e-북 리더기를 제작한 누보 미디어Nuvo Media를 설립했다. 그 회사는 2000년 미국 TV 가이드 회사인 젬스타Gemstar에 1억 8700만 달러에 팔렸다.

마틴 에버하드와 마크 타페닝은 다시 힘을 합쳐 2003년 7월에 테슬라 모터스를 설립했다.[10] "우린 이미 또 다른 신생 기업을 만들 준비가 되어 있었어요." 마크 타페닝의 말이다. "첫 번째 기업은 아주 재미있었고, 큰 성공도 거뒀으며, 이제 그다음 기업을 만들 준비가 되어 있었던 거죠. 나는 중동 지역에서 몇 년간 일했는데, 우리 돈을 기름값으로 중동에 다 퍼준다고 생각하면 마음이 안 좋아요."[11] 두 사람은 가장 효율적이고 지속 가능성 있는 추진 방법을 이용하는 자동차를 만들고 싶었고, 이런저런 여러 대안에 대해 깊이 살펴본 뒤 마침내 전기가 '현재로선 최선의 선택'이라는 결론을 내렸다.

## 전기 자동차가 최종 승자가 되다

세상이 지속 가능한 미래를 가지려면, 화석 연료로 움직이는 차량의 시대는 분명 얼마 남지 않았다. 그러나 2003년에만 해도 석유를 어떤 에너지로 대체하는 것이 가장 좋을지에 대해 아직 논란이 많았다. 이 책을 쓰고 있는 나를 비롯한 대부분의 산업 전문가들은 전기가 최고라는 마틴 에버하드 및 마크 타페닝의 의견에 절대 찬성이지만, 심지어 오늘날까지도 수소 에너지와 에탄올 지지자는 여전히 존재한다. 엔지니어인 마틴 에버하드와 마크 타페닝은 수소 연료 전지와 여러 형태의 에탄올의 비용과 장점들도 분석해 봤는데, 그들이 보기에 그것들은 뭔가 부족했다. "수소는 에너지 운반체이지 그 자체가 주 연료는 아닙니다." 마크 타페닝의 말이다. "게다가 유감스럽게도, 수소는 좋은 에너지 운반체도 못 됩니다. 또한 바이오매스biomass*에서 에탄올을 만들어 내는 건 그 과정이 워낙 비효율적이어서, 바이오매스를 그냥 태워서 쓰는 게 더 나을 수도 있습니다." 게다가 경

* 에너지원으로 이용되는 식물, 미생물 등의 생물체

작 가능한 농지를 이용해 식량 대신 에탄올이라는 연료를 만드는 건 도덕적으로도 문제가 있다.[12]

일론 머스크는 훗날 한 블로그에서 에탄올의 한계에 대해 이런 말을 한 적이 있다. "식물들을 이동에 필요한 에너지원으로 가장 효과적으로 이용하고 싶다면, 복합 사이클 바이오매스 발전기 안에서 60퍼센트의 효율로 식물을 통째로 태우고 거기서 나오는 에탄올을 이용해 전기 자동차를 충전하는 게 최선의 방법입니다. 그건 식물 에너지 전부를 이용하는 것으로 특별한 기술 혁신이 없어도 가능하며, 그것이 식물의 일부 또는 대부분을 에탄올로 정제해 20퍼센트의 효율을 가진 자동차 내연 기관에 동력을 제공하는 것보다 훨씬 더 효율적입니다."[13][14]

마크 타페닝과 마틴 에버하드는 '긴 배기관'이라는 문제에 대해서도 많은 검토를 했다. 전기 자동차들은 화석 연료를 태우는 발전소에서 나오는 전기를 이용하는데도 전반적인 탄소 배출량이 줄어드는가? 그 답은 과거에도 그랬고 지금도 여전히 "그렇다"이다. 전기 모터가 내연 기관보다 효율적이며, 거대한 발전소들이 조그만 자동차 엔진들보다 더 효율적이기 때문이다. 또한 석탄을 태우는 것이 가솔린을 태우는 것보다 더 많은 탄소를 배출하지만, 전기 자동차는 뛰어난 효율성 덕분에 설령 100퍼센트 석탄으로 동력을 얻는다 해도 전반적인 탄소 배출량은 더 적다.

이 문제에 대해서는 전기 자동차를 혐오하는 사람들이 끝없이 이의를 제기해 왔지만, 이는 정당한 관심 표명이며 이 문제를 해결하는 것은 아주 복잡한 일이다. 세계 각 지역이 저마다 다른 형태의 연료 혼합을 통해 전기를 생산하기 때문이다. 이 문제에 대한 논란은 2012년 '우려하는 과학자 연맹'이 내놓은 한 보고서로 인해 확실히 잠재워지는데, 그 보고서에서 과학자들은 이런 결론을 내린다. "당신이 미국 내 어디에 살든, 전력망에서 충전되는 전기 자동차는 현재 가장 많이 판매되고 있는 가솔린 연료 자동차보다 지구 온난화의 주범인 탄소를 덜 배출한다. 또한 미국인의 절반 가까이는 전기 자동차를 모는 것이 가장 뛰어난 하이브리드 가솔린 엔진 자동차를 모는 것보다 탄소 배출이 적은 지역에 살고 있다."[15][16] 그 이후에도 여러 차례의 연구들이 있었는데 그 결론은 비슷했다.[17] 게다가 적어도 미국에서는 지금 석탄이 점차 공해가 훨씬 덜한 천연 가스로 대체되고 있어(2010년 미국의 전체 전기 생산에서 석탄이 차지하는 비중은 45퍼센트였으나, 2016년에는 30퍼센트로 줄었음),[18] 이 문제는 점점 더 많은 논란을 불러일으키고 있다. 테슬라는 지금까지도 재생 에너지 분야로의 전환을 앞장서서 이끌고 있다(15장 참조). 이 문제에 대해서는 일론 머스크가 2006년에 한 블로그 포스트에서 자세히 다룬 바 있다.[19][20]

## 테슬라의 5총사

일단 자동차 동력원을 전기로 하기로 결정되자, 마크 타페닝과 마틴 에버하드는 본격적인 사업 계획에 착수했다. 마크 타페닝은 자신들의 포부가 동력원을 결정하는 문제에서 완벽한 전기 자동차를 만드는 문제로 옮겨 간 과정을 내게 이렇게 설명했다.

"우리는 곧 우리가 아주 강력한 구동 장치를 만들 수 있다고 확신했습니다. 실리콘 밸리에서 주로 하는 일이 그런 거니까요. 컴퓨터와 배터리 제조 말이죠. 하지만 나는 우리가 정말 자동차를 만들어 낼 수 있을까 하는 점에서는 아주 회의적이었습니다. 자동차에는 수천 개의 부품이 들어가는데, 그걸 다 구한다는 건 불가능해 보였거든요. 이런저런 조사 끝에 나는 자동차업계는 1970년대부터 일종의 리팩토링refactoring•을 해 오고 있으며, 또 기본적으로 한두 가지 핵심적인 것을 제외한 모든 것을 아웃소싱하고 있다는 걸 알게 됐습니다. 그러니까 각종 전자 장치와 엔진 제어 장치 등의 부품은 거의 다 다른 회사 것을 쓰고 자신들은 마케팅과 디자인, 내연 기관 개발 등에 집중하는 거죠. 그래서 나는 이 사업은 틀림없이 된다는 확신을 갖게 됐습니다. 필요한 부품을 모두 부품 공급업체로부터 사 오면 되니까요."

그러면서 마크 타페닝은 이런 말을 덧붙였다. "나는 또 자동차업계에서는 아웃소싱이 워낙 심해, 심지어 최종 조립만 하는 회사들도 있다는 걸 알게 됐습니다. 예를 들어 오스트리아의 마그나 슈타이어Magna Steyr 같은 회사는 전 세계에 나가는 BMW X3를 100퍼센트 조립합니다. 그리고 바로 그 공장 안에서 유럽 시장에 나갈 사브Saab와 지프Jeep도 조립합니다. 계약에 따라 서로 다른 자동차 제조업체 네 개가 한 군데 거대한 시설 안에 공존하는 겁니다. 그런 식으로 하면 우리 역시 최종 조립 라인이 없어도 되겠다는 생각이 들더군요. 우리는 구동 장치만 제공하고…… 그 구동 장치를 어디서 글라이더 안에 넣을 것인지만 결정하면 되는 거죠. 글라이더란 엔진이 장착되지 않은 자동차인데, 그런 글라이더가 필요한 건 엔진은 한 공장에서 가져오고 나머지 부품들은 또 다른 공장에서 최종 조립되는 것이 일반적이기 때문입니다. 우리는 최종 조립 작업을 헤델에 있는 시설 안에서 끝냈지만, 세상 어디에서 끝낼 수도 있었던 겁니다."21

사업 계획이 세워지자 마크 타페닝과 마틴 에버하드는 자금 확보에 나

• 소프트웨어 공학에서 결과의 변경 없이 코드의 구조를 재조정하는 것을 뜻한다. 사용자가 보는 외부 화면은 그대로 두면서 내부 논리나 구조를 바꾸고 개선하는 것 등이 그 좋은 예다.

섰는데, 그건 그들에게 이미 익숙한 일이었다. 기업가가 되려는 사람은 투자자들을 상대로 한 시간 정도 간결하면서도 설득력 있는 프레젠테이션을 해야 하는데, 두 사람은 이미 그 노하우를 터득했던 것이다. 마크 타페닝의 말이다. "이를테면 평소 생의학 장비 같은 것에만 투자해 투자를 이끌어 내기 어렵다고 알고 있는 사람들에게 프레젠테이션을 하는 겁니다. 그런 사람들은 일주일 내내 생의학 관련 신생 기업만 보다 보니 가끔 다른 분야의 신생 기업을 보는 걸 좋아하거든요. 그래서 그들에게 '여러분에게 이 얼빠진 자동차 신생 기업에 대해 설명해 드릴까요?' 이런 말을 하면 아주 좋아합니다. 뭔가 다른 분야니까요."

마크 타페닝의 말을 좀 더 들어 보자. "우리가 한창 프리젠테이션 준비를 하고 있을 때, 우연히 그 무렵 이언 라이트Ian Wright가 광학 분야 신생 기업의 사업 자금을 마련하려고 동분서주하고 있었어요. 그래서 우린 그에게 그가 프레젠테이션을 하면 우리가 평을 해 주고, 우리가 프레젠테이션을 하면 그가 평을 해 주면 어떻겠느냐고 제안했습니다. 우린 이언 라이트를 그렇게 만났습니다. 그는 우리 아이디어에 매료되어, 광학 분야 신생 기업 일은 안중에도 없었고…… 몇 주일 뒤 우리를 찾아와 자신도 함께하고 싶다고 하더군요. 그렇게 해서 그는 우리의 첫 직원이 됐습니다(엄밀히 말하자면 마틴이 직원 1호고, 내가 직원 2호, 그리고 이언이 직원 3호죠)."

뉴질랜드 토박이인 이언 라이트는 열 살 때 이미 잔디 깎는 기계를 고카트Go-Kart•로 개조한 경주용 자동차광이었다. 1993년 캘리포니아로 이주한 그는 우연히 마틴 에버하드의 이웃에 살게 되었다. 그는 알타마르 네트웍스Altamar Networks라는 회사에 들어가 그 회사가 문 닫을 때까지 광 스위칭

• 엔진이 달린 아주 간단한 놀이용 자동차

시스템을 만드는 일을 했다. 그가 갖고 있는 자동차 관련 전문 지식은 마틴 에버하드와 마크 타페닝이 필요로 하는 것이어서, 그는 테슬라의 자동차 개발 부사장이 되었다. 소프트웨어와 엔지니어링과 경주 자동차에 대한 자신의 관심과 노하우를 십분 활용할 기회를 갖게 된 것이다.[22]

"나는 한 파티에서 맥주를 마시면서 마틴 에버하드와 처음 대화를 나눴어요." 이언 라이트가 내게 한 말이다. "그가 이러더군요. '경주용 자동차 만드는 일을 한 걸로 알고 있는데요. 내 친구와 나는 지금 기업을 하나 신설해서 고성능 전기 스포츠카를 만들 생각입니다. 이 아이디어를 어찌 생각하세요?' 그래서 내가 말했죠. '제정신이 아닌 것 같군요! 전기 자동차는 골프 카트로밖에 못 써요, 안 그래요?' 분명 내가 틀렸습니다. 그는 나를 끌어들이려 애썼고, 그 과정에서 AC 프로펄션에서 티제로를 빌려 왔는데, 그 차를 직접 타 본 게 결정타였어요. 나라면 그 차를 사진 않았겠지만, 어쨌든 전기 구동 장치로 뭔가 새롭고 흥미로운 걸 만들 수 있겠구나 하는 확실한 가능성을 봤거든요."[23]

테슬라 팀은 단순한 자금뿐이 아니라, 첫 투자 유치회를 앞장서 이끌어 줄 경험 많은 투자자도 필요했다. "그 투자자가 해 줄 일은 모든 협상을 앞에서 이끌고 평가한 다음, 회사를 대표해 계약을 체결하는 거죠." 마크 타페닝의 말이다. "우리는 1월에 투자 유치회를 시작해 많은 관심을 끌면서 3월까지 150만 달러의 자금을 끌어들였습니다. 그런 다음 LA로 가서 일론 머스크에게 자세한 사업 설명을 했는데, 그가 선뜻 자신이 앞장서겠다고 수락해 우리는 순조롭게 경주를 시작했습니다. 그는 금전적인 문제와 법적인 문제를 잘 해결해 나갈 적임자 중의 적임자였으니까요."

마크 타페닝은 이렇게 말을 이었다. "우리가 프레젠테이션을 하면서 흔히 듣는 질문 중 하나는 이런 거였습니다. '귀사는 어떤 점에서 경쟁 우위를 갖고 있나요? GM을 상대로 어떻게 경쟁 우위에 설 수 있다고 생각하나요?' 기존 자동차 회사들이 이구동성으로 전기 자동차에는 미래가 없고, 그래서 자신들은 이 시장에 관심이 없다고 했다는 걸 기억해 보십시오. 그들이 이처럼 전기 자동차 시장에 참여하지 않았기 때문에, 우린 매일 GM이나 포드 같은 거대 자동차 제조업체 등을 상대로 싸울 필요가 없었습니다. 그들은 아예 이 시장에 뛰어들 생각이 없다고 했으니까요. 우리 사업 계획과 관련해 투자자들에게 강조해야 할 것 가운데 하나가 바로 이거였습니다. 우리는 여러 해 동안 전기 자동차 시장에 있으면서 이 시장을 우리 시장으로 만들고 있습니다. 그리고 우리가 눈이 번쩍 뜨일 만한 전기 자동차를 만들 수 있다는 걸 세상에 보여 주면, 그때서야 거대 자동차 회사들이 이 시장에 눈독을 들이겠지만, 그때쯤 우린 이미 그들보다 몇 년 앞서게 되는 거죠."

마크 타페닝의 말을 좀 더 들어 보자. "아주 순진하게도, 우린 이렇게 생각했습니다. 일단 로드스터가 나와 우리가 놀랄 만한 전기 자동차를 만들 수 있다는 걸 세상에 보여 주면, 기존 자동차 회사들이 모두 전기 자동차 시장에 뛰어들어 막대한 돈을 연구 개발에 쏟아부을 거라고 말입니다. 그러나 그때쯤 이미 우리는 세상 그 누구보다 많은 경험과 주행 거리를 확보하고 있을 것이고, 그래서 신생 독립 회사는 미덥지 않아 보일 수 있지만 우리는 괜찮을 거라고요. 전 세계의 많은 자동차 제조업체가 우리를 필요로 할 것이고, 온 세상이 이런 전기 자동차를 만들고 싶어 하겠지만 전기 구동 장치 기술에 관한 한 우리가 단연 세계 최고 전문가들일 테니까 말이죠. 그런데 거대 자동차 기업들은 아직 아무것도 안 하고 빈둥대고 있습니다. 솔직히 나는 그게 너무 놀랍습니다. 아직도 어찌해야 할지 몰라 쭈뼛거리고 있으니 말입니다."

앞으로 보게 되겠지만, 마크 타페닝의 이 같은 예측은 물론 그가 생각했던 것보다는 조금 덜했지만 그대로 현실이 된다. 훗날 독일 자동차 제조업체 다임러<sup>Daimler</sup>와 일본 자동차 제조업체 도요타 모두 테슬라의 구동 장치 기술을 알아내기 위해 테슬라에 큰 투자를 했던 것이다.

마틴 에버하드와 이언 라이트는 2004년 2월 스페이스X 본사에서 일론 머스크를 만났다. 일론 머스크는 테슬라에 상당 금액을 직접 투자하고 자신의 인맥을 동원해 좀 더 많은 돈을 끌어들이면서 테슬라에 합류한다는 데 동의했다. 단, 그가 테슬라의 회장이 되어 최종 결정권을 행사한다는 조건이 붙었다. 그러면서 '아이언맨' 일론 머스크는 모든 계약을 2주 안에 끝내자는 주장도 했다. 아내가 쌍둥이를 출산할 예정인데, 분만일 전에 모든 걸 매듭짓고 싶다는 것이었다.

만일 마틴 에버하드와 마크 타페닝이 회사에 대한 지배권을 그렇게 대거 넘겨주는 것에 의구심을 갖고 있었다면, 일론 머스크의 요구들을 거절했을 것이다. 그러나 두 사람은 일론 머스크가 테슬라에 큰 힘이 되리라는 걸 믿어 의심치 않았다. 그런데 동업 관계에서 흔히 볼 수 있는 일이지만, 전기 자동차 사업에 대한 마틴 에버하드의 비전과 일론 머스크의 비전은 어떤 면에서는 비슷했지만, 또 어떤 면에서는 아주 달랐다. 두 사람 간의 그런 차이가 드러난 것은 다행히도 로드스터가 생산 궤도에 완전히 오른 뒤였다. 이언 라이트는 후에 두 사람 간의 근본적인 차이점을 이렇게 말했다. "테슬라를 처음 시작하면서 에버하드가 갖고 있던 비전은 자신이 갖고 싶은 전기 자동차를 만들자는 거였어요. 그런데 머스크의 비전은 훨씬 더 원대했죠. 제2의 GM을 만들고 싶다는 거였으니까요."

일론 머스크는 2004년 초에 테슬라의 시리즈 A 자금 조성 라운드를 이끌었고, 회장 겸 제품 디자인 책임자 자격으로 테슬라에 합류했다. 실리콘밸리에서 시리즈 A 라운드는 신생 기업의 첫 벤처 자금 조달 행사로, 제품을 개발하면서 첫 2년간 쓸 자금을 마련하는 기회다. 시리즈 A 자금 조성 라운드에서는 대개 해당 신생 기업의 20~40퍼센트의 주식을 소유하는 조건으로 200만 달러에서 1000만 달러의 자금을 마련하게 되며, 투자자들은 시리즈 A 우선주를 받게 된다.

일론 머스크는 자신의 개인 자금 750만 달러를 투자해 신생 기업 테슬라의 중요한 투자자가 되었다. 그는 또한 벤처 캐피털 회사인 컴퍼스 테크놀로지 파트너스Compass Technology Partners와 SDL 벤처스SDL Ventures 외에 많은 개인 투자자도 끌어들였다.[24]

테슬라의 공식적인 창립 멤버는 회장 일론 머스크, 최고경영자 마틴 에버하드, 최고재무책임자CFO 마크 타페닝, 최고기술책임자CTO JB 스트로벨, 그리고 자동차 개발 부사장 이언 라이트, 이렇게 다섯 명이었다. 이들은 로드스터를 생산하는 데 7000만 달러가 들 것으로 추산했다. 그리고 2004년 7월 캘리포니아 샌카를로스에 테슬라의 첫 사무실을 오픈했다.

"우리는 자동차 회사를 만드는 데 필요한 게 뭔지도 잘 모르고 정말 아주 순진한 생각으로 회사를 시작해, 그야말로 모든 게 실수투성이였어요." 일론 머스크의 말이다. "결국 우리가 테슬라 로드스터를 시장에 내놓는 데 필요하다고 생각했던 자본의 최소 다섯 배는 들어간 것 같아요."[25]

정확히 얼마가 들어갔는지 대체 누가 알겠는가? 훗날 가진 몇 차례 인터뷰에서 일론 머스크가 말한 총비용은 1억 5000만 달러[26]에서 1억 9500만 달러[27] 사이를 왔다 갔다 했다. 이후에 좀 더 자세히 살펴보겠지만, 그건 시작에 불과했고, 테슬라는 마스터플랜을 이행하기 위해 이후의 자금 조달 라운드에서 훨씬 더 많은 자금을 끌어모아야 했다. 일부 전문가들은 테슬라를 운영하기 위해 10억 달러는 족히 들어갔을 거라고 추산하고 있다.

# 4 로드스터를 재디자인하다

테슬라의 선각자들은 환경 보호론자들이어서 전기 자동차가 환경에 미치는 영향이 그들의 주요 사업 동기 중 하나였다. 또한 그들은 로켓 과학자요 스포츠카 애호가들이며, 내연 기관보다 나은 전기 구동 장치의 또 다른 장점도 잘 알고 있었다. 화석 연료로 움직이는 일반 가솔린 엔진은 제한된 범위의 rpm*내에서만 최대 회전력, 즉 최대 가속도가 나오며, 그래서 다중 속도 변속기가 달려 있다. 그러나 전기 모터는 페달을 밟는 순간 최대 회전율이 나와 아주 효율적이다.

AC 프로펄션 팀은 티제로를 만들 때 이 점을 최대한 활용했다. 티제로는 정말 마법적인 힘을 가진 전기 자동차로, 누구든 직접 몰아 보면 즉시 전기 자동차에 대한 생각이 바뀌게 된다. 이거야말로 일론 머스크를 비롯한 테슬라의 5총사가 회사를 설립한 든든한 토대이기도 했다. 이언 라이트

* revolution per minute의 약자로, 분당 회전수를 뜻한다.

는 AC 프로펄션과 그 전기 모터와 변환 장치 기술에 대한 사용권을 놓고 협상을 벌인 뒤 엔지니어들을 채용했다.

이언 라이트는 단 1년 만에 테슬라를 떠났다. 그가 내게 말한 바에 따르면, 그 주요 원인은 전기 자동차에 대한 그의 비전과 테슬라의 비전이 달랐기 때문이다. "테슬라에서는 발전이 최대 화두였고, 모든 사람이 전기 자동차를 타게 하려고 그야말로 물불 안 가렸어요. 그런데 불행히도 제겐 그렇게 굳은 신념이 없었거든요."[1] 테슬라에서 나온 이언 라이트는 라이트스피드Wrightspeed라는 회사를 차려 개인 승용차 시장보다는 경주용 자동차 시장에 더 적합한 전기 구동 장치를 만들기 시작했고, 나중에는 상업용 차량에 쓰이는 구동 장치를 파는 유망한 틈새시장을 찾아냈다(12장 참조). 자동차 개발 부사장인 이언 라이트가 그만둔 뒤 테슬라 팀이 최초의 자동차를 디자인하기 시작할 무렵 엔지니어링 분야를 총괄한 것은 JB 스트로벨이었다.

JB 스트로벨은 1975년 미국 위스콘신주에서 태어났다. 그는 이미 10대 시절에 폐차장에서 발견한 낡은 전기 골프 카트를 개조한 이후 평생 전기 자동차에 관심을 갖게 되었다. 스탠퍼드대학교에서 에너지 엔지니어링 분야 석사 학위를 취득한 후, 1990년 해럴드 로젠과 벤저민 로젠Benjamin Rosen 형제가 설립한 로젠 모터스Rosen Motors에 입사한다. 그곳에서 로젠 형제와 JB 스트로벨은 가스 터빈과 고속 플라이휠, 그리고 회생 제동 장치*를 이용하는 하이브리드 차량용 구동 장치를 개발했다. 후에 해럴드 로젠과 JB 스트로벨은 볼라컴Volacom이라는 우주 항공 회사를 설립한다. 2000년에 JB 스트로벨은 포르셰 944 모델을 전기 자동차로 개조하며, 그것을 직접 몰고 4분의 1마일(약 400미터) 경주에서 세계 기록을 수립한다.

• 주행 중 브레이크를 밟았을 때 배터리를 충전해 연비를 향상시키는 장치

테슬라의 최고기술책임자가 된 JB 스트로벨은 많은 스탠퍼드대학교 출신 친구들을 채용하는데, 그들 중 일부는 스탠퍼드대학교 태양열 자동차 프로젝트에서 함께 일했던 동료들이었다. 그래서 자연스레 그 프로젝트에서 체득한 여러 기술이 로드스터 제작에 활용되었다. "전기 자동차 로드스터에 들어간 핵심 기술들은 거의 다 스탠퍼드대학교 출신들에게서 나온 것입니다." JB 스트로벨의 말이다. 2008년에 이르러 테슬라에서 일하는 스탠퍼드대학교 출신은 40명 정도 되었다.[2]


## 구동 장치

티제로는 성능이 대단했지만, 테슬라 팀은 그 전기 자동차를 가지고 작업하면서 개선할 점도 많다는 걸 알게 되었다. 그래서 JB 스트로벨과 그의 엔지니어들은 결국 티제로의 부품을 거의 다 재디자인했다.

"AC 프로펄션은 60여 개의 전기 구동 장치를 만들었는데, 전부 손으로 만든 거였어요." 마크 타페닝의 말이다. "각 전기 모터는 각 인버터inverter•에 맞춰져 있었고, 모두 수작업으로 만든 거였죠. 이건 제조라기보다는 취미로 하는 고가품 제작 같은 거였어요. 1년에 단 100개의 오디오 시스템만 제작하는 곳 같은 데 말이에요. 그들의 전기 모터를 독점 사용하기 위해 제법 많은 돈을 들였는데, 그들이 대량 생산은 할 수 없다는 걸 알게 된 거예요. 결국 직접 전기 모터를 디자인할 수밖에 없었고, 그래서 처음 시작할 때와 상당히 다른 전기 모터가 나오게 된 겁니다."

• 직류를 교류로 변환하는 장치

마크 타페닝에 따르면, 테슬라 팀은 그야말로 처음부터 AC 프로펄션의 전기 모터와 아주 다른 전기 모터를 만들었다. "우리는 본격적인 생산에 들어가기 1년 전에 전기 모터를 재디자인했어요. 첫 번째 테스트 차량에 쓸 전기 모터가 있어야 했는데, 인증받은 시제품은 고사하고 엔지니어링 시제품도 나오기 한참 전이었죠."

그러나 테슬라처럼 하루아침에 명예와 부를 차지하지 못한 AC 프로펄션 사람들의 얘기는 조금 다르다. 폴 카로사는 내게 이런 말을 했다. "로드스터 제작 도중에 테슬라 측에서 로열티 지급을 중단했어요. 확인할 길은 없었지만, 더 이상 우리 기술을 쓰지 않게 되었다고 하더군요. 하지만 로드스터의 전기 모터와 파워 모듈을 들여다보면, 거기에 기본적으로 우리 기술이 들어가 있습니다. 테슬라와의 관계는 끝이 좋지 않았던 것 같아요."

톰 게이지는 또 이런 말을 했다. "테슬라 측에서 처음 500대까지는 특허 사용료를 지불한 것 같아요. 그러다가 로드스터의 디자인에 변화가 생겼는데, 그들은 더 이상 우리 기술을 사용하지 않게 되었다고 하더군요. 나는 그들의 일 처리 방식이 마음에 들지 않았어요. 삐쭉 이메일만 보내 디자인을 바꿔 앞으론 특허권 사용료를 내지 않을 거라고 했거든요. 그들이 바꾸었다는 게 정확히 무언지에 대한 얘기도 전혀 없었어요. 받아들이기 힘든 태도지만, 이 업계 사람들이 하는 일이 원래 다 그래요."

특허 및 계약서상의 내용으로 봐서는 테슬라가 잘못했다는 걸 입증하기 쉽지 않아 보였고, AC 프로펄션 쪽도 법정 싸움까지 벌일 의사는 없었다. "이러니저러니 해도, 우리 특허에 대한 계약 내용들이 별로 명확하지 않았어요. 결국 소송을 벌여 봐야 변호사들만 돈 벌게 해 줄 뿐 누구에게도 도움이 안 될 것 같았어요." 톰 게이지의 말이다.

톰 게이지는 이렇게 말을 이었다. "오늘날까지도 테슬라의 디자인 안에는 우리 AC 프로펄션의 DNA가 상당히 많이 들어가 있습니다. 물론 그렇다고 해서 그들이 놀라운 발전과 개선을 이루지 않았다는 말은 아니에요. 특히 제조 가능성과 대량 생산, 그리고 신뢰도 면에선 상당한 발전과 개선을 이뤘죠. 그러나 테슬라의 자동차 추진력과 배터리 시스템에 관한 한 우리 AC 프로펄션이 아주 중요한 출발점이 되어 준 것만은 분명합니다. 우리 AC 프로펄션에서 정말 많은 걸 가져간 겁니다."

전기 자동차에서 가장 중요한 부품 중 하나는 운전자와 배터리 그리고 모터 간의 복잡한 상호작용을 제어해 편안한 승차감을 주는 모터 제어기다. 그런데 JB 스트로벨에 따르면, AC 프로펄션의 모터 제어기는 '나온 지 20년이나 된 엉성한 아날로그 방식'이었다.[3] 그는 이런저런 문제를 해결해 줄 디지털 방식의 제어 시스템을 원했다. 아날로그 방식의 그 모터 제어기를 버리고 처음부터 다시 시작해야 한다는 뜻이었다.

많은 논의를 거친 끝에 테슬라 팀은 기존 모터 제어기를 완전히 뜯어고치기로 결론 내렸다. 그러면서 JB 스트로벨은 자신이 채용한 엔지니어 중 한 사람인 앤드루 바글리노Andrew Baglino에게 새로운 프로젝트를 맡겼다. 모터와 배터리의 내구력 테스트에 쓸 디지털 시험 장비들을 만들어 보라고 한 것이다. 그 시험 장비들은 믿을 만한 자동차 대량 생산에 꼭 필요한 것이었다. 그 프로젝트는 몇 개월이 걸렸지만, JB 스트로벨이 원한 대로 작업이 완료되었다. 그 디지털 시험 장비 개발에서 얻은 지식 덕에 테슬라 팀은 아주 괜찮은 디지털 모터 제어기를 만들 수 있었고, 그 덕분에 로드스터의 반응 속도와 승차감 또한 획기적으로 개선되었다.

JB 스트로벨은 전기 모터와 변속기의 성능도 크게 향상시켰다. 이 이야기는 5장에서 다시 나오겠지만, 본격적인 로드스터 생산에 들어갈 준비를 하기 바로 직전 테슬라 팀은 티제로에 장착되어 있던 2단 변속기가 너무 빨리 마모된다는 사실을 발견했다. 그래서 그들은 모터의 금속판과 전선들을 재설계해 효율성과 회전력을 높였고, 그 덕분에 보다 단순한 1단 변속기로도 원하는 성능을 이끌어 낼 수 있었다.


## 배터리

2세대 티제로를 제작할 무렵, AC 프로펄션의 톰 게이지와 그의 팀은 이제 막 상업화되기 시작한 새로운 기술의 장점을 잘 활용해 자동차의 성능을 대폭 높일 수 있었다. 사실 현세대의 전기 자동차들이 존재하게 된 것도 모두 그 새로운 기술, 즉 리튬 이온 배터리 덕이다.

배터리는 전기 자동차에서 늘 가장 중요한 부품이었다. 배터리는 종종 내연 기관 자동차의 연료 탱크에 비유되는데, 어떤 점에서는 사실 연료인 가솔린 그 자체에 더 가깝다. 배터리와 가솔린은 자동차를 움직이는 데 필요한 에너지를 비축하는 물리적 매체로, 양쪽 모두 에너지를 방출하려면 특정한 형태의 반응이 일어나야 한다.

초창기 전기 자동차들이 결국 가솔린 엔진 자동차들에 밀려나게 된 것은 배터리 기술의 한계 때문이었고, 오늘날의 전기 자동차들이 여전히 주행 거리 면에서 내연 기관 자동차들에 밀리는 것 역시 바로 그 때문이다. 그 이유를 정확히 이해하기 위해서는 파워, 에너지, 그리고 에너지 밀도와 관련된 개념들을 제대로 이해해야 한다.

'에너지'는 어떤 시스템이 일을 수행해 내는 능력을 뜻한다. '파워'는 에너지가 소모되거나 일이 수행되는 속도나 비율을 뜻한다. 에너지는 곧 장차 수행될 일의 양이라 생각하면 되며, 석탄과 가솔린 또는 전기 배터리 같은 물질 안에 비축될 수 있다. 어떤 물질의 '에너지 밀도'란 그 물질 단위 수량당 비축될 수 있는 에너지의 양을 뜻한다.[4]

가솔린은 에너지 밀도가 아주 높다. 다시 말해 소량만으로도 많은 일을 수행할 수 있는 잠재력을 갖고 있는 것이다. 1갤런(약 3.8리터)의 가솔린에는 몇 톤짜리 차량이 도로 위를 몇 킬로미터나 달릴 수 있는 에너지가 들어 있다(그러나 잘못 다룰 경우, 자동차와 탑승자 모두를 날려 버릴 수도 있다). 아주 놀라운 물질이 아닐 수 없다(이산화탄소를 배출하는 것이 아주 유감이지만). 석유 제품들은 또한 액체 상태라는 것이 장점이다. 저장 및 운송이 아주 쉽기 때문이다.

배터리 역시 에너지를 비축하고 있지만, 일정 공간에 저장할 수 있는 에너지 양에서는 석유 연료와 경쟁이 되지 못한다(가솔린과 디젤은 에너지 밀도가 오늘날 가장 우수한 리튬 이온 배터리보다 10배 이상 높다). 배터리 제작 방식은 다양한데, 가장 중요한 점은 역시 어떤 배터리가 가장 높은 에너지 밀도를 갖고 있느냐 하는 것이다.

가장 흔히 볼 수 있는 배터리 기술 중 하나로, 약 100년 가까이 된 납 배터리를 들 수 있다. 이름에서 짐작할 수 있지만, 납 배터리는 납으로 만들어서 무겁다. 에너지 밀도도 그리 높지 않아, 약 4.5킬로그램의 가솔린에는 같은 무게의 납 배터리보다 무려 200배 이상의 에너지가 들어 있다.

납 배터리를 자동차 시동을 거는 데 이용할 경우, 엔진을 돌리고 가솔린을 연소시킬 정도의 '파워'를 내야 하지만, 그 시간은 몇 초 안 된다. 그리고 일단 엔진이 돌아가기 시작하면 배터리가 충전되므로, 배터리에 많은 '에너지'가 비축되어 있을 필요는 없다. 그런 목적으로는 조그만 납 배터리도 충분히 제 기능을 하는 것이다.

〈저장 물질별 에너지 밀도〉[5]

| 저장 물질 | 비에너지 (어떤 물질의 단위 중량당 내부 에너지) (MJ/kg) | 에너지 밀도 (MJ/L) |
|---|---|---|
| 우라늄 235 | 83,140,000 | 1,546,000,000 |
| 수소(70MPa에서 압축) | 123 | 5.6 |
| 가솔린/디젤 | ~46 | ~36 |
| 석탄 | 24 | |
| 리튬 이온 배터리 | 0.72-0.875 | 0.9-2.63 |
| 알칼리 배터리 | 0.67 | 1.8 |
| 니켈 수소 합금 배터리 | 0.288 | 0.504-1.08 |
| 납 배터리 | 0.17 | |

자동차가 실제 납 배터리의 힘으로 달리려면 많은 납 배터리가 필요하며, 그래서 최초의 티제로는 무게가 약 450킬로그램이나 나갔다. 배터리의 경우에는 늘 무게와 크기, 그리고 에너지 용량 간의 균형이 문제가 된다. 자동차에 장착할 수 있는 정도의 납 배터리로는 많은 에너지를 비축할 수 없어서 주행 거리가 제한될 수밖에 없다. 다시 말해 몇 킬로미터 가지 못해 다시 충전해야 하는 것이다. 따라서 노트북이나 휴대전화처럼 작고 가벼워야 할 제품의 동력원으로 납 배터리를 사용한다는 건 어불성설이다.

1989년경 니켈 수소 합금[NiMH] 배터리라 불리는 새로운 배터리가 시판되기 시작했다. NiMH 배터리는 납 배터리보다 에너지 밀도가 훨씬 높아서 여러 용도로 새로운 활용이 가능해졌다. 1장에서 보았듯이, NiMH 배터리 덕분에 제2세대의 GM EV1은 주행 거리가 대폭 늘어났고, 도요타 프리우스 같은 하이브리드 자동차들이 나오게 되었다.

1991년에는 최초의 리튬 이온 배터리가 시장에 나왔다. 이 배터리는 NiMH 배터리보다 에너지 밀도도 훨씬 높고 사용하지 않을 때의 전력 누수 또한 훨씬 덜했다. 리튬 이온 배터리는 오늘날 거의 모든 가전제품에서 볼 수 있다. 사실 이 배터리가 없다면 오늘날의 스마트폰은 존재할 수도 없을 것이다. 리튬 이온 배터리는 지금까지도 최첨단 배터리 자리를 지키고 있다.

톰 게이지와 마틴 에버하드 같은 전기 자동차 선구자들은 새로운 배터리 기술의 잠재력을 금방 알아보았다. 그들은 티제로의 납 배터리를 리튬 이온 배터리로 교체해 주행 거리를 세 배 이상 늘릴 수 있었다. 테슬라 팀 역시 로드스터에 장착할 배터리 팩(그들은 이를 에너지 저장 장치Energy Storage System 또는 줄여서 ESS라 했다)을 리튬 이온 배터리로 해야 한다는 데 전혀 이견이 없었다.

테슬라 팀이 로드스터에 파나소닉 18650 같은 노트북형 리튬 이온 배터리를 쓰기로 한 아이디어는 그야말로 '위대한 사람들은 생각도 통한다'는 걸 보여 주는 사례였다. AC 프로펄션 팀 사람들도 마틴 에버하드와 마크 타페닝 팀도 그 아이디어가 자신들의 것이라고 주장하지 않았다. 그들이 내게 한 말에 따르면, 서로 힘을 합치기로 했을 때 양쪽 팀 모두 이미 그런 아이디어를 생각하고 있었다는 것이다.

마크 타페닝은 로드스터 배터리 시스템의 엔지니어링을 총괄 지휘했다. "디스크 드라이브와 거의 마찬가지로, 배터리 역시 여러 다른 부분들로 되어 있습니다. 여러 기계 부품들이 포함되어 있어, 기계적인 면과 전기적인 면 모두에서 기계공학은 물론 안전성도 고려해야 합니다. 그런 다음에는 온통 컴퓨터죠. 한 배터리 팩에 열네 개의 컴퓨터가 들어 있거든요. 이 세계는 사실 컴퓨터 세계입니다. 소프트웨어와 펌웨어firmware• 말이죠."

• 소프트웨어를 하드웨어화한 것

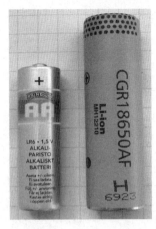
AA 배터리와 18650 리튬 이온 배터리

마크 타페닝은 당시 일을 이렇게 기억했다. "2세대 티제로는 리튬 이온 배터리, 그러니까 과거 우리가 전자책eBook에 썼던 그 조그만 파나소닉 18650 리튬 이온 배터리가 정답이라는 걸 입증해 주었습니다." 마크 타페닝과 마틴 에버하드가 누보미디어 시절에 만든 최초의 전자책에는 니켈 수소 합금 배터리가 사용됐지만, 가장 마지막에 나온 전자책들에는 파나소닉 18650 리튬 이온 배터리가 사용되었다.

역시 마크 타페닝의 말이다. "리튬 이온 배터리는 다루기가 훨씬 까다로워 아주 조심해야 했지만, 에너지 밀도가 워낙 높아 다루는 데 시간이 좀 걸리는 걸 얼마든지 감수할 만했습니다. 그리고 리튬 이온 배터리는 나날이 더 좋아져, 어쩌다 둘러볼 때마다 7퍼센트 더 좋아지거나 7퍼센트 더 싸지곤 했습니다. 마치 느린 '무어의 법칙Moore's Law'*을 보는 듯했죠."

마크 타페닝은 이런 말도 했다. "배터리 팩의 경우, 우린 기본적으로 처음부터 다시 시작했어요. 배터리 팩에 관한 한 AC 프로펄션의 기술을 전혀 쓰지 않은 거죠. 마틴 에버하드가 투자했을 때, 나는 앨런 코코니 역시 파나소닉 18650 리튬 이온 배터리를 사용하는 데 관심이 있다고 생각했어요. 하지만 그건 우리도 이미 잘 알고 있던 배터리였어요. 리튬 이온 배터리를 어느 쪽에서 먼저 사용했느냐 하는 것은 사실 참 우스운 얘기예요. 세상에서 가장 에너지 밀도도 높고 뛰어난 배터리가 제품으로 무진장 쏟아져 나오

• 반도체 집적 회로의 성능이 18개월마다 두 배로 좋아진다는 법칙

고 있는데, 대체 어떤 바보가 굳이 힘들여 다른 배터리를 만들겠습니까? 이건 너무 뻔한 일이었어요. AC 프로펄션이 디자인한 그 조그만 배터리 팩들은 그들의 티제로에는 아주 잘 맞았지만, 우리 로드스터에는 전혀 맞지 않았어요. 아마 그 어떤 안전 테스트도 통과하지 못했을 겁니다."[6]

안전은 누구나 중요하게 생각하는 것이다. 많은 에너지를 비축하고 있는 가솔린이나 우라늄 같은 물질들처럼, 리튬 이온 배터리도 잘못 다룰 경우 위험해질 수 있다. 손상되거나 충전이 과하거나 과열될 경우, 불이 나거나 심하면 폭발할 수도 있는 것이다. 사실 JB 스트로벨과 그의 엔지니어 팀이 발견한 것처럼, 드물긴 하지만 배터리 단 한 개의 보이지 않는 내부 결함으로 인해 예고도 없이 과열되어, 소위 '열 폭주thermal runaway'라는 연쇄 반응이 일어나기도 한다. 2006년 소니Sony는 그 같은 제조상의 결함을 알게 되어 수백만 대의 노트북형 배터리를 리콜했다.

이유가 어찌 됐든, 전기 자동차 제조업체가 배터리 과열 사고로 인해 회사 신뢰도에 얼마나 큰 타격을 입을지는 명약관화하다. 2011년, 충돌 테스트 도중에 쉐보레 볼트의 배터리 두 개에서 불이 나자 우익 성향의 미디어들은 전기 자동차의 폭발 가능성을 운운하며 신나게 떠들어 댔다. 가솔린 연료 탱크 역시 아주 불이 나기 쉽고 또 사실 매년 수천 대의 가솔린 연료 자동차가 불길에 휩싸이고 있음에도 불구하고,[7] 우익 성향의 미디어들은 전기 자동차 배터리 화재 사고만 터졌다 하면 기다렸다는 듯 전기 자동차 전체를 매도했다. 테슬라 역시 2013년에 호되게 당했다. 각기 다른 충돌 사고에서 세 대의 모델 S 배터리에 불이 붙었는데, 그 일로 테슬라는 한동안 광고 유치도 못하는 악몽 같은 일을 겪었던 것이다(11장 참조).[8]

2004년에 이미 테슬라 팀은 전기 자동차 배터리의 안전성 문제가 크게 부각되리라는 걸 잘 알고, 로드스터 배터리의 안전성을 확보하기 위해 편

집중에 가까운 노력을 기울였다. JB 스트로벨과 그의 팀은 배터리 하나하나에 열을 가해 불이 나게 하는 등 배터리 팩에 대한 광범위한 테스트를 실시했다. 또한 과열된 배터리 하나로 인해 연쇄 반응이 일어나는 걸 막기 위해 각 배터리가 붙지 않고 서로 떨어지게 디자인했다. 그들은 또 일련의 센서를 제작해 차량의 기울어짐은 물론 가속과 감속도 모니터해서 사전에 충돌 사고를 알아낼 수 있게 했다. 연기 발생과 과열을 탐지하는 센서도 개발했다. 그리고 뭔가 이상 징후가 나타날 경우, 동력 장치가 저절로 꺼지게 했다.[9]

6,831개의 개별적인 배터리로 이루어지는 배터리 팩은 또 다른 난제를 안겨 주었다. 그 모든 배터리가 파워 연결뿐 아니라 데이터 연결도 되어, 시스템이 각 배터리의 충전 상태와 온도를 모니터할 수 있게 해야 했던 것이다.

또 다른 문제는 냉각이었다. 배터리는 과열을 막기 위해서뿐 아니라 배터리 수명을 극대화하기 위해서도 최적의 온도 범위 내에서 유지되어야 한다. 어떤 전기 자동차들은 액체 냉각 장치를 쓰지만, 또 어떤 자동차들(닛산의 리프 등)은 공기 냉각 장치를 쓴다. "우리는 어떤 냉각 장치를 쓸 것인가를 놓고 정말 열띤 논의를 했습니다." JB 스트로벨의 말이다. 그는 액체 냉각 장치를 쓰자는 쪽이었다. 배터리 팩 전체에 촘촘하게 튜브를 깔자는 얘기였는데, 결국 테슬라 팀은 JB 스트로벨의 의견을 따르기로 결론 내렸다.[10]

노트북을 가지고 있는 사람들은 잘 알겠지만, 리튬 이온 배터리는 오래 쓸 경우 에너지 저장 능력이 떨어진다. 2003년 당시, 그 리튬 이온 배터리가 정말 자동차에 써도 좋을 만큼 오래갈지 확신할 수 있는 사람은 아무도 없었다. 휴대전화 배터리 같으면 수백 번 충전하고 재충전한 다음 버리고 더 나은 휴대전화를 사면 된다. 그러나 자동차의 경우, 동력원은 자동차의 수명, 그러니까 8~10년(충전 횟수로는 5,000~8,000회)까지 쓸 수 있어야 한다. 그런데 막상 뚜껑을 열어 보니, 그것은 사실 그리 중요한 문제가 아니었다. 테슬라는 2006년에 로드스터의 배터리 팩이 5만 마일(약 8만 킬로미터) 주행한 뒤에는 원래 용량의 70퍼센트가 남아 있을 거라고 예측했다. 그런데 2013년 7월 미국의 비영리 단체 플러그인아메리카Plug In America가 126명의 로드스터 소유자들을 상대로 실시한 조사에 따르면, 로드스터 배터리 팩은 10만 마일(약 16만 킬로미터)을 주행했을 때 원래 용량의 80~85퍼센트가 남아 있을 것으로 예측되었다. 그리고 2014년에 실제로 주행 거리 10만 마일을 넘긴 몇 안 되는 로드스터들의 배터리 팩 용량은 실제 그 예측과 비슷하게 남아 있었다.[11][12] 그로부터 몇 년 후, 모델 S에 쓰인 배터리들은 그 수준보다 훨씬 개선된 걸로 나타났다.[13]


## 엘리스 + 티제로 + 스페셜 소스 = 로드스터

테슬라 팀은 자신들의 새로운 자동차에 티제로의 구동 장치를 채용했지만, 다른 부품들은 별로 쓰지 않았다. 이언 라이트는 이런 말을 했다. "티제로는 경주용 개조 자동차만큼 뛰어나진 않았지만, 시제품이 안고 있던 결점들만 빼 버린다면, 티제로에 들어간 기술로 정말 괜찮은 자동차를 만들 수도 있을 것 같았습니다." 테슬라 팀은 달걀 모양으로 생긴 키트 카의 섬유 유리 몸체나 무거운 철 프레임을 사용할 의사가 전혀 없었다. 그들은 세세한 면에서도 뛰어난 자동차를 만들고 싶어 했고, 짜 맞춰야 할 퍼즐 조각 가운데 여러 조각은 그들 모두가 너무 좋아하는 영국 스포츠카 제조업체 로터스Lotus에서 찾았다.

로터스는 1952년 엔지니어인 콜린 채프먼Colinl Capman과 콜린 다레인Colinl Darein이 설립했다. 1966년 이후 로터스 본사와 주 공장은 영국 노퍽 카운티의 조그만 마을 헤델에 위치해 있다. 그곳은 과거 영국 공군기지가 있던 장소로, 옛 활주로를 자동차 주행 시험 노선으로 쓰고 있다. 로터스 엔지니어링Lotus Engineering은 다른 자동차 제조업체들의 외주 일을 하는 로터스의 자회사로, 광고도 거의 하지 않지만 세계적으로 가장 유명한 고성능 자동차들 가운데 상당수가 이 회사의 디자인 서비스를 이용해 오고 있다.

"로터스 엔지니어링은 서스펜션* 디자인, 튜닝,* 승차감, 핸들링 등에 관한 한 세계 최고의 자동차 엔지니어링 기업 중 하나입니다." 이언 라이트의 말이다. "어느 날 그들이 우리에게 자신들의 테스트 드라이버 한 사람과 함께 자동차에 올라 자신들의 시험 노선을 달려 볼 기회를 줬어요. 사람들이 말할 수 없이 친절하더군요. 그들의 얘기에 따르면, 그들은 테스트 드라이버를 시험 노선에 내보내 트랙을 몇 바퀴 돌게 한 뒤, 그 드라이버를 잠시 내리게 하고는 그가 전혀 눈치채지 못하게 자동차 왼쪽 뒤에 부착된 흡진기들* 중 하나를 한 클릭 바꿔 놓는대요. 그러고는 그 드라이버로 하여금 트랙을 다시 돌게 한 뒤 이렇게 묻는대요. '우리가 무얼 바꿔 놨죠?' 그러면 그 드라이버가 답을 한다더군요. 정말 대단하죠? 그 말을 들으니, 그들의 철두철미한 장인 정신 앞에 절로 고개가 숙여지더군요."14

로드스터가 로터스 엘리스Lotusl Elise를 토대로 만들어졌다고 말하는 사람들이 있는데, 이는 사실을 지나치게 단순화시킨 것이다. 사실 두 자동차에 동시에 사용되는 부품은 6퍼센트 정도밖에 되지 않는다. 앞으로 좀 더 자세히 살펴보겠지만, 로드스터는 스타일링과 다른 요소들은 로터스에서, 구동 장치는 티제로에서 가져왔지만, 거의 모든 부품에 대해 상당한 수정

---

- 노면의 충격이 차체나 탑승자에게 전달되지 않게 충격을 흡수하는 장치
- 획일화된 디자인과 성능을 가진 양산 자동차를 최적화시키기 위해 차량을 바꾸는 것
- 진동 에너지를 흡수하는 장치

2005년형 로터스 엘리스

과 개선을 가해 사실상 완전히 새로운 자동차나 다름없다.

마틴 에버하드와 마크 타페닝은 2003년 로스앤젤레스 오토 쇼에서 로터스의 엔지니어링 부문 책임자 로저 베커Rogerl Becker를 만나, 자신들의 신생 기업 테슬라와 제휴를 맺자는 제안을 했다. 당시 세세한 문제들을 해결하기 위해 영국과 미국을 오가며 협상을 마무리 지은 사람은 이언 라이트였다. 결국 두 회사는 여러 면에서 협력하게 된다. 테슬라는 로터스로부터 여러 가지 기술에 대한 사용권을 획득하고, 로드스터의 디자인 문제와 관련해 로터스 엔지니어링의 도움도 많이 받았다. 본격적인 생산 시기가 다가오자, 테슬라는 로터스와 계약을 맺어 자동차 생산은 로터스의 전설적인 헤델 공장에서 하기로 했다. 물론 거의 모든 부품을 테슬라 측에서 공급하는 조건이었다.[15]

로터스의 수석 엔지니어 리처드 래컴Richardl Rackham이 로터스 엘리스의 섀시를 디자인하면서, 압출 알루미늄 소재를 이용해 용접을 하지 않고 대신 접착제로 붙이는 방법을 썼다. 그 덕에 전기 자동차에서 아주 중요한 요소인 강도와 무게 면에서 최적의 균형을 취할 수 있었다. 전기 자동차는 주행 거리 극대화를 위해 최대한 가벼워야 하기 때문이다.

리처드 래컴은 이런 말을 했다. "알루미늄의 항복 강도는 용접을 할 경우 절반으로 뚝 떨어집니다." 그래서 알루미늄 섀시를 용접해서 쓸 경우, 접착제로 붙여 쓰는 경우보다 알루미늄을 두 배나 더 많이 써야 한다. 또한 알루미늄을 용접해서 쓸 경우, 용접이 이루어진 어떤 점 또는 선에 압박이 집중된다는 것이 흠이다. 그에 반해 접착제로 붙여 쓸 경우에는 압박이 보다 넓은 부위에 분산된다.[16]

테슬라 팀은 접착제를 쓰는 로터스의 이 기술을 최대한 활용했지만, 섀시 자체는 여러 가지 면에서 새로 디자인했다. 우선 차 문턱 높이를 5센티미터 정도 낮춰, 일론 머스크나 마틴 에버하드처럼 키가 큰 사람들이 보다 쉽게 들어갔다 나왔다 할 수 있게 했다. 그들은 또 로터스 엘리스보다 더 무거운 자동차에 맞게, 그리고 연료 탱크와 머플러 또는 배기관은 빼고 배터리 팩만 넣을 수 있게 부품 배치를 바꾸었다. 또한 배터리 팩을 장착할 수 있게 앞바퀴와 뒷바퀴 거리도 5센티미터 정도 늘리고 다른 것도 여러 가지 고치고 개선했다.

2005년 초, 로터스는 테슬라에 로터스 엘리스의 두 가지 글라이더 버전을 제공했다. 글라이더는 엔진이나 변속기가 장착되지 않은 자동차로, 테슬라는 이 글라이더를 이용해 전기 구동 장치를 테스트할 수 있었다. 테슬라 팀이 그 글라이더 안에 전기 구동 장치 등을 장착했을 때, 그들은 '뮬 mule', 즉 직접 도로 위를 주행하면서 여러 가지 부품을 테스트하는 데 쓰는 연습용 자동차를 가지고 있었다(마크 타페닝에 따르면, 연습용 자동차를 뮬, 즉 노새라 부르는 것은 번식 능력이 없다는 점에서 노새와 같기 때문이라고 한다).

마크 타페닝은 내게 이런 말을 했다. "자동차를 처음부터 끝까지 새로 만들어 출시하려면, 그야말로 천문학적인 돈이 필요합니다. 우리의 사업 계획은, 우리는 그렇게 하지 않겠다는 거였습니다. 구동 장치를 개발한 다음 유럽과 미국에서 이미 충돌 테스트와 안전 테스트를 거친 디자인을, 그리고 진짜 자동차에 써도 좋다는 걸 확신할 수 있는 디자인을 취하기로 한 겁니다. 교류 유도 모터는 우리가 만들 수 있다고 생각했습니다. 문제는 배터리 시스템이었죠. 우리는 최대한 빨리 배터리 시스템과 관련된 문제들을 해결하고 싶었습니다. 먼저 배터리 시스템에 대한 작업에 착수하고, 로터스 엘리스를 연습용 자동차로 개조해 우리의 1세대 배터리 팩과 AC 프로펄션의 인버터, 그리고 AC 프로펄션의 모터를 실제로 사용해 보려고 한 겁니다. 우리가 그 연습용 차를 몰고 다닌 덕분에 더 많은 사람이 우리 차에 관심을 갖게 되었고 더 많은 자금을 끌어들일 수 있었습니다. 또한 우리 배터리 시스템이 아주 잘 돌아가고 주행 거리도 200마일(약 320킬로미터)이나 돼 운전하는 게 정말 재미있을 거라는 점이 입증됐습니다. 그야말로 온갖 것에 도움이 되는 아주 괜찮은 연습용 차였던 겁니다."

로터스는 테슬라가 독자적으로 개발하기 힘든 에어백 시스템과 ABS 브레이크 시스템도 제공했다. 로드스터의 핸들과 계기판이 로터스 엘리스와 아주 흡사한 건 바로 이 때문이다. 그러나 나머지 인테리어는 거의 다 테슬라의 작품이다. 테슬라 팀은 로터스 엘리스의 앞 유리와 다른 차창들(자동차업계에서는 greenhouse 또는 glasshouse, 즉 '온실'이라고 함)도 그대로 활용했다. 자체 제작할 경우, 가시성과 전복 사고 시 안전, 방수, 앞 유리 와이퍼 등 여러 가지 관련 문제를 해결해야 했기 때문이다. 그러나 테슬라 팀은 유리는 실내를 보다 시원하게 유지해 주는 자외선 차단 유리로 업그레이드했다.

또한 테슬라 팀은 컬러 LCD 디스플레이, 아이팟 <sup>iPod</sup>용 잭이 달린 독일 명품 오디오 블라우풍트 <sup>Blaupunkt</sup>, 지금은 아주 유명해진 손잡이 내장형 테슬라 문짝 등 여러 가지 최첨단 장치도 추가했다. 테슬라의 도어 핸들, 즉 문손잡이는 전기로 작동되며, 보기에도 멋질 뿐 아니라 외부인의 침입도 거의 불가능하게 해 주는데, 개발 당시 내부적으로 뜨거운 논란을 불러일으켰던 특징 중 하나다. 그리고 그 논란을 거치면서 테슬라의 두 리더, 그러니까 회장 일론 머스크와 CEO 마틴 에버하드의 비전이 서로 다르다는 것이 드러나기 시작한다.

마틴 에버하드의 주요 관심사는 로드스터를 최대한 빨리, 합리적인 가격으로 시장에 내놓는 것이었다. 그러나 일론 머스크에게 로드스터는 테슬라를 괜찮은 가격의 전기 자동차를 대량 생산해 대량 판매하는 주요 자동차 제조업체로 만든다는 원대한 계획의 1단계 제품이었다. 그러자면 일론 머스크의 가장 유명한 말 중 하나처럼, 테슬라는 그저 가장 좋은 전기 자동차가 아니라 가장 좋은 자동차를 만들어 내야 했다.

그건 더 원대한 전략으로, 그만큼 위험 부담도 더 컸다. 로드스터에 좋은 점을 추가할 때마다 그만큼 비용과 시간이 더 들어가야 했기 때문이다(게다가 자동차 소유자들이 흔히 하는 말이지만, 기능이 한 가지라도 더 있으면 그만큼 고장 나기도 더 쉽다). "나는 늘 자동차 문 잠금장치가 버튼식이든 전기식이든, 또 차체 패널이 탄소 섬유든 섬유 유리든 팔리는 자동차 수는 같을 거라고 주장했습니다." 마틴 에버하드의 말이다. "더 멋있고 더 빠른 것일수록 더 위험하거든요."

뜨거운 논란을 불러일으켰던 변화 중 하나가 자동차 문턱을 낮춰 자동차에 타고 내리는 것을 좀 더 편하게 만든 것이다. (일론 머스크는 이런 말을 했다. "로터스 엘리스에서 내리려고 낑낑대 본 적 있나요? 그야말로 곡예사처럼 몸을 뒤틀어야 하죠.") 하지만 로터스의 기존 섀시를 그대로 사용하지 못하게 되어, 비용 절감 면에서는 큰 손실을 보았다. 그 외에 일론 머스크는 맞춤 좌석은 물론 맞춤 헤드라이트와 탄소 섬유 차체 패널도 고집했다. 물론 그에 필요한 모든 돈은 그가 댔다. 2008년까지 그는 자기 주머니에서 5500만 달러를 내놓았다. 대신 그는 자기 생각을 끝까지 밀어붙이려 했다. "디자인 단계에서 이것저것 많은 고집을 부렸고, 사실 그 모든 일에 돈이 필요했어요." 일론 머스크의 말이다. "하지만 별 볼 일 없어 보이는 차를 10만 달러에 팔 순 없잖아요."

차체에 어떤 소재를 쓸 것인가도 중요한 결정 사항이었다. 그와 관련해서 테슬라 팀은 역시 최선의 것을 쓰기로 결정했다. 그러니까 구할 수 있는 가장 좋은 소재, 즉 탄소 섬유 합성물(탄소 섬유 강화 플라스틱CFRP이라고도 함)을 쓰기로 결정한 것이다. 탄소 섬유 강화 플라스틱은 강철만큼 단단하고 알루미늄만큼 가벼우면서도 유연성은 강철이나 알루미늄보다 훨씬 뛰어난 최첨단 물질로, 자동차 외장재로는 더없이 이상적인 재료로 떠오르고 있다. 그러나 값이 싸지 않았기 때문에, 2004년에 그것을 쓰기로 한 건 정말 대담한 결정이 아닐 수 없었다. 일론 머스크는 로드스터 차체에 탄소 섬유 강화 플라스틱을 써야 한다는 의지가 매우 확고했고, 결국 다른 사람들을 설득하는 데 성공했다.

물론 일단 그렇게 결론이 내려지자, 테슬라 팀은 로터스 엘리스를 조금씩 바꾸는 정도가 아니라 완전히 새로운 차로 만드는 일에 착수했다. 그들은 차체 디자인 역시 자신들이 원하는 대로 마음껏 바꾸었다.


## 스타일링

자동차에 대해 깊이 알지 못하는 사람들은 자동차 제조업체들이 자동차 모델의 외관에 얼마나 많은 노력을 쏟아붓는지 상상도 못할 것이다. 그러나 테슬라의 '설립 아버지들'은 쟁쟁한 자동차 전문가여서 로드스터의 스타일을 제대로 잡기 위해 무작정 많은 시간과 돈을 투자하지는 않았다. 마틴 에버하드가 도로 위를 다니는 연비 좋은 자동차들을 보면서 느낀 불만 중 하나는 한결같이 너무 반듯반듯하고 따분하게 생겼다는 것이었다. 분명한 건, 사람들이 로드스터를 기존의 다른 전기 자동차들과 전혀 다르게 받아들인 것은 뛰어난 성능뿐 아니라 멋들어진 외양 때문이기도 하다.

로드스터의 전반적인 사양에 대한 고민이 끝나자, 테슬라 팀은 유명한 스포츠카 디자이너들을 만나 로드스터 디자인에 대한 제안을 받기 시작했다. 마틴 에버하드는 로드스터 외관에 대해 나름대로 뚜렷한 비전을 가지고 있어 그것을 디자이너들에게 자세히 설명해 주려 했다. 그러나 그들이 생각하는 건 전부 전형적인 전기 자동차 디자인이어서, 처음 들어온 디자이너들은 한결같이 태양열 전지판이나 SF에 나올 법한 첨단 장치들이 달린 기괴한 우주 차량 같았다. 마틴 에버하드나 그의 회사가 바라는 것과는 정반대되는 것이었다.

마틴 에버하드가 그다음에 도움을 요청한 상대는 그의 친구 빌 모그리지Bill Moggridge(1943~2012)였다. 런던에서 태어난 '디자이너 중의 디자이너'인 그는 최초의 노트북 컴퓨터를 디자인한 인물로 유명하며, 세계적인 디자인 전문 기업 아이데오IDEO의 공동 설립자이기도 하다. 빌 모그리지는 또 인간 중심 디자인 학파의 선구자이며, '인터랙션 디자인interactionl design'(제품을 사용할 사람들의 필요에 초점을 맞춘 디자인 방식)이라는 용어를 만든 것으로 알려져 있기도 하다.17

빌 모그리지는 자신이 생각하고 있는 첨단 전기 자동차 디자인들을 만들어 냈고, 마틴 에버하드는 그중에서 자신이 상상하는 로드스터의 모습과 가장 유사한 디자인을 골라냈다. 그런 다음 그것을 로드스터 디자이너들에게 보여 주자, 이후에 나온 디자인 제안들은 마틴 에버하드와 그의 팀이 생각하는 것에 훨씬 더 가까워졌다.

마틴 에버하드는 자기 집의 방 하나를 정해 사방 벽에 디자이너들이 그린 로드스터 디자인 스케치를 수십 장 걸어 놓고 50명이 넘는 사람을 초대해 가장 마음에 드는 스케치를 뽑아 보라고 했다. 그 결과 로터스 디자인 스튜디오Lotusl Designl Studio에 몸담고 있는 바니 햇Barneyl Hatt이 확실한 승자로 떠올랐다. 그 이후 몇 개월간 마틴 에버하드와 그의 팀은 바니 햇과 함께 살다시피 했고, 그러면서 새로 나올 전기 자동차 디자인의 세세한 부분들을 고쳐 나갔다. 일론 머스크 역시 디자인의 세세한 부분까지 깊이 관여했는데, 그는 특히 맞춤 헤드라이트 개발을 강조했다. 돈을 많이 잡아먹는 일이었지만, 헤드라이트는 로드스터의 전면부 외관을 인상적으로 보이게 하는 데 큰 기여를 한다.

여러 차례 영국을 왔다 갔다 하고 여러 가지 크기의 모델들을 제작하면서 마침내 선구자들의 비전은 구체화되기 시작한다. 2005년 5월, 그들은 실물 크기의 모델을 완성한다. 점토로 모양을 만든 뒤 표면에 3M에서 나온 DI-NOC라는 이름의 첨단 탄소 섬유 코팅을 입힌 모델이었다.[18]

시각적으로 아주 중요한 기념비적 모델이었지만, 로드스터가 본격적으로 도로 위를 달리려면 아직 가야 할 길이 멀었다. 신차를 개발할 때는 모든 주요 부품과 시스템에 대한 광범위한 테스트가 실시되어야 하며, 그러자면 온갖 종류의 모델과 시제품, 그리고 양산 전 자동차를 만들어야 한다. 테슬라의 경우 거대 자동차 제조업체들이 갖고 있는 방대하고 복잡한 연구소나 작업장이 없어서 그 모든 것과 관련해 기발한 아이디어를 동원하거나 로터스의 친구들로부터 적잖은 도움을 받아야 했다.

예들 들어 한 팀이 연습용 자동차를 이용해 동력 장치의 결함을 손보는 동안, 또 다른 팀은 점토 모델을 이용해 공기 역학적 튜닝 작업을 했다. 공기 역학적 튜닝 작업은 어떤 차에든 다 필요하지만 특히 전기 자동차의 경우에는 더 필요하다. 공기 역학적으로 우수할수록 주행 거리도 더 길어지기 때문이다.

한편 일론 머스크는 그 누구 못지않게 중요한 일을 하고 있었다. 그 모든 작업에 필요한 돈을 끌어모으는 일을 한 것이다. 2005년 초, 그는 벤처 자금을 끌어들이기 위한 시리즈 B 자금 조성 라운드에 착수해 밸러 에쿼티 파트너스Valor Equity Partners 등을 새로운 투자 회사로 끌어들이면서 로드스터 개발을 지속하는 데 필요한 자금 1300만 달러를 마련했다. 2005년에 테슬라의 직원 수는 18명에서 40명 이상으로 늘었다.

2006년 1월에 이르러, 테슬라는 두 번째 연습용 자동차를 제작했고, 첫 번째 '엔지니어링 시제품engineering prototype(EP)'을 조립했다. 그때부터 2007년 초까지 엔지니어링 시제품 총 10대(EP1부터 EP10까지)를 제작했고, 그 10대를 계속 분해하고 재조립하면서 다양한 부품들에 대한 테스트를 실시했다. 그리고 모든 퍼즐 조각이 어느 정도 완벽해지자, 테슬라 팀은 2007년 3월부터 '인증 시제품validation prototype(VP)' 총 26대(VP1부터 VP26까지)를 제작했다. 이 시제품들은 거의 마지막 버전의 자동차로, 지구력 테스트 및 충돌 테스트에 사용되었다.

5월에 엔지니어링 시제품 1호인 EP1이 캘리포니아에 도착하고 그것이 기술 관련 잡지 『와이어드』에 사진과 함께 소개되자, 일론 머스크는 시리즈 C 자금 조성 라운드에 착수해 총 4000만 달러를 마련했고, 투자 전문 대기업 JP 모건 체이스가 관리하는 베이 에어리어 에쿼티 펀드Bay Area Equity Fund, 드레이퍼 피셔 저벳슨Draper Fisher Jurvetson, 캐프리콘 매니지먼트Capricorn Management 같은 벤처 자금 기업들을 여럿 더 끌어들였다.

이 시리즈 C 자금 조성 라운드 때, 구글 공동 설립자인 세르게이 브린Sergey Brin과 래리 페이지Larry Page, 전 이베이 사장인 제프 스콜Jeff Skoll, 하얏트 호텔 그룹의 상속자인 닉 프리츠커Nick Pritzker 등 여러 유명한 기업가도 투자 대열에 합류했다.[19] 그들의 현금 투자도 반가운 일이었지만, 그들의 이름 덕분에 선전 효과도 톡톡히 봤다. 바야흐로 테슬라가 실리콘 밸리에 있는 21세기 디지털 기업의 '우주의 마스터들Masters of the Universe'• 사이에서

• 1987년에 제작된 게리 고더드Gary Goddard 감독의 영화 제목이기도 하다.

최대 관심사로 떠오른 것이다. 이 무렵 이후 테슬라는 계속 환경 및 금융 분야에서 화려한 스포트라이트를 받게 되며, 일론 머스크의 말마따나 별도의 마케팅이 필요 없는 상황을 맞게 된다.

# 5 로드스터, 마침내 도로 위를 내달리다

테슬라는 2006년 7월 19일 산타모니카 공항 격납고에서 350명의 초대 손님을 앞에 두고 최초의 현대적인 전기 자동차 로드스터를 정식으로 공개함으로써 새로운 자동차의 역사를 썼다. 전시된 자동차들은 처음 제작된 엔지니어링 시제품인 EP1과 EP2였다. 전기 자동차 분야의 이 새로운 스타들은 그해 11월에 열린 샌프란시스코 국제 오토 쇼에서도 카메라들 앞에서 포즈를 취했는데, 그 오토 쇼에서 당시 샌프란시스코 주지사였던 아널드 슈워제네거Arnold Schwarzenegger는 다음과 같은 연설로 로드스터를 추켜세웠다. "모든 산업이 지구 온난화와의 싸움에 동참해야 하는데, 그런 점에서 연비가 뛰어난 이 청정 대체 연료 자동차는 이 환경 혁명을 앞장서 이끌고 있는 것입니다." 그러면서 영화 〈터미네이터〉의 주인공이었던 그는 이렇게 말을 이었다. "제가 이 차를 직접 시승해 봤는데, 정말 대단하더군요."1

이 시점에서 사람들은 로드스터를 볼 수는 있어도 아직 살 수는 없었다. 자동차업계에서 신제품을 발표하고 오토 쇼에 선보이는 것은 언론을 상대로 한 행사로, 새로운 모델을 홍보하고 그 모델에 대한 사람들의 반응을 테스트하는 데 목적이 있다. 그러고서도 본격 생산할 준비를 하기까지 1년 또는 그 이상이 걸릴 수 있고, 고객들에게 실제 자동차를 인도하려면 거기서 또다시 1년이 더 걸릴 수도 있다.

물론 테슬라는 거대 자동차 제조업체들처럼 신모델을 출시하면서 언론을 상대로 대대적인 홍보를 벌일 여력이 없기도 했지만, 일론 머스크와 그 동료들도 직감했듯 그럴 필요도 없었다. 인터넷 슈퍼스타 일론 머스크와 지구를 환경 오염에서 구해 줄 시속 125마일(약 200킬로미터)의 야심만만한 전기 자동차 이야기는 언론의 입맛에 딱 맞는 기삿거리였기 때문이다.

로드스터를 구입하고 테슬라에 돈을 투자하는 사람들 중 상당수는 가뜩이나 파파라치들이 일거수일투족을 좇는 유명 인사들이었고, 그 바람에 로드스터에 대한 언론의 관심 또한 더 높아졌다. 처음 제작된 로드스터 100대는 테슬라 측에서 '서명 100인 클럽'이라 부른 엘리트 집단에게 돌아갔다. 이미 계약금 10만 달러를 내고 로드스터를 예약한 이 여론 주도층에는 영화배우 조지 클루니와 리어나도 디캐프리오, 데니스 헤이스버트, 그리고 이베이의 사장 제프 스콜 등이 포함되어 있었다. "우리 '서명 100인 클럽' 고객들은 자신들이 원하는 빠르고 호화스러운 가솔린 엔진 자동차를 몰고 다닐 수도 있었을 겁니다." 마틴 에버하드의 말이다. "그런데 그들은 그러지 않고, 대신 기름을 전혀 사용하지 않아 그 어떤 자동차보다 온실가스를 훨씬 덜 내뿜는 매력적인 전기 자동차에 투자했습니다."[2]

자동차 잡지와 환경 잡지, 그리고 비즈니스 잡지들이 앞다퉈 로드스터와 테슬라에 대한 기사를 실었고, 로드스터와 테슬라 양쪽 모두에 이런저런 상을 안겨 주었다. 『파퓰러 메커닉스 Popular Mechanics』 지에서 수상하는

2006 파퓰러 메커닉스 돌파구상 2006 Popular Mechanics Breakthrough Award, 러시아 개혁가 미하일 고르바초프가 수여한 2006 글로벌 그린 디자인상 2006 Global Green Design Award 등이 대표적이었다. 당시 상을 수여하면서 미하일 고르바초프는 이런 말을 했다. "보다 지속 가능하고 세계를 안전하게 해 주는 디자인이 우리 모두를 더 안전하고 더 건강하게 만들어 줄 겁니다."[3]

로드스터의 대성공으로 캘리포니아에서 칵테일파티가 열리고 있을 때, 테슬라 팀은 자신들의 시제품을 실제 양산 자동차로 바꾸고 자신들의 미친 과학자 집단 역시 성공한 자동차 기업으로 바꾸는 중대한 일을 앞두고 있었다.

그들은 시제품 자동차들이 제대로 작동되는 건 확인했지만, 이제는 그 자동차들이 어떤 날씨에서도 수천 킬로미터를 달릴 수 있고, 안전 기준은 물론 수많은 다른 규정도 통과할 수 있다는 걸 입증해 보여야 했다. 그들의 엔지니어링 시제품인 EP1과 EP2가 언론의 스포트라이트를 받고 있는 동안, 불운한 자매인 EP3는 되풀이해서 충돌 테스트를 치르며 무참히 박살 나고 있었다. 2007년 1월, 테슬라는 북극권 위쪽에 있는 스웨덴 아르비스야우르에 한 팀을 보내 구동 장치가 추운 날씨에도 제대로 작동되는지 테스트했다. 다른 팀들은 안티록 브레이크 시스템ABS*과 트랙션 컨트롤 시스템TCS*을 테스트 및 튜닝하고 있었다.

여러 가지 부품에 대해서는 이해하기도 힘든 말들로 된 정부 기관들과 업계 단체들의 안전 테스트와 인증 절차도 거쳐야 했다. 2007년 7월에는 테슬라 배터리의 안전성에 대한 미국 교통국DOT의 승인이 떨어졌고, 2008년 1월에는 에어백 규정과 관련된 도로교통안전국의 승인이 떨어졌다. 특히 에

---

• 잠김 방지 브레이크 장치
• 눈길, 빗길 따위의 미끄러운 노면에서 차량을 출발하거나 가속할 때 과잉 구동력이 발생해 타이어가 공회전하지 않게 차량의 구동력을 제어하는 장치

테슬라 모터스의 로드스터

어백 관련 승인은 로터스와 페라리Ferrari 같은 소규모 양산 업체들이 받은 승인으로, 로드스터의 표준 에어백 성능이 그만큼 뛰어나다는 의미였다.

테슬라의 과제는 단순히 자동차를 만드는 게 아니라 제대로 된 자동차 회사를 만드는 것이었다. 그 과제는 수천 개에 달하는 전 세계의 자동차 주문 제작업체들이 해내지 못하고 있는 너무도 힘겨운 과제였다. 2006년 8월 현재 직원 수가 100명으로 늘어난 테슬라는 그간 20여 대의 자동차를 제작했지만, 이제는 모든 인프라를 총동원해 수천 대의 자동차를 제작해 고객들 손에 넘겨줄 수 있어야 했다. 다행히 이른바 세계화 덕분에 전 세계적인 교통 및 통신 네트워크가 너무 잘 구축되어 있어서, 테슬라는 자동차 생산을 위해 굳이 새로운 공장과 조립 라인을 만들 필요가 없었다.

테슬라는 로드스터에 쓸 배터리 팩은 태국 공장에서 제작하고 모터는 대만 공장에서 제작하기로 결론 내렸다. 그리고 2007년 7월경 그 두 공장은 제품 배송을 시작했다.

본격적인 생산에 들어가려면 치밀한 계획은 물론 많은 돈이 필요했다. 2007년 봄에 테슬라는 시리즈 D 자금 조성 라운드를 통해 여러 벤처 캐피털 회사들로부터 4500만 달러를 투자받았고, 이로써 그간 테슬라가 받은 총 투자 금액은 1억 500만 달러를 넘어서게 되었다.

이 모든 일은 거의 같은 시기에 전 세계 여러 장소에서 동시다발적으로 일어나, 아주 큰 그림에 퍼즐 조각 맞추듯 서로 딱딱 맞아 들어갔다. 더 긴 설명은 하지 않겠지만, (차고 안에서 시제품 하나를 제조하는 과정과 달리) 자동차 모델 하나를 시장에 내놓기까지의 과정은 이렇게 복잡하다. 따라서 테슬라가 이 모든 일을 해냈다는 것은 정말 놀라운 이야기가 아닐 수 없다. 이는 정교한 안무와 같아, 엔지니어링과 물류 조달, 재정, 마케팅 분야 등의 활동이 시간(한 곳에서 일이 지연되면 다른 곳들의 일까지 지연되므로)뿐 아니라 규모(어느 한 곳에서 너무 많거나 적은 부품이 제작되면 큰 비용 손실이 생기므로) 면에서도 정확히 맞아떨어져야 했다.

로드스터는 명실상부한 범세계적인 자동차였다. 탄소 섬유 차체 패널은 프랑스 기업 소티라Sotira에서 제작되었고, 브레이크와 에어백은 독일 지멘스Siemens에서, 섀시와 서스펜션 등은 영국 로터스에서 제작되었다. 또한 로드스터의 마지막 1단 기어 박스는 미국 미시간주 오번 힐스에 있는 보그워너BorgWarner에서 제작되었다. 북미에서 판매될 로드스터의 경우, 로터스가 섀시를 캘리포니아주의 멘로 파크로 보내면, 거기서 테슬라의 직원들이 그 섀시에 구동 장치를 장착했다. 그리고 유럽과 기타 지역 고객들에게 인도될 자동차들은 영국 헤델에 있는 로터스 공장에서 조립되었다.

이렇게 로드스터의 조립 작업이 이루어지는 순간, 테슬라는 벌써 미래를, 그러니까 원대한 전략의 두 번째 단계를 내다보고 있었다. 2007년 1월, 테슬라는 미시간주 로체스터 힐스에 면적 1,800제곱미터 정도 되는 기술 연구소를 새로 오픈했다. 전 세계 자동차 기술의 중심지나 다름없는 이 기술 연구소는 테슬라의 차기 모델에 대한 연구 및 개발을 맡게 되는데, 4도어 스포츠 세단인 차기 모델은 당시 '화이트스타'라 불렸으며, 2009년에 생산될 예정이었다(그러나 테슬라의 차기 모델인 모델 S는 실제 2012년에 생산되었다).

테슬라 기술 연구소 소장인 존 토머스Johnl Thomas는 기술 연구소를 미시간주에 건설한 이유를 이렇게 설명했다. "이 지역에는 고도로 숙련된 자동차 전문가들이 수천 명 있습니다. 각종 테스트 트랙과 인증 설비, 바람 터널* 등을 많은 돈을 투자해 새로 만드느니 이곳에서 이것들을 활용하는

* 비행기나 자동차 등에 미치는 공기 흐름의 영향을 테스트하기 위한 터널형 인공 장치

게 좋겠다고 판단한 겁니다. 이 센터는 우리의 최첨단 CAD*와 CAE* 디자인 및 시뮬레이션 툴을 갖추고 있어, 우리는 늘 고품질의 제품을 기존의 그 어떤 자동차 제조업체보다 빨리 시장에 내놓을 수 있을 것입니다."


## 변속기 문제

2007년 말에 이르자, 필요한 모든 테스트가 끝나고 전 세계적인 부품 공급망도 자리를 잡았으며 수많은 다른 세세한 문제도 해결되면서, 본격적인 자동차 생산만 남게 되었다. 그런데 테슬라가 자동차 인도 계획을 세우려는 순간, 한 가지 중요한 문제가 발생했다.

JB 스트로벨과 엔지니어링 팀은 원래 로드스터에 2단 수동 변속기를 달 계획이었다. 앞서 잠시 언급했듯, 내연 기관과 달리 전기 모터는 낮은 rpm, 즉 낮은 분당 회전수에서 최대 회전력을 가지는 데다 모든 속도에서 아주 효율성이 높다. 따라서 전기 자동차에는 사실 가솔린 엔진 자동차의 경우처럼 다단 변속기가 필요하지 않다. 대부분의 전기 자동차에는 전통적인 변속기가 전혀 없고, 대신 간단한 감속 기어만 설치되어 있다. 이 점이 전기 자동차의 최대 장점 중 하나이기도 하다. 기어가 적을수록 움직이는 부품 수가 적어지고 마찰로 인한 에너지 손실이 줄어들며 유지비 또한 낮아지기 때문이다. 게다가 기어 변경으로 인한 단절 없이 자동차 가속이 매끄럽게 이어져, 보다 부드러운 운전을 즐길 수 있게 된다.

- 컴퓨터를 이용해 정교하고 복잡한 설계 도면을 모델링하는 소프트 프로그램
- 컴퓨터 이용 공학이라는 뜻을 가진 말로, 컴퓨터를 이용한 기술의 통칭

그러나 이전 엔지니어링 시제품들과 달리, 실제로 판매될 로드스터는 성능을 더 업그레이드시켰다. 4초 이내에 시속 60마일(약 96킬로미터)에 도달하고 최고 속도가 시속 125마일(약 200킬로미터)에 도달하게 한다는 확고한 내부 방침에 따른 것이다. 물리학 및 엔지니어링과 관련된 기타 자세한 의문 사항들에 대해 알고 싶다면, 테슬라 모터스 클럽Tesla Motors Club 사용자 포럼에 들어가 보기 바란다.[4] 단지, 여기선 이 말만 하고 넘어가겠다. JB 스트로벨과 그의 엔지니어 팀이 애초에 구동 장치와 관련해서 했던 작업을 고려하면, 1단 변속기로는 4초 이내 시속 60마일 도달과 최고 속도 시속 125마일이라는 두 마리 토끼를 잡는 것이 불가능해, 그들은 2단 변속기 디자인을 채택했다. 두 번째 기어가 시속 60마일 이상의 속도를 내게 한 것이다.

자동차 조립을 시작하려는 마지막 순간에 테슬라 팀은 변속기가 기대했던 기능을 하지 못한다는 사실을 알게 되었고, 결국 생산이 보류되었다. 사실 변속기는 제대로 작동됐지만, 내구성이 떨어진다는 게 문제였다. 전기 모터는 높은 회전력과 높은 rpm으로 제대로 변속이 되었다.[5] 근본 원인이 무엇이든, 어쨌든 변속기는 약 4,800킬로미터 이상 주행할 때까지 견뎌 줄 수 없는 상태였다.

이 시점에서 테슬라의 두 리더는 또다시 의견이 갈렸다. CEO 마틴 에버하드는 보다 단순한 1단 변속기 자동차로 가야 하며, 예정대로 생산이 계속되어야 한다고 생각했다. 그것은 곧 로드스터는 시속 110마일(약 177킬로미터) 이상 낼 수 없게 된다는 의미였다. 그러나 일론 머스크는 그걸 받아들일 수 없었다. 그는 이렇게 말했다. "영화 〈백 투 더 퓨처Back to the Future〉에 나왔던 자동차 들로리언DeLorean이 왜 실패했습니까? 그야말로 정말 형편없는 차였거든요. 생긴 건 그럴싸했지만, 혼다 시빅의 액셀러레이터를 달고 있었죠. 1단 기어로 갈 경우, 우리 차 역시 그 우수한 모터와 파워 전자 장치들에도 불구하고 들로리언과 같은 운명을 맞을 겁니다."

테슬라는 결국 약속한 8월 27일에 제품 인도를 시작하지 못했고, 매스컴은 기다렸다는 듯 공격을 퍼부었다. 자동차 전문 월간지 『모터 트렌드』는 "로드스터가 결국 베이퍼웨어vaporware*가 될 듯한 조짐이 나타나고 있고, 기존 자동차 제조업체들은 킥킥거리며 좋아하고 있다"는 기사를 내보냈다.[6] 테슬라가 아주 빨리 해결책을 내놓지 않으면 안 될 상황에 몰린 것이다.

테슬라는 두 번째 기어를 쓸 수 없게 잠근 상태의 변속기가 장착된 로드스터를 우선적으로 인도하겠다고 발표했다. 결국 시속 60마일에 도달하는 데 5.7초 걸리게 된다는 뜻이었다(포르셰 급에는 못 미치지만 기존 전기 자동차보다는 훨씬 나은 편이었다). 그런 다음 새로운 변속기가 개발되어 승인이 떨어지는 대로, 이미 팔린 로드스터에 고객 부담 전혀 없이 새로운 변속기 장치들을 장착해 주겠다고 약속한 것이다.

테슬라는 괴물 스포츠카로 불리는 부가티 베이론Bugatti Veyron과 포드 GT 같은 고성능 자동차들의 변속기를 개발한 엔지니어링 컨설팅 회사 리카도Ricardo에 도움을 요청했다. 미시간 기술 연구소 팀이 차기 모델 화이트스타(훗날 모델 S로 바뀜) 개발 프로젝트를 위해서 하고 있던 몇 가지 일도 통합 조정했다. 여러 가지 다른 디자인을 테스트한 끝에, 테슬라는 감속 기어밖에 없는 전혀 새로운 1단짜리 변속기를 개발해 냈다. 테슬라가 구동 장치 1.5DriveTrain 1.5라고 부른 전혀 새로운 이 변속기를 인가받으려면 수개월이 더 필요했지만, 2008년 3월 테슬라는 우선 임시 변속기를 장착한 로드스터 시리즈 생산을 시작하고 후에 새로운 변속기를 무료로 장착해 주겠다고 발표했다.

결국 그들이 모터 제어기에 대해 그랬던 것처럼(그리고 상징적으로 말해

• 개발 전부터 요란하게 선전을 해 대지만, 실제로는 완성될 가능성이 없는 제품

전체 자동차업계에 대해 그랬던 것처럼), JB 스트로벨과 그의 엔지니어 팀은 디지털 기술을 활용해 단순히 변속기 문제를 해결한 게 아니라 괄목할 만한 개선을 해냈다. 마크 타페닝은 자신들이 '무어의 법칙' 덕분에 구원을 받았다고 했다.[7] 개선된 변속기 기술 덕분에 인버터의 성능이 나아졌고, 모터의 효율성이 높아졌으며, 회전력도 더 좋아진 것이다. 게다가 보다 단순한 1단짜리 기어 박스로 꿈에 그리던 4초 이내 시속 60마일(약 96킬로미터)에 도달하는 것도 가능해졌다. 자동차의 주행 거리도 10퍼센트나 늘어나 무려 244마일(약 390킬로미터)에 이르게 되었다.[8]

"이전 공급업체에서 제작한 2단 변속기의 내구성이 떨어진다는 게 밝혀졌을 때, 우리는 접근 방식을 바꾸겠다는 발표를 했습니다."JB 스트로벨의 말이다. "보다 강력한 인버터와 개선된 모터 디자인을 통해, 우리는 1단짜리 기어 박스로 원래 목표했던 성능을 이끌어 낼 수 있었습니다. 사실 새로운 기어 박스는 거의 모든 면에서 더 우수했습니다."

테슬라는 새로운 기어 박스 제작을 자동차 부품 제조업체 보그워너에 맡긴 뒤, 서서히 로드스터의 생산을 늘리기 시작했다. 처음에는 일주일에 10대 정도의 신차를 제작했고, 고객들은 제품 인도까지 4주에서 6주 정도 기다려야 했다. 그리고 2009년 6월까지 테슬라는 500대의 제1세대 로드스터를 생산했다. 7월부터는 2010년 모델을 배송하기 시작했고, 로드스터 스포트Roadsterl Sport를 새로 선보였다. 로드스터 스포트는 성능을 조금 더 높인 버전으로, 시속 60마일에 도달하는 데 3.7초밖에 안 걸렸는데, 이는 일반 로드스터 모델보다 10분의 2만큼 빠른 것이었다.

전 세계적으로 로드스터의 판매가 점차 늘기 시작했다. 2010년 초 테슬라는 운전석이 오른쪽에 있는 로드스터를 영국과 아일랜드로 보내기 시작했다. 이 무렵 테슬라는 그간 1,000번째 로드스터까지 생산해 21개 국가와 미국의 43개 주로 배송했다고 발표했다.

테슬라의 마스터플랜대로, 꼭 알맞은 때 생산량이 점차 늘어나면서 각 부품의 제작 단가가 내려가기 시작했다. 로드스터의 본격적인 생산이 시작된 직후, 테슬라는 자체 조사를 통해 로드스터 한 대당 제작비가 12만 달러 정도 되리라 추정했다. 그러나 후에 그 추정치는 너무 낮았던 것으로 드러났으며, 실제로는 자잿값만 대당 14만 달러에 달했다. 로드스터의 기본 가격이 대당 9만 2000달러였으니, 테슬라 입장에서는 팔수록 손해라는 얘기였다. 신생 기업 특성상 돈은 계속 나가는 데다 이사회장 분위기도 험악해져, 더 이상 끌고 나가기 힘든 지경이었다. 결국 테슬라는 손실을 조금이라도 줄이기 위해 2009년 모델의 가격을 10만 9000달러로 올렸다. 다행히 자동차 판매가 점차 늘어났고, 생산량이 증가하고 생산 라인이 보다 효율적으로 돌아가면서 부품 공급업체들의 부품 단가가 내려갔다. 그러다 2009년 6월에 이르러 원자재 가격이 대당 8만 달러까지 내려가면서 드디어 지출 및 수익의 균형이 잡히기 시작했다.[9]

일단 변속기 문제와 초기의 몇 가지 품질 관리 문제들이 해결되자, 모든 것이 놀랄 만큼 순조롭게 진행되었다. 리콜된 자동차는 제1세대 로드스터 345대당 1대꼴밖에 안 되었다. 로터스 조립 라인에 문제가 생겨 차 뒷바퀴 안쪽 중앙의 볼트들이 제대로 죄어지지 않았던 것이다. 테슬라는 고객들의 집에 기술자를 보내 문제가 된 볼트들을 죄어 주었다(일부 기술자들은 먼 지역까지 비행기를 타고 날아가야 해 수리비보다 교통비가 더 들었다).[10]

테슬라는 로드스터를 고객들에게 직접 또는 온라인상, 그리고 열세 군데의 회사 전시실을 통해 판매했는데, 그 전시실들은 애플과 스타벅스, 그리고 기타 유행을 선도하는 기술 중심의 소매업체들에서 영감을 얻은 것이었다. 언론에서 떠들어 워낙 입소문이 난 데다 생산량까지 제한되어 있어, 테슬라는 로드스터를 판매하기 위해 달리 애쓸 필요가 없었다. 다른 자동차 제조업체들처럼 프랜차이즈 가맹 대리점 제도를 활용한다든가 하는 얘기는 아예 할 필요도 없었다. 막강한 영향력을 가진 자동차 대리점 연합들은 로드스터 시절만 해도 테슬라에 제대로 눈길조차 주지 않았으나, 11장에서 보게 되듯 일단 모델 S가 여기저기서 눈에 띄자 태도가 180도 바뀌었다.

2010년 초에 테슬라는, 로드스터가 2,500대만 출시되고 퇴역한다는 발표를 내놓았다. 일부 순진한 반대론자들은 그것을 로드스터가 실패작이었음을 인정하는 말로 여겨 기뻐서 어쩔 줄 몰라 했다. 물론 실상은 전혀 그 반대였다. 로드스터는 지금도 값비싼 틈새 모델들이 한정 수량만 생산되고 있다. 수집가들 사이에 인기 있는 한정 모델은 테슬라 입장에서 왕관의 보석처럼 귀한 대접을 받는다. 게다가 로드스터는 어차피 처음부터 야심찬 마스터플랜의 첫 단계에 지나지 않았다. 두 번째 단계도 이미 상당 부분 진행되고 있어 테슬라는 그다음에 내놓을 자동차에 총력을 기울일 필요도 있었다.

계약 조건에 따르면 로터스는 테슬라에 단 2,500대의 로드스터 글라이더를 공급해 주기로 되어 있었고, 에어백 규칙에 대한 면제 기간도 곧 만료되기 때문에, 시기상으로도 생산을 중단하기에 좋았다. 2010년 1월, 테슬라는 다음과 같은 발표를 했다. "우리는 2011년 이후 현세대의 테슬라 로드스터는 더 이상 판매하지 않을 것입니다. 그리고 모델 S는 2012년까지 생산되지 못할 걸로 예상되는데, 적어도 그 모델 S가 출시되고 1년 후까지 차세대 테슬라 로드스터를 판매할 계획이 없습니다." 테슬라는 2012년 1월에 로드스터의 생산을 중단했고, 은빛 줄이 그어져 있고 특수 알루미늄 바퀴가 장착된 15대의 빨간색 로드스터 최종판으로 그 일을 자축했다.

## 전문가들, 극찬을 쏟아 내다

2008년 2월 1일, 일론 머스크는 처음 생산된 로드스터 P1의 키를 받았다. "승리한 기분이에요." 그는 농담 삼아 말했다. 그에게는 로드스터에 대한 첫 평가를 쓸 수 있는 영광이 주어졌다. 물론 그가 안 좋은 평가를 하리라고 예상한 사람은 없었지만, 그의 평가는 흥미로웠다. 세상의 자동차 애호가들로 하여금 로드스터를 만든 사람은 차 안에서 느긋하게 그래놀라를 떠먹는 보통 사람이 아니라 지독한 스포츠카 광이라는 걸 알게 해 주었기 때문이다. 그 무렵 그동안 전기 자동차를 비웃고 조롱하던 자동차 전문지들도 갑자기 뭔가 놀라운 일이 일어나고 있다는 걸 알아차리기 시작했다.

나는 이 차야말로 그간 소유했던 차 중에서 최고로 흥미로운 차라고 생각한다. 경주용 명차 매클래런 F1이나 2007년에 구입한 포르셰 911 터보보다 더 낫다. 시속 60마일까지 도달하는 데 3.9초밖에 안 걸리는 것도 대단하지만, 고속 도로에서의 반응은 정말 너무 편안하고 감동적이다. 저속기어로 바꾼다거나 rpm을 조정해 최적의 회전력을 보이게 할 필요도 없다. 이 전기 자동차의 경우에는 늘 최적의 회전력을 즐길 수 있으니까.

나는 로드스터가 시속 60마일에 도달하는 데 3.9초밖에 안 걸리는 것을 같은 기록을 가진 가솔린 엔진 자동차와 비교하는 건 어불성설이라고 생각한다. 로드스터에는 아예 클러치가 없어 클러치로 인한 지연이 전혀 없기 때문이다. 로드스터와 비슷한 순간 가속 능력을 갖고 있다는 내 친구의 쉐보레 콜벳<sup>Corvette</sup>과 나란히 가속 테스트를 해 봤는데, 쉐보레 콜벳은 로드스터의 상대도 되지 못했다.

가속 시 스핀아웃 spin-out*을 막아 주는 구동력 제어 능력이 있다는 점 외에, 클러치가 없어서 좋은 점 또 한 가지는 언제든 쉽게 최대 가속을 낼 수 있다는 것이다. 그걸 도지 바이퍼나 포르셰 카레라 GT를 타고 시도해 보라. 아마 일주일도 안 돼 클러치가 타 버린 뒤 타이어가 모두 헐어 버릴 것이다.[11]

할리우드 유명 인사들은 앞다퉈 멋진 파티에 로드스터를 몰고 나타났다. 그리고 유행의 첨단을 걷는 일부 저널리스트들 역시 로드스터를 시운전해 보면서, 미디어에서 로드스터에 대한 극찬이 쏟아져 나오기 시작했다.

더 좋은 표현이 생각나지 않아 그러는데, 로드스터에 대한 언론의 반응은 워터게이트 사건으로 대통령 자리에서 물러난 닉슨이 처음 중국을 방문했을 때의 반응과 비슷했다. 그러니까 내 말은 뭔가 새로운 것에 대한 긍정적인 평가가 정말 설득력을 가지려면, 그 평가가 그 새로운 것과는 전혀 어울리지 않으리라 믿은 사람의 입에서 나와야 한다는 것이다. 사람들은 환경 관련 미디어나 전기 자동차 관련 미디어(당시에는 아주 별난 미디어로 여겨졌다)가 로드스터에 대해 하는 말에 대해서는 별로 신경을 쓰지 않았다. 어차피 그런 미디어들은 로드스터가 설령 그 유명한 골프 카트 같은 전기 자동차였다 해도 좋아했을 테니 말이다. 그러나 일반 자동차 잡지의 평론가들은 하이브리드 자동차를 극도로 싫어하고 기후 변화 문제 같은 것에도 전혀 관심 없는 걸로 유명했다. 그러니 그런 사람들이 로드스터가 끝내주는 자동차라고 했다면, 로드스터는 정말 대단한 자동차가 되는 것이었다. 그들은 정말 로드스터에 푹 빠졌다.

제일 먼저 로드스터를 극찬한 사람 중 한 사람은 서글서글한 TV 방송

* 자동차가 고속으로 커브를 돌 때 도로에서 튕겨져 나가는 현상

인으로 자동차 전문가이기도 했던 제이 레노Jayl Leno로, 그는 2007년 7월에 로드스터 시제품을 운전해 본 뒤 이렇게 적었다. "당신이 만일 스포츠카를 좋아하고 환경 보호에 앞장서고 싶다면, 이 자동차를 사는 수밖에 없다. 정말이지 운전 자체를 즐겁게 만들어 주는 전기 자동차다."

2006년 11월 미국 온라인 시사문화 잡지 『슬레이트Slate』에 올린 로드스터 시제품에 대한 평에서, 폴 볼틴Paull Boultin은 이렇게 썼다. "일주일 전, 한때 직접 구입하려 했던 애스턴 마틴 스포츠카를 비롯해 그간 타 본 그 어떤 차보다 빠르고 매력적인 차를 타 봤다. 정말이지 너무 흥분돼 며칠 마음을 가라앉힌 뒤 이 글을 쓰는 중이다."[12]

자동차 잡지 『모터 트렌드』는 초창기 로드스터 버전 중 하나를 테스트한 뒤 이렇게 거창한 질문을 던졌다. "전기 스포츠카를 타고 정말 스포츠카를 탄 것 같은 짜릿함을 맛볼 수 있을까?" 그리고 그 질문에 이렇게 답했다. "물론이다. …… 로드스터는 정말 역동적인 차로, 격렬함 속에도 벨벳 같은 부드러움이 느껴지며, 그야말로 뱀처럼 조용히 움직인다. 만일 요란한 소리를 내는 페라리나 포르셰가 신호등에 걸려 뱀처럼 조용한 연비 105mpg의 테슬라 로드스터 옆에 정차한다면, 아마도 상당한 굴욕감을 맛볼 것이다."[13]

후에 『모터 트렌드』는 1단짜리 신형 변속기를 장착한 로드스터 양산 모델 중 하나를 테스트한 뒤 이런 평을 했다. "로드스터가 마침내 전기 자동차의 꿈을 이루었다. 말할 수 없이 혁신적이고 부드럽고 확실한 가속감…… 나는 쉐보레 콜벳 Z51보다 성능이 뛰어난 차를 몰았다. 추진력은 말할 필요도 없다. 성능 또한 자동차가 당신 뇌의 연장처럼 느껴질 만큼 대단하다. 발로 밟으면 밟는 만큼 그대로 모터에서 전달되는 전기의 힘이 느껴진다."『모터 트렌드』는 랙 앤드 피니언rackl andl pinion 조향 기어가 다른 유명 스포츠카들보다 오히려 더 정교하고 우수하다면서 로드스터의 기술

적인 부분들에 대해서도 자세히 설명했다.[14]

2009년 11월, 자동차 잡지 『오토모빌 매거진*Automobile Magazine*』의 편집자 제이슨 카미사<sup>Jason Cammisa</sup>는 일주일 동안 로드스터와 함께한 뒤, 자신이 선정한 '내가 타 본 가장 멋진 자동차상'을 수여했다. 다음은 당시 그가 한 말이다. "마치 대형 V12 엔진을 장착한 람보르기니를 탄 기분입니다. 엔진 회전 속도를 6,000rpm까지 올린 채 언제든 쏜살같이 앞으로 내달릴 준비를 하고 있는 람보르기니 말입니다. 그런데 소음도 전혀 없고 진동도 전혀 없어 치안 방해 혐의로 체포될 일도 없죠." 그러면서 그는 다음과 같은 말로 테슬라의 혁명적인 업적을 인정했다. "지난 100년간 그 어떤 회사도 자동차를 완전히 새로 재창조하진 못했습니다. 그런 점에선 GM의 EV1도, 도요타의 프리우스도 기대에 못 미쳤죠. 그런데 지금 실리콘 밸리 출신 여러 명이 환경적인 면은 물론 스피드 면에서도 제대로 된 전기 자동차를 창조해 냈습니다."[15]

2009년 2월, 「로스앤젤레스 타임스」의 자동차 관련 저널리스트 댄 닐<sup>Dan Niel</sup>은 로드스터에 대해 다음과 같이 더없이 인상적인 찬사를 보냈다. "나는 탈레반*이 질레트 면도기 외판원들을 매질하듯 로드스터를 매질했지만, 로드스터는 눈 하나 깜짝하지 않았다."[16]

2009년 2월, 자동차 잡지 『로드 앤드 트랙*Road and Track*』은 로드스터에 대해 처음으로 독립된 주행 관련 공인 테스트를 실시했는데, 그 결과 로드스터는 시속 60마일에 도달하는 데 4초가 걸렸고 주행 거리는 200마일(약 321킬로미터)이었다. 당시 『로드 앤드 트랙』은 그런 로드스터를 '운전의 즐거움'을 안겨 주는 차라고 불렀다.[17]

---

• 1996년부터 2001년까지 아프가니스탄을 지배했던 이슬람 원리주의 무장 세력. 엄격한 이슬람 율법 통치를 중시했으며 남자들이 수염을 깎는 걸 불경한 일로 여겼다.

2009년 12월에는 『모터 트렌드』가 로드스터 스포트가 시속 60마일에 도달하는 데 3.7초 걸린다는 걸 공식 확인했으며, 테슬라를 가리켜 "1세기 만에 전기 자동차의 장벽을 허문 최초의 자동차 제조업체"라고 했다.[18]

2010년 3월에는 영국 잡지 『EVO』가 로드스터의 순간 가속 능력에 대해 다음과 같은 또 다른 찬가를 불렀다. "달리 손을 쓰지 않아도 워낙 회전력 이 좋아 순간 가속 능력이 가히 괴물급입니다." 『EVO』의 리처드 미든[Richard Meaden]의 말이다. "이 차를 타다 포르셰 911 터보나 닛산 GT-R, 또는 페라 리 599 HGTE를 탄다면, 신호 대기하다 다시 떠날 때 정말 미칠 겁니다. 그 차들은 엔진 회전 속도나 클러치 따위에 신경 써야 하지만, 로드스터는 스로틀만 신경 쓴 뒤 안녕 하고 떠나면 되기 때문입니다."

모든 사람이 로드스터에 넋이 나간 건 아니었다. 이를테면 자동차 잡지 『카 앤드 드라이버[Car and Driver]』의 기술 담당 편집자 에런 로빈슨[Aaron Robinson]은 '디자인 이상, 터무니없는 인체 공학적 구조, 앉아 있기 괴로운 좌석' 같 은 것들 때문에 더 이상 운전할 수 없었다는 불만을 털어놓기도 했다.[19]

로드스터는 상복이 터져 『비즈니스 위크』로부터 '2007 최우수 제품 디 자인상'을 받았고, 『포브스』로부터 '가장 광고에 걸맞은 성과를 올린 새로 운 자동차상'을, 『타임』으로부터 '최우수 발명품상'(2006년과 2008년)을, 자 동차 잡지 『파퓰러 메커닉스』로부터 '2006 혁신상'을, 『듀폰 레지스트리 DuPont Resgistry』로부터 '2009 최우수 이색 친환경 자동차상'을 받았다.

여러 해가 지나 다시 읽었을 때 가장 재미있는 평은 차 안에서 한가롭게 그래놀라를 먹는 기존 전기 자동차들의 이미지와 로드스터를 비교한 평이 었다.

많은 저널리스트가 로드스터의 친환경적인 면을 높이 평가하면서도 사 람들이 로드스터를 사는 건 뛰어난 성능 때문일 거라고 말했는데, 『월스트리트 저널」의 조지프 화이트Josephl White도 그런 저널리스트 중 한 사람이었다. 다음은 그가 한 말이다. "테슬라 로드스터는 검소한 환경 관련 이미지를 완전히 뒤엎었습니다. 물론 이 차는 화석 연료를 태우지 않으며, 풍력 발전용 터빈이나 원자력 발전소에 플러그를 꽂아 사용한다면, 그야말로 저탄소 기계입니다. 테슬라가 주는 메시지는, 친환경 기술은 단순히 초자아뿐 아니라 이드id, 즉 본능적인 욕구에도 호소할 수 있다는 겁니다."[20]

호주 자동차 미디어 오토가이드닷컴Autoguide.com의 데릭 크라인들러Derek Kreindler는 훨씬 더 현란한 말을 했다. "우리가 생각하는 친환경 차는 이런 게 아니죠. 친환경 차는 보통 헤어 셔츠*를 걸치고 자전거 길로 다니는 히피 같은 사람들이나 타는 차로 여겨지고 있습니다. 자신들의 차가 몇 마일이나 달릴 수 있는지, 또 자녀들이 다니는 유치원이 친환경 건축물 인증을 받은 유치원인지에 관심이 많은 사람들 말입니다. 제로 칼로리 콜라가 밤새 코카인 파티를 하는 사람들과는 거리가 멀듯, 테슬라 로드스터 역시 다른 친환경 차들과는 거리가 참 멉니다."

데릭 크라인들러는 2015년 현재까지도 전기 자동차를 사는 것이 더 친환경적이어서라기보다는 더 좋기 때문이라는 걸 모르는 사람들이 많다면서 이런 말을 했다. "솔직히 이 차를 시험 운행해 보고 나서 다른 일반 차를 타면 맥이 다 풀립니다. 강력한 힘과 정숙성이 느껴지던 스릴 넘치던 운전이 이런저런 소음과 냄새 속에서 아무 반응도 느끼지 못하는 무미건조한 운전으로 바뀌거든요."[21]

---

• 과거 종교적 고행을 하던 사람들이 입던, 털 섞인 거친 천으로 만든 셔츠

## 〈탑 기어〉와의 싸움

물론 모든 사람의 마음에 드는 자동차는 없다. 특히 영국 BBC 방송의 너무도 유명한 자동차 전문 프로그램 〈탑 기어〉의 진행자들 마음에 들 자동차는 거의 없다. 그 진행자들의 자동차 평가가 워낙 박하기 때문이다. 자신들이 평가하는 자동차들을 인정사정없이 몰아붙이는 것이 그 프로그램의 최대 특징이기도 하다. 2008년 12월 〈탑 기어〉에 로드스터가 소개되었다. 아주 흥미로운 일련의 사건들이 소개된 뒤, 모든 관계자가 만족할 만한 결론에 도달했다. 요즘 저널리즘의 추세를 보여 주는 듯한 편성이었던 것이다.

당시 〈탑 기어〉의 진행자였던 제러미 클락슨Jeremyl Clarkson은 인기 오디션 프로그램 〈아메리칸 아이돌Americanl Idol〉의 심사위원 사이먼 코웰Simonl Cowell처럼 여간해서는 좋은 평을 해 주지 않는 아주 까다로운 자동차 평론가로 유명했다. 그리고 '세간의 소문만 못한' 자동차들에 대해 그가 쏟아붓는 신랄한 비판과 야유는 〈탑 기어〉의 가장 중요한 흥행 요소 중 하나이기도 했다. 그가 커다랗고 시끄러운 가솔린 엔진만큼이나 좋아하는 것은 단하나, 그래놀라를 떠먹는 남자와 북극곰을 연상케 하는 전기 자동차를 조롱하고 깎아내리는 일뿐이었다. 수백만 명의 시청자가 〈탑 기어〉에 채널을 맞추고, 독설가인 제러미 클락슨이 미국의 신생 전기 자동차업체 테슬라에 대해 어떤 말을 하는지 귀를 기울였다.

프로그램 전반부에서는 로드스터에 대한 극찬이 이어졌다. 로드스터가 직선 도로에서 가솔린 엔진 자동차인 로터스 엘리스를 앞지르자, 제러미 클락슨은 이렇게 외쳤다. "오, 맙소사! 다이얼업 방식의 세계에 작별을 고하고, 새로운 광대역 모터 세계에 반갑다는 인사를 해야겠네요. 정말 엄청나게 빠른 차입니다." 그는 전기 자동차가 가솔린 자동차를 앞질렀다는 걸 인정하면서, 방금 '지옥에 눈이 내린다'는 소식이 들어왔다고 했다. 그러면서 그는 또 로드스터가 연료비를 얼마나 많이 절약해 주는지도 인정하는 듯한 말을 했다. 그 뒤 〈탑 기어〉의 '익명의 드라이버' 스티그Stig라는 인물이 나와 로드스터를 몰고 〈탑 기어〉의 트랙을 돌았는데, 로드스터는 포르셰 911 GT3와 똑같은 시간에 트랙을 완주했다.[22]

그러나 갈등 없는 드라마는 없는 법. 〈탑 기어〉는 지어 낸 것이라 할지라도 뭔가 보여 줘야 했다. 그들은 시청자들이 뭘 원하는지 잘 알고 있었다. "그런데 말입니다……." 뭔가가 추락하는 듯한, 그러면서 비극적인 결말을 예고하는 듯한 귀에 익은 음향 효과가 깔리면서 제러미 클락슨이 입을 열었다.

그는 자신들이 '계산'해 봤는데, 테슬라는 로드스터의 주행 거리가 211마일(약 339킬로미터)이라고 했지만, 트랙에서 55마일(약 88킬로미터)을 심하게 달리고 나니 배터리가 떨어졌다고 했다. 다음에 나온 장면은 로드스터가 트랙에서 끌려 나와 창고 안에 넣어지는 장면이었다. 그런 다음 제러미 클락슨은 전기 자동차들의 아킬레스건인 충전 시간에 대해 좀 더 얘기했다. 그러면서 로드스터를 240볼트짜리 콘센트에 연결해 충전할 경우 3시간 30분밖에 안 걸린다는 사실은 무시한 채, 가정집 콘센트에 연결해 충전해 보니 16시간이 걸리더라고 했다. 그런 다음 그는 무엇 때문에 그런 시도를 해야 하는지에 대해서는 일언반구도 없이, 갑자기 조그만 뒤뜰 풍차 옆에 서서 그런 곳에 연결해 충전하면 며칠은 걸릴 거라고 말했다.

〈탑 기어〉 측에는 테스트용으로 로드스터가 두 대 제공됐는데, 제러미 클락슨은 그중 한 대는 모터가 과열됐고, 또 다른 한 대는 브레이크가 고장 났다고 주장했다. 그러면서 그는 이렇게 말을 맺었다. "테슬라는 놀라운 기술적 성취이며, 여러분이 정말 갖고 싶어 할 최초의 전기 자동차입니다. 다만 현실 세계에서는 제대로 작동되지 않는 것 같아, 그게 안타깝네요."

늘 그래 왔듯, 테슬라는 즉시 블로그에 포스트를 올리고 언론에 보도 자료를 돌려 〈탑 기어〉에서 나온 로드스터에 대한 부정적인 얘기들을 반박했다. 테슬라의 대변인 레이철 콘라드Rachell Konrad에 따르면, 〈탑 기어〉에 제공된 로드스터 두 대의 배터리는 실제 충전 상태가 20퍼센트 이하로 떨어진 적이 없었다. 그녀는 또 〈탑 기어〉에서 말한 '브레이크 고장'은 단순히 퓨즈가 나간 것이며, 곧 다른 퓨즈로 대체했다고 밝혔다. "로드스터가 충전 부족이나 결함 때문에 트랙 밖으로 끌려 나올 일은 절대 없습니다."[23]

모든 관련자는 로드스터가 트랙에서 끌려 나오는 장면은 연출된 것이라는 사실을 인정했다. 그리고 당시 BBC 측은 이런 성명을 내놓았다. "우린 테스트에 쓰인 로드스터를 창고 안에 넣는 장면을 찍었는데, 그건 로드스터가 배터리가 다될 경우 어떻게 되는지 보여 주기 위해서였습니다." BBC의 대변인인 타라 데이비스Tara Davies는 이렇게 말했다. "우린 그 차가 완전히 방전되었다고 말한 적이 없습니다. 당시 목소리만 나온 해설은 이랬어요. '배터리가 다됐을 때 금방 재충전할 수 있는 건 아닙니다'라고 말이죠."[24]

제러미 클락슨 자신은 이렇게 말했다. "우린 그 차의 배터리가 완전히 방전되었다고 얘기한 적이 없습니다. 그리고 그 차는 창고 안에 넣을 수밖에 없었어요. 차를 몰고 건물 안에 들어가는 건 금지되어 있거든요."[25]

사실 〈탑 기어〉에서 로드스터의 배터리가 완전히 방전되었다고 말하지는 않았지만, 테슬라 입장에서는 그런 뉘앙스의 말을 한 걸로 받아들일 수밖에 없었다. 물론 어느 정도 시간이 지나면 그 어떤 배터리든 재충전이 필요하며, 전기 자동차가 일반 도로에서 주행한 것도 아니고 시험용 트랙에서 전속력으로 달릴 경우 배터리가 더 빨리 방전되리라는 건 당연하다. 그래서 어떤 사람들은 로드스터가 방전되었다고 말하는 게 왜 그리 심한 모욕으로 받아들여지는지 의아해할지도 모른다. 그러나 어쨌든 〈탑 기어〉

의 후반부가 로드스터에 대해 아주 부정적인 분위기로 흘러간 건 사실이다. 더욱이 제러미 클락슨을 비롯한 〈탑 기어〉 진행자들은 전기 자동차 혐오자로 명성을 쌓아 온 사람들 아닌가. 제러미 클락슨은 로드스터 얘기를 꺼내기에 앞서 도요타 프리우스에 대해 신랄한 비판을 했으며, 방송 후반에는 배터리로 움직이는 자동차들이 왜 머지않아 다 사라지게 될 것인지 (그것이 그가 바라마지 않는 일이겠지만) 설명하기까지 했다.

BBC는 이후에도 BBC 미국 방송과 다른 방송에서 문제의 〈탑 기어〉 방송을 계속 내보냈다. 그리고 2011년 3월, 마침내 테슬라는 명예 훼손 및 허위 사실 유포 혐의로 BBC를 상대로 소송을 제기했다.

그 무렵 로드스터는 미국 시장에서 제법 활발히 판매되고 있었지만, 영국에서는 판매가 지지부진했고, 특히 핸들이 오른쪽에 장착된 로드스터는 팔리지 않은 채 창고에 쌓여 갔다. 「디트로이트 뉴스」와의 인터뷰에서 일론 머스크는 그 모든 게 영국에서 지대한 영향력을 갖고 있는 자동차 프로그램 〈탑 기어〉가 반복해서 재방송되면서 로드스터의 이미지가 실추되고 있기 때문이라고 했다. 또한 테슬라 측은 〈탑 기어〉 때문에 영국에서 로드스터가 예상보다 200대는 덜 팔렸고, 투자자 신뢰도에도 타격을 받았으며, 새로 나올 모델 S에 대한 선주문 역시 예상보다 훨씬 저조하다고 주장했다.[26]

이 소송은 곧 전기 자동차업계의 OJ 심슨 재판*과 비슷해졌다. 많은 자동차 및 기술 관련 전문가가 이 소송과 관련해 한마디씩 했지만, 일론 머스크의 말만큼 인상적인 말은 드물었다. 그는 당시 이런 말을 했다. "그 방

---

• 유명한 미국 미식축구 선수 OJ 심슨이 전부인과 그녀의 애인을 살해한 혐의로 재판을 받았으나, 결국 무죄 선고를 받았다.

송은 밀리 바닐리<sup>Millil Vanilli</sup>* 공연처럼 다 연출된 거예요."

영국의 모든 주요 일간지와 자동차 잡지들, 그리고 「뉴욕 타임스」를 비롯한 많은 미국 신문이 테슬라와 BBC 간의 논란 내지 말다툼을 기사화했다. 기술 관련 잡지 『와이어드』의 경우, 처음에는 '탑 기어, 테슬라 자동차를 매질하고 부숴 버리다' 식으로 〈탑 기어〉 사건을 사실 그대로 다루었으나,[27] 그다음 날에는 테슬라 측의 반박을 내놓는 식으로,[28] 문제의 2008년 방송에서부터 2011년 소송 제기와 2012년 항고에 이르는 사건 전체를 하나하나 순서대로 다루었다. 다른 많은 자동차 및 기술 관련 잡지와 온라인 사이트 역시 이 사건에 많은 관심을 보였다.

〈탑 기어〉의 프로그램 제작 책임자인 앤디 윌먼<sup>Andy Wilman</sup>은 재판이 한창 진행 중이던 2011년 4월, 테슬라의 주장에 조목조목 반박하는 다음과 같은 글을 포스팅했다.

1. 우리는 211마일(약 339킬로미터)이라는 테슬라 측의 말과 달리 로드스터의 실제 주행 거리가 55마일(약 88킬로미터)밖에 안 된다고 말한 적이 없다. 당시 영상을 보면 정확히 이런 말을 한 것으로 되어 있다. "우리 트랙에서는 55마일을 주행한 뒤 배터리가 다되는 걸로 나왔습니다." 여기서 가장 중요한 건, 우리는 스포츠카와 슈퍼카들의 테스트를 보통 우리 트랙에서 한다는 것이다. 〈탑 기어〉 프로그램이 생긴 이래 죽 그래 왔다. 우리 트랙은 자동차들을 아주 빨리 그리고 거칠게 운전해 보는 곳인데, 테슬라 측에서 로드스터를 '슈퍼카요, 전기 자동차의 개념

---

• 1980년대 후반에 선풍적인 인기를 끌었던 남성 댄스 듀오로, 무대에서 실제 노래를 하지 않고 립싱크를 한 걸로 유명하다.

을 뒤바꾼 차'라고 부르고 있으므로, 그 차를 우리 트랙에서 테스트한 것은 지극히 당연한 일이라 생각한다. 두 번째로 중요한 건, 주행 거리 55마일이라는 숫자는 우리 머리에서 나온 게 아니라, 캘리포니아의 테슬라 연구진에게서 나왔다는 것이다. 그들이 로드스터의 각종 데이터를 살펴보고 우리 트랙에서 거친 주행을 할 경우를 따져 본 뒤, 55마일이란 숫자를 제시한 것이다.

2. 우리는 로드스터가 모터 과열로 인해 전혀 움직일 수 없게 되었다고 말한 적이 없다. 우리는 그 차가 '파워가 약해졌다'고 말했을 뿐이다. 그건 사실이었다.

3. 테슬라 측에서는 우리가 브레이크가 고장 났다고 한 건 거짓말이라고 주장하고 있다. 지금 그들은 당시 진공 펌프에 연결된 퓨즈가 나갔던 것뿐이며, 그래서 브레이크를 평소보다 훨씬 더 세게 밟은 거라고 말하고 있다. 그러나 내 생각에, 브레이크가 제대로 말을 안 듣는다면 그건 고장 난 것이다. 그리고 만일 여러분의 차에 그런 일이 생긴다면, 여러분은 당연히 그 차를 차고에 넣어 두고 고치려 할 것이다. 그들은 방송이 촬영되던 날 우리가 그 차를 몰기 전에 자신들이 퓨즈를 고쳤다고 주장하는데, 자신들 말처럼 그렇게 사소한 일이었다면 굳이 고칠 필요가 있었겠는가?[29]

"위의 세 가지 쟁점에 대해서는 조만간 가발을 쓴 현명한 사람들*이 하나하나 따져 보겠죠." 당시 앤디 월먼이 한 말이다. 사실 이 세 가지 쟁점은 그 당시 이미 전 세계의 많은 네티즌이 키보드 앞에 앉아 깊이 있게 따져 본 것들이었다.

---

• 영국에서는 전통적으로 판사나 변호사가 법정에 출두할 때 흰 가발을 쓴다.

사건의 진상과 관련해서는 별 이견이 없었다. BBC와 제러미 클락슨은 로드스터가 트랙 밖으로 끌려 나오는 장면이 연출된 거였다는 사실을 그대로 인정했다. 그러나 법정에서 중요한 문제는 단 하나, 정말 문제의 〈탑기어〉 프로그램 때문에 시청자들이 로드스터에 대한 흥미를 잃게 됐고, 그래서 실제 테슬라가 매출에 지장을 받았는가 하는 것이었다.

영국의 많은 논평가들은 일반 시청자들 가운데 〈탑 기어〉가 자동차와 관련해 신뢰할 만한 소비자 정보를 제공한다고 생각하는 TV 시청자는 거의 없다면서, 테슬라가 〈탑 기어〉의 방송 내용에 그렇게 심각하게 반응하는 것에 놀라움을 나타냈다. 실제로 영국 TV 시청자 대부분은 제러미 클락슨이 걸핏하면 코미디 같은 촌극을 벌이고 인신공격적인 발언으로 논란을 일으킨다는 걸 잘 알고 있었다. 〈탑 기어〉는 몇 년간 적어도 스무 차례나 크고 작은 스캔들을 일으키며 언론의 주목을 받았고, BBC의 불만위원회, 영국 방송 규제 기관인 오프컴Ofcom, 그리고 다양한 인종 집단을 대표하는 여러 반反중상 단체들로부터 이런저런 제지를 받기도 했다. 제러미 클락슨은 자신이 좋아하지 않는 자동차는 '게이'라 불렀고, 독일 자동차들을 깎아내리기 위해 히틀러의 말들을 이용했으며, 마스트레타Mastretta라는 멕시코 스포츠카에 대해 워낙 모욕적인 말을 해 그 이후 발생한 언쟁에 멕시코 대사까지 끼어들기도 했다. 미국은 물론 하이브리드 자동차와 가솔린 절약 자동차들 역시 종종 그의 무자비한 공격 목표가 되었다(2015년에 그의 무례한 행동은 도를 지나쳤고, 한 프로듀서를 향해 주먹까지 휘두른 뒤 〈탑 기어〉에서 축출되었다).[30]

2011년 10월 19일, 런던의 한 판사는 "테슬라 측에서 명예 훼손이라고 본 〈탑 기어〉의 말들 속에는 소송 청구인(테슬라)을 잘못 판단하게 만들 만한 뜻은 전혀 담겨 있지 않다"면서 테슬라의 소송을 기각했다.[31]

테슬라 측에서는 항소했지만, 2년여 후에 또다시 재판에서 졌다. 항소

법원의 판사 무어빅Moore-Bick은 문제의 〈탑 기어〉 방송을 여러 차례 봤지만, 테슬라의 명예를 훼손했다고 보진 않는다며 이렇게 말했다. "내 견해에, 특별 손해를 주장하기 위해 제기된 이번 소송은 있는 그대로 받아들이기가 아주 어렵습니다. 게다가 본 법정에 제출된 자료들을 살펴보건대, 소송을 일으킬 만한 어떤 말들 때문에 테슬라 측이 정량화할 수 있는 손실을 겪고 있다는 걸 입증하는 것도 어려울 것 같습니다."

〈탑 기어〉 제작 책임자인 앤디 월먼은 판결에 만족한다면서 이렇게 말했다. "저는 또 저희 〈탑 기어〉를 그렇게 여러 차례 보시게 해서 재판장님들께 죄송하다는 말씀을 전해 드리고 싶습니다."[32]

그러나 이 재판은 결과적으로 테슬라와 〈탑 기어〉 양측 모두의 승리로 끝났다. 〈탑 기어〉의 경우는 논란 끝에 승소함으로써 이번 재판이 오히려 그들의 명성에 플러스 요인으로 작용했고, 테슬라의 경우는 재판을 치르면서 문제의 〈탑 기어〉 방송에서 긍정적인 평을 받았을 때에 비해 최소 100배는 더 큰 홍보 효과를 봤다(그러나 재판 비용으로 10만 파운드 이상 지불해야 했기 때문에, 홍보비가 전혀 안 든 건 아니었다). 더욱이 테슬라는 언론을 통해 로드스터에 대한 오해를 충분히 해명해, 〈탑 기어〉 방송으로 입은 상처와 불명예도 말끔히 씻어 낼 수 있었다. 그리고 테슬라나 〈탑 기어〉에 대해 전혀 알지 못하던 사람들도 언론을 통해 계속 그 재판 소식을 접하게 되어, 둘 다 정말 홍보 효과를 톡톡히 봤다.

게다가 언론계 저널리스트들 사이에서는 전기 자동차를 뜻하는 새로운 속어까지 생겨났다(특히 영국인들이 그런 걸 만들어 내는 데 능하다). electricity, 즉 '전기'를 뜻하는 'leccy'가 바로 그것이다. 예를 들어 영국 웹사이트 레지스터The Register는 로드스터를 가리켜 '전기 스포츠카'란 뜻으로 'leccy sports car'라 했다.[33]

# 6 임종 지켜보기

나는 테슬라라는 회사와 그 자동차, 그리고 그 둘 모두에 대한 사람들의 반응을 각기 다른 장에서 다루어 왔지만, 사실 그 모든 것은 동시에 일어난 일이었다. 일론 머스크가 테슬라를 운영하면서, 스페이스X도 운영하고 솔라시티 일에도 깊이 관여하고, 그러면서 같은 시기에 어린 아들 다섯을 키웠다는 걸 잊어선 안 된다. 그는 일주일에 100시간을 일한다는 유명한 말을 했지만, 아마 그 시간으로도 충분치 않았을 것이다.

테슬라를 설립하고 로드스터를 개발한 것까지는 아주 멋진 모험이었지만, 2007년 중반쯤 모든 것이 한꺼번에 어려워지기 시작한다.

## 중역 회의실 안에서 싹튼 불화

테슬라의 생산 시스템이 어느 정도 자리를 잡아 갈 무렵, 불행히도 회사 설립 멤버들 사이에 갈등의 골이 깊어지고 있었다. 그렇게 시작된 내부 분열은 결국 극심한 개인 간의 불화로까지 이어졌다. 나는 어느 쪽을 편들거나 비난할 생각은 전혀 없다. 이런저런 상황들을 고려해 볼 때, 모든 문제는 결국 테슬라가 현실에 안주하지 않는 혁신적인 엔지니어들의 팀에서 보다 복잡하고 큰 조직으로 넘어가는 과정에서 생겨난 불가피한 문제들이었다.

지금까지 살펴본 대로, 자동차 회사를 운영한다는 것은 단순히 자동차를 제조하는 일보다 훨씬 더 많은 걸 필요로 한다. 게다가 이제 로드스터가 본격적인 생산에 들어가자 중역 회의실에서의 주안점도 기술적인 문제에서 물류 지원 및 재무 문제로 옮겨 갔는데, 사실 그런 일들은 CEO 마틴 에버하드의 분야가 아니었다. 그 자신이 스스로 인정했듯, 그는 엔지니어지 재무 전문가가 아니었던 것이다.

문제는 그 시점에 진정한 재무 전문가가 없었다는 것이다. 설립 멤버 다섯 명은 엔지니어로서 회사를 설립하고 자금을 끌어들이는 일에는 모두 일가견이 있었지만, 그들 가운데 큰 회사를 운영하는 데 매일매일 필요한 복잡한 재무 능력을 가진 사람은 아무도 없었다.

다섯 명 중 그나마 그런 능력을 가진 사람이 마크 타페닝이었는데, 그건 그가 테슬라의 최고재무책임자CFO였기 때문이다. 그는 내게 이런 말을 했다. "회사를 창업할 때, 구비 서류에 법적으로 꼭 집어넣어야 하는 직책이 둘인데, 그 하나가 CEO이고 다른 하나가 CFO입니다. 그동안은 늘 마틴과 내가 그 두 역할을 나눠서 했죠. 그는 CEO이고 나는 CFO였으니까요. 나는 기질적으로 회계사들을 상대하는 일이 맞습니다. 그런데 마틴은 전혀 아니죠. 그는 정말 똑똑하지만 회계는 그의 분야가 아니거든요."

그러나 마크 타페닝은 애초부터 CFO 자리에 오래 있을 생각이 없었다. "처음엔 그리 할 일이 많지 않습니다. 필요할 때마다 잠시 회계 전문가를 고용하면 됐죠. 그러다 회사가 점점 커지기 시작하면, 회계 관리자를 고용하고, 그러면 그가 다 알아서 합니다. 나는 그냥 그 관리자를 감독하면 되죠. 그런 다음 가능한 한 빨리 전문적인 CFO, 즉 최고재무책임자를 고용하는 거죠. 나는 1년 넘게 CFO 자리를 그만두려 했는데, 이사회에선 CFO 후보 중 어느 누구도 마음에 들어 하지 않았어요. 결국 내가 그냥 CFO 자리를 그만두어 버려 우린 임시 CFO를 구해야 했는데, 이사회에선 그걸 싫어했어요. 그러다 결국 적임자를 하나 찾아냈죠. 이사회는 애초부터 CFO를 찾을 마음이 없었어요."

마틴 에버하드도 훗날 자신이 몇 개월간 이사회를 상대로 CFO와 최고업무집행책임자COO를 뽑자는 말을 했지만, 그렇게 되지 않았다고 했다. "내가 손을 들고 말했죠. '익사 직전입니다. 저 좀 도와주세요.'"

2007년 중반에 로드스터 한 대당 생산비가 예측보다 훨씬 더 많이 들어가고 있다는 사실이 분명해졌다. 4월 12일 자사업 설명서에서, 테슬라는 로드스터 한 대당 생산비를 6만 5000달러로 예측했다. 그런데 6월에 열린 이사회 자리에서 벤처 캐피털 후원자 중 한 사람이 원가 분석을 내놨는데, 그 분석에 따르면 로드스터 한 대당 생산 원가가 10만 달러가 넘는 걸로 나타났다. 그러자 마틴 에버하드는 제조 책임자 톰 콜슨Tom Colson에게 이렇게 말했다. "이게 사실이라면, 자네와 나 둘 다 해고네."[1]

생산 일정 역시 점점 통제 불능 상태가 되어 갔다. 로드스터는 원래 8월 27일부터 생산에 들어가야 하는데, 6월쯤 되자 그 일정이 실현 불가능하다는 게 분명해졌다. 신제품 출시 계획은 워낙 빡빡하게 짜이기 때문에, 어느 한 부분이 지체될 경우 자칫 엄청난 현금 유동성 문제에 직면할 수도 있었다. 제품이 고객들에게 인도되지 못하면 수입이 들어오지 못하게 되는데, 그럴 경우 자금 사정이 넉넉지 못한 신생 기업은 갚아야 할 돈을 갚

마틴 에버하드는 테슬라 모터스의 공동 창업자이자 전 CEO다.

지 못하는 사태에 빠지게 된다. 엎친 데 덮친 격으로, 로터스와 맺은 계약에 따르면 일정대로 생산을 시작하지 못할 경우 위약금을 물게 되어 있었다. 게다가 10월에 로터스가 청구한 비용만 400만 달러였다.

결국 테슬라는 그 유명한 '죽음의 계곡'이라는 시기(개발비가 많이 들어가는 데다 아직 판매 수익이 들어오지 않아 심각한 현금 유동성 문제에 직면하는 시기)에 빠져든 것인데, 신생 기업이 이 죽음의 계곡에 들어서면 빠져나오지 못하는 경우가 많았다.

이사회에 들어와 있는 벤처 캐피털들은 구체적인 수치를 원하는데, 아무도 그걸 줄 수 없어 보였다. 옳든 그르든, 어쨌든 가장 많은 화살을 맞게 된 사람은 CEO인 마틴 에버하드였다. 기업가와 벤처 캐피털의 세계는 워낙 위험 부담이 높아서, 실패가 반드시 수치스러운 일만은 아니며, 또 누군가 마틴 에버하드에게 물러날 시간이 된 것 같다고 말한다고 해서 그것이 에버하드의 능력에 대한 폄하도 아니었다. 마크 타페닝은 이런 말을 했다. "인원이 세 명일 때 회사를 운영하는 사람들과 인원이 300명으로 늘어났을 때 회사를 운영하는 사람들은 달라져야 하며, 그런 때는 반드시 오게 마련인데, 우리 두 사람 다 실리콘 밸리에 오래 몸담아 그게 언제인지 잘 알고 있었습니다."[2] JB 스트로벨은 훗날 인터뷰에서 이런 말을 했다. "맞아요. 그게 회사를 만드는 과정이고, 자동차를 만드는 과정이죠. 회사 규모가 아주 작을 때는 많은 사람이 회사에 아주 잘 맞지만, 규모가 더 커졌을 때는 그리되지 않아요."[3]

마틴 에버하드는 자기 대신 CEO 자리를 맡을 사람을 찾기 위한 위원회 구성에 동의했다.

## 로드스터의 흔적을 모조리 지워라!

2007년 8월, 마틴 에버하드는 CEO 자리에서 밀려나 기술 담당 사장으로 임명되었다. 그리고 이사회에서 새로운 CEO를 찾는 동안 마이클 마크스 Michael Marks가 임시 최고경영자 자리에 앉게 되었다. 마이클 마크스는 첨단 제품 제조업체들의 제조 및 유통 같은 공급망 솔루션을 제공하는 업체로, 『포천』에 의해 500대 기업에 선정되기도 한 플렉트로닉스Flextronics의 전임 최고경영자여서 테슬라를 제대로 이끌어 갈 능력이 있어 보였다.

마이클 마크스는 제품 제작 시기를 6개월 늦추라고 지시하고, 회사의 모든 자원을 그 일정에 맞춰 동원하도록 했다. 그는 또 차기 모델 화이트 스타 세단(훗날의 모델 S)을 제작할 미국 뉴멕시코주 앨버커키의 새 공장 건립 계획을 비롯한 다른 모든 계획들 역시 추후 통보가 있을 때까지 연기하도록 했다. "나는 로드스터의 흔적을 지우는 데 직접 관여된 일이 아니면 모두 연기하도록 했습니다." 마이클 마크스의 말이다. "그 차를 지워 버리지 않는 한, 아무것도 할 수 없었기 때문입니다."

당시 분위기는 최고기술책임자 JB 스트로벨이 로드스터의 변속기 문제를 해결하려고 동분서주할 때 조성됐던 분위기와 흡사했다. "우리는 차가 생산돼 눈앞에 나오기 전까지는 상황이 나아지지 않으리라는 걸 잘 알고 있었고, 그래서 모든 힘을 거기에 집중한 겁니다."4 JB 스트로벨의 말이다. 그는 엔지니어링 시제품 하나를 분해해 부품을 하나하나 뜯어보면서 비용 절감 방법을 모색했다. 그의 노력은 서서히 결실을 맺어, 적당한 시간이 지나면 회사가 이익을 남기고 자동차를 팔 수 있겠다는 확신이 서기 시작했다. 그리하여 2008년 3월, 더 이상 기다릴 수 없었던 테슬라는 최종 해결책은 좀 더 미룬 채 임시 변속기를 장착한 로드스터를 생산하기 시작했다.

## 내부 분열이 세상에 알려지다

일론 머스크와 마찬가지로 제에프 드로리Ze'ev Drori 역시 이민자였고 스타 기업가였으며 실리콘과 스피드를 사랑했다. 이스라엘 텔아비브에서 태어난 그는 미국으로 건너와 실리콘 밸리의 전설적인 기업인 IBM과 페어차일드 반도체Fairchild Semiconductor에서 성공적인 직장 생활을 한 뒤 1970년에 직접 회사를 설립했다.5

제에프 드로리의 반도체 기업 모놀리식 메모리스Monolithic Memories는 PAL, ROM, PROM 칩 등의 신호 처리 기술에서 여러 가지 중요한 발전을 이룩했다. 1985년 드로리는 자동차 도난 방지용 경보 장치 제조업체인 클리퍼드 일렉트로닉스Clifford Electronics의 최고경영자가 되었다. 그 후 그는 자동차 보안 업계에 많은 실리콘 밸리식 혁신을 도입하면서, 클리퍼드 일렉트로닉스를 업계 선두 주자로 키웠고, 1999년에 그 회사를 미국의 올스테이트 보험회사Allstate Insurance에 팔았다.6

제에프 드로리는 실력이 뛰어난 포뮬러Formula 경주용 자동차 드라이버로, 도요타가 주최하는 롱비치 그랑프리에 두 차례 출전하기도 했다.

2007년 12월, 제에프 드로리는 테슬라의 CEO 겸 사장이 되었다. 그리고 그 무렵, 마틴 에버하드는 이사회에서도 축출되었다.

지도부 교체는 평화롭게 이루어지지 못했다. 새로운 CEO가 공식적으로 취한 첫 조치들 중 하나는 회사 임직원의 10퍼센트 정도를 해고하는 일이었는데, 그중 상당수가 창업 당시부터 회사와 운명을 함께해 온 마틴 에버하드의 사람들이었다. 이 당시 막후에서 실질적인 권한을 휘두르던 일론 머스크는 달리 선택의 여지가 없었다고 말했다. 투자자인 JP 모건의 대변인인 낸시 펀드Nancy Pfund 역시 그의 말에 동의했다. "우리는 어떻게든 신생 기업 테슬라의 제품 개발비와 기타 경비들을 줄여야 했어요. 그건 늘 고통스러운 일이지만, 그렇다고 해서 하지 않을 수도 없죠."

CEO 마틴 에버하드와 회장 일론 머스크 간의 알력은 하루 이틀 된 일이 아니었다. 로드스터를 개발하는 동안 일론 머스크는 종종 기술적인 문제들에 대해 자기주장을 강하게 폈다. 탄소 섬유 차체, 전자식 도어 핸들, 맞춤형 헤드라이트 등 여러 문제에서 그는 자동차는 더 고급스러워지지만 그만큼 더 많은 돈이 들어갈 방법을 주장했다. 그래서 어떤 이들은 그를 온갖 일을 다 챙기는 사람이라 했고, 또 어떤 이들은 따라야 할 리더가 둘이라고 느꼈다. "문제가 생기면 사람들 입에서 꼭 이런 말이 나왔죠. 일론은 이 문제에 대해 어찌 생각할까?" 마크 타페닝의 말이다.

일론 머스크와 마틴 에버하드는 회사의 마케팅 전략은 물론 심지어 마케팅 전략의 필요성에 대해서까지 의견이 달랐다. 2005년부터 2006년 사이 테슬라의 마케팅 책임자였던 제시카 스위처Jessica Switzer는 CEO인 마틴 에버하드에게 디트로이트의 한 홍보 회사를 선정해 표적 집단 면접을 맡기겠다는 재가를 받았다. 하지만 그 건은 회장인 일론 머스크 손에서 그대로 기각되었다.

일론 머스크와 마틴 에버하드 사이에 갈등의 골이 깊어지자, 마크 타페닝이 중간에서 냉정한 조정자 역할을 했다. "문제는 정말 똑똑하고 정말 자기 고집이 강하고 정말 의욕이 넘치는 두 사람이 함께해야 한다는 거예요. 마틴은 매일 주야장천 회사에 있었지만, 일론은 그 당시 우주선이니 뭐니 하는 것들을 만드느라 바빠서 회사 돌아가는 상황을 다 알진 못했어요. 어쨌든 모든 게 잘 돌아가고 별문제 없을 때는 두 사람 사이도 아주 좋았어요. 몇 년간은 그랬죠."

그러나 로드스터의 본격적인 생산이 코앞에 다가오면서, 두 사람 간에 변속기 문제, 탄소 섬유 차체 패널 문제 등 서로 의견이 다른 문제들이 불거지면서 일에까지 차질을 주기 시작했다. 당시 상황을 마크 타페닝은 이렇게 설명했다. "일론과 마틴은 서로 생각하는 관점이 달랐어요. 그 바람에 한동안 많은 갈등이 생겨났죠. 그런 스타일의 사람들이 함께하다 보면 그럴 수밖에 없잖아요. 둘 다 대단하지만, 함께 일하긴 어려울 수 있는 사람들이거든요."[7]

자신이 설립한 회사에서 쫓겨난 마틴 에버하드는 분노에 치를 떨었다. 그는 여러 인터뷰에서 자신은 '희생양'이라 했고,[8] 그러면서 테슬라 설립자들 블로그Tesla Founders Blog에 분노에 찬 글들을 포스팅하기 시작해 테슬라 이사회를 아연실색케 했다. 테슬라는 당시 자금 마련을 위해 투자자들을 모집 중이어서(2008년 2월, 그들은 4000만 달러를 마련했다), 웹상에서 잠재적인 고객과 투자자들에게 테슬라의 치부가 낱낱이 드러나는 걸 원치 않았기 때문이다. 그래서 이사회 이사 한 사람이 평화 협정을 맺어 보려고 했지만, 이미 때가 너무 늦어 버렸다.

2009년 5월, 마틴 에버하드는 결국 테슬라와 일론 머스크를 상대로 중상과 명예 훼손, 계약 위반 혐의로 소송을 제기했다. 그는 자신이 로드스터 개발 아이디어를 냈고 실제 개발도 이끌었는데, 일론 머스크는 자신을 회사에서 내쫓았을 뿐 아니라 자신을 중상모략했다고 주장했다. 그러면서 테슬라 측에서 계약을 위반했다고도 했다. 원래 자신에게 두 번째 생산된 로드스터 신제품을 주기로 되어 있었는데, 나중에 여기저기 많이 손봐야 하는 불량품을 주었다는 것이다.

그러자 늘 그래 왔듯, 일론 머스크는 자신에 대한 마틴 에버하드의 모든 비난에 조목조목 반박하는 공개 글을 올렸다. 블로그에 올린 장문의 글에서 그는 관련된 일부 이사들 사이에 오간 이메일 등 많은 문서를 언급하면서, 테슬라 이사회는 투표를 통해 마틴 에버하드의 이사회 축출을 만장일치로 의결했다고 했다. 시사 주간지 『뉴스위크』와의 인터뷰를 통해 사태는 점차 더 악화되었다. 일론 머스크는 마틴 에버하드를 '같이 일하기 가장 싫은 인물'이라 했고, 그에 맞서 마틴 에버하드는 이렇게 말했다. "내가 좀 더 조심했어야 했다. 일론에게 과도한 이사회 지배 권한을 주는 게 아니었다. 나는 테슬라 모터스에 대해서는 전혀 악감정이 없다. 일론과 사람을 다루는 그의 방식에 기분이 상했을 뿐이다."9

허망한 권력 싸움의 결과든 아니면 단순한 자존심 싸움의 결과든, 테슬라는 자신의 역사를 조금 고쳐 쓰는 일에 몰두해 있는 듯했다. 「월스트리트 저널」의 칼럼니스트 댄 닐에 따르면, 마틴 에버하드는 로드스터 개발 입안자임에도 불구하고, 구소련 크렘린 궁의 고위 관리가 어느 날 갑자기 역사에서 지워지듯 테슬라의 역사에서 지워졌다.10 후에 한 기자는 테슬라에서 나눠 주는 보도 자료의 '테슬라 모터스에 대해 About Tesla Motors' 지면에 실린 내용을 토대로 마틴 에버하드의 부침을 읽었다. 2006년 5월의 보도 자료에서 마틴 에버하드와 마크 타페닝은 첫 문장에 공동 설립자로 이름을 올렸다. 그러나 2007년 1월의 보도 자료에서는 두 사람의 이름이 맨 아래로 내려가 있었다. 그리고 곧이어 나온 2월의 보도 자료에서는 아예 두 사람의 이름이 사라지고, 일론 머스크에 대한 약력만 나와 있었다. 며칠 후 보도 자료에서는 두 사람의 이름이 다시 올라왔지만, 7월에 접어들면서 또다시 사라졌다.11

만일 테슬라가 당시 흥미 위주의 기사를 주로 다루는 타블로이드 신문들의 관심을 끌 정도로 유명했다면, 우리는 아마 미국 전역의 슈퍼마켓 계산대 부근에 있는 타블로이드 신문들을 통해 테슬라에서 일어나는 모든 일을 생중계하듯 볼 수 있었을 것이다. 일론 머스크와 마틴 에버하드 간의

설전은 테슬라의 '설립자'로 불릴 권리가 누구에게 있는가 하는 것을 둘러
싼 싸움으로 변해 갔다. 마틴 에버하드는 일론 머스크가 처음엔 관리 팀의
일원이 아니라 투자자에 불과했다고 말했다. 그러자 일론 머스크는 마틴
에버하드에겐 자신만의 기술은 물론이고 전기 자동차와 관련된 지적 재산
도 전혀 없었다고 받아쳤다(그런데 사실 마틴 에버하드는 테슬라 측에 의해 제
출된 적어도 두어 건의 특허에 발명자로 이름을 올렸다).12 일론 머스크는 자신과
JB 스트로벨이야말로 설립자라는 말을 들을 자격이 있다면서 이런 말을
했다. "JB는 로드스터 제작에 기여한 공로로 MIT로부터 '2008년도의 발명
가'로 인정받았고, 세상의 상식적인 기준으로 보더라도 그는 마틴 에버하
드와 마크 타페닝, 이언 라이트, 그리고 나와 함께 테슬라 설립 멤버로 봐
야 합니다."13

2009년 7월, 캘리포니아주 샌마테오 카운티의 고등법원 판사는 자신
이 단 두 명뿐인 테슬라 설립자 중 한 명이라는 마틴 에버하드의 주장을
기각했다.14 그해 8월에 마틴 에버하드는 소송을 철회했고,15 소송 당사자
들 간에 합의가 이루어졌다. 마틴 에버하드와 마크 타페닝, 일론 머스크,
JB 스트로벨, 이언 라이트, 이렇게 다섯 명이 테슬라의 공동 설립자라는 결
론이 나온 것이다. 일론 머스크와 마틴 에버하드는 각기 모두를 위해 잘된 일
이라는 내용의 화해 성명을 발표했다. "회사의 공동 설립자로서 일론은 정
말 테슬라에 지대한 공헌을 했습니다." 당시 마틴 에버하드가 한 말이다.16

소송 이후 테슬라 측에서는 마틴 에버하드에 대해 좀 더 우호적인 자세
를 취했고, 그와 일론 머스크 간에 화해가 이뤄진 뒤 양측이 블로그에 올
렸던 거친 내용의 포스트들은 거의 다 사라졌다.

2008년 6월에는 마크 타페닝이 테슬라를 떠나, 이제 다섯 명의 설립자
가운데 남은 사람은 일론 머스크와 JB 스트로벨뿐이었다. 마크 타페닝과

의 결별은 별 진통 없이 평화롭게 이루어졌다. 그는 새로운 회사를 창업하는 걸 정말 좋아했고, 그렇게 시작한 테슬라는 이제 250명의 직원을 거느린 회사로 성장해 있었다. "직원이 250명이면 회사치고는 아주 작은 편이죠. 하지만 이 정도 규모만 되어도 이젠 안에서 일어나는 일들을 일일이 다 알지 못하게 됩니다. 100명 정도 될 때까지만 해도, 회사에서 일어나는 일들을 머릿속에 자세히 그릴 수 있는데, 그 규모를 넘어서면 통제 불능이 되거든요. 직원 수가 수만 명이 되면, 예산 회의 자체가 완전히 달라지죠."

마크 타페닝은 새로 온 CEO 제에프 드로리가 그리 진취적이지 못하며, 일론 머스크와 잘 맞지 않는 경우가 많다는 것도 잘 알았다. "그와 제에프는 종종 의견이 부딪쳤어요. 그래서 불필요한 스트레스가 많았죠. 제에프는 괜찮은 사람이었지만, 테슬라에 딱 맞는 사람은 아니었어요. 회장이자 유일한 대투자자에 잘 맞지 않는 최고경영자라, 이건 분명 성공적인 조합은 아니죠."[17]

2008년 7월에 포드에서 15년간 일한 자동차업계의 베테랑 재무 전문가인 디파크 아후자Deepak Ahuja가 테슬라의 새로운 CFO가 되었다. 그는 2015년 11월에 테슬라를 떠났다가 2017년 4월에 다시 CFO 자리로 돌아왔다.

2008년 10월에는 일론 머스크가 회장에서 CEO로 자리를 옮겼다. 후에 마크 타페닝은 그 당시로서는 더없이 적절한 조치였다고 말했다. 일론 머스크야말로 그 누구보다 테슬라에 마음을 쓰는 사람이었기 때문이다 (그는 워낙 많은 개인 재산을 테슬라에 투자한 사람이었으니 말이다). "나는 그가 좀 더 일찍 그렇게 했어야 한다고 생각해요. 일론이야말로 이상적인 CEO였거든요." 마크 타페닝의 말이다.[18] 제에프 드로리는 부회장이 되었고, 그해 12월에 회사를 떠났다.

## 재정 파탄

2008년 중반에는 테슬라가 로스앤젤레스에 최초의 소매점을 열었고 고객들에 대한 제품 인도를 시작했다는 희소식도 있었지만, 곧 아주 나쁜 소식이 뒤따랐다. 거대 투자 은행 두어 곳의 파산으로 전 세계 금융 시스템이 기름 떨어진 가솔린 엔진처럼 갑자기 작동을 멈춘 것이다. 신용 대출이 중단되면서, 담보 대출도 자동차 구입 자금 대출도 끊겼고, 위험한 신생 자동차 제조업체에 대한 대출도 끊겼다.

테슬라는 2008년 4월에 연계 파이낸싱*을 통해 긴급 자금 조달에는 성공했지만, 돈 나갈 일은 쌓였는데 돈 들어올 일은 거의 없었다. 모든 신생 기업은 제품을 시장에 내놓고 모래 위에 쌓은 성처럼 위태로운 회사가 무너지기 전에 수입이 들어오기를 학수고대하며 피 말리는 시간과의 싸움을 벌이지만, 대부분은 그 싸움에서 진다. 대공황 이후 최악의 금융 위기 속에서 모든 게 평상시보다 더 힘들어졌지만, 불황은 특히 다른 어떤 업계보다 더 심하게 자동차업계를 몰아붙여, 결국 자동차업계의 최강자인 GM이 파산했고, 보다 규모가 작은 많은 부품 공급업체들 역시 파산했다.

테슬라는 위기 모드로 들어갔다. 일론 머스크는 중역들을 불러 모은 뒤 말했다. "우리는 앞으로 6개월에서 9개월간 회사의 현금 유동성을 잘 관리해야 하며, 그렇지 못하면 그대로 넘어갈 겁니다."[19]

3월에 로드스터를 본격적으로 생산하기 시작했을 때, 테슬라는 2년간 이미 1억 달러를 쏟아부었다. 그런데도 변속기 문제는 여전히 해결되지 못했고, 심각한 품질 관리 문제들도 있었다. 일론 머스크는 직접 현장에 나

---

• 은행이 기업의 매출 채권을 담보로 잡고 자금을 빌려주는 대출 제도

가 매주 자동차들을 점검하고 자동차 개발 팀에 문제가 생기면 하루 24시간 언제든 자신에게 연락하라고 했다. 다큐멘터리 영화 〈전기 자동차의 복수Revenge of the Electric Car〉를 보면, 일론 머스크가 멘로 파크에 있는 배송 센터 안을 걸으면서 그 거대한 차고 안에 불합격 자동차들이 가득 들어 있는 걸 보는 장면이 나온다. 그때 그는 불합격 자동차가 너무 많다는 사실에 놀라 "오, 세상에!" 하고 외마디 소리를 지른다. 당혹스럽게도, 당시 그 다큐멘터리 영화를 만든 영화감독 크리스 페인Chris Paine의 로드스터도 문제가 있는 차 중 하나였다.

일론 머스크는 자기 기술자들에게 무슨 수를 쓰든 문제를 해결해 자동차를 제때 출시할 수 있게 하라면서 이렇게 말했다. "우린 지금 고객의 신뢰를 잃을 수 있는 엄청난 위기에 직면해 있습니다. 고객들에게 제품 인도 일자를 자꾸 미루면, 그들은 '오, 이런, 이 회사가 과연 내게 차를 건네주기는 하려나?' 이런 생각을 하게 될 겁니다."[20]

왔다 하면 소나기라고, 안 좋은 일들이 동시에 일어났다. 테슬라는 생산 일자를 맞추지 못하고, 은행 잔고는 바닥나고 있었으며, 마틴 에버하드와의 소송 문제까지 진행 중이었다. 엎친 데 덮친 격으로, 일론 머스크의 또 다른 신생 기업인 스페이스X 역시 순조로운 출발을 하지 못하고 있었다. 고뇌에 찬 그 시기에, 일론 머스크는 자신이 아끼는 두 기업 중 하나를 살리기 위해 다른 하나를 죽여야 할지도 모른다는 두려움에 빠져 있었다.

그해 10월, 일론 머스크는 직원 363명 가운데 87명을 해고하고, 디트로이트 공장도 문을 닫아야 했다. 로이터Reuters 통신과의 인터뷰에서 그는 테슬라가 자금난을 겪고 있다는 걸 인정했다. 더 많은 현금이 절대 필요했지만, 현금을 만들기가 하늘의 별 따기였다. 일론 머스크는 다음 기금 마련 행사에서 1억 달러를 끌어모으기를 바랐지만, 결국 2000만 달러에 만족해야 했다.

이처럼 금전적으로, 정신적으로 압박감을 받는 상황에서 일론 머스크는 당시 첫 번째 부인 저스틴과 한창 불화 중이었다. 두 사람의 이혼은 법정까지 가게 됐는데, 저스틴은 여성 잡지『마리 클레르*Marie Claire*』등에 자신의 가정사를 자세히 털어놓았다.[21] 두 사람은 결국 2011년에 합의 이혼했다.

한때 로드스터를 극찬했던 언론계의 신사숙녀들은 이제 죽어 가는 사람 주변을 맴도는 독수리들처럼 테슬라 주변을 얼쩡거렸다. 그리고 당연한 일이겠지만, 대부분의 언론은 테슬라의 생산 라인에서 일어나는 일보다는 일론 머스크의 이혼과 마틴 에버하드의 소송에 더 관심이 많았다. 영화감독 크리스 페인에 따르자면, 일론 머스크는 이제 자동차를 제조하는 일보다는 주변 사람들과의 불화와 해고로 더 유명해졌다.[22]

설사 로드스터가 고객들 손에 제때 배송되었다 해도, 업계 전문가들 가운데 테슬라가 차기 모델 화이트스타 세단 개발에 필요한 자금을 확보할 수 있으리라고 믿는 사람은 아무도 없었다. 그 차기 모델에 대해 소문만 무성하고 실제 나오지 않을 제품이란 뜻의 '베이퍼웨어'란 말을 하도 많이 써 지겨울 정도였다. "일론은 결국 깡통을 차게 될 겁니다."『월스트리트 저널』의 댄 닐이 한 말이다.[23] 심지어 자동차 전문 웹사이트 자동차에 대한 진실The Truth About Cars의 로버트 파라고Robert Farago는 '테슬라 임종 지켜보기 Tesla Death Watch'라는 제목의 칼럼을 연재하기 시작했다.

현금 유동성을 개선해 보려는 필사적인 노력의 일환으로, 테슬라는 로드스터의 가격을 올리기로 결정했다. 그런데 예약 주문을 하고 아직 자동차를 받지도 못한 고객들에게까지 자동차 가격을 올리기로 한 것이 문제였다. 두말할 필요도 없이, 그건 욕먹을 조치였다. 당시 일론 머스크는 로스앤젤레스에서 열린 한 미팅에 참석했다가 로드스터 구입자들의 심한 반발에 부딪혔는데, 그중 한 사람은 몇천 달러의 계약금을 내고도 1년 이상 기다리고 있다며 불만을 터뜨렸다. 일론 머스크는 훗날 당시의 일을 마치 '유리 샌드위치를 먹는' 기분이었다고 회상했지만, 모든 비난을 달게 받았으며 심지어 당시의 일을 영화에 집어넣는 것까지 허용했다. 당시 방에 있던 로드스터 구입자들 중 일부는 그가 유인 상술*로 고객들을 속였다는 비난까지 했지만, 그는 순한 양처럼 순순히 어찌하다 보니 정말 그렇게 되었다고 시인했다.[24]

당시의 일을 일론 머스크는 이렇게 회상했다. "최악의 순간은 2008년 크리스마스 바로 전 주말쯤에 찾아왔어요. 은행에 일주일 정도 버틸, 아니 어쩌면 그 정도도 못 버틸 돈밖에 없었는데…… 연말까지는 아직 정상 근무일이 2~3일 더 남아 있었거든요."[25] 게다가 스페이스X에도 문제가 있었다. 쏘아 올린 로켓 중 하나가 지구 궤도에 안착하는 데 실패한 것이다. 게다가 주식 시장이 폭락 장세에 들어가, 스페이스X와 솔라시티 역시 자금난에 시달리고 있었다.

"나는 내가 신경 쇠약 같은 것에 걸릴 수 있는 사람이란 생각을 한 번도 해 본 적이 없는데, 12월 22일에는 정말 신경쇠약에 걸리기 일보 직전이었던 것 같습니다. 일단 그렇게 무너진다 해도, 아마 그걸 깨닫지도 못할 거예요. 이미 미쳐서 제정신이 아닐 테니 말이죠."[26]

"그때 난 선택을 해야 했어요. 페이팔을 매각하고 남겨둔 돈을 전부 꺼내…… 테슬라에 투자할 것인가, 아니면 테슬라가 그냥 죽게 내버려 둘 것인가 둘 중 하나를 선택해야 했던 겁니다."[27] 일론 머스크는 또다시 개

---

* 싼 광고 상품으로 손님을 끈 뒤 비싼 상품을 팔아먹는 상술

인 재산 4000만 달러를 투자했다. 개인적으로 테슬라에 투자한 돈이 총 7500만 달러가 된 것이다. 그것은 그야말로 자신의 모든 걸 내던짐으로써 다른 투자자들의 마음을 움직이는 배짱 있는 행동이었다. "믿기 어려운 그 배짱과 자신감은 사람들의 마음을 움직이는 촉매제 역할을 했고, 투자 설명회에 참석한 우리 투자자 모두로 하여금 '오, 이런! 여기 참여해야겠는데. 최대한 많은 투자를 해야겠어' 하고 생각하게 만들었습니다." 벤처 캐피털 투자자로 이사회 이사이기도 한 스티브 저벳슨의 말이다. "그는 가장 어두운 시기에 뭐라 설명하기 어려운 영웅적인 행동으로 회사를 구했어요. 남은 돈을 몽땅 자신이 믿는 회사에 쏟아붓는다는 건 절대 쉬운 일이 아니거든요."[28]

이 무렵, 일론 머스크의 개인적인 삶은 좀 더 나은 쪽으로 방향을 틀었다. 런던에 갔을 때, 한 친구가 그를 끌고 한 댄스 클럽에 갔는데, 거기서 영국 배우 탈룰라 라일리Talulah Riley를 만난 것이다. 그녀는 스페이스X나 테슬라에 대해 전혀 알지 못했지만, 자신의 로켓과 자동차 회사에 대한 얘기를 들려주는 쓸쓸해 보이는 젊은 엔지니어에게 마음을 빼앗겼다. 그녀는 나중에 구글에서 그에 관해 검색해 보고는 그의 말이 허풍이 아니라는 걸 알게 되었다. 얼마 뒤 그녀는 캘리포니아로 일론 머스크를 찾아왔고, 그는 그녀에게 청혼을 했다. 그리고 두 사람은 2010년 스코틀랜드의 도녹 성당에서 결혼식을 올렸다.

테슬라가 이렇듯 어렵게 어려움을 헤쳐 나가고 있을 때, 좀 더 장기적인 해결책이 준비 중에 있었다. 테슬라는 현금 유동성에 어려움을 겪고 있었지만, 아직 그 놀라운 전기 자동차 로드스터를 만든 기술 및 엔지니어링 노하우를 그대로 갖고 있었다. 그리고 일론 머스크는 그런 기술 및 엔지니어링 노하우를 손에 넣기 위해 이런저런 어려움을 겪고 있긴 했지만, 그런 기술과 노하우는 언제든 현금화할 수 있는 엄청난 가치가 있다는 걸 잘 알고 있었다. 그래서 그는 두어 군데 대형 자동차 제조업체와 미국 정부를 상대로 협상을 벌이기 시작했다.

# 7 ······ 그리고 부활

## 다임러가 더 스마트해지다

테슬라는 독일의 거대 자동차 제조업체인 다임러 AG<sup>Daimler AG</sup>를 상대로 전기 자동차 형태로 나온 그 회사 스마트 카에 배터리 팩과 충전용 전자 부품을 공급하는 문제를 놓고 한동안 협상을 벌여 오고 있었다. 스위스 시계 기업 스와치<sup>Swatch</sup>의 설립자인 스위스계 레바논인 니컬러스 하이에크<sup>Nicolas Hayek</sup>가 만든 그 조그만 2인승 스마트 카는 원래 전기 자동차로 만들어졌다. 그러나 그 자동차는 다임러 AG가 런던에서 100대의 전기 스마트 카를 실제 시험 주행하기 시작한 2007년에야 비로소 그 실체를 드러냈다.

2007년 9월, 일론 머스크는 협상을 위해 독일로 날아갔지만, 그의 프레젠테이션은 다임러 AG 관계자들에게 테슬라가 배터리 팩 공급자로 적합하다는 인상을 심어 주지 못했다. "다임러 관계자들에게는 눈앞에서 제대로 작동되는 실물을 보여 줘야 했어요." 일론 머스크가 한 말이다. 당시

JB 스트로벨은 이런 말을 했다. "직접 만져 보고 직접 타 보지 않고선 실감할 수 없다는 거죠."[1]

실용 제일주의자인 독일인들을 설득하기 위해 캘리포니아 카우보이들은 한발 더 나아가야 했던 것이다. 그래서 그들은 다임러의 조그만 스마트 카에 테슬라의 전기 구동 장치를 직접 장착해 다임러 경영진들에게 깜짝 프레젠테이션을 하기로 결정했다.

그런데 막상 해 보니, 보통 일이 아니었다. 우선 당시 다임러의 스마트 카는 미국에서 구할 수조차 없었다. 한참 찾아 헤맨 뒤, JB 스트로벨은 그 차가 멕시코에서 판매 중이며 멕시코 북서부 도시 티후아나의 한 대리점에 한 대 있다는 사실을 알게 되었다. 그는 스페인어를 잘하는 한 친구를 동원했다. 그리고 경리 부서에 지시해 그에게 현금 2만 달러가 든 가방을 건네게 했다. 경리 담당자들이 그 불확실한 시나리오에 대해 어떤 생각을 했는지는 모르지만, 어쨌든 그들은 그 돈을 구했고, JB 스트로벨의 친구는 멕시코 국경 지대로 달려갔다. 그리고 이틀 후 완전한 신형 스마트 카를 몰고 돌아왔다.

그 조그만 스마트 카에 테슬라의 배터리와 모터와 파워 전자 부품들과 충전기를 장착하는 것은 쉬운 일이 아니었지만, 테슬라 팀은 단 6주 만에 그 일을 해냈다. "우린 시간이 전혀 충분치 않았어요. …… 그야말로 전쟁 준비를 하는 기분이었어요. 그래서 작업장 안에 작전실을 차렸죠."[2] JB 스트로벨의 말이다. 그의 엔지니어링 팀은 공장 바닥에서 잠깐씩 눈을 붙이며 그야말로 일주일 내내 하루 24시간 쉬지 않고 일했다. 그리고 마침내 어느 날 새벽 1시에 모든 작업을 마쳤고, JB 스트로벨은 그 차에 뛰어올라 시험 운전을 해 봤다. 그가 힘차게 페달을 밟자, 개조해서 속도와 마력을 높인 그 조그만 스마트 카는 힘차게 뒷바퀴가 돌아가더니 그대로 쏜살같이 주차장을 빠져나갔다.

2008년 1월, 테슬라 본사에 모습을 드러낸 다임러 경영진의 얼굴에서는 짙은 회의감이 느껴졌다. 테슬라 측에서 파워포인트를 동원해 설득력도 없는 프레젠테이션을 할 거라고 예상했던 것이다. 그때 일론 머스크가 "여러분께 보여 드릴 게 있습니다"라며 그들을 차고로 인도했는데, 거기서 그들은 자신들의 스마트 카와 똑같이 생긴 또 다른 스마트 카 한 대가 서 있는 걸 보았다. 전기 자동차에 관한 한 회사 내 권위자 중 한 사람으로 꼽히는 다임러의 부사장 헤르베르트 쾰러Herbert Kohler 교수가 그 차에 올라 핸들을 잡고 쌩하니 거리로 달려 나갔다. 15분 후에 돌아온 그는 회의적인 표정 대신 함박웃음을 짓고 있었다. 그 후 얼마 지나지 않아, 테슬라는 다임러의 스마트 전기 자동차에 배터리를 공급한다는 7000만 달러 규모의 계약을 체결했다.[3]

생긴 지 얼마 안 된 신생 기업들이 이미 자리를 잡은 오래된 기업들보다 새로운 기술을 훨씬 더 잘 받아들인다는 건 널리 알려진 사실이다.[4] 이는 단순한 낭설이 아닌 엄연한 사실로, 완고하고 동작이 굼뜬 거대 기업의 똑똑한 중역들에겐 더 이상 비밀도 아니다.

다임러의 회장인 디터 체체Dieter Zetsche는 최근 유행어는 물론 세상 돌아가는 일에 밝은 인물이었는데, 그는 이런 말을 했다. "자동차업계는 지금 일종의 패러다임 변화를 겪고 있습니다. 이제 우리는 석유에 대한 의존에서 벗어나고 이산화탄소 배출을 없애는 쪽으로 완전히 거듭나지 않으면 안 됩니다. 그야말로 발상의 전환이 필요하죠. 새로운 길로 가야 합니다. 나는 새로운 접근 방식을 빨리 찾아내기 위해서는 창의력 넘치는 신생 기업과 오랜 세월 많은 경험을 쌓아 온 기업이 서로 힘을 합치는 것이 바람직하다고 생각합니다."[5]

"젊고 역동적인 기업 테슬라는 미래를 내다보는 선견지명과 선구자적인 정신을 가진 대표적인 기업이죠." 이사회 이사인 토마스 베버Thomas Weber 박사도 디터 체체의 말에 동의했다.[6]

2009년 5월, 다임러는 5000만 달러를 투자하고 거의 10퍼센트에 해당하는 테슬라 주식 지분을 확보한 것으로 알려졌다. 그러면서 다임러의 부사장인 헤르베르트 쾰러 교수가 테슬라 이사회의 이사 자리를 하나 차지했다.[7] 까놓고 말하자면, 그 계약 덕분에 테슬라는 겨우 목숨을 부지했다. 훗날 일론 머스크는 이렇게 회상했다. "다임러가 테슬라를 구해 준 거예요. 2009년 초에 테슬라가 살아난 건 순전히 다임러의 투자 덕분이었으니까요. 2007년과 2008년은 정말 힘들었어요. 두어 차례 거의 죽음 직전까지 갔었죠."[8]

다임러가 테슬라에 준 것은 비단 현금뿐만이 아니었다. 자동차업계의 아이콘인 다임러는 특히 소음 및 진동 감소, 안전 및 품질 관리, 그리고 배터리 분야에서 테슬라에 도움이 될 만한 기술적 노하우를 잔뜩 갖고 있었다. "우린 다임러 측에서 자동차에 적용하기 위해 개발한 리튬 이온 파우치셀 배터리에 관심이 있습니다." 당시 일론 머스크가 한 말이다. "그리고 엔지니어링 및 생산, 그리고 공급망 관리 노하우를 비롯한 여러 분야에서 다임러와 전략적 협력 관계를 기대하고 있어요. 그렇게 되면 우리 테슬라 모델 S의 생산에 도움이 될 뿐 아니라, 모델 S가 모든 면에서 최고의 자동차가 되는 데도 도움이 될 겁니다."[9]

테슬라가 다임러에 인터넷 시대의 반항아 같은 매력을 선사했다면, 다임러는 테슬라에 오랜 역사에서 우러나오는 품위와 명성을 선사했다. 미국 시장 조사 기관 JD 파워JD Power의 제프 슈스터Jeff Schuster는 이런 말을 했다. "전기 자동차 분야에 쏟은 테슬라의 노력이 인정을 받은 겁니다. 다임러 같은 회사로부터 투자를 끌어냈다는 건 분명 대단한 발전이죠."[10]

테슬라는 3월 26일 모델 S라는 이름의 새 모델을 출시하는데, 다임러의 기술과 명성이 이 새로운 세단의 개발에 많은 도움을 주었다. 당시 일론 머스크는 이런 말을 했다. "다임러는 정말 꼼꼼한 회사라는 걸 인정하지 않을 수 없는데요. 그들의 그런 강점이 모델 S에 그대로 반영되어 있습니다. 생산 라인을 하나하나 체크해 모델 S의 개발비를 줄였으니까요."[11]

"제품 품질 검증 및 테스트는 우리가 다임러로부터 배운 가장 큰 것입니다. 그들은 정말 아주 엄격히 그리고 열심히 제품 품질 검증 및 테스트를 하거든요." JB 스트로벨의 말이다. "그들은 고품질의 제품을 만들기 위해 정말 많은 노력을 기울입니다."[12]

2010년, 테슬라는 다임러와 맺은 협약과 비슷한 협약을 도요타와도 맺었다. 몇 년 후 테슬라는 다임러와 제휴 관계를 더 강화하며 메르세데스 B 클래스 드라이브 모델에 전기 구동 장치를 공급하기도 했으나, 이 모델은 순전히 정부 규정을 지키기 위해 만든 모델로 소량 판매 뒤 2017년에 결국 생산이 중단됐다. 그러나 테슬라가 사세를 키워 가자 거대 자동차 제조업체들은 테슬라를 파트너라기보다는 경쟁자로 보기 시작했고, 소리 소문도 없이 조용히 테슬라와의 협력 관계를 끝냈다. 다임러는 2014년 자신들이 가졌던 테슬라 주식을 7억 8000만 달러의 차액을 남기고 팔았다.[13] 다임러는 2016년에 자체 배터리 기술을 개발했으며 테슬라와의 모든 관계를 끝냈다.[14]

일론 머스크는 훗날 이 같은 제휴 관계에 대해 이런 말을 했다. "도요타 및 다임러와 손잡고 프로그램들을 진행하다 보니 프로그램들이 죄다 너무 소규모로 끝난다는 문제가 있더군요. 그들은 기본적으로 정부 당국을 만족시킬 수량만 염두에 두고 프로그램을 최대한 소규모로 유지하려 했습니다. 우리는 그런 프로그램은 원치 않습니다. 우리는 세상을 뒤바꿔 놓을 만한 프로그램들을 진행하고 싶으니까요."[15]


## 미국, 테슬라에 베팅하다

다임러가 투자한 5000만 달러는 익사 직전의 테슬라를 건져 올리는 데는 결정적인 역할을 했는지 몰라도, 모델 S를 개발하는 데는 충분치 않았다. 그래서 테슬라는 다임러보다 훨씬 더 돈이 많은 미국 정부에 도움을 요청했다. 그리고 2009년 6월, 테슬라는 미국 에너지부로부터 무려 4억 6500만 달러의 대출 승인을 받아냈다. 그 자금은 조지 W. 부시 행정부 시절인 2007년에 진보 기술 차량 제조[ATVM] 대출 프로그램을 통해 조성된 총 80조 달러 가운데 일부였다(이 자금은 GM과 크라이슬러가 받은 '구제 금융' 자금과 2009년도 경기 부양책과는 무관한 것이다). 포드와 닛산, 그리고 피스커 오토모티브도 이 ATVM 대출 프로그램을 통해 대출을 받았다.

테슬라는 정부로부터 받은 대출금 가운데 3억 6500만 달러는 2011년 말부터 본격적인 생산에 들어갈 예정이던 모델 S의 생산 및 조립을 위해 쓸 예정이며, 나머지 1억 달러는 다른 자동차 제조업체들에 전기 구동 장치 부품들을 공급할 제조 공장을 건립하는 데 쓸 거라고 발표했다. 새 공장은 35만 제곱피트(약 3만 2,500제곱미터) 부지의 건물로, 미국 캘리포니아주 팰로앨토의 스탠퍼드 연구 파크 내에 지어질 예정이었다. 테슬라는 나중에 회사 본사 사옥도 샌카를로스에서 팰로앨토로 옮기게 된다.

놀랄 일도 아니지만, 미국 정부가 테슬라에 대출을 해 주는 것에 대해 곱지 않은 시선을 보내는 사람들도 있었는데, 그 대표적인 사람이 「뉴욕

캘리포니아주 팰로앨토에 위치한 테슬라 모터스의 본사

타임스』의 작가 랜들 스트로스Randall Stross였다. 그는 '납세자들이 고급 전기 자동차 제조업체까지 지원해야 하나?'라는 제목의 기사에서 이렇게 썼다. "ATVM 대출 프로그램은 자동차 제조업체들의 연비를 향상시키기 위해 만들어진 것이다. 그런데 그런 대출 프로그램이 이런 목적으로 쓰여도 되는 것인가? 이건 마치 테슬라 모터스에 투자한 아주 큰손 고객들을 위한 2008년판 구제 금융 같지 않은가? 순전히 소수의 이익을 위해 국민의 혈세를 보다 위험성 높은, 그러니까 회수 가능성도 불투명한 사업에 쏟아붓는 걸 용납할 수 있는가?"[16]

많은 전문가가 이 비슷한 논리로 전기 자동차에 대한 정부 지원에 반대 의사를 표시했다. 그러나 이 논리는 일견 논리적으로 보일 수도 있지만(사실 중간 가격대의 전기 자동차도 일반 노동자들이 살 수 있는 가격대가 아니다), 중요한 점을 간과하고 있다. 그것은 이런 대출 프로그램들은 절대 자동차를 구입하는 사람들을 돕기 위한 프로그램이 아니라, 외국 석유에 대한 의존에서 벗어나고 자동차를 제조하는 미국 노동자들과 미국 경제, 그리고 미국 환경을 돕기 위한 프로그램이라는 것이다. 또한 랜들 스트로스의 논리는, 많은 신기술이 처음엔 부자들을 위한 값비싼 장난감으로 시작되지만 나중에는 혁신과 규모 경제를 통해 일반 대중에게까지 보급된다는 사실(이는 늘 테슬라의 계획이기도 했지만)도 간과하고 있다.

랜들 스트로스의 기사는 나중에 독자들의 지적에 따라 몇 군데 잘못된 내용을 수정한 뒤 편집되었다. 그러나 어쨌든 일론 머스크는 랜들 스트로스의 기사를 마음에 들어 하지 않아, 야후 테크티커TechTicker와의 동영상 인터뷰에서 이렇게 되받아쳤다. "랜들 스트로스, 그 사람은 지독한 허풍쟁이이고 멍청이입니다." 이 말을 한 뒤 그도 인터뷰를 하던 사람도 웃었다. 그런 다음 일론 머스크는 이렇게 말을 이었다. "전기 자동차 회사를 괴롭히

다니, 그 사람 지금 뭘 하는 겁니까? 디트로이트에선 그간 몇백억 달러의 혈세가 낭비돼 왔는데 그런 건 내버려 두고, 어째서 좋은 일 하려 애쓰는 조그만 회사를 괴롭히려는 거죠?"[17]

그 와중에 로드스터의 매출이 꾸준히 늘어나고 대당 생산비가 계속 줄어들면서 현금 유동성 문제도 개선되었다. 그리고 2009년 8월, 테슬라는 마침내 지난 7월에 흑자를 봤다고 발표했다. 2000만 달러의 매출을 올려 약 100만 달러의 이익을 남긴 것이다. 테슬라 같은 신생 자동차 제조업체 입장에서 그건 아주 인상적인 실적이었고, 또 앞으로 생길 좋은 일들의 전조였다.

9월에 테슬라는 또 한 차례 투자 유치 행사를 통해 8250만 달러를 모금했으며, 다임러로부터도 약간의 투자를 더 받았다. 그리고 이 무렵 테슬라는 중역을 여러 명 새로 채용했다. 우선 구글에 있던 리카도 레예스Ricardo Reyes가 통신 부사장으로 영입되었다. 새로 들어온 부사장 피터 롤린슨Peter Rawlinson은 모델 S의 기술 실행 및 배송 문제 등을 맡았다. 피터 롤린슨은 대여섯 군데의 주요 자동차 제조업체에서 자동차 개발 업무를 관장해 왔고 Think EV, 즉 '생각하는 전기 자동차' 개발에도 관여해 왔다. 포드 출신인 헨리 브라이스Henry Brice는 모델 S의 프로그램 디렉터가 되었다. 그리고 도요타 임원으로 있었던 길버트 파신Gilbert Passin은 2010년 1월에 제조 부사장으로 테슬라에 합류했다.


## 더없이 진지한 아첨

2010년 12월, 쉐보레 볼트 플러그인 하이브리드가 본격적인 생산에 들어

갔다. 그리고 처음에는 선별된 시장들에 조금씩 출시되다가, 2011년 11월부터는 미국 50개 주 전체에서 판매되기 시작했다.

닛산의 전기 자동차 리프는 2010년 10월에 본격적인 생산에 들어가, 그해 12월부터 선별된 시장들에 출시되다가, 2012년 3월에 미국 전역에서 판매되었다. 그리고 미국 시장에서 판매되는 리프는 2013년 1월 이후 테네시주 스머나에 있는 닛산 제조 공장에서 제조되고 있다.

이 두 자동차 모두 로드스터나 모델 S의 직접적인 경쟁자라 부르기는 어려웠다. 둘 다 소형차에 '실용적인' 자동차인 데다, 가격도 모델 S의 절반 정도밖에 안 됐기 때문이다.

내가 아는 한, 닛산에서는 그 누구도 공개적으로 테슬라가 리프의 개발에 영감을 주었다고 말한 적이 없다. 그러나 '쉐보레 볼트의 아버지' 전 GM 부회장 밥 루츠는 쉐보레 볼트에 영감을 준 것은 테슬라라는 말을 공공연하게 했다. 그가 로드스터 얘기를 처음 들은 2008년 당시 그는 GM의 임원이었다. "나는 지금은 잠깐 기다려야 한다고 말했습니다. 나는 그간 우리가 왜 아직 움직여선 안 되는가 하는 사람들의 주장을 다 받아들였습니다. 그런데 여기 캘리포니아에 있는 이 조그만 신생 기업은 이 모든 성능을 구현해 낼 수 있다고 생각하고 있습니다. 실리콘 밸리 출신의 신생 기업도 이 방정식을 풀 수 있는데, 대체 왜……? 앞으론 그 누구도 내게 '이건 실현 불가능하다!'고 말하지 마십시오."[18] 밥 루츠는 두어 차례 다른 동영상 인터뷰에서도 이 얘기를 했다. 그는 결국 GM의 100주년 기념식에서 쉐보레 볼트를 기념식 하이라이트로 만들면서 다음과 같은 유명한 말을 했다. "전기 자동차는 필연적인 결론입니다."

밥 루츠는 얼핏 봐서는 전기 자동차 지지자일 것 같지 않다. 그는 해병대 출신의 완고한 보수주의자로, 지구 온난화를 '허튼소리'라고 말해 왔다.

그는 또한 자신이 쉐보레 볼트 개발을 밀어붙이기로 한 것은 환경 보호 차원에서라기보다는 지기 싫은 경쟁 본능에 기인한 바 크다고 했다. 당시 도요타 프리우스는 큰 성공을 거두었고, 그 바람에 GM 모델들보다 연비도 안 좋은 픽업 차량들을 비롯한 다른 도요타 차량들까지 덩달아 판매가 늘고 있었던 것이다. 당시 밥 루츠는 이렇게 전의를 불태웠다. "좋아. 어차피 거기서 주도권 싸움이 벌어지고 있다면, 거기서도 이겨야지."[19]

제1세대 쉐보레 볼트는 2010년부터 2015년까지 제작됐으며, 볼트의 유럽 버전인 암페라Ampera와 합쳐 전 세계적으로 10만 대 이상이 팔렸다. GM은 2016년에 재디자인한 2세대 볼트를 선보였다. 밥 루츠는 주저 없이 그 공을 테슬라로 돌렸다. "테슬라가 앞으로 큰 성공을 거두든 그렇지 않든, 나는 그들이 전기 자동차의 발전에 결정적 계기를 만들어 준 것에 늘 고마움을 느낄 것입니다." 밥 루츠는 2010년에 GM을 떠났고, 아이러니하게도 후에 아주 신랄한 테슬라 비판자가 되었다.[20]

2013년 독일 자동차 그룹 BMW는 i3를 출시했다. 배터리 팩을 자동차 바닥에 깔고 탄소 섬유를 대거 사용한 실용적이면서도 스포티한 전기 자동차로, 얼핏 보기에도 테슬라의 영향을 많이 받은 듯했다. 2014년 말부터 독일의 다른 고급 자동차 브랜드 세 곳(아우디, 메르세데스, 포르셰)에서도 새로운 플러그인 자동차 생산 계획을 발표했다. 적어도 언론에서는 이 모든 것이 모델 S의 지속적인 성공에 대한 자동차업계의 직접적인 반응이라고 확신했다. (2017년 현재 이 세 자동차 제조업체는 소량의 플러그인 하이브리드 자동차를 생산 중이며, 여전히 테슬라에 맞설 대량 생산용 전기 자동차 출시를 계획 중이다.)

일론 머스크는 자신의 최종 목표는 전기 자동차의 보급을 늘리는 것이라는 말을 여러 차례 했다. 그 목표는 설령 테슬라의 전기 자동차가 아니

2010년 워싱턴 오토 쇼에 전시된 2011년형 쉐보레 볼트 플러그인 하이브리드

라 해도 각 자동차 대리점에서 팔려 나가는 전기 자동차 수가 늘어나면서 어느 정도 이루어지고 있다. 일론 머스크는 이런 말도 했다. "우리 테슬라의 영향력은 단순히 우리가 전기 자동차를 만든다는 데서 나오는 게 아니라, 우리가 사람들이 사고 싶어 하는 매력적인 전기 자동차를 만드는 데서 나옵니다."[21] "나와 테슬라가 한 일은 전기 자동차 시대를 적어도 5년은 당겼다는 겁니다."[22]

전기 자동차 혁명을 앞당기기 위해 헌신하겠노라는 일론 머스크의 말은 허언이 아니었다. 2014년, 테슬라는 자신들이 가진 모든 특허 기술을 공유하기로 결정했다. 자신들의 비밀을 잠재적인 경쟁자들에게까지 모두 공개하기로 한 것이다(12장 참조).

## 테슬라 공장의 탄생

2010년 5월, 테슬라는 앞서 다임러와 맺은 협약과 비슷한 협약을 도요타와도 맺었다. 테슬라는 일본 자동차 제조업체 도요타의 차기 모델 라브4 EV에 배터리 팩을 제공하고, 도요타는 테슬라 주식 지분 10퍼센트를 구입하기로 한 것이다. (도요타는 2014년에 라브4 EV의 생산을 중단했고, 2017년에는 테슬라 주식 지분을 매각했다.)[23] 테슬라는 7월에 이르러 첫 번째 시제품을 제작했고, 그해 후반에는 많은 시제품을 인도했다. 두 회사는 성명을 통해 테슬라는 도요타의 엔지니어링, 제조, 생산 노하우를 배우고 도요타는 테슬라의 과감한 기업 정신과 빠른 의사 결정, 그리고 유연성을 배우게 될 거라고 했다.[24]

후에 생산량을 크게 늘렸을 때, 테슬라는 거대한 파트너 도요타로부터 소중한 교훈을 많이 배웠다. "도요타는 우리가 생산량을 늘리게 됐을 때, 운영 및 납품업체 품질 관리 측면에서 정말 많은 도움을 주었습니다." JB 스트로벨의 말이다. "도요타는 대규모 자동차 제조 능력 면에서 세계 최고 수준에 올라 있는 회사입니다. 그들은 그 면에서 거의 완벽하며 어떤 어려움들이 있는지도 잘 압니다. 그런 여러 면에서 그들은 우리에게 도움을 주었습니다."[25]

로드스터를 몰고 실리콘 밸리를 쌩하니 한 바퀴 돌아본 뒤, 도요타의 사장 도요다 아키오(그는 경험 많은 경주용 자동차 레이서이기도 하다)는 이렇게 말했다. "바람이 느껴졌어요. 미래의 바람이."[26] 그가 캘리포니아의 신생 기업에 뜻하지 않은 후한 선물을 안겨 주기로 한 것도 어쩌면 그 때문이었을 것이다. 도요타는 쓰지 않는 자동차 제조 공장을 하나 갖고 있었는데, 공교롭게도 실리콘 밸리 한복판에 위치해 있었다. 그런데 도요다 아키오가 그 공장을 테슬라에 헐값으로 넘겨주겠다고 한 것이다.

캘리포니아 프리몬트시에 있는 뉴 유나이티드 모터 제조사[NUMMI] 공장은 GM과 도요타가 합작 투자해 만든 공장으로, 1984년에 건설되었다. 이 공장에서는 총 800만 대의 승용차와 트럭이 생산됐지만, 2009년 파산한 GM이 합작 투자에서 손을 뗐고, 도요타는 코롤라[Corolla] 모델 생산지를 캐나다로 옮겼다. 그리고 그 공장은 2010년 4월 1일 만우절 날 문을 닫았다. 도요타는 그 공장에 대한 부분 소유권을 4200만 달러(실제 가치는 10억 달러라고 함)에 테슬라에 넘겨주는 데 합의했다.[27]

150만 제곱미터가 넘는 그 공장 부지 안에는 약 50만 제곱미터의 산업 시설 공간 외에 약 70만 제곱미터의 빈터가 있어 추후 더 많은 시설 증축도 가능했다. 그리고 그 안에는 플라스틱 주물 공장, 페인트 공장 두 개, 총연장 길이가 약 2.5킬로미터에 달하는 조립 라인이 있었고, 50메가와트 용량의 발전소도 하나 있었다.[28] 테슬라는 또한 1700만 달러 상당의 제조 장비들과 예비 부품도 아주 싼 가격에 인수했다. 거기다 캘리포니아주는 향후 2년간 테슬라에 약 2000만 달러의 판매세 경감 혜택을 주기로 했다.

도요타 입장에서는 NUMMI 공장이 처치 곤란한 물건이었기 때문에 얼씨구나 하고 넘겨줬을지 모르지만, 테슬라 입장에서는 자동차의 신이 내려준 축복이나 다름없었다. 그러잖아도 새로운 세단을 생산할 공장이 필요했다. 앨버커키에 공장을 지으려던 계획은 2008년 재정 위기로 무산됐고, 새너제이에 새로운 공장을 지으려던 계획은 착수도 못하고 있었던 것이다. 게다가 프리몬트시는 예전부터 테슬라가 가고 싶어 했던 곳으로, 과거에 프리몬트시와 공장 신설 계획을 논의한 적도 있었다. NUMMI 공장은 위치도 더할 나위 없이 좋았지만, 유용한 장비들까지 대거 함께 넘겨받을 수 있어 더 좋았고, 연간 50만 대의 자동차를 생산할 수 있을 정도로 시설 규모도 상당했다. 이 정도 공간이라면 모델 S는 물론 다임러와 도요타에 공급할 구동 장치를 생산하는 데도 별 문제 없을 것이고, 일론 머스크의 원대한 계획대로 나중에 자동차를 대량 생산하는 데도 문제없어 보였다.[29] 테슬라는 그해 10월에 그 새로운 공장으로 이전해 곧장 일을 시작했다.

일단 돈 문제가 해결되자, 일론 머스크는 이제 안전책만 잘 강구하고 로드스터 판매와 배터리 공급 문제만 잘 풀어 나가면 테슬라는 계속 흑자를 볼 수 있을 거라고 생각했다. 이젠 '아이언맨' 일론 머스크의 원대한 전략 2단계로 나가야 할 때였다. 그러자면 또다시 막대한 자금이 필요할 터였다. 일론 머스크는 기하급수적으로 자금을 늘리려면 기업 공개IPO*를 하

---

* 일정 규모 이상의 기업이 상장 절차 등을 밟기 위해 행하는, 외부 투자자들에 대한 첫 주식 공매

위 GM과 도요타가 합작 투자해 설립한 NUMMI 공장은 캘리포니아주 프리몬트에 소재하고 있어 팰로앨토에 있는 테슬라 본사와도 가까운 거리에 있었다.

아래 2010년 10월 27일, 테슬라 모터스 CEO 일론 머스크(좌)와 민주당 상원 의원 다이앤 페인스타 인(우)이 모델 S를 세워 두고 프리몬트 공장 개장을 기념하고 있다.

는 길밖에 없다고 생각했다. 그렇게 해서 2010년 1월, 테슬라는 미국 증권 거래위원회에 기업 공개에 필요한 준비 서류를 제출했다.

## 포드 이후 최초의 자동차업계 기업 공개

2010년 6월 29일 아침, 징조가 썩 좋지 않았다. 그날 나스닥NASDAQ 지수는 하향세를 보였고, 주식 시장 전문가들은 테슬라가 적자 중인 데다 자동차도 겨우 1,000대 정도밖에 못 팔았다는 사실을 지적하며, 테슬라의 기업 공개를 비웃었다. 그러나 주식 가격에는 어떤 기업의 그 당시 실적뿐 아니라 장기적인 관점에서의 가능성도 반영되는 법인데, 테슬라의 가능성이 무궁무진하다고 본 투자자들이 의외로 많았다.

17달러로 시작된 테슬라 모터스의 공모가는 24달러로 마감되어 하루에 41퍼센트나 치솟았는데, 이는 총주가 기준 2억 2600만 달러가 뛴 것으로, 그해의 기업 공개 실적 가운데 2위에 해당했다. 그리고 자동차업계에서 테슬라의 기업 공개는 1956년 포드의 기업 공개 이후 최초였다. 영화감독 크리스 페인은 이날 테슬라가 기업 공개를 한 나스닥 증권 거래소는 위대한 발명가 니콜라 테슬라가 1943년 무일푼의 신세로 혼자 외롭게 세상을 떠난 뉴욕 호텔에서 몇 블록 떨어져 있지 않다고 말했다.

그날 밤 일론 머스크는 자신의 새 약혼자인 영화배우 탈룰라 라일리와 아들 한 명을 대동한 채 웃는 얼굴로 나타나 로버트 파라고의 연재 칼럼 '테슬라 임종 지켜보기' 얘기를 하면서 이런 말을 했다. "(테슬라의 임종을 지켜보려면) 아마 한참 기다려야 할 겁니다."[30]

그러나 기꺼이 기다리려는 사람들이 꽤 많았다. 테슬라의 주가가 오르기보다 내릴 것으로 확신했던 공매* 투자자들이 많았고, 2013년 중반부터 공매로 인해 큰 손해를 입었음에도 그 수는 기록적으로 높은 수준을 유지했다.

기업 공개 이후 테슬라에 관심을 보이는 미디어의 영역 또한 더 넓어졌다. 테슬라는 자동차 관련 미디어에 수시로 등장하고 있었는데, 이제 비즈니스 관련 미디어에도 자주 등장하게 된 것이다. 물론 「월스트리트 저널」이나 『포브스』, 『포천』 같은 잡지에 나오는 테슬라 관련 기사들은 거의 다 경멸과 노골적인 적대감 같은 걸 담고 있었다. 투자자들이 얼마나 비이성적인 투자를 할 수 있는지 보여 주는 예 중 하나로 테슬라를 꼽으면서, 테슬라가 조만간 날개 없는 추락을 할 것이라 예상하고 있었던 것이다. 적어도 2013년 4월까지는 그랬다.

테슬라는 과학 및 기술 관련 미디어에도 잘 알려져 있었지만, 기업 공개를 하면서 '제대로 된 회사'가 되자, 전에 없던 새로운 존경까지 받게 되었다. 기술 관련 잡지 『와이어드』 2010년 10월 호에 실린 커버스토리는 대표적인 테슬라 찬가 중 하나다.[31]

2010년 하반기에도 크고 작은 희소식들이 있었다. 11월에는 배터리 공급업체인 파나소닉에서 테슬라에 3000만 달러를 투자했다. 그리고 다임러의 계열사인 트럭 제조업체 프라이트라이너Freightliner가 사용료를 내고 테슬라의 배터리 기술을 자신들의 상업용 하이브리드 전기 트럭에 쓰기로 했다.

---

• 보유하고 있지 않은 자산을 빌려 미래 일정 시점에 되돌려 주기로 하고 매도하는 계약. 예를 들어 향후 주가가 하락할 것으로 예상되는 경우 주식을 빌려서 판 뒤 차후 실제로 주가가 하락하면 같은 종목을 주가 하락된 가격으로 되사는 방법으로 차익을 얻는 매매 기법이다.

테슬라는 마음 졸이며 임종을 지켜봐야 할 지경까지 갔다가 인상적인 기업 공개를 통해 극적으로 되살아났는데, 그것은 자동차업계 역사상 가장 놀라운 재기 드라마 중 하나였다. 테슬라를 폄하하는 사람들은 테슬라가 되살아날 수 있었던 건 순전히 미국 연방 정부 덕이었다고 말한다(그러나 사실 결과론적으로 보면, 오히려 미국 연방 정부는 아주 현명한 투자를 해 돈을 번 셈이다). 그러나 테슬라를 아끼는 사람들은 아마 테슬라가 성공한 것은 일론 머스크와 그 임직원들의 엄청난 투지와 노력, 테슬라가 만들려는 전기 자동차의 미래를 믿고 지지해 준 많은 투자자와 구입자, 그리고 언론계 인사들의 덕으로 돌려야 한다고 주장할 것이다.

테슬라의 성공이 누구의 덕이든, 어쨌든 실로 달콤한 성공이었다. 앞으로도 로드스터는 계속 도로 위를 달릴 것이고, 테슬라는 다음 단계로 나아가기 위해 더 열심히 노력할 것이며, 그래서 훨씬 더 놀라운 자동차를 만들어 낼 참이었다.

# 8 모델 S 제조하기

어느 시점에선가 테슬라의 차기 모델 화이트스타 세단은 모델 S(테슬라 측에서는 Model S 또는 the Model S라고도 함)로 이름이 바뀌었다. 내가 아는 한, 왜 이름을 모델 S라고 했는지 그 정확한 이유를 아는 사람은 아무도 없다. S가 단순히 '세단sedan'을 뜻할 수도 있고, 아니면 포드 자동차의 역사적인 자동차 모델 T를 연상케 하려는 것일 수도 있다. 어쨌든 테슬라 측에서 곧 나올 그 모델에 대한 구체적인 얘기들을 조금씩 흘리면서, 사람들의 기대감과 회의감 역시 서서히 쌓여 갔다. 2008년 6월, 테슬라는 모델 S가 캘리포니아에서 생산될 것이라고 발표했다. 9월에는 일론 머스크가 테슬라는 플러그인 하이브리드 버전 생산 계획을 접었다는 사실을 확인시켜 주었다.[1]

테슬라는 2009년 3월 26일 스페이스X 본사에서 가진 기자 회견 자리에서 모델 S 시제품을 공개했다. 그리고 일주일도 채 안 돼, 테슬라는 500대이상의 모델 S 예약 주문을 받았다.

자동차업계의 첫 발표는 흔히 조금 지나치게 낙관적인 편인데, 테슬라는 모델 S의 주행 거리는 300마일(약 482킬로미터)이며(85킬로와트시 버전의 미국 환경 보호청 인정 주행 거리는 265마일[약 426킬로미터]이었다), 본격적인 생산은 2011년 말부터 시작되고(실제로는 2012년 6월부터 시작됐다), 자동차 가격은 기본 5만 7,400달러부터 시작될 거라고 했다(이 가격은 가장 작은 배터리 팩[40킬로와트시]을 장착한 버전의 가격으로, 그 버전은 수요가 워낙 없어 곧 생산이 중단됐다).[2]

신제품 모델 S는 2009년 4월에 데이비드 레터맨David Letterman의 〈레이트 쇼Late Show〉에서도 소개됐는데, 제대로 달릴 수 있는 완전한 자동차가 무대에 오른 건 처음이었다(연소 엔진 자동차는 안전 규정상 무대에 오르는 게 금지되어 있다). 당시 데이비드 레터맨은 모델 S를 만지자마자 장난스럽게 "아, 꺼줘요! 나 감전됐어요!" 하며 소리를 질렀다.


## 헨리크 피스커와 운이 다한 화이트스타

헨리크 피스커는 1963년 덴마크에서 태어났다. 스타 자동차 디자이너인 그는 BMW, 포드, 애스턴 마틴 등에서 일했다. 그리고 BMW Z8 로드스터, 애스턴 마틴 DB9(영화 〈007 카지노 로얄Casino Royale〉에서 제임스 본드가 몰고 다닌 자동차)가 그의 대표작이다. 2005년, 그와 그의 사업 파트너 베른하르트 쾰러는 남부 캘리포니아에 맞춤형 고급 자동차를 생산하는 피스커 코치빌드라는 회사를 설립했다. 2007년 테슬라가 그 회사와 전기 세단 디자인 계약을 맺었는데, 그 세단의 암호명이 바로 모델 S의 전신인 화이트스타였다.

일론 머스크는 그 당시 일을 이렇게 회상했다. "모델 S의 경우, 처음에

애스턴 마틴 DB9

우린 디자인 회사도 갖고 있는 헨리크 피스커에게 디자인을 맡기자고 생각했습니다. 그래서 그에게 상당한 돈을 지불하고 그 일을 맡겼죠. 그런데 희한하게, 그가 우리에게 제시한 디자인들이 영 아니었습니다. 그는 당시 우리한테 우리 경쟁 업체가 될 회사를 만들려 한다는 말을 하지 않았어요. 우린 그가 결국 우리 모델 S의 독창적인 아이디어들을 도용해 다른 차를 만들려 하는 것 아닌가 싶어 너무 화가 났어요."[3]

피스커 코치빌드는 회사 이름을 피스커 오토모티브로 바꾼 뒤, 플러그인 하이브리드 자동차 카르마를 생산했다. 테슬라 측에서는 그 자동차가 자신들의 기업 기밀을 도용해서 만든 거라고 믿어 2008년 헨리크 피스커를 상대로 소송을 제기했다. 그러나 그해 후반에 중재 재판관은 헨리크 피스커의 손을 들어 주어 테슬라는 소송 비용 114만 달러를 부담해야 했다.

당시 기자들이 헨리크 피스커에게 일론 머스크의 주장과 관련해 이런저런 질문을 던지자, 그는 중재 결과 테슬라가 졌다는 말만 할 뿐 다른 말은 거의 하지 않았다. 그리고 「블룸버그Bloomberg」와의 인터뷰에서 헨리크 피스커는 이런 말을 했다. "나는 자동차업계에 서로 다른 철학을 갖고 전혀 새로운 전기 구동 장치를 개발하는 여러 신생 자동차 제조업체가 있어야 한다고 생각합니다."[4] 그러나 1장에서 잠시 언급했듯, 헨리크 피스커의 사업은 적어도 그 자신과 그의 회사에 돈을 댄 투자자들 입장에선 실패로 끝났다.

헨리크 피스커와의 소송 사건 이후 일론 머스크는 테슬라도 자체 디자인 부서가 있어야겠다고 생각해 모델 S 디자인 책임자로 프란츠 폰 홀츠하우젠Franz von Holzhausen을 영입했다.

프란츠 폰 홀츠하우젠은 1968년 미국 코네티컷주에서 태어났다. 그는 폴크스바겐과 GM에서 수석 디자이너를 역임하면서 폰티악 솔스티스Pontiac Solstice와 새턴 스카이Saturn Sky 같은 자동차들을 디자인했고, 2005년에는 마쓰다Mazda 북미 지사의 디자인 책임자가 되었다.

그는 흔들림 없이 대의를 추구하는 일론 머스크의 모습에 큰 감동을 받았다. "그는 세상이 화석 연료 중독에서 완전히 벗어나게 하는 일에 온 열정을 쏟고 있습니다. 처음 만나 나눈 대화의 첫마디부터 바로 그런 얘기였습니다."[5]

프란츠 폰 홀츠하우젠 역시 일론 머스크와 같은 대의를 갖고 있었다. 그래서 그는 안정된 대형 자동차 제조업체를 버리고 대신 변화에 동참할 기회를 선택했다. 다음은 그의 말이다. "나는 자동차업계는 정말 변화가 필요하다고 생각했습니다. 자동차업계가 보다 친환경적인 쪽으로 움직이려면 자동차 제조업체들의 행동에 뭔가 변화가 일어나야 하는데, 일론 머스크가 하려는 일이 바로 그런 거였습니다. 나는 마쓰다나 GM 또는 폴크스바겐에서는 그런 일을 할 수 없다고 느껴 망설임 끝에 결행했습니다. 대형 자동차 제조업체들 중에 친환경 기업이 되는 걸 유일한 목표로 설정한 제조업체는 없습니다. 친환경 자동차 개발은 거의 다 연구 및 개발 프로젝트나 마케팅 전략의 일환일 뿐이죠. 그들의 주력 상품은 역시 가솔린 엔진 자동차들이니까요. 정말 제대로 마음 자세를 바꾸고 생각하는 걸 바꾸려면, 테슬라 같은 회사에서 일하며 자신이 가진 모든 것을 쏟아붓고 다 걸어야 합니다. 이보다 더 큰 동기 부여는 없죠."[6]

프란츠 폰 홀츠하우젠은 2008년 8월에 디자인 책임자로 테슬라에 합류해, 피스커의 디자인을 모두 버린 뒤 다시 시작했다.

## 뼛속까지 전기 자동차

자동차를 머리부터 발끝까지 전부 다 새로 만드는 것은 모든 엔지니어들의 꿈이다. 그런데 미국 에너지부의 자금 지원 덕분에, 테슬라 팀에는 이제 그 꿈이 자동차 역사상 최초로 실현 가능한 꿈이 되었다.

2012년의 한 인터뷰에서 일론 머스크는 로드스터의 경우 기존 자동차를 토대로 제작하는 방식은 별 도움이 안 되었다고 회상했다. "나중에 보니, AC 프로펄션의 기술은 별 도움이 안 됐고, 결국 우린 모든 걸 다시 해야 했어요. 로터스 엘리스를 전기 자동차로 개조하려다 보니, 역시 이런 문제들이 생기더군요. 일단 전기 구동 장치를 장착하고 나니, 모든 완충 장치에 문제가 생긴 데다 중량이 30퍼센트나 늘고 중량 분포도 달라지는 등 많은 문제가 생긴 거예요. 게다가 사람들이 타기 편하게 하기 위해 새시를 늘려야 했는데, 그 역시 말도 안 되는 일이었어요. 이건 마치 새집을 갖고 싶은 사람이 적당한 집을 구할 수 없어서 기존의 집을 고쳐 쓰려고 하는 것과 비슷해요. 그러다 결국 지하실 벽 한쪽만 빼놓고 모든 걸 뜯어 고치게 되는 거죠. 비용도 아예 집을 다 허물고 처음부터 다시 짓는 것과 비슷하게 들어가고요. 결국 로터스 엘리스 새시를 이용한다는 아이디어는 처음엔 그럴싸해 보였지만 막상 해 보니 말도 안 되게 어리석은 아이디어였던 거예요."[7]

어리석은 방법이든 현명한 방법이든, 그것은 전기 자동차를 만들 때 늘 써 온 방법이었다. 실제 자동차 제조업체가 새로운 모델을 디자인할 때는 기존 부품과 기술을 최대한 재활용하려고 애쓴다. 그러니까 이미 있는 것을 다시 만드느라 쓸데없는 시간 낭비를 하지 않겠다는 것이다.

그래서 1960년대 자동차 제조업체들은 서로 교체 가능한 '플랫폼'을 이용하기 시작했다. 원래 플랫폼이란 자동차 섀시, 즉 '차대'를 가리키는 말이었다. 그러나 오늘날 플랫폼에는 플로어 팬,* 차축, 서스펜션,* 조정 장치, 구동 장치는 물론 디자인, 엔지니어링, 생산 과정까지 포함하는 보다 포괄적인 개념으로 쓰인다.

예를 들어 쉐보레 볼트는 GM의 델타 II <sup>Delta II</sup> 플랫폼을 기반으로 제작되며, 델타 II는 그 사촌 가솔린 엔진 자동차라 할 수 있는 크루즈<sup>Cruze</sup>와 플랫폼을 같이 쓴다. 또 닛산 리프는 이론적으로는 자체 플랫폼을 가지고 있다고 하지만, 바로 앞 버전인 EV-11 시제품이 닛산 베르사<sup>Versa</sup> 세단 플랫폼을 썼다. 대부분의 다른 자동차 제조업체들 역시 자신들의 전기 자동차에 기존 플랫폼을 그대로 이용하진 않았지만, 기존 모델에 간단히 구동 장치만 교체하는 방식을 써 오고 있다. 혼다 피트 EV , 미쓰비시 i-MiEV, 포드 포커스 일렉트릭, 도요타 라브4 EV 등은 모두 어느 정도 기존의 가솔린 엔진 모델에 전기 구동 장치만 새로 장착한 모델들이다.

얼핏 보기엔 이 같은 전략이 상당히 일리 있는 것 같다. 어쨌든 구동 장치가 무엇이든, 엔진과 변속기, 그리고 연료 탱크를 제외한 거의 나머지 부분, 그러니까 본체, 인테리어, 각종 라이트, 전자 장치, 바퀴, 서스펜션 등은 그대로 다시 쓸 수 있으니 말이다.

그러나 이 같은 접근 방식을 쓸 경우, 디자이너는 이런저런 타협책을 모색하는 과정에서 전기 구동 장치 특유의 여러 이점을 포기해야 한다. 그러니까 전기 자동차는 전기 자동차에 맞게 완전히 새로 만들어질 때 비로

---

• 차실 내 바닥 부분
▪ 차체의 무게를 받쳐 주는 장치

소 100퍼센트 제 기능을 발휘할 수 있다는 얘기다. 전기 자동차는 내연 기관 자동차에 비해 많은 장점을 갖고 있는데, 그 장점들을 최대한 살리려면 디자이너가 가솔린 엔진에 맞춰 제작된 섀시 등을 버리고 완전히 새로 디자인해야 하는 것이다.

전기 자동차와 내연 기관 자동차의 가장 큰 디자인 차이는 여유 공간과도 관계있다. 전기 모터는 비슷한 파워를 가진 가솔린 엔진보다 크기가 훨씬 작아 구동 바퀴들 사이에 들어갈 수가 있다(일부 회사들은 전기 모터를 휠 허브 안에 장착한 전기 자동차 시제품을 제작하기도 한다).[8] 또한 전기 자동차는 흔히 말하는 변속기가 필요 없어서, 후륜 구동 가솔린 엔진 자동차에서 워낙 많은 공간을 차지하는 중앙 터널 또한 필요 없다. 그뿐 아니라 배기 장치, 열 차폐 장치 또는 촉매 컨버터도 필요 없다. 그런데 가솔린 엔진 자동차의 차체는 그 모든 부품이 들어갈 공간을 염두에 두고 디자인되기 때문에, 그런 자동차를 전기 자동차로 개조할 경우 많은 공간이 쓸모없이 낭비되기 쉽다.

반면에 전기 자동차의 경우 불가피하게 많은 비중을 차지하는 무거운 부품이 하나 있는데, 바로 배터리 팩이다. 기존 가솔린 엔진 자동차를 토대로 디자인하면, 그 배터리 팩을 집어넣을 적당한 장소가 없다. 그래서 많은 디자이너가 궁여지책으로 배터리 팩을 자동차 뒤쪽에 넣는 바람에 트렁크 공간의 상당 부분이 사라졌다. 대부분의 전기 자동차들이 같은 플랫폼을 쓴 가솔린 엔진 자동차에 비해 짐 싣는 공간이 더 적은 건 바로 이 때문이다.

백지처럼 깨끗한 상태에서 전기 자동차 디자인 작업을 시작한다면, 배터리 팩을 장착할 최적의 위치는 자동차 바닥이라는 결론에 도달할 수밖에 없다. 그렇게 할 경우 여러 가지 이점이 있다. 우선 자동차의 무게 중심이 낮아져, 핸들링이 크게 향상된다. 또한 배터리를 수리하거나 다른 배터리로 교체할 때 쉽게 빼낼 수 있게 디자인할 수 있다. 그리고 특히 이것이 중요한데, 자동차 전면부터 후방까지 실내 공간 전체를 탑승 및 짐 적재 공간으로 활용할 수 있다.

"모델 S의 구조는 그야말로 스케이트보드의 구조와 흡사합니다." 프란츠 폰 홀츠하우젠의 말이다. "차량 바닥에는 배터리 팩을 깔고 모터는 뒷바퀴들 사이에 들어갑니다. 그러고 난 뒤 그 위의 모든 공간을 마음껏 활용할 수 있는 거죠."[9]

이런 디자인 개념은 자동차 디자인 분야에서는 가히 혁명이라 할 만하다. 배터리를 자동차 바닥에 죽 까는 바람에, 모델 S는 핸들링이 뛰어나고 동급의 다른 세단들에 비해 실내 공간도 훨씬 더 넓어, 일곱 명까지 탑승할 수 있을 뿐 아니라 뒤의 짐 싣는 부분이 세단의 트렁크라기보다는 해치백에 더 가깝다. 게다가 '프렁크frunk'*'에 엔진이 들어 있지 않아, 이론상 최소한 정면 충돌 시 가솔린 엔진 자동차보다 더 안전하다. 프렁크 덕에 차량 앞부분의 크럼플 존crumple zone*이 더 길어, 정면충돌 시 날카로운 금속 덩어리 등이 탑승자들이 앉아 있는 자동차 안까지 밀고 들어오지 않기 때문이다.

자동차 바닥에 배터리 팩을 장착할 경우의 단점은 2013년 모델 S 두 대가 도로에 떨어진 물체에 부딪히는 사고를 내면서 드러났다. 도로에 떨어진 물체가 바닥에 깔린 배터리 팩을 건들면서 자동차에 화재가 발생한 것이다(물론 가솔린 엔진 자동차의 연료 탱크들도 거의 다 가장 취약한 자

---

• 차량 앞쪽에 있는 트렁크란 뜻으로, front와 trunk를 합친 말
• 사고 발생 시 탑승자를 보호할 수 있도록 쉽게 접히도록 설계된 부분

위    테슬라 모델 S의 구조
아래  테슬라 모델 S의 프렁크

동차 하단부에 위치해 있다). 테슬라는 바닥 철판을 더 강화하고 최저 지상고ground clearance°를 조금 늘림으로써 문제를 해결했다(11장 참조). 도로 위를 굴러다니는 모델 S가 점점 더 많아지다 보면, 아마 이 문제는 언젠가 다시 표면화될지도 모른다. 그러나 배터리를 자동차 바닥에 까는 디자인은 장점이 워낙 많아, 전기 자동차 디자이너들은 앞으로도 계속 그 디자인을 채택할 전망이다(BMW의 i3와 기아의 쏘울 EVSoul EV 참조도 배터리가 바닥에 깔려 있다).

전기 자동차를 전기 자동차답게 디자인함으로써 얻을 수 있는 이점은 그 외에도 많다. 어떤 자동차든 적어도 연료비를 줄이고 싶다면 연비가 중요하겠지만, 특히 전기 자동차의 경우 연비는 절대적으로 중요하다. 에너지를 낭비하게 만드는 모든 요소가 주행 거리를 단축시키기 때문이다. 차체의 공기 역학, 타이어의 구름 저항rolling resistance, 각종 라이트와 에어컨의 에너지 소모 등 모든 것이 한 번 충전에 얼마나 멀리 갈 수 있는지에 영향을 준다. 자동차를 전기 자동차에 맞게 처음부터 다시 디자인하는 것만이 이 모든 에너지 낭비 요소를 줄일 수 있는 유일한 방법이다. 마찬가지 이유로 무게도 아주 중요하다. 모든 걸 백지 상태에서 다시 시작하다 보면 최대한 가벼운 부품들을 선택할 수밖에 없고, 그래서 알루미늄 또는 탄소 섬유 차체 패널이나 알루미늄 나사 등을 이용하게 되는 것이다(물론 그렇다고 내구성이나 안전성을 희생해서도 안 된다).

• 자동차 최하부와 접지면의 거리

## 사이클 선수처럼 디자인하기

프란츠 폰 홀츠하우젠은 모델 S의 디자인 과정에 대해 이렇게 설명했다. "어떻게 하면 효율성을 확보할 수 있을까 하는 아이디어에서 시작됐죠. 장거리 사이클 선수들을 보다가 영감이 왔는데요. …… 그들은 경기에서 이기기 위해 어떻게 연습하나…… 알고 보면 그게 효율성입니다. 당시 나는 투르 드 프랑스Tour de France*와 그야말로 몸에 불필요한 체지방이 전혀 없는 장거리 사이클 선수들을 보면서 많은 생각을 했습니다. 그리고 그런 생각을 모델 S의 디자인에 반영하려 했습니다. 사람도 어깨와 엉덩이, 허벅지 등에 군살 없이 탄탄하고 자세가 좋아야 오래 잘 달리듯, 자동차도 불필요한 무게가 없어야 멀리 오래 갈 수 있다는 거죠. 사이클 선수는 아주 먼 거리를 달릴 수 있어야 하지만, 동시에 짧은 거리도 전력 질주할 수 있어야 합니다. 그래서 그들의 몸은 그 두 가지 경우에 다 맞게 다듬어져 있습니다. 그런 아이디어를 디자인에 그대로 반영한 게 바로 모델 S였어요."[10]

프란츠 폰 홀츠하우젠은 2011년에 한 블로그에 올린 글에서 자동차 디자인 과정에 대해 이런 말을 했다. "자동차 디자인은 살아 움직이는 조각, 그리고 살아 움직이는 유연한 물체를 만드는 일입니다. 우리는 점토로 자동차 조각을 빚으면서 표면과 장력, 선, 무게 중심 등을 다듬고 또 다듬습니다. 장거리 사이클 선수가 매일매일 몸매를 다듬듯, 우리 역시 더 나은 성능을 위해 디자인을 다듬고 또 다듬는 겁니다."

---

• 매년 7월 프랑스에서 개최되는 세계 최고 권위의 사이클 대회로, 프랑스 전역과 인접 국가를 일주한다.

그는 이렇게 말을 이었다. "우리 목표는 전통 세단 실루엣 디자인을 현대화해 그것을 테슬라만의 독특한 디자인으로 살려내는 것입니다. 그러기 위해 우리는 '온실'(창으로 둘러싸인 부분)을 물 흐르듯 죽 뻗게 만들어 좀 더 나지막하면서 늘씬하게 느껴지도록 했습니다. 그래서 움직이지 않고 가만히 서 있을 때도 스피드와 움직임이 표현되길 원한 겁니다."

그의 말을 좀 더 들어 보자. "대부분의 전통적인 자동차 시제품은 실제 도로 위를 달리는 차들과 사뭇 다릅니다. 내 경우, 다른 자동차 회사에서 일할 때는 디자인이 완성되면 생산 부서로 넘기고 더 이상 관여하지 않았습니다. 하지만 테슬라에서는 달라요."

그러면서 그는 이렇게 말을 마무리했다. "테슬라 디자인 팀에서는 자동차 생산 과정을 속속들이 파악한 상태에서 디자인 시제품을 만들었습니다. 그리고 우린 모델 S 개발 작업 내내 차량 및 구동 장치 엔지니어링 팀과 계속 의견 교환을 하며 긴밀한 관계를 유지했습니다. 예를 들어 모델 S 알파Alpha를 옆에서 보며 디자인 시제품과 비교해 보면, 센터 라인(자동차 후드에서부터 후면까지의 커브)은 전혀 변하지 않았습니다. 애초에 적절한 실내 공간을 생각하면서 자동차 외부를 디자인했기 때문입니다. 자동차의 단 1밀리미터조차 디자인 팀과 엔지니어링 팀의 고민이 들어가지 않은 곳이 없습니다. 디자인 팀과 엔지니어링 팀 간의 이런 긴밀한 팀워크는 테슬라에서나 볼 수 있는 겁니다."11

로드스터 개발에서 얻은 귀중한 교훈은 모두 모델 S에 반영되었다. 그러면서 로드스터의 특징 중 일부는 모델 S에 반영되고 일부는 반영되지 않았다. 내장된 도어 핸들, 즉 문손잡이는 모든 사람이 좋아하는 듯했는데, 그 손잡이는 실제로도 중요한 역할을 했다. "사람들이 자동차와 처음 접촉하는 부분이 바로 문손잡이입니다. 그래서 문손잡이는 튼튼하면서도 어떤 확신 같은 걸 주고 또한 자동차의 공기 역학에도 잘 어울려야 합니다." 프란츠 폰 홀츠하우젠의 말이다. "문손잡이는 탑승자들이 차에 접근할 때만 그 존재를 드러냅니다. 그런 문손잡이를 내장형으로 만들게 되면 자동차 측면의 공기 흐름이 개선되면서 공기 저항이 줄어들고 그만큼 주행 거리가 늘어나죠."[12]

그는 이렇게 말을 이었다. "어쨌든 탑승자가 맨 처음 차와 맞닿는 부분은 문손잡이입니다. 그러니 당연히 기억할 만한 경험이 되어야겠죠. 운전대를 잡는 순간이 아니라 차를 처음 만지는 순간 뭔가 감동을 주어야 하는 겁니다. 모델 S의 문손잡이는…… 당신이 다가가면 절로 튀어나옵니다. 차가 이미 당신을 생각하고 있는 거죠. 그런데 다른 차들을 보면 문손잡이는 경비 절감 첫 번째 부품들 중 하나이니 참으로 개탄스러운 일이죠. 자동차와 처음 맞닿는 부분이 가장 싸구려 부품이니 말입니다."[13]

그러나 탄소 섬유 차체 패널은 모델 S에 채택되지 않았다. "로드스터 같은 한정 수량 내지 소량 양산차의 경우, 탄소 섬유는 무게를 줄이는 데 더 없이 좋은 물질입니다." 프란츠 폰 홀츠하우젠의 설명이다. "그러나 좀 더 대량 생산을 해야 할 경우, 비용과 제조 시간 때문에 탄소 섬유는 적절치 않습니다. 그래서 지금 모델 S의 차체 패널과 섀시에는 알루미늄을 쓰고 있습니다. 알루미늄은 강철만큼 강하면서도 무게는 더 가볍고, 자동차 제조용으로도 강철만큼 좋습니다. 게다가 무게가 더 가벼우니 효율성도 더 높아지죠."[14]

모델 S에는 많은 첨단 기술이 담겨 있다. 자동차 문짝 네 개 모두 창틀이 없으며, 창틀 없는 최신의 자동차들이 흔히 그렇듯 문이 열리면 차 유리가 자동으로 살짝 내려오게 되어 있다. 차 문이 닫힌 상태에서 유리가 들어맞게끔 창틀 위쪽에 홈이 파여 있기 때문에, 아주 단단히 잠기는 것이다.[15]

테슬라 모델 S의 내부

테슬라 팀은 모델 S의 17인치짜리 LCD 터치스크린 안에도 많은 것을 집어넣었다. 프란츠 폰 홀츠하우젠은 이렇게 설명한다. "일론과 저는 모델 S 개발 초창기에 많은 얘기를 나눴고, 어쩌면 오늘날도 그렇지만, 그 당시 차들에 장착된 LCD 터치스크린이 형편없다는 데 공감했습니다. 크기도 너무 작은 데다, 운전자와 교감할 수 있는 쌍방향 기능도 거의 없고, 뭔가를 찾으려면 그야말로 한참 헤매거나 서너 번씩 클릭해야 하는 경우가 많거든요. 운전 중에 그래야 한다면 정말 위험할 수 있죠. 그래서 우린 그런 불편을 없애고 완전히 새로운 환경을 만들려고 했습니다. 그러니까 꼭 필요한 기능을 터치스크린 안에 다 집어넣고, 차 인테리어까지 곧 구닥다리처럼 보이게 만들 수 있는 물리적인 버튼은 다 없애기로 한 겁니다."

프란츠 폰 홀츠하우젠은 이렇게 말을 이었다. "그런 다음 우리는 내가 '시간이 지나도 적절하게'라고 부르는 아이디어를 생각해 냈어요. 그런 자동차는 없지만, LCD 터치스크린의 사용자 인터페이스를 계속 업그레이드해 늘 새로운 느낌이 들게 해 주고, 시간이 지나도 사용자들이 더 좋은 경험을 할 수 있게 해 주자는 겁니다. 휴대전화에서는 아주 잘 되고 있지만, 자동차 경우에는 전혀 되고 있지 않은 일이기도 하죠. LCD 터치스크린은 금방 구식이 돼, 왜 완전한 신차를 사도 6개월만 지나면 내비게이션이 구닥다리가 되어 버리잖아요. 우린 그런 일을 막아 고객들에게 멋진 경험을 안겨 주고 싶었어요. 그러니까 물리적 버튼을 모두 터치스크린 안에 넣어 버릴 경우, 터치스크린과의 상호 작용이 아주 간단해질 뿐 아니라, 자동차가 늘 새것처럼 느껴질 것이며, 터치스크린 내용도 해가 거듭되면서 고객과 함께 변하고 업그레이드돼 더 친근하게 느껴지리라는 게 내 생각입니다."[16]

요즘에는 거의 모든 자동차에 터치스크린이 장착되어 있지만, 모델 S는 자동차 기술의 선두 주자인 만큼 그 터치스크린 역시 가장 크고 가장 좋아야 했다. 아이패드$^{iPad}$ 두 개를 합친 것만 한 17인치 LCD 터치스크린은 모델 S의 대시보드에서 가장 눈에 띄는 부분으로, 그만큼 강한 인상을 주는 경우가 많다. 모델 S에는 터치 기능이 없는 보다 작은 스크린도 장착되어 있는데, 그 스크린에서는 속도계와 충전량 및 남은 예상 주행 거리를 알려주는 미터기, 그리고 보다 작은 버전의 내비게이션 스크린 등이 나온다.

큰 터치스크린은 내비게이션과 후방 카메라, 휴대전화 통합 장치, 웹브라우저 같은 일반적인 첨단 기술을 쓸 수 있게 해 주며, 자동차의 거의 모든 기능을 제어하기도 한다(물론 거울, 차창, 비상 점멸등, 트렁크 개폐 장치 등은 모두 별도의 버튼이 있다).

많은 운전자와 자동차 평론가들은 자동차의 각종 제어 장치들을 터치스크린에 모아 놓는 추세를 그리 달가워하지 않는다. 물론 그렇게 하는 것이 보기는 그럴싸하고 제작비도 덜 들지만, 사용하기 불편한 데다 안전하지 못할 수도 있기 때문이다. 예를 들어 시속 70마일(약 112킬로미터)로 달리는 상황에서 일일이 스크롤해가며 메뉴를 뒤지는 걸 좋아할 사람은 없을 테니 말이다. 테슬라는 이런 문제를 해결하기 위해 핸들 중앙 옆 부분에 터치스크린 스크롤용 롤러는 물론 오디오 조종용 롤러도 장착했다. 또한 모델 S의 경우 이처럼 이런저런 기능들이 터치스크린으로 제어되기 때문에, 차후 소프트웨어를 원격으로 업데이트해 새로운 기능들을 추가할 수도 있다.

컴퓨터 소프트웨어 프로그램과 마찬가지로, 모델 S는 사용자가 마음대로 선택해 사용할 수 있는 다양한 기능도 갖추고 있다. 운전자는 반복적인 브레이크 작동 방식, (에어 서스펜션 옵션을 통한) 다양한 속도에서의 차량 높이 조절 방식을 바꿀 수 있고, 브레이크에서 발을 뗐을 때 자동차가 앞으로 조금씩 나가게 할 건지 말 건지 등을 결정할 수도 있다(이것은 원래 모델 S에 없던 기능으로, 원격 업데이트를 통해 나중에 추가되었다).

또 다른 편리한 기능은 테슬라 측에서 모델 S 소프트웨어를 원격으로 업그레이드시키면서 마법처럼 나타났다. 다른 많은 전기 자동차와 마찬가지로, 이제는 모델 S도 플러그를 꼽은 상태에서도 자동차 실내를 따뜻하게 하거나 시원하게 만들어, 에너지를 절약하고 주행 거리를 극대화할 수 있게 된 것이다.[17]

이제 자동차 시동을 걸기 위해 키를 꽂아 돌려야 하는 시대는 지났다. 모델 S는 아예 전원 스위치 자체가 없다. 키 포브key fob*를 주머니에 넣은 채 자리에 앉아 브레이크 페달을 밟기만 하면 시동이 걸리는 것이다. 대부분의 평론가들이 '엉덩이 센서'라고 부르는 센서 때문에 가능한 일인데, 이런 기능을 누구나 좋아하는 건 아니다. 차를 후진할 때 뒤쪽을 보려고 몸을 돌리면서 자리에서 엉덩이를 떼는 사람들이 있다(아마 나이가 들었다는 증거겠지만). 모델 S를 탄 상태에서 그렇게 한다면, 차가 갑자기 주차 상태로 들어갈 것이다.

로드스터가 조그만 스포츠카라면, 모델 S는 고급 세단이다. 당연한 얘기겠지만, 그래서 모델 S는 에어컨을 비롯한 많은 액세서리가 초기 모델에 비해 많이 개선되었다. "로드스터의 경우, 아주 습하고 더운 곳에 있을 때 적응에 어려움을 겪을 수도 있습니다. 그러나 모델 S의 경우는 그렇지 않아, 아무리 더운 곳에 가 있어도 늘 시원하게 있을 수 있습니다." 모델 S가

• 전자 키

226

데스밸리Death Valley *에서 뜨거운 날씨에서의 내구성 테스트를 마친 직후 일론 머스크가 한 말이다. "우리는 하루 중 가장 더운 시간에 시속 70마일의 속도로 데스밸리 내 언덕을 올라갈 때 모델 S의 실내가 계속 선선하게 유지되는지 확인하고 싶었습니다. 그런데 유지되더군요. 하지만 우리가 끌고 간 견인차는 그렇지 못했습니다."[18]

"모델 S는 그 어떤 기후에도 잘 버티게 제작되었습니다." 모델 S 개발 프로그램 책임자인 제롬 길옌Jerome Guillen의 말이다. "구동 장치와 배터리가 최적의 온도를 유지해야 제 성능과 내구성을 발휘할 수 있기 때문에, 우린 모델 S에 최첨단 냉각 장치를 장착했습니다. 그리고 친환경적인 냉매 가스를 이용하는 최첨단 HVAC(난방, 통풍, 에어컨) 시스템을 제작했죠. 게다가 우리는 모델 S의 필요한 부분들에 최첨단 유리를 댔습니다. 예를 들어 파노라믹 루프에는 혁신적인 적외선 코팅을 해서 실내로 들어오는 적외선량을 20퍼센트(다른 세단들의 경우는 보통 50퍼센트)까지 줄여 주는 식이죠.[19]

## 배터리와 관련된 과감한 시도

테슬라가 로드스터에 값싸면서도 구하기 쉬운 노트북형 배터리를 쓰기로 한 것이 그 당시로선 문제 있어 보였는지 모르나, 나중에는 선견지명 있는 현명한 조치로 여겨지게 된다. 경쟁사였던 피스커 오토모티브는 배터리 공급을 같은 신생 기업인 A123 한 곳에만 의존해 나중에 매우 곤혹스러운 순간들을 맞았다. A123이 제조상의 결함으로 배터리를 리콜해야 하는 상

• 미국 캘리포니아 남동부에 위치한 아주 더운 지역

황이 되자, 덩달아 생산이 지연되는 피해를 입었던 것이다.[20] 그러나 테슬라가 이용하는 배터리는 이미 그 성능이 입증된 제품으로, 파나소닉은 물론 경험 많고 자금력 탄탄한 다른 대기업들에서도 얼마든지 구할 수 있어, 제품 공급에 차질이 생길 염려가 거의 없다.

테슬라가 모델 S를 디자인하면서 로드스터와 달리 가급적 모든 걸 내부에서 디자인하고 기성품 사용을 최소화하기로 하자, 많은 사람이 테슬라가 조그만 노트북형 원통 배터리들을 버리고 GM이나 닛산이 전기 자동차에 사용한 배터리처럼 크고 납작한 배터리를 개발하지 않을까 짐작했다.

그러나 그 짐작은 또 빗나갔다. 테슬라는 로드스터 때와 마찬가지로 계속 조그만 파나소닉 18650 배터리를 쓰기로 결정한 것이다. 파나소닉의 니켈 기반 리튬 이온 배터리는 사용하기 편한 크기는 아니었지만, 양산 제품으로서는 에너지 밀도가 가장 높은 데다 내구성도 강했고, 파나소닉이 여러 해 동안 제조해 온 제품이어서 값이 저렴하고 신뢰도도 높았다. 그러나 테슬라는 파나소닉과 함께 더 나은 배터리를 개발하기 위해 애썼다.

2010년 1월, 두 회사는 힘을 합쳐 차세대 자동차용 배터리를 개발할 거라고 발표했다. JB 스트로벨은 그 배터리는 전기 자동차용으로 특화된 것으로, 세상에서 에너지 밀도가 가장 높은 전기 자동차용 배터리가 될 것이라고 했다.[21] 2011년 10월, 두 회사는 파나소닉이 향후 4년간 테슬라에 8만 대의 자동차에 쓸 배터리를 공급한다는 공급 계약을 맺었다.

모델 S에 쓰이는 배터리는 크기와 모양뿐 아니라 모든 면에서 독특하지만, 일부에서는 그 겉모습만 보고 계속 '노트북 배터리'라 부르고 있는데, JB 스트로벨은 그런 말이 마음에 안 드는지 미국 자동차엔지니어협회SAE와의 인터뷰에서 이런 말을 했다. "조만간 파나소닉 18650이 가장 강력한 배터리라는 걸 알게 될 겁니다. 이건 믿어도 좋습니다. 우리는 계속

이 배터리를 개선해 나갈 겁니다. 이 배터리에 대해서 늘 이런저런 논란이 많은데, 저는 정말 이해가 안 됩니다. 그 누구도 가솔린 자동차의 연료 탱크 모양이나 크기를 가지고 뭐라 하지 않잖아요. 그런데 어떤 이유에선지, 전기 자동차에 에너지 비축용 화학 물질을 넣는 장치의 모양과 크기에 대해서는 이러쿵저러쿵 아주 말이 많네요. 정작 중요한 건 그 안에 들어가는 화학 물질의 특성 아니겠어요! 그게 비용과 성능을 좌우하니 말이죠."

그는 이렇게 말을 이었다. "그간 우리는 우리 배터리를 철저히 최적화해 왔습니다. 파나소닉과 함께 배터리를 전기 자동차 기준에 맞춰 테스트하면서 최적화시켜 온 겁니다. 따라서 이 배터리가 노트북용으로 쓰이는 일은 절대 없을 거예요. 우리가 지금 모양과 크기를 그대로 유지하는 건 생산 및 비용 효율성 때문입니다. 더 큰 형태의 배터리로는 도저히 맞출 수 없는 단가를 유지할 수 있으니까요."[22]

배터리 안전 기준은 그 어느 때보다 엄격하다. "배터리 팩을 만들 땐 예상 가능한 모든 시나리오를 거칩니다." 일론 머스크의 말이다. "우리에겐 자동차 실물 크기의 진동 테이블들이 있는데, 그 테이블은 배터리 팩에 열도 가할 수 있게 되어 있습니다. 그야말로 배터리 팩을 '뒤흔들고 굽고' 하는 거죠. 소금물 분무 테스트 등 온갖 테스트를 거칩니다. 그 어떤 극한 환경에서도 배터리 팩이 제 기능을 못하는 일이 없게 하기 위해서죠. 그러자면 거쳐야 할 안전 단계가 많습니다. 배터리들은 우선 안쪽에 퓨즈가 연결되어 있고, 바깥쪽에도 서로 퓨즈가 연결되어 있어, 삼중으로 퓨즈가 연결되어 있습니다. 그리고 각 배터리마다 열 차단 커버가 씌워져 있어서 비록 한 배터리에서 열 폭주 현상이 일어난다 해도, 그것이 다른 배터리들에 영향을 주지 않죠. 만일 이 모든 안전장치가 실패해 배터리들이 열 폭주를 일으킨다고 가정할 경우에도, 우린 그 열 폭주가 배터리 차원에서 끝나게 해야 합니다. 열 폭주 시 나오는 뜨거운 가스가 차에서 45도 정도 틀어진 각도로 빠져나가게 하는 거죠. 그 뜨거운 가스가 자동차 밑으로 새어 나가 바퀴로 가면 안 되니까요."[23]

4장에서도 잠시 언급했듯, 리튬 이온 배터리는 최적의 온도 범위 내에서 작동되어야 한다. 온도가 너무 낮으면 주행 거리가 줄어들 수 있고, 온도가 너무 높으면 배터리 수명이 줄어들 수 있기 때문이다(이 문제 때문에 과거 닛산이 혼쭐난 적이 있다. 애리조나주에 사는 리프 소유자 몇 명이 예상보다 너무 빨리 배터리가 소모되는 걸 발견해 닛산은 대외 이미지에 큰 타격을 입었다).[24] [25]

그러나 공기 냉각 방식의 배터리 팩을 쓰는 닛산 리프와 달리 로드스터와 모델 S는 주변 온도에 따라 배터리 팩을 식히거나 덥혀 주는 액체 온도 조절 장치를 쓴다. 일론 머스크는 로드스터와 모델 S에 쓰는 배터리는 높은 온도에 잘 견디게 되어 있다고 말한다.[26]

## 충전기와 슈퍼 충전기

테슬라의 목표는 늘 동원 가능한 기술을 총동원해 가장 좋은 자동차를 만드는 것이다. 그러다 보니 모든 면에서 다른 자동차 제조업체들과는 접근 방법이 다른 경우가 많다. 직류 고속 충전 방식의 경우도, 다른 자동차 제조업체들이 쓰는 표준 방식과 다른 전매특허를 낸 테슬라만의 독자적인 충전 방식이다.

전기 자동차 충전에 대해 간략하게 살펴보겠다. 모든 전기 자동차에는 교류AC를 직류DC로 바꾸어 주는 충전기가 장착되어 있다. 배터리가 에너지를 저장하는 데 쓰는 전류는 직류이기 때문이다. 또한 전기 자동차를 가정의 전기 콘센트에 연결해 전기를 충전하는 방법은 두 가지가 있다. 1단계 충전은 120볼트 콘센트를 이용하는 것이고, 2단계 충전은 (전기 레인지나 전기 드라이기를 쓸 때 사용하는 것 같은) 240볼트 회로를 이용하는 것인데, 2단계 충전이 충전 속도가 훨씬 빠르다.

대부분의 전기 자동차는 2단계 충전을 하려면 충전 어댑터가 있어야 한다. 이는 휴대 가능한 간단한 장치일 수도 있고, 벽에 고정된 보다 정교한 장치일 수도 있는데, 후자의 경우 전용 회선에서 작동되며, 컴퓨터나 스마트폰 애플리케이션으로 조정해 정해진 시간에 충전을 시작하는 등 다양한 기능을 제공할 수도 있다. 많은 전기 자동차 소유자들은 전형적인 가정용 충전소의 설치비가 너무 비싸 불만인데, 한 전문가는 가정용 충전소를 '지독히 비싼 누전 차단기'라 부르기도 한다. 또 어떤 사람들은 전기 자동차업계에서 믿을 만한 충전 시설들을 만들어 줄 필요가 있다면서, 충전기들이 언제든 99.9퍼센트 제대로 작동되게 하려면 많은 시간과 노력이 필요할 거라고 말한다.

자동차에 장착되는 충전기의 출력이 높을수록, 배터리는 더 빨리 충전된다. 대부분의 1세대 전기 자동차들(닛산 리프, 미쓰비시 i-MiEV, 포드 포커스 일렉트릭)에는 3.3킬로와트나 6.6킬로와트짜리 충전기가 장착되어 있으며, J1772 표준 커넥터를 사용하다. 물론 테슬라가 로드스터를 디자인할 때만 해도 도로 위를 달리는 전기 자동차도 몇 대 없었고 GM의 EV1이나 다른 초창기 전기 자동차들도 이미 한물간 상태여서, 테슬라는 로드스터에 자체 충전기를 장착했으며 특허 낸 커넥터를 따로 내놓았다. 로드스터는 16.8킬로와트로 충전되고, 모델 S는 10킬로와트(옵션 제품인 쌍둥이 충전기를 이용할 경우 20킬로와트)로 충전된다.

테슬라의 자동차들이 충전 성능이 더 뛰어나다는 건 다른 전기 자동차들에 비해 그만큼 더 빨리 충전된다는 뜻이다. 3.3킬로와트짜리 충전기를 장착한 자동차는 2단계 충전 시 시간당 주행 거리가 10마일(약 16킬로미터) 정도 더 늘어난다. 그리고 포드 포커스 일렉트릭이나 신형 리프처럼 6.6킬로와트짜리 충전기를 장착한 자동차는 시간당 주행 거리가 20마일(약 32킬로미터) 정도 더 늘어난다. 그런데 10킬로와트짜리 충전기가 장착된 모델 S의 경우, 시간당 주행 거리가 30마일(약 48킬로미터) 정도 더 늘어나며, 옵션 제품인 20킬로와트짜리 쌍둥이 충전기를 이용하면 (당신의 회로가 필요한 암페어인 20킬로와트에 80암페어를 제공할 수 있다고 가정할 때) 시간당 주행 거리가 60마일(약 96킬로미터) 정도 늘어난다.

쌍둥이 충전기를 사용하는 경우가 아니라면, 벽에 고정된 충전소를 이용할 필요가 없으며, 케이블과 일반적인 240볼트 콘센트 외에 다른 장비도 필요 없다. 플러그 어댑터에는 다양한 형태의 240볼트용 플러그를 꽂아 쓸 수 있다. 테슬라 팬들은·테슬라의 전기 자동차는 충전기가 필요 없다고 말하기도 하지만, 실은 충전기가 편리하게 코드 세트 안에 통합되어 있다고 말하는 게 보다 정확하다. 물론 그 비용은 자동차 가격에 다 포함되어 있다.

테슬라는 표준 J1772 충전 커넥터를 사용하지 않는다. 그렇더라도 별다른 호환성 문제가 발생하지는 않는다. 간단한 플러그 어댑터만 있으면 그 어떤 전기 자동차 충전소에도 연결할 수 있는 것이다. 통신 프로토콜*은 보편적이기 때문에, 테슬라와 다른 모든 전기 자동차가 그 어떤 1단계 또는 2단계 충전소에서도 100퍼센트 호환 가능한 것이다.

그래서 1단계와 2단계 충전에 관한 한, 호환성과 관련된 문제는 전혀 없

---

• 데이터의 정확한 송수신을 위해 만들어진 규약으로 통신 규약이라고도 한다. 통신 프로토콜 덕분에 충전기와 차량이 서로 정보를 주고받을 수 있다.

다. 그러나 더 빠른 충전 방법은 있다. 직류 고속 충전(종종 3단계 충전이라고 도 불림)이 바로 그것이다. 이 분야에선 지금도 어떤 걸 표준 규격으로 정할 지를 놓고 치열한 전쟁이 진행 중이다. 닛산 리프와 다른 일본(그리고 한국) 의 전기 자동차 대부분은 '차데모CHAdeMO '•'를 이용한다. (차데모라는 말은 충 전 중에 차를 한잔한다는 뜻을 가진 일본어에서 온 것임). 닛산을 비롯한 이 전 기 자동차 제조업체들은 2010년 이래 차데모 충전기를 대거 내놓으며 현재 이 차데모 충전 방식은 미국과 유럽, 아시아에서 가장 일반적인 표준 규격 으로 쓰이고 있다. 그러나 2013년에 미국과 유럽의 자동차 제조업체 대부 분은 CCS(또는 미국 자동차엔지니어협회 콤보SAE Combo)라 불리는 경쟁 표준 규 격을 받아들이기로 해, 이 CCS가 차데모에 맞서는 표준 규격으로 자리 잡아 가고 있다. 그런데 테슬라가 또 독자적인 직류 고속 충전 표준을 갖고 있어, 현재 직류 고속 충전 표준 규격은 크게 세 가지가 서로 경쟁 중이다.

테슬라는 J1772 충전 커넥터 표준을 개발한 미국 자동차엔지니어협회 위원회의 일원이면서도, 자체 충전기인 테슬라 슈퍼 충전기Tesla Supercharger 를 만들기로 결정했다. 그리고 나서 한동안 직류 고속 충전 기술을 개발하 는 데 총력을 기울였다. 그러니까 테슬라는 충전기 기술을 전기 자동차 운 전자들이 오랜 시간 도로 위를 달릴 수 있게 해 줄 혁신 기술로 본 것이다. 사실 전기 자동차에 이용 가능한 가장 강력한 직류 고속 충전기를 장착하 는 건 아주 중요한 일이었다.

2013년 JB 스트로벨은 미국 자동차엔지니어협회와의 인터뷰에서 자신 은 협회에서 만든 콤보 커넥터 표준 규격에 실망했다면서 이렇게 말했다.

• 도쿄 전력이 개발한 급속 충전 규격으로, 충전을 뜻하는 charge와 이동을 뜻하는 move를 합쳐서 만든 조어

캘리포니아주 길로이에 설치되어 있는 테슬라 슈퍼 충전기 충전소

"새로운 콤보 표준 플러그의 전류 전달 능력은 우리의 기존 직류 플러그에 못 미칩니다. 제대로 된 표준 규격을 정하려면 적어도 5년에서 10년은 필요한 것 같습니다."

그 인터뷰에서 JB 스트로벨은 통신 표준 규격의 통합 가능성에 비관적이었다. "유럽과 북미 지역은 표준 규격이 완전히 달라, 우린 유럽 판매용 차들에 대해선 다르게 접근할 수밖에 없습니다. 그러니까 어떤 경우에는 3단계 충전, 어떤 경우에는 1단계 충전을 할 수 있게, 모든 종류의 어댑터를 갖추고 있죠. 독일에서 다니는 차와 영국에서 다니는 차는 충전 방식이 다르거든요. 게다가 일본에서는 전혀 다른 차데모 표준 충전 방식을 쓰고 있죠."

그러면서 JB 스트로벨은 자신이 만일 전 세계 전기 자동차 충전 문제를 좌우지하는 위치에 있다면, 자동차에 따라 특정 방식을 강요하기보다는 더 수긍할 만하고 유연한 방식을 쓸 거라고 했다. 그간 충전 인프라를 구축할 때는 대개 전기 자동차 충전을 현행 주유소의 주유 펌프 방식으로 할 수 있게 해 보려고 했다. 그러나 그런 노력은 아직 전 세계적으로 별 소득이 없었다. 주유 펌프와 충전 장비 문제는 해결하기 쉬운데, 충전 플러그 문제를 해결하기가 훨씬 까다롭기 때문이다.[27]

당연한 얘기지만, 테슬라는 전 세계 충전 표준 규격들이 하나로 통합될 때까지 마냥 기다리지는 않았다. 2012년 9월, 몇 주 동안 광고성 힌트를 흘린 뒤 테슬라는 비밀리에 만들어 온 캘리포니아 최초의 슈퍼 충전기 충전소 여섯 군데의 위치를 공개했다. 충전소 개업 파티는 조명 쇼와 각종 떠들썩한 행사 속에 온라인으로 생중계되었다.

아주 세련된 모양을 한 테슬라 충전소들은 식당과 쇼핑센터 같은 생활 편의 시설 부근에 위치해 있으며, 특허를 낸 테슬라 특유의 기술을 이용해 90킬로와트로 충전할 수 있다. 그래서 테슬라 전기 자동차 운전자들은 잠시 쉬면서 커피나 탄산음료 한 잔 마실 시간인 30분 정도면 시속 60마일(약 96킬로미터)로 3시간 정도 달릴 수 있는 양의 전기를 보충할 수 있다.

슈퍼 충전기는 모델 S와 슈퍼 충전기용 부속 장치가 장착된 차량에만 쓸 수 있다. 지금은 기본으로 제공되지만, 그 부속 장치는 초기 60킬로와트시 모델에선 옵션이었다. 충전비는 테슬라 제품을 구입할 경우 무조건 평생 무료였으나, 테슬라 측에서 2017년 새로 나오는 자동차부터 그 정책을 변경했다(16장 참조).

직류 고속 충전을 할 경우, 간단한 어댑터 플러그 하나로는 서로 다른 표준 규격에 다 맞출 수 없어, 다소 복잡한 장치를 써야 한다. 2013년 가을에 테슬라는 미국 내에서도 일본식 차데모 어댑터를 제공하겠다는 계획을 발표했다. 그리고 그 어댑터는 2015년 드디어 450달러의 가격에 판매되기 시작했다.

슈퍼 충전기 충전소들 가운데 일부는 태양열의 간이 차고 장치에서 에너지를 만들어 낸다. 각 장치는 자동차들이 소모하는 에너지보다 더 많은 에너지를 만들어 내게 해, 약간씩 남는 전기를 전기망에 축적할 수 있다. 이는 에너지 절약(그리고 돈 절약)은 물론 전기 자동차 홍보에도 도움이 된다. 전기 자동차에 전기를 충전하는 것이 결국 이산화탄소 배출을 발전소로 미루는 것에 지나지 않는다는 일반적인 오해를 불식시켜 줄 뿐 아니라, 사람들로 하여금 자신의 집에 태양열 발전 설비를 설치할 생각을 하게 해주기 때문이다.

"테슬라의 슈퍼 충전기 충전소망 구축은 전기 자동차 시장의 일대 혁신으로, 장거리 여행 시 모든 실용적인 면에서 가솔린 엔진 자동차에 맞먹는 편의성을 제공해 줍니다. 그러나 비용 한 푼 들이지 않고 장거리 여행에

지붕에 태양열 집열판이 설치된 테슬라 슈퍼 충전기 충전소

필요한 전기를 충전하는 것은 가솔린 엔진 자동차의 경우 상상도 할 수 없는 일로, 테슬라가 지금 전기 자동차가 얼마나 좋은 교통수단인지 잘 보여주고 있는 것입니다." 일론 머스크의 말이다. "우리는 또 모델 S 이용자들은 비용 한 푼 들이지 않고 순전히 햇빛만으로 거의 어디든 갈 수 있게 해드릴 겁니다."

테슬라는 그간 슈퍼 충전기 충전소망을 꾸준히 개선시켜 왔으며, 늘 그 같은 사실을 언론을 통해 교묘히 홍보해 왔다. 2013년 6월 기준, 캘리포니아주를 중심으로 몇몇 지역에는 테슬라 충전소가 충분히 깔렸다. 그해 9월에 테슬라는 이번에는 '유럽 대륙의 전기 자동차 수도'인 노르웨이에 여섯 군데의 충전소를 만들면서 대서양 건너 유럽에서 슈퍼 충전기 충전소망 구축에 나섰다. 이 글을 쓰고 있는 현재 전 세계에는 총 909개의 충전소가 있으며, 거기에 6,118대의 슈퍼 충전기가 설치되어 있다. 현재 레벨 2 목적지 충전기 망 또한 계속 구축 중이다(16장 참조).

2014년 초, 모델 S 두 대가 슈퍼 충전기로만 충전하면서 로스앤젤레스에서 뉴욕까지 달렸다. 그러나 2015년에 이르면 이런 일은 전혀 새로운 일도 아니었다. 미국과 유럽의 상당 지역에 그만큼 많은 테슬라 충전소가 들어선 것이다. 테슬라 측에 따르면, 지금은 미국 인구의 98퍼센트와 캐나다 인구의 상당수가 멀지 않은 곳에서 충전소를 이용할 수 있다고 한다. 테슬라는 그간 충전 전력도 120킬로와트로 끌어올려, 지금은 20분이면 3시간 정도 달릴 전기를 보충할 수 있다. 대부분의 충전소에서 135킬로와트에 충전을 하는 것이 테슬라의 최종 목표인데, 그것은 135킬로와트가 모델 S의 배터리 팩과 냉각 장치, 그리고 기타 부속들에 맞는 한계이기 때문이다.

2013년 5월, 일론 머스크는 다른 자동차 제조업체들과 협력해 그들의 전기 자동차들도 테슬라 슈퍼 충전기를 이용할 수 있는 방법을 찾아볼 생각이라고 했으며, 그 이후에도 여러 차례 그런 얘기를 했다. 그러면서 그는 이렇게 말했다. "그러나 나의 최우선 관심사는 장거리 여행 문제를 해결하는 것입니다. 그리고 우린 다른 자동차 제조업체들이 우리 전략에 동의할 때까지 마냥 기다릴 수도 없습니다. 의견 일치가 되길 기다리려면 하세월일 테니 말입니다. 우리는 그냥 갈 길을 가는 거죠. 그럼 다른 업체들은 우리를 따라 하든가 우리와 함께하든가 하겠죠."28 29

2014년 초, 자동차 제조업체 다임러와 부품 공급업체 로베르트 보슈Robert Bosch는 독자적인 직류 고속 충전 표준 규격을 따르는 테슬라를 향해 날선 비판을 했는데, 이는 사실 1년 전 자신들 역시 똑같은 일을 했다는 사실을 망각한 행동이었다.

직류 충전 표준 규격을 둘러싼 전쟁은 지금도 계속되고 있지만, 대세는 CCS 진영에 유리한 쪽으로 기울고 있다. 2017년에 출시된 현대 아이오닉Ioniq 모델은 차데모 규격 대신 CCS 규격을 채택한 최초의 한국 전기자동차였다. 그런데 어떤 의미에서는 경쟁 자체가 그 의미를 잃어 가고 있다. 대부분의 주요 충전기 제조업체들이 CCS와 차데모 규격 모두를 충족시키는 충전소들을 지음으로써 직류 충전 표준 규격 문제 자체를 피하고 있으며, 고속 충전소 거의 대부분이 이제 두 규격 모두를 충족시키는 충전기들을 갖추고 있기 때문이다.

# 9 전기 자동차 성공의 달콤한 맛

2011년 말에 이르자 모델 S의 본격적인 생산이 분명한 가시권 안에 들어왔다. 테슬라는 파나소닉과의 배터리 공급 계약을 마무리 지은 상태였고, 생산에 참여할 엔지니어와 기술자들도 점차 증원 중이었다. 테슬라 측에서는 매스 미디어를 통해 긍정적인 내용의 발표를 꾸준히 내보냈는데, 테슬라 특유의 그런 미디어 전략을 나는 '테슬라 탱고'라 부른다. 그러니까 먼저 일론 머스크가 트위터에 '뭔가 대단한 것'이 나온다는 힌트를 올려 바람을 잡는다. 그러면 곧이어 매스 미디어에서 그 소식을 반복하고 그게 뭔지 추측하며 기대감을 높인다. 그리고 그럴 때마다 여러 웹사이트가 앞다퉈 그 소식을 전하려 애쓰며, 독자층이 어떤 사람들인가에 따라 나름대로 이런저런 의견을 제시한다(예를 들어 기술 관련 웹사이트는 자동차 스펙들을 해부하고, 금융 관련 웹사이트는 그 소식이 주가에 미칠 영향을 추측하고, 전기 자동차를 싫어하는 웹사이트는 그 소식이 왜 테슬라의 임박한 종말 징후인지를 설명하는 식이다). 테슬라는 소소한 소식들은 온라인을 통해 발표하고, 미디어에서 관심을 가질 만한 특종거리는 일론 머스크가 직접 발표하거나 라이브 비디오 스트리밍 형태로 생중계한다.

2011년 11월, 주주들에게 제출하는 분기별 보고서에서 테슬라는 예상대로 판매와 수익이 상당 비율 늘었다고 보고했다. 도요타의 전기 자동차 라브4 EV 모델에 구동 장치를 제공한다는 계약이 성사되었고, 곧이어 메르세데스의 새로운 모델에도 구동 장치를 제공하게 되었다는 소식이 이어졌다. 그 무엇보다 중요한 소식은 일론 머스크의 입을 통해 직접 기자들에게 전달되었다. 그 이듬해 생산 예정인 모델 S 물량이 이미 다 매진되었다는 소식이었다. 당시 테슬라가 예약받은 모델 S는 6,500대가 넘었다. 이 수치는 특히 기존의 거대 자동차 제조업체들의 전기 자동차 판매 대수와 비교할 때 아주 인상적이었다. 그 당시 닛산 리프는 약 8,000대, 쉐보레 볼트는 약 5,000대 팔린 상태였다. 모델 S 판매 기록만큼이나 놀라운 소식은 일론 머스크가 2013년이면 테슬라가 흑자로 돌아설 거라고 예측했다는 것이었다.

그러나 아직도 테슬라의 미래를 회의적으로 보는 사람들이 많았다. 테슬라의 주식이 지나치게 고평가되어, 언제든 안 좋은 소식이 나와 전문가들이 부정적인 의견을 제시하면 곧바로 주가가 급락할 수 있기 때문이었다. 2012년 1월 중순, 테슬라의 두 임원, 즉 수석 엔지니어 피터 롤린슨과 차량 및 섀시 엔지니어링 책임자 닉 샘프슨Nick Sampson이 회사를 그만두었다는 소식이 전해지자, 테슬라의 주가는 그대로 곤두박질쳐 하루 만에 거의 20퍼센트나 빠졌다. 이에 일론 머스크는 두 사람의 퇴사는 별일 아니며, 테슬라는 대신 다임러 출신의 제롬 길옌과 전직 폴크스바겐 임원 에릭 바흐Eric Bach를 영입했다면서 서둘러 진화에 나섰다.[1] 이틀 후 결국 테슬라의 주가는 다시 회복되었다. 당시 일론 머스크는 트위터에 이런 글을 올렸다. "주가 때문에 롤러코스터를 타게 해 드려 죄송합니다."

테슬라는 2012년 2월에 모델 X Model X를 공개했다. 크로스오버형 SUV인 이 모델은 모델 S 세단과 같은 플랫폼에서 제작되는데, 모델 S에 비해 여러 가지 주목할 만한 특징이 추가되었다. '매의 날개'라는 뜻을 가진 일명 팰컨 윙 Falcon Wing 도어는 위로 열리며 좁은 주차 공간 안에서도 탑승자들이 쉽게 타고 내릴 수 있게 되어 있었다. 게다가 모델 X에는 두 번째 모터가 장착되어 있어 회전력을 50퍼센트나 증가시켜 4륜 구동 같은 강력한 힘을 발휘하게 해 주었다. 또한 4.4초 만에 시속 60마일(약 96킬로미터)에 도달하는 순간 가속 능력을 갖추고 있어, 도로 위를 달리는 그 어떤 SUV도 한순간에 앞지를 수 있었다. 모델 X는 모델 S에 비해 10퍼센트 정도 더 무겁고 주행 거리는 10퍼센트 정도 짧았으며, 가격은 조금 더 비쌌다(12장 참조). 새 모델을 발표한 지 며칠 만에 테슬라는 4000만 달러가 넘는 예약 판매고를 기록했다.

2월에 들어서도 테슬라는 (신생 기업치곤) 상당한 연간 수익을 발표했으며, 그 외에 여러 가지 다른 희소식을 발표했다. 그중에는 다임러와 함께 테슬라 구동 장치(이 구동 장치가 바로 2014년에 시판된 B-Class 구동 장치임)를 장착한 새로운 메르세데스 벤츠 전기 자동차 공동 개발에 착수했다는 발표도 있었다. 그 결과 벤츠 B 클래스 일렉트릭 드라이브 B-Class Electric Drive 모델이 탄생했는데, 이 모델은 2014년에 시판되었다. (다임러 측에서는 2016년에 테슬라 배터리 팩을 자체 기술로 대체했으며, 2017년에 이 모델의 생산을 중단했다.)

5월 분기별 주주 보고서는 또 다른 희소식을 한 보따리 풀어놓았다. 모델 S에 대한 예약 주문량이 기대 이상이었고, 테슬라 구동 장치가 장착된 도요타 전기 자동차 라브4 EV가 출시됐으며, 다임러와의 계약이 최종 성

2012년 제네바 모터쇼에서 일론 머스크가 모델 X를 소개하고 있다.

사된 것이다. "이번 계약은 테슬라가 생겨난 이래 맺어 온 구동 장치 계약을 다 합친 것보다 더 규모가 클 것으로 예측됩니다." 일론 머스크의 말이었다. "이 정도 규모로 자동차를 생산하면 규모 경제가 가능해져, 자동차 가격이 가솔린 엔진 자동차 수준으로 떨어지게 될 것입니다."[2]

## 또다시 죽음의 계곡으로

필요한 규제상의 승인과 인증 과정을 밟고 난 뒤, 테슬라는 계획보다 한 달 이른 6월부터 모델 S를 인도하기 시작할 거라고 발표했다. 그 시점에서 테슬라는 모델 S 약 1만 대의 예약 주문을 받았으며, 2012년 말까지 그중 5,000대를 인도한다는 목표를 세웠다.

오, 그런데 그 와중에 테슬라는 8990만 달러의 적자를 기록했다. 이전 분기보다 적자 폭이 더 늘어났는데, 곧 시판될 모델 S와 관련된 개발비와 마케팅비가 더 늘어난 결과였다. 그러나 만일 제품 인도가 본격적으로 시작되고 돈이 제때 들어오면, 문제는 얼마든지 해결될 것 같아 보였다.

로드스터로 이미 '죽음의 계곡'에 빠져 본 적 있는 테슬라는 모델 S로 또다시 신생 기업들의 그 무덤 속에 빠져들었다. 현금을 아껴 쓰고 수익성 있는 구동 장치 사업에 전념하면서 안전책을 강구하기보다는 막대한 자금을 빌려 그걸 몽땅 새로운 세단 개발에 쏟아부은 결과였다. 2012년 8월, 테슬라가 모든 돈을 본격적인 생산에 투입하면서 대규모 분기별 적자를 기록했다는 보고가 나오자, 테슬라의 주가는 그대로 곤두박질쳤다. 그러나 며칠 후 투자자들이 냉정을 되찾으면서, 테슬라의 주가는 상당히 회복되었다. 새삼스러운 일도 아니었다. 경험 많은 투자자들은 위험성 높은 신생 기업들은 조금만 나쁜 소식이 흘러나와도 주가가 보통 10퍼센트에서 20퍼센트 떨어진다는 걸 잘 알고 있는 것이다.

그러나 일부 투자자들은 속 쓰릴 때 먹는 약을 찾아야 했다. 그 무렵 1만 2,200명이 넘는 고객이 모델 S를 사려고 계약금을 걸었는데, 테슬라는 일주일에 고작 열 대밖에 생산을 못하고 있었던 것이다. 제품을 제대로 대지 못할 정도로 주문이 너무 많은 건 그야말로 즐거운 고민이라고 생각하는 사람들도 있을 것이다. 그러나 사실 주문은 많은데 수요에 맞춰 제품을 빨리 내놓지 못하는 바람에 문을 닫는 신생 기업이 한둘이 아니다.

고급 자동차 구입자들은 자동차를 예약해 놓고 몇 개월씩 기다리는 걸 좋아하지 않는다. 그래서 관리 관련 책들에는 고객들이 잔뜩 기대하는 제품을 제때 인도하지 못해 문을 닫은 회사들의 얘기가 수두룩하게 나온다. 테슬라는 믿기 어려울 만큼 빠른 속도로 생산을 늘려 가야 했다. 2012년 현재 테슬라의 모델 S 생산 목표량은 5,000대였으며, 그 후 매년 최소한 2만 대씩 생산하는 것이었다. 그러나 만에 하나 예기치 못한 부품 공급 지연이나 품질 관리 문제가 발생한다면 곧바로 큰 재앙으로 이어질 수도 있었다.

테슬라는 생산 목표 달성에 총력을 기울였다. 그러나 9월에 접어들면서 상황이 아슬아슬해졌다. 생산율은 주당 80대에 육박했지만, 기대보다는 낮은 수치였다. 그리고 생산 일정도 2012년 말을 목표로 한 모델 S 인도 일정보다 약 4~5주 뒤처져 있었다. 테슬라 측의 설명에 따르자면 일부 부품 공급업체들의 문제로 인해 생산이 지체된 것이었다. 그러자 테슬라는 2012년도 수익 전망을 이전의 5억 6000만~6억 달러에서 4억~4억 4000만 달러로 낮추었다. 그 소식이 전해지자 예상대로 테슬라의 주가는 10퍼센트 가까이 떨어졌다.

테슬라는 현금이 필요했다. 그 무렵 테슬라는 미국 에너지부로부터 받은 대출금 4억 6500만 달러를 다 쓴 상태였고, 일부 대출금은 상환하기로 약속했다. 결국 테슬라는 보통주 434만 5,000주를 에너지부에 양도했는데, 이는 8월에 테슬라가 모든 자금을 생산에 쏟아부으면서 막대한 분기 손실이 발생했다고 발표했을 때 이미 일부 분석가들이 예측한 일이었다.

11월에 들어와, 테슬라는 미국 증권거래위원회에 자동차를 주당 200대씩 생산 중이라고 보고했는데, 그때는 테슬라가 경영상 바람직한 현금 흐름을 타야 할 결정적인 시기였다. 그리고 12월이면 주당 자동차 생산 대수가 400대까지 늘어날 걸로 예측되었다. 테슬라는 2012년의 자동차 인도 목표를 2,500대로 내려 잡을 수밖에 없었지만, 그럼에도 불구하고 2013년까지는 2만 대를 생산할 수 있을 거라고 주장했다.

12월이 되자, 생산에 모든 자금을 쏟아붓던 상황이 끝나면서 테슬라는 드디어 손익 분기점에 도달했다. 말하자면 죽음의 계곡에서 빠져나오기 시작한 것이다. "지난주에 드디어 테슬라의 현금 흐름이 가까스로 균형을 맞추게 되었다는 걸 알려 드리게 되어 기쁩니다." 일론 머스크가 트위터에 올린 글이다. "연말까지 계속 상황이 좋아질 걸로 예상됩니다."

2013년 1월에 테슬라는 드디어 모델 S 조립 라인을 풀가동했다. 캘리포니아 공장에서 주당 400대(연간 2만 대)의 모델 S가 생산되면서 모델 S를 인도받기까지의 대기 시간도 '겨우' 4~6개월로 줄어들었다.

그로부터 2년 후 우리는 두 번째로 죽음의 계곡에 빠진 테슬라의 당시 상황이 언론에 보도됐던 것보다 훨씬 더 심각했고, 그래서 일론 머스크는 회사를 팔기 직전 상태까지 몰려 있었다는 걸 알게 된다. (테슬라가 다른 기업에 인수될 거라는 소문은 늘 있었지만, 이 당시에는 실제 그런 일이 일어날 뻔했던 것이다.)

아직 밀린 주문들이 있긴 했지만, 2015년에 작가 애슐리 반스가 자신의 책에서 밝혔듯,[3] 모델 S를 구입했던 얼리 어댑터 고객들의 입에서 부정적인 평가들이 나왔던 2013년 초에 테슬라는 자동차 판매와 관련해 큰 어려움에 직면해 있었다. 첨단 도어 손잡이에 결함이 있었고, 한 '3류 공급업체'로부터 납품받은 선바이저는 보기도 싫고 싸구려 티가 났다. 게다가 모델 S의 경우, 자동 주차 센서나 고급 크루즈 컨트롤 시스템처럼 고급 럭셔리 세단의 표준으로 여겨지는 기능들도 없었다. "입소문이 안 좋았습니다." 훗날 일론 머스크도 인정한 말이다.[4]

일론 머스크도 뒤늦게 문제의 심각성을 깨달았지만, 로드스터 모델에서 다시 같은 상황이 재연되었다(6장 참조). 그는 긴급 회의를 소집해 대놓고 모두 자동차를 제때 내놓는 일에 전력투구해 달라고 했다. "고객들에게 제때 차를 건네주지 못한다면 우린 끝장입니다. 여러분이 무슨 일을 하고 있든 개의치 않겠지만, 앞으로 해야 할 일은 제때 차를 건네주는 겁니다."

구글과의 계약 건에 대해 잘 알고 있는 두 사람에 따르면, 2013년 3월 일론 머스크는 구글의 CEO이자 자신의 친구인 래리 페이지Larry Page를 만났고, 현금이 두둑한 인터넷 기업 구글이 수십억 달러에 테슬라를 인수하는 문제를 놓고 깊은 얘기를 나눴다고 한다. 주류 전기 자동차를 만들어 내겠다는 자신의 신성한 약속을 지키기 위해, 일론 머스크는 자신이 적어도 8년간 더 테슬라를 경영하고, 구글은 제3세대 자동차가 출시되기 전까지는 회사 문을 닫지 않아야 한다고 주장했다.[5]

그런데 다음 장에서 좀 더 자세히 살펴보게 되겠지만, 이러한 협상이 진행되는 동안 테슬라의 운이 살아나기 시작한다. 빠른 속도로 매출이 늘어 회사는 손익 분기점을 맞췄다는 발표를 하게 되었다. 그 이후 테슬라는 그야말로 역사를 다시 쓰게 된다. 주가 급등 덕에 자본이 두둑해져 더 이상 인수 합병 위기에 놓인 회사를 구해 줄 백기사가 필요 없게 된 그들은 구글과의 협상도 중단됐다.

매스컴에서는 구글과의 협상에 관심이 많았으나, 곧 다시 회의감을 느낄 만한 이유가 떠올랐다. 테슬라의 대변인 리카르도 레이에스Ricardo Reyes는 논평을 거부했고, 래리 페이지는 이런 말을 했다. "이런저런 소문들에 대해 깊이 생각하고 싶진 않고…… 어쨌든 자동차 회사는 구글이 알고 있는 것과는 아주 다른 것 같습니다."

"블룸버그가 상황을 다소 과장한 것 같습니다." 2015년 5월 일론 머스크가 일본 통신사 니케이와의 인터뷰에서 한 말이다. "구글 측과 그야말로 비공식적인 얘기를 나눈 것일 뿐, 구글이 무슨 제안을 하는 상황까지 간 적도 없습니다. 블룸버그에서는 구글 측에서 60억 달러에 테슬라를 인수하겠다는 제안을 한 것처럼 보도했는데, 전혀 사실이 아닙니다."[6]

한편 다시 공장 얘기로 돌아가자. 모델 S 개발 프로그램 책임자인 제롬 길옌은 조그맣고 기민한 회사 테슬라가 얼마나 빨리 변화를 만들어 낼 수 있었는지에 대해 자부심이 대단했다. 출시 후 몇 개월도 안 돼 테슬라는 모델 S에 대해 적어도 세 가지 소프트웨어, 그러니까 변속기와 문 손잡이, 그리고 음성 명령 관련 소프트웨어의 원격 업데이트를 실시했다(덕분에 모델 S 소유자가 서비스 센터를 방문할 필요도 없었다). 자동차 맨 앞부분과 옵션인 점프 시트* 업그레이드를 포함한 조립 라인에서의 몇 가지 변화 역시 즉각 이루어졌다. "전 직장(다임러) 같으면 2년 정도 걸릴 일을 여기선 2주 만에 해내고 있습니다." 자동차 잡지 『오토모티브 뉴스Automotive News』와의 인터뷰에서 제롬 길옌이 한 말이다.[7]

2012년 12월, 테슬라는 네덜란드 틸뷔르흐에 테슬라 유럽 유통 센터를

---

• 접을 수 있는 보조석

오픈했다. 모델 S에 쓰이는 부품은 거의 다 미국 테슬라 공장에서 만들어지지만, 유럽 시장에 판매할 제품의 최종 조립은 네덜란드의 이 센터 안에서 이루어진다. 이 센터는 테슬라 유럽 서비스 및 부품 본부 역할도 하며, 기술 교육과 부품 재제조, 충돌 수리 등도 맡아서 한다.

테슬라는 꾸준히 새로운 서비스 센터들을 오픈했다. 고객들이 미리 자동차를 예약 주문하기 때문에, 테슬라는 자동차가 인도되는 곳이 어딘지 잘 알고 있다. 따라서 모델 S 고객이 가장 많이 몰려 있는 지역들에 서비스 센터를 오픈할 수 있었다. 서비스 센터를 찾아올 수 없는 고객들의 경우, '테슬라 레인저스'라 불리는 자동차 기술자가 직접 고객의 집이나 사무실로 찾아가 연례 검사나 다른 서비스들을 해 주기도 한다.

잘 알려지지 않은 전기 자동차의 한 가지 장점은 일반 가솔린 엔진 자동차에 비해 정비 필요성이 훨씬 적다는 것이다. 테슬라 측에서는 모델 S는 내연 기관 자동차에 비해 움직이는 부품이 최소 1,000개는 적다고 말한다. 우선 변속기와 머플러, 촉매 전환 장치 등이 없어 고장 날 일도 없고, 점화 플러그와 타이밍 벨트, 오일 필터 등이 없어 교체할 필요도 없다. 교환해 주어야 하는 오일은 기억 박스 내 오일뿐인데, 그것도 12년에 한 번만 교체하면 된다. 게다가 회생 제동이라는 독특한 브레이크 방식이어서 브레이크 패드도 더 오래간다. 그럼에도 불구하고 테슬라 측에서는 매년(또는 약 2만 킬로미터 주행 후에) 검사를 받으라고 권하고 있으며, 타이어를 제외한 모든 교체 부품 값까지 포함된 서비스 계약(연간 600달러)을 제공한다.

다른 정비는 컴퓨터를 통한 가상 영역에서 발생한다. 모델 S는 스스로 정기적인 자가 진단 테스트를 하게끔 제작되어 있어, 어떤 문제가 발생할 경우 테슬라 서비스 팀에 경보가 울린다. 모델 S를 인터넷에 연결하면 소프트웨어를 업데이트해 기능을 개선할 수도 있고, 과속 경고나 새로운 오디오 세팅, 메모리 시트 기능* 같은 새로운 기능을 추가할 수도 있다.

그렇게 새로 추가할 수 있는 기능들 중 하나가 '슬글슬금 나아가기' 기능이다. 대부분의 자동 변속기 자동차는 운전자가 브레이크나 액셀러레이터에서 발을 뗄 때는 순간 자동차가 슬금슬금 앞으로 나아가게 제작되어 있다. 그러나 다른 많은 전기 자동차와 마찬가지로, 모델 S는 그런 기능을 넣지 않았다. 그런데 그런 기능을 원하는 고객들도 있어, 테슬라는 고객이 선택해서 쓸 수 있게 했다. 그 기능을 소프트웨어 업데이트를 통해 원격 조정으로 추가할 수 있게 한 것이다.


## 「뉴욕 타임스」와의 싸움

한쪽에는 미국의 대표적인 신문이 있고, 다른 한쪽에는 가장 언변이 좋은 미국 기업가 중 한 사람, 그리고 매스 미디어의 공격으로부터 자기 기업들을 변호하는 데 추호의 망설임도 없는 사람이 있다. 이 싸움은 전기 자동차를 좋아하는 사람들과 싫어하는 사람들 모두에게 많은 즐거움을 안겨 주었다.

2012년 2월 8일, 「뉴욕 타임스」는 존 M. 브로더John M. Broder의 이스트 코스트 지역 여행에 대한 기사를 실었다. 새로 만들어진 테슬라의 슈퍼 충전기 충전소망의 실태를 알아보기 위한 취지의 기사였다. 그런데 존 M. 브로더는 자신의 모델 S가 광고된 주행 거리도 못 가 전기가 방전되어 오도 가

---

• 자신에게 맞는 시트 위치와 각도 등을 저장해 두어 누군가 다르게 설정해도 원래의 시트 위치와 각도로 돌아가게 해 주는 기능

도 못한 채 큰 낭패를 봤다고 주장했다.[8] 그 당시 테슬라는 연일 미디어의 극찬을 받던 중이어서, 모델 S가 볼품사납게 견인차에 실려 가는 사진을 올리면서 모든 걸 실황 중계하듯 자세히 설명한 존 M. 브로더의 그 「뉴욕 타임스」 기사는 그야말로 잔칫집에 잿밥을 뿌린 격이었다.

가는 날이 장날이라고, 존 M. 브로더가 차를 몰고 간 날은 추위가 정점에 달한 겨울 주말로, 기온이 영하 12도까지 떨어져 그는 눈 속에 갇혀 꼼짝달싹 못 하는 아주 극적인 상황에 빠지게 되었다.

미국 환경 보호청에서 공인한 모델 S의 주행 거리는 265마일(약 426킬로미터)이었지만, 극도로 춥거나 더운 날씨에는 줄어들 수도 있다. JB 스트로벨은 추운 날씨에는 히터 작동으로 에너지가 더 많이 닳기 때문에 주행 거리가 10퍼센트 정도 줄 수 있다는 걸 인정했다.

존 M. 브로더가 모르는 사실이 하나 있었는데, 그것은 모델 S에는 자동차 운행 상태를 기록하는 컴퓨터 장치가 있어 비행기의 블랙박스처럼 모든 게 기록되며 그걸 테슬라 측에서 볼 수도 있다는 것이었다. 게다가 그는 일론 머스크가 그간 매스 미디어의 비판에 어떤 식으로 대응해 왔는지 잘 모르고 있었다.

일론 머스크는 트위터를 통해 반격에 나섰다. "추위 속에서의 모델 S 주행 거리에 대한 「뉴욕 타임스」 기사는 날조된 것입니다. 차량 운행 기록을 보면 진실을 알 수 있는데, 그는 사실 충전을 최대치로 하지도 않았고 일부러 빙빙 도는 우회 코스를 택했습니다."

테슬라 측에 우호적인 블룸버그 통신과의 인터뷰에서 일론 머스크는 한 걸음 더 나아갔다. "이건 '그는 이렇게 말했다더라, 그녀는 이렇게 말했다더라' 하는 애매한 상황이 아니라고 생각합니다. 이건 상황이 너무도 분명합니다. 사실은 사실인 거죠. 첫째, 그는 차를 최대치로 충전하지 않았습니다. 아니, 그 근처도 가지 않았습니다. 둘째, 충전소로 가기 위해 주 간州間 고속 도로로 가지 않고 굳이 교통 체증이 심한 맨해튼 중심가를 지나 우회해서 갔습니다. 셋째, 제한 속도를 넘어 너무 과속했습니다. 주행 거리가 줄어들 수밖에 없죠. 상식적으로 그렇게 하면 안 되는 건데, 어쨌든 그는 그 세 가지 행동을 다 했습니다. 그러니 멀리 갈 수가 없었던 거죠. 가솔린 엔진 차도 연료 탱크를 충분히 채우지 않고 우회로를 택해 빙빙 돈다면 기름이 떨어지게 되는데, 그렇더라도 전혀 놀랄 일은 아니죠."

그는 이렇게 말을 이었다. "우린 자동차 운행 기록을 공개할 거고, 그럼 모든 게 불 보듯 명확해질 겁니다. 우리는 개인 프라이버시에 아주 신경을 많이 쓰기 때문에, 자동차 운행 기록 장치는 고객의 확실한 승낙과 서명이 있을 때만 작동시킵니다. 매스 미디어의 시험 운행일 경우에는, 운행 기록 장치를 작동시키는데, 그렇게 되면 그 차의 위치와 속도, 그리고 충전은 어떻게 하는지 등이 다 나타납니다. 우린 과거 〈탑 기어〉라는 프로그램과 안 좋은 경험이 있습니다. 우리 차가 완전히 방전되었다면서 차고에 집어넣은 것입니다. 그래서 우리는 운행 기록을 보았고, 주행 거리가 50마일(약 80킬로미터) 남아 있었다는 사실을 알게 됐습니다. 믿되 검증은 해야죠. 다시 이런 일이 있다 해도 아마 우린 또 그렇게 할 겁니다."

그러면서 일론 머스크는 이렇게 끝맺었다. "우리는 우리 자동차가 추위 속에서도 아주 잘 작동되도록 하기 위해 정말 피눈물 나는 노력을 해 왔습니다. 한겨울에 믿을 수 없을 만큼 추운 노르웨이 북부에 사는 한 로드스터 소유자는 매일 그 차로 운전하고 다니는데도 아무 탈이 없었습니다. 추위 속에서도 아주 잘 작동되게 만들어졌거든요. 우리 차에는 인공 지능형 열 제어 장치가 있어 모터에서 나오는 열을 배터리 팩에 뿌려 주며 추운 날씨에는 차 앞쪽 셔터를 닫아 추위를 막아 줍니다."[9]

이 싸움은 (보는 관점에 따라선 재미있는 싸움일 수도 있지만) 곧 지루한 싸움이 되었다. 「뉴욕 타임스」가 곧이어 내보낸 한 기사에서 존 M. 브로더는 모델 S는 분명 완전히 방전됐다는 자신의 주장을 굽히지 않았다.[10] 그러자 테슬라 측에서는 결국 자동차 운행 기록을 공개했는데,[11] 그 기록은 존 M. 브로더가 의도적으로 배터리를 닳게 했다는 걸 보여 주었다. 그러니까 사람들의 관심을 끌 만한 폭로성 기사를 쓸 목적으로 일부러 주차장에서 계속 뱅뱅 돌기도 하는 등 석연찮은 행동을 했다는 것이다.

어떤 시나리오도 맞는 것 같지 않았다. 전기 자동차 전문가들은 추운 날씨는 주행 거리를 떨어뜨리는 많은 요인 중 하나라는 데 동의한다. 그러나 『컨슈머 리포츠』가 그 며칠 전 추운 날씨에서의 모델 S 상태와 슈퍼 충전기 충전소망 실태에 대해 조사한 바로는 아무 문제가 없었다.[12] 게다가 뉴욕의 겨울이 노르웨이의 겨울보다 더 혹독할 순 없는 것 아닌가. 한편 미디어 전문가들은 한창 입소문을 타고 있는 신제품에 중대한 결함이 발견되었다는 기사를 올리면 신문이 잘나가며, 그래서 사실 여부에 큰 신경을 쓰지 않는 경우가 종종 있다는 걸 잘 안다. 그러나 사실 내 경우 「뉴욕 타임스」에서 그런 황색 저널리즘*을 보게 되리라곤 미처 예상하지 못했다.

양측의 전문가들이 앞다퉈 이 싸움에 뛰어들어 목소리를 높였다. 처음 존 M. 브로더의 기사가 나오고, 그에 대한 테슬라 측의 반박이 나오고, 다시 그 반박에 대한 존 M. 브로더의 반박이 나오면서,[13] 여기저기서 많은 의견이 쏟아졌다. 그중 일부는 아주 깊이 있는 의견이었다. 예를 들어 기술 관련 잡지 『와이어드』는 자동차 운행 기록에 나온 정보까지 간단히 분석해 보여 주었고,[14] 다른 미디어들도 아주 깊이 있는 기사를 내놓았다.

* 신문 등에서 독자를 끌어들이기 위해 선정적이고 부도덕한 기사를 내보내는 것

그 와중에 이내 잊힌 사실이 하나 있었는데, 그것은 모델 S를 '경이로운 기술의 결정체'라 불렀던 존 M. 브로더가 「뉴욕 타임스」에 올리려 했던 기사는 원래 모델 S 그 자체에 대한 분석 기사가 아니었다는 것이다. 기사의 원래 목적은 슈퍼 충전기 충전소망을 시험해, 그것이 장거리 운전에 실제로 도움이 되는지 알아보자는 것이었다. 그런데 유감스럽게도 그는 자신이 '추위 속에서 오도 가도 못하게 된' 이야기에 너무 푹 빠져 버려 슈퍼 충전기 충전소망을 시험해 보자는 원래의 목적이 오간 데 없이 사라져 버린 것이다.

반면에 테슬라 입장에서는 존 M. 브로더가 출발하기 전에 간단히 전기 자동차에 대한 여러 가지 설명을 해 주었더라면 더 좋았을지도 모른다. JB 스트로벨도 「뉴욕 타임스」와의 인터뷰에서 이런 말을 했다. "사실 전기 자동차의 경우, 장거리 여행을 하려면 일반적인 가솔린 엔진 자동차의 경우보다 더 철저한 계획이 필요해요." 존 M. 브로더는 전기 자동차에 그리 익숙지 않았고, 그래서 전기 자동차 운전자들이 주행 거리를 극대화하기 위해서 하는 다양한 일들에 대해 잘 몰랐던 것 같다.[15] 그가 한 최악의 실수는 모델 S를 충전기에 연결시키지도 않은 채 밤새 그냥 내버려 뒀다는 건데, 그건 전기 자동차 소유자라면 절대 하지 않을 실수였다. 연료 게이지 눈금이 바닥을 가리키고 있는데 충전도 안 하고 그냥 주유소를 지나치는 거나 다름없는 일인 것이다.

결국 실수가 있었거나 수준 이하의 내용이 담겼다는 논란을 일으킨 이 기사는 「뉴욕 타임스」 기사를 심사하는 블로그인 퍼블릭 에디터스 저널 Public Editor's Journal을 개입시켰다. 존 M. 브로더가 자신의 기사를 더 흥미롭게 만들려고 고의로 정보를 조작했다고 일론 머스크가 주장하는 상황에서, 가만히 손 놓고 있을 수는 없었던 것이다. 편집인 마거릿 설리번 Margaret Sullivan은 철저한 조사를 하기 위해 여러 날을 보냈다. 그녀는 사건 당사자인 존 M. 브로더와 일론 머스크는 물론, 다른 테슬라 임직원들과 「뉴욕 타임스」 저널리스트들, 문제의 사진에 나온 견인차 운전사, 그리고 적어도 한 명의 모델 S 소유자를 만났고, 양측을 대변하는 많은 전문가의 의견과 수백 통의 관련 이메일 등도 살펴봤다.

마거릿 설리번이 쓴 칼럼에는 모델 S 소유자인 로저 윌슨의 말이 인용되어 있었는데, 그는 만일 존 M. 브로더가 자동차 설명서를 제대로 읽어 보았더라면 주행 거리를 극대화하기 위한 여러 가지 팁을 알게 됐을 거라고 했다. 그러면서 그녀는 자신은 슈퍼 충전기 충전소망을 시험하는 일에만 전념하고 있었다는 존 M. 브로더의 주장을 일축했다. "실제로 그랬다면, 그의 기사는 현재의 슈퍼 충전기 충전소 두 곳(최근에 문을 연) 간의 거리가 너무 멀어, 다른 회사 충전소를 이용할 수밖에 없을 거라는 내용으로 간단히 끝났을 겁니다."

마거릿 설리번은 또한 존 M. 브로더의 판단이 그리 좋지 못했다는 점을 시인하면서 이렇게 말했다. "게다가 그는 여행 중에 부정확한 메모들을 해 스스로 이런저런 비난을 자초했습니다. 자신의 일거수일투족이 모니터링 되고 있다는 걸 모른 거죠." 그러면서도 그녀는 존 M. 브로더 스스로 자신의 여행이 그렇게 불미스럽게 끝나길 원했다는 일론 머스크 쪽 생각 또한 일축했다. "나는 그가 그야말로 선의에서 그 시험 운전에 나섰고, 자신이 경험한 일들을 그대로 적었다고 확신합니다."[16]

마거릿 설리번의 칼럼은 이렇게 끝을 맺었다. "아직 논란의 여지는 많습니다." 보다 정확히 말하자면, 그 논란을 더 이어 가고 싶은 사람들이 많았다고 봐야 할 것이다. 이 사건과 관련해 쏟아져 나온 많은 기사와 뉴스 등의 양을 생각하면, 〈탑 기어〉 사건은 고등학교 미식축구 경기에 지나지 않았다. 이 사건은 자동차 관련 미디어와 비즈니스 관련 미디어 범위를 훨썬 뛰어넘어 전 세계 일간 뉴스들은 물론 라이프 스타일 잡지에서 기술 블로그에 이르는 모든 매체에서 다뤄졌다. 나는 내심 이 사건의 전모를 낱낱이 밝히고 싶다는 충동도 있었지만 꾹 참았다. 아니, 실은 당시 내 블로그에 이 사건과 관련해 네댓 개의 포스트를 올리기도 했다. 당연한 일이지만, 이 사건에는 정치 전문가들도 앞다퉈 뛰어들었다. 좌익 성향의 전문가들은 속이 뻔히 보이는 허세를 부렸고, 우익 성향의 전문가들은 경솔한 판단들을 내놓았는데, 나는 거기에 대해 뭐라 한마디 하고 싶은 걸 억지로 참았다.

모델 S 팬 수십 명은 존 M. 브로더의 여행을 그대로 재연하기도 했다. 정확히 그가 갔던 코스대로 차를 몰고 가 본 것인데(물론 그 당시처럼 춥지는 않았지만), 놀랍게도 그 많은 모델 S 가운데 단 한 대도 방전되지 않았다. 전기 자동차와 환경 관련 잡지들뿐 아니라 「뉴욕 타임스」의 주요 경쟁 언론사인 CNN 등 여러 미디어 매체가 모델 S 팬들의 그 재연을 자세히 보도했다.[17] 어쨌든 테슬라에 대해 전혀 모르던 사람들도 이 사건으로 모델 S의 완전한 지지자가 되었다고 해도 과언이 아닐 것이다. 「뉴욕 타임스」 기사가 처음 나왔을 때 금융 관련 미디어들은 테슬라의 주가가 곤두박질칠 것이라고 예측했다. 그러나 막상 논란이 더 커지면서 테슬라의 주가는 점점 더 치솟았다. 결국 일론 머스크가 「뉴욕 타임스」를 마치 전자 바이올린 다루듯 마음대로 가지고 논 셈이었다.


**드디어 꿈을 이루다 : 『모터 트렌드』와 『컨슈머 리포츠』의 극찬**

결국 「뉴욕 타임스」의 기사는 모델 S에 대한 의도하지 않은 극찬이 되어 버렸는데, 그것은 시작에 불과했다. 전문가들이 로드스터를 보고 환호성을

질렀다면, 모델 S를 보고는 전부 기립 박수를 쳤다.[18]

자동차 전문 잡지『모터 트렌드』는 엔지니어링의 우수성, 충분한 내부 공간, 그리고 (믿거나 말거나지만) 가격 대비 가치 등을 이유로 자동차 모델 S를 '2013년의 자동차'로 선정했으며, 모델 S를 가리켜 "미국이 아직 위대한 것들을 만들어 낼 수 있다는 걸 보여 주는 증거"라고 했다. 또한 막강한 영향력을 자랑하는 이 자동차 잡지는 모델 S를 올해의 자동차로 선정한 것은 용기 있는 행동이라면서, 쉐보레 볼트를 '2011년의 자동차'로 선정한 뒤 받았던 과격한 항의 메일 한 부를 보여 주기도 했다.[19]

『오토모빌 매거진』[20]과『야후! 오토스 Yahoo! Autos』[21]도 모델 S를 '2013년의 자동차'로 선정했다. 자동차 전문 잡지『로드 앤드 트랙』은 모델 S를 '미국 역사상 가장 중요한 자동차'라 부르기도 했다.[22]

심지어『뉴욕 타임스』도 다음과 같은 극찬 기사를 내보냈다(그렇다. 그건 존 M. 브로도 사건 '이후'인 9월이었다). "1세기도 더 전에 헨리 포드가 모델 T를 내놓은 이래, 자동차는 그 디자인과 기능 면에서 근본적인 변화가 없었다. 적어도 난 그렇게 생각했는데, 테슬라 모델 S와 함께 일주일을 지낸 뒤 그 생각이 바뀌었다."[23]

테슬라의 미래에 대해 계속 회의적인 생각을 갖고 있던『월스트리트 저널』의 칼럼니스트 댄 닐조차 모델 S를 극찬했다. 그는 고성능의 전기 자동차는 "익숙해지는 데뿐만 아니라 이름을 짓는 데조차 시간이 걸릴 것"이라고 예상했다. 아직도 그 새로운 이름은 만들어지지 않은 것 같다. 댄 닐은 모델 S를 뭐라고 형용해야 할지 몰라서 '도프 dope'• 라고 말했다.[24]

잠재 구매자들에게 가장 큰 영향을 줄 평가는 그해 5월『컨슈머 리포츠』

• '멋있는', '매우 훌륭한'의 의미로 사용되는 미국 속어다.

에서 나왔다. 이 신뢰도 높은 소비자 단체는 모델 S에 자신들이 줄 수 있는 최고 높은 점수를 주었다. 100점 만점에 99점을 준 것이다. 『컨슈머 리포츠』가 테스트한 자동차 가운데 이보다 더 높은 점수를 받은 자동차는 아직 없으며, 모델 S 이전에 99점을 받은 것은 2007년의 도요타 렉서스 LS 460L이 마지막이었다.

"테슬라 모델 S는 기술 혁신으로 가득 차 있습니다." 『컨슈머 리포츠』의 자동차 테스트 책임자인 제이크 피셔<sup>Jake Fisher</sup>의 말이다. "이 차는 액셀러레이터와 핸들, 브레이크가 마치 스포츠카처럼 작동하며, 최고급 승용차의 승차감과 정숙성을 갖추고 있고, 에너지 효율성 또한 가장 뛰어난 하이브리드 자동차보다 훨씬 높습니다."

『컨슈머 리포츠』의 보고서는 모델 S는 전기 자동차에 대한 잘못된 생각들을 일거에 깨 버린 전기 자동차로, 오히려 전기 자동차이기 때문에 그 어떤 자동차보다 우수하다면서 다음과 같은 말을 했다.

처음부터 끝까지 철저히 전기 자동차로 만들어진 이 자동차는 배터리 팩을 차체의 가장 아래쪽 바닥에 깔아 전체적인 균형감이 뛰어나다. 그 덕에 무게 중심이 가장 아래쪽으로 가, 뛰어난 핸들링과 편한 승차감, 그리고 넓은 실내 공간 확보가 가능해졌다.

모델 S는 단 5.6초 만에 시속 60마일에 도달하는 놀라운 순간 가속 능력을 갖고 있다. 엔지니어들은 정확한 핸들링은 포르셰를 연상케 하고, 아름답게 꾸며진 인테리어는 아우디를 연상케 한다고 했다. 또한 『컨슈머 리포츠』가 테스트한 자동차들 가운데 렉서스 LS 이래 가장 조용한 자동차이기도 하다.

막강한 85킬로와트시 리튬 이온 배터리를 장착한 테슬라 모델 S는 현재까지 테스트한 전기 자동차 가운데 실용성이 가장 뛰어난 자동차다. 예를 들어 포드 포커스 일렉트릭과 닛산 리프는 충전 한 번에 각각 80마일(약 128킬로미터)과 75마일(약 120킬로미터)을 주행할 수 있지만, 모델 S는 200마일(약 320킬로미터)을 주행할 수 있다. 출퇴근하기엔 충분한 주행 거리이며, 차를 끌고 이런저런 용무를 보고도 구불구불 먼 길을 돌아 집에까지 갈 수 있는 주행 거리다. 주행 거리는 추운 겨울 날씨에는 180마일(약 288킬로미터) 정도이며 보통 날씨에는 225마일(약 360킬로미터) 정도 된다.

『컨슈머 리포츠』는 다음과 같은 이유들을 들어, 모델 S에 '그간 나온 자동차 중 최고'라는 명칭까진 붙이지 않았다. "모델 S는 완벽하진 못하다. 우선 주행 거리가 제한돼 있는 데다 충전 시간이 길며 쿠페형coupe*이어서 후방 가시성도 떨어진다. 신생 기업의 신차이기 때문에 신뢰도나 중고차 판매 가격 면에서 불리하며 (점차 개선되고는 있지만) 아직은 빈약한 서비스망 역시 단점으로 꼽을 수 있다."[25]

그로부터 며칠 후에는 모델 S가 매출 면에서 메르세데스나 BMW, 아우디, 렉서스* 같은 거대 자동차 제조업체들의 경쟁 모델들을 앞질렀다는 뉴스가 나왔다. 2013년 1분기 매출 기록에서 모델 S가 미국의 대형 고급차 시장에서 2위 자리에 오른 것이다. 모델 S는 4,750대가 팔려 7,130대가 팔린 캐딜락 XTS에만 뒤졌고, 메르세데스 벤츠 S 클래스(3,077대), 렉서스 LS(2,860대), BMW 7시리즈(2,338대) 등을 모두 앞지른 것이다.

아주 인상적인 실적이긴 하지만, 전적으로 공정한 비교는 아니었다. 모

* 보통 2인승이며 천장 높이가 뒤로 갈수록 낮아지는 자동차
* 도요타가 1989년에 출시한 고급 승용차 브랜드이자 고급 승용차 생산 사업부의 이름이다.

테슬라 모델 S는 2년 연속 『컨슈머 리포츠』 '최고의 차'로 선정되었다.

델 S는 그 당시 미디어의 총애를 한 몸에 받고 있었고, 다른 자동차들은 모델 S와 달리 참신성도 떨어지는 데다 세금 공제 등의 혜택도 받을 수 없었기 때문이다. 게다가 물론 테슬라는 모델 S라는 단 한 가지 차종만 가지고 거대 자동차 제조업체들과 경쟁 중이었다. 쿠페형에서부터 소형차, 그리고 SUV 등에 이르는 모든 차종을 취급하는 타 업체들과는 비교 자체가 곤란했던 것이다. 이를테면 메르세데스는 2012년 미국에서 총 27만 4,000대를 팔았지만, 테슬라는 2013년 전 세계에서 2만 2,000대 정도밖에 못 팔았던 것이다.

2012년 11월, 테슬라는 모델 S 가격 인상을 발표했다. 대당 기본 가격이 5만 7,400달러에서 5만 9,900달러(연방 세금 공제 이전)가 되어, 2009년 모델 S 시판 이후 물가 상승률의 절반 정도 인상된 것이었으니 그리 큰 인상은 아니었다. "이번에 우리가 4년 만에 처음 물가 상승률의 절반 정도만 가격을 올릴 수 있었던 건 우리의 디자인 과정과 엄격한 장기 계획이 긍정적으로 반영된 결과라고 생각합니다." 당시 테슬라의 부사장 조지 블랭큰십 George Blankenship이 한 말이다.

## 수익성과 투자 자금 회수

2013년 2월, 테슬라는 주주들에게 보내는 보고서에서 2012년도에 거둔 성과를 자랑스레 알렸다. 그간 생산을 충분히 늘리지 못할 가능성이 현실적으로 아주 높았지만, 이제 그런 가능성은 사라졌다. 연말에 이르러 생산 라인에서는 3,100대의 모델 S가 뽑혀져 나왔고, 이제 매년 2만 대의 생산이 가능해졌다.

그리고 주문 예약이 계속 밀려들어 와, 그다음 해의 연간 2만 대 생산 계획분도 이미 매진된 상태였다. 테슬라는 서둘러 독자적인 자동차 판매 망 구축에 나섰고(그 바람에 기존 자동차 판매점 집단들로부터 소송도 들어오기 시작했지만. 11장 참조), 연말에는 전 세계에 자체 자동차 판매점이 32개나 되었다. 또한 테슬라는 캘리포니아주에 슈퍼 충전기 충전소망 구축 1단계 에 착수해, 이스트 코스트 쪽에 충전소 두 곳을 오픈했다.

생산 라인이 풀가동에 들어가면서 총매출액도 3억 600만 달러까지 치솟았다. 테슬라는 남아 있던 로드스터도 거의 다 팔았고, 메르세데스 및 도요타와의 구동 장치 공급 계약을 통해 1200만 달러를 벌어들였다. 그리하여 마침내 2013년 1분기에 흑자로 전환될 거라는 과감한 예측을 내놓았다.

4월 1일 만우절 날, 테슬라의 주식을 단기 매각한 사람들은 그야말로 바보가 되었다. 테슬라가 1분기에 모델 S를 4,750대 판매해 주주들에게 보낸 2월 보고서에서 잡았던 4,500대 판매 목표를 넘어섰다는 발표를 한 것이다. 그 결과 테슬라는 1분기 재무 목표를 영업 이익(자본 비용 제외)을 올리는 것에서 전면적인 이익을 올리는 것으로 수정했다. 그 뉴스와 동시에 테슬라는 경주용 자동차처럼 앞으로 치달아, 하루에 주가가 20퍼센트 이상 뛰고 거기서 계속 더 뛰었다.

그 외에 두어 가지 소식이 더 있었고, 그때마다 테슬라는 더 펄펄 날았다. 테슬라는 모델 S 구입 시 조그만 배터리 선택 옵션을 포기하기로 결정했다. 수요가 없었기 때문이다. 전체 고객의 4퍼센트만이 40킬로와트시 용량의 배터리 팩을 옵션으로 선택해, 그 버전을 계속 생산할 의미가 없었던 것이다. 테슬라는 40킬로와트시 배터리 팩을 옵션으로 선택한 고객들에게는 60킬로와트시 배터리 팩을 장착해 주기로 했다. 40킬로와트시 배터리 팩용 주행 거리 소프트웨어를 60킬로와트시 배터리 팩용으로 업그레이드하는 데 비용이 얼마 들었는지는 알려지지 않았다.

그러나 일론 머스크는 모델 S를 둘러싼 흥분이 그대로 가라앉게 내버려 두지 않았다. 트위터에 곧 정말 놀라운 뉴스가 나올 것이며, 그러면 자신이 말뿐 아니라 행동으로 보여 주는 사람이라는 걸 알게 될 거라는 글을 올린 것이다.

며칠 후 '정말 놀라운 뉴스'가 공개되었다. 기대에는 미치지 못하는 뉴스였지만, 그 시점에선 아무도 그런 데 신경 쓰지 않았다. 테슬라가 내놓은 자칭 '혁명적인 자동차 금융 제품'은 기본적으로는 63개월짜리 자동차 담보 대출이었지만, 그걸 약간 수정해 좀 더 자동차 리스에 가깝게 만든 것이었다. 테슬라는 고객이 원한다면 36개월 후에 모델 S를 메르세데스 S 클래스와 같은 중고차 가격에 되사들이겠다고 약속했다. 전기 자동차를 중고차로 되팔 때 제값을 받지 못할까 봐 불안해하던 사람들에게는 매력적으로 느껴질 수 있는 제도였다. 그리고 일론 머스크는 테슬라가 계속 살아남을까 불안해하고 있던 사람들을 향해서도 자신이 개인적으로 보증할 거라고 약속했다.

자동차 제조업체들이 흔히 써먹는 수법이지만, 테슬라는 자신들의 새로운 고급 세단이 싸게 느껴지게 만들 아주 환상적인 산수법도 제시했다. 회사 웹사이트에 '가격 계산기'를 올려 자동차 구매자들에게 모델 S를 사는 것이 올바른 선택이라는 걸 보여 주려 한 것이다. 그러니까 연방 정부 및 주 정부의 세금 공제액, 가솔린 대신 전기를 쓸 경우의 비용 절감액, 모델 S를 사업용으로 쓸 경우의 세금 혜택, 그리고 심지어 다인승 전용 차선을 이용하고 주유소에 멈춰 서 있지 않아도 돼 절약하는 시간까지, 모델 S를 구입하면 많은 장점이 있다는 걸 한눈에 볼 수 있게 해 놓은 것이다. 마지막 장점들은 다소 과장된 면이 있어 언론으로부터 놀림거리가 되자 테슬라는

'가격 계산기'를 수정해 좀 더 현실적인 계산기로 만들었다.[26]

몇 개월 후, 「블룸버그」의 분석가 케빈 타이넌Kevin Tynan은 테슬라에서 제안한 금융/리스 제도는 결국 테슬라에 막대한 이익을 안겨 줄 거라고 예측했다. "3년 지난 중고 자동차를 정해진 가격에 되사면, 테슬라는 자신들이 생산하는 모델 S와 다른 자동차들의 중고차 시장까지 상당 부분 통제할 수 있게 됩니다. 테슬라가 주요 구매자가 되고, 따라서 똑같은 자동차로 다시 또 막대한 이익을 올릴 수 있게 되는 셈이죠." 자동차 컨설팅 기업 오토 퍼시픽Auto Pacific의 분석가 에드 킴Ed Kim은 테슬라의 제안이 다른 자동차 제조업체들도 부러워할 만한 제안이라는 데 동의했다. "자신들의 중고차를 자신들이 직접 통제하는 건 자동차 제조업체들 대부분의 꿈일 겁니다. 경매가를 놓고 밀고 당길 딜러가 없게 되는 거니까요. 모든 조건을 직접 정하고 그 경험도 독점하고 말이죠."[27]

4월에 그 발표가 있고 나서 몇 주일 뒤, 테슬라의 주가는 급등했다. 이른바 '쇼트 스퀴즈short squeeze'* 현상이 일어나면서 주가가 치솟은 것이다. 2010년 기업 공개 이후 공매 투자자들이 테슬라의 주식으로 모여들었는데, 이익 발표 이전, 공매 총액이 상장주의 40퍼센트 이상에 육박하고 있었다. 결국 4월 말에 이르러 테슬라의 주가는 연초에 비해 43퍼센트 가까이 오른 주당 50달러 선이 되었다.

5월에 테슬라는 눈에 띄게 개선된 재무 상태 덕분에 훨씬 더 많은 자본을 끌어들이는 데 성공했다. 테슬라 측에 따르면, 당시 보통주 270만 3,000주에 선순위 상환 주식 4억 5000만 달러어치를 발행했다고 한다. 그

---

* 주가 하락을 예상하고 주식을 공매도했던 투자자들이 쇼트 포지션을 커버하거나 손실을 예방하기 위해 주식을 사야 하는 상황

러나 이번에도 테슬라호의 선장 일론 머스크는 잠깐 숨을 돌리고 신중하게 지출을 줄이기보다는 전속력으로 배를 앞으로 내달리게 했다. 그는 개인적으로 1억 달러 상당의 테슬라 주식을 더 사들일 계획이라고 발표해, 멀리 내다보는 눈을 가진 마케팅 천재이자 슈퍼스타 기업가라는 것을 스스로 입증해 보였다.[28]

테슬라는 새로운 투자 유치 덕에 총 8억 3000만 달러를 끌어모았는데, 그 돈을 미국 에너지부로부터 빌린 돈을 미리 전부 갚는 데 쓰고, 또 모델 X 생산 비용과 중간 가격의 제3세대 전기 자동차 모델 개발 착수 비용 등 '일반적인 기업 목적들'에 썼다.

테슬라가 에너지부 대출금을 예정보다 9년이나 앞당겨 모두 갚아 버림으로써, 대출 형태로 미국 제조업을 지원하는 연방 정부의 정책은 크게 빛을 발하게 되었고, 미국 납세자들에게는 원금 4억 6500만 달러 외에 적어도 1200만 달러의 이익을 안겨 주었다. 당시 일론 머스크는 이런 말을 했다. "ATVM 대출 프로그램을 만들기 위해 애쓴 에너지부, 의회 의원들과 그 참모들, 그리고 특히 그 모든 자금의 원천인 미국 납세자들께 감사드리고 싶습니다. 저희가 여러분 모두의 긍지를 세워 주었기를 바랍니다."[29]

포드의 59억 달러와 닛산의 14억 달러 등을 비롯해 ATVM 대출 프로그램에 의한 대출금 대부분은 예정대로 상환되고 있었고 지금까지도 상환되고 있다. 그러나 ATVM 대출과 관련해 언론의 집중 조명을 받은 건 에너지부 대출금 1억 9300만 달러를 끌어안고 그대로 침몰한 피스커 오토모티브와 파산한 배터리 제조업체 A123, 에너원Ener1, 그리고 다른 프로그램을 통해 연방 정부로부터 자금 지원을 받은 태양열 발전 회사 솔린드라Solyndra 등이었다(1장 참조).

"최첨단 청정에너지 기술 분야에 관한 한 모든 투자가 성공할 수는 없습니다. 하지만 오늘 테슬라가 ATVM 대출금 전액을 상환한 것은 30건이 넘는 에너지부의 대출이 예상보다 훨씬 적은 희생으로 미국 경제에 큰 도움을 주고 있다는 걸 잘 보여 줍니다." 에너지부 장관 어니스트 모니즈Ernest Moniz가 보도 자료에서 한 말이다. 어니스트 모니즈는 ATVM 대출로 인해 현재까지 발생한 손실은 에너지부 전체 대출금 가운데 2퍼센트에 지나지 않는다는 점도 강조했다.30

물론 이런 견해를 모든 반대론자들이 받아들인 건 아니었다. 예를 들어 오하이오주 출신의 민주당 하원 의원 짐 조던Jim Jordan은 에너지부의 대출 기업 선정 자체에 문제를 제기하기도 했다.31

크라이슬러는 정부로부터 빌린 돈을 미리 갚은 유일한 자동차 제조업체라는 테슬라의 주장에 이의를 제기했다. 크라이슬러에 따르면, 2011년에 크라이슬러 그룹이 미국과 캐나다 정부로부터 빌린 돈을 예정보다 6년 앞당겨 원금과 이자를 전액 상환했다는 것이다.32 그러나 친환경 자동차 전문지 『그린 카 리포츠Green Car Reports』의 존 뵐커John Voelcker의 말처럼, 크라이슬러는 연방 정부로부터 자동차업계 구제 금융(ATVM 프로그램 대출이 아니라)의 일환으로 빌린 76억 달러를 갚긴 했지만, 거래 조건으로 연방 정부로부터 40억 달러 이상의 부채 탕감을 받아, 사실상 미국 납세자들은 크라이슬러에 대한 투자금 수십억 달러를 날린 셈이다.33

## 반대자들이 지지자들로

나는 자동차에 대한 글을 써 온 것보다 더 오랜 세월 기자 생활을 했고, 가끔 전기 자동차에 대한 언론계의 인식에 거의 전기 자동차 그 자체만큼이나 흥미를 느낀다. 나는 1990년대 초 인터넷이 생겨날 때부터 2000년대 들어와 인터넷 붐과 거품 붕괴가 일어날 때까지의 전 과정에 대해 이런저런 글들을 썼고, 그래서 인터넷 기술 및 그로 인한 사회적 대격변과 지금도 진행 중인 자동차업계의 대변혁 사이에 유사점을 발견하고 놀랄 때가 많다.

인터넷 기술 발달 과정을 지켜보는 것도 흥미로웠지만, 인터넷에 대한 사회적 인식의 변화를 지켜보는 것도 그 못지않게 흥미로웠다. 이른바 주류 언론은 인터넷을 다소 매력적이고 진기한 것으로 보는 단계에서 시작해, 일시적 유행 같은 걸로 과소평가하는 단계로, 그러다 마지못해 그걸 받아들이는 단계로, 그리고 가상 메시아처럼 떠받드는 단계로, 최종적으로는 없어선 안 될 우리 일상생활의 일부로 받아들이는 단계로 발전해 왔다.

테슬라와 일론 머스크는 2013년 중반에 '죽음의 계곡'에서 힘겹게 빠져나온 이후 언론에 의해 메시아로까지 떠받들어졌다. 테슬라와 일론 머스크를 다루는 기사의 성격은 그간 미디어의 종류에 따라 달라져 왔다. 친환경 미디어, 특히 기술 쪽 친환경 미디어는 처음부터 테슬라의 열렬한 팬이었다. 자동차 관련 미디어는 걸핏하면 전기 자동차에 대해 경멸과 조소를 보냈으나, 2008년 이래 그 분야 평론가들이 로드스터를 몰아 보면서 꾸준히 테슬라 편이 되었다. 엔지니어들은 거의 다(일부는 마지못해) 모델 S가 그간 나온 자동차 중에 최고는 아닐지 몰라도 적어도 톱 10 안에는 든다는 걸 인정했다.

물론 그 어떤 제품이나 트렌드도 사람들로부터 인기를 얻으면 곧 그 제품이나 트렌드에 대한 비판적인 글들이 나오기 마련이다. 테슬라에 대해 거부감을 느끼는 기술적이며 정치적인 또는 금전적인 이유들을 적시한 기사들이 수십 편 나왔는데, 그중 일부는 다른 기사들에 비해 더 심사숙고해서 쓴 것들이었다.

반反테슬라 진영에서 특히 극단적인 테슬라 반대론자들은 아주 완고해, 그간 테슬라가 어떤 성공을 거두어도 태도에 변함이 없었으며, 아마 앞으로도 그럴 것 같다. 정치적인 이유 때문이든, 미지의 것에 대한 두려움 때문이든, 아니면 단순히 가솔린에 대한 깊은 애정 때문이든, 전기 자동차에 대해 본능적인 적개심을 갖고 있는 사람들도 있다. 일부 개인(또는 집단)은 반테슬라 독설로 가득한 웹사이트를 운영 중이며, 지금은 전선을 넓혀 실리콘 밸리의 모든 첨단 산업을 공격하고 있다.[34]

2013년 4월, 정치인에서 자동차 전문가로 변신한 세라 페일린Sarah Palin은 페이스북에 올린 글에서 피스커 오토모티브의 최근 실패에 대해 이렇게 한마디했다. "세금 혜택을 받은 이 실패한 벤처 기업은 과거의 실패 기업들에 합류한 건데요. 오바마가 지원하는 테슬라의 전기 자동차들은 배터리가 완전히 방전될 경우 '벽돌'처럼 변해 수리비만 4만 달러가 들어갑니다."[35]

테슬라가 곧 완전한 흑자로 돌아서게 될 것이며 미국 에너지부의 대출금을 예정보다 일찍 모두 상환한다는 발표가 나온 지 며칠 되지 않아, 세라 페일린이 테슬라를 실패한 기업 피스커 오토모티브에 비교하는 말을 하자, 사이버스페이스에서는 좌파/우파 간에 치열한 공방전이 시작되었다 (세라 페일린의 사이트에만 3,000개 정도의 댓글이 달렸다).

사실 배터리가 방전되면 '벽돌'처럼 변해 꼼짝달싹 못 하는 문제가 있었지만, 그건 그 당시 이미 생산이 중단된 로드스터 모델만의 문제였다. 모델 S는 벽돌처럼 변하는 문제가 생길 수 없게 제작되었고, 설사 그런 문제가 생긴다 해도 테슬라 측에서 다 보증 수리해 주게 되어 있었다.

예민한 일론 머스크는 감정이 상해 트위터에 이런 글을 남겼다. "세라 페일린은 테슬라를 실패한 기업이라고 하네요. 정말 마음 아픕니다. 아 참, 그리고 모델 S는 설사 방전돼 꼼짝달싹 못 한다 해도 다 보증 수리됩니다."[36]

2013년 4월 이전까지만 해도, 주류 언론은 전반적으로 전기 자동차에 대해 극도로 회의적이어서 계속 '실망스러운' 판매 수치를 들먹였다. 전기 자동차 지지자들 눈에는 가솔린 엔진 자동차에 대한 언론의 편애로 보이겠지만, 그보다는 흥밋거리 이야기에 매달리는 언론의 속성 때문이라고 해야 할 것이다. 놀라운 성공과 치욕스러운 실패는 뉴스거리지만, 시간이 걸리는 점진적인 발전은 뉴스거리가 되지 못하는 것이다.

그러나 흑자로 돌아섰다는 4월의 깜짝 발표 이후, 과거에 회의적이었던 미디어들을 비롯해 미디어 전체가 갑자기 캘리포니아의 신생 기업 테슬라에 대해 호의적인 태도를 보이기 시작했다. 자동차 잡지들은 테슬라의 전기 자동차를 극찬했고, 비즈니스 잡지들은 테슬라의 주가에 놀라움을 표했다. 테슬라의 주가는 4월 발표와 동시에 치솟아 수개월째 꾸준한 상승세를 이어 갔다.

갑자기 여기저기서 '우리는 테슬라를 사랑해' 풍의 이야기들이 터져나왔다. CNN은 유쾌한 어조로 이렇게 말했다. "테슬라는 거품일 수도 있습니다만, 그게 무슨 상관입니까." '제2의 애플'이란 말도 많이 들렸고, 일론 머스크와 스티브 잡스를 비교하는 얘기도 많이 들렸다. 「블룸버그」는 일론 머스크를 30년 전 크라이슬러 CEO가 되어 여러 해 앞당겨 연방 정부 부채를 상환한 비즈니스계의 또 다른 영웅 리 아이아코카와 비교하기도 했다.[37]

전기 자동차(그리고 특히 전기 자동차를 지원하는 정부 프로그램들)에 대해 아주 비판적인 자세를 견지해 온 폭스 뉴스조차 테슬라 얘기를 하면서 '엄청난 성공'이란 말을 썼으며, 더욱이 이번에는 테슬라의 에너지부 대출금 얘기나 오바마 대통령 얘기는 전혀 하지 않았다.[38]

그러나 10여 년 전 인터넷 관련 주식들이 하늘 높은 줄 모르고 치솟았던 걸 상기시키는 경고성 발언들도 있었다. 「워싱턴 포스트」는 테슬라의 시가 총액(약 106억 달러)이 피아트Fiat의 시가 총액(80억 달러)보다 많은 걸 지적했다. 당시 피아트는 그해 1분기에 100만 대의 자동차를 팔아 4000만 달러의 이익을 낸 데 반해, 테슬라는 고작 4,900대를 팔았으며 캘리포니아주가 무공해 자동차에 주는 각종 혜택을 계산에 넣지 않을 경우 5300만 달러 적자를 낸 상황이었다.[39]

자동차 주식 분석가들은 대개 전기 자동차에 대해 우호적이었다. 투자 은행 모건 스탠리의 분석가 애덤 요나스Adam Jonas는 테슬라의 목표 주가를 47달러에서 109달러까지 올렸으며, 테슬라 주식을 가리켜 '미국 자동차업계의 새로운 최우수 주식'이라고 했다(과거에도 그랬고 지금도 그렇지만, 모건 스탠리는 테슬라의 주요 주주이며 자금을 대출해 준 투자 은행 중 하나다).

한편 JP 모건의 자동차 분석가들은 이런 말을 했다. "테슬라는 아직 일론 머스크가 세운 25퍼센트의 총수익 목표 달성에 어려움을 겪고 있습니다. 또한 앞으로 나올 대량 판매용 전기 자동차가 시장에 먹힐지도 우려하지 않을 수 없습니다."

어드밴스드 오토모티브 배터리스Advanced Automotive Batteries의 사장 메나헴 앤더먼Menahem Anderman은 『워싱턴 포스트』와의 인터뷰에서 이렇게 말했다. "2년에서 4년 정도 후면 시장이 침체되거나 축소되고, 서비스 건수와 함께 보증 수리비가 늘어나고, 무공해 자동차에 주는 혜택과 배터리 팩 판매로 인한 수입도 줄어들 수 있을 텐데요. …… 그래도 단기적으로 보아 테슬라는 현재까지 정말 놀랄 정도로 잘하고 있습니다."

미국 인터넷 신문 「기가OMGigaOM」의 케이티 페렌바허Katie Fehrenbacher는 인터넷 신문 「비즈니스 인사이더Business Insider」가 자신들의 웹사이트에 올린 '왜 모두들 테슬라에 대해 오해하고 있나?'라는 글과 같은 해에 좀 더 일찍 올렸던 (지금 보면 제목부터가 웃기지만) '테슬라의 악몽은 오늘날의 전기 자동차들이 왜 도착 즉시 죽어 버리는지를 잘 보여 준다'라는 글을 비교하면서, 미디어의 갑작스러운 변심에 대해 흥미로운 분석을 내놓기도 했다.

케이티 페렌바허는 요란스러운 기자나 블로거들과 달리 이렇게 통찰력 있는 말도 했다. "테슬라의 성공 스토리는 사실 지난주에 갑자기 튀어나온 게 아니라 10여 년간 서서히 완성되어 온 겁니다." 그러면서 그녀는 이렇게 예견했다. "테슬라는 각종 발표와 언론 보도, 주가 관리 등 그야말로 모든 것에 신경을 쓰기 시작했는데…… 완전히 독립된 자동차 제조업체로 선다는 건 정말 힘든 일이며, 특히 모든 걸 뒤엎는 대변혁은 더 힘들고 아주 오랜 시간이 필요합니다."[40]

# 10 전기 고속 도로를 달리다

2013년 하반기에 테슬라는 길고 힘든 일에 착수했다. 모델 S의 시장을 강화하면서 동시에 미래를 위한 계획을 짜기 시작한 것이다.

가뜩이나 잘나가던 테슬라는 7월에 금융 시장으로부터 엄청난 신뢰를 받았다. 뉴욕증권 거래소로 옮겨 간 오라클<sup>Oracle</sup> 대신 나스닥 100 지수<sup>•</sup> 1위 기업으로 선정된 것이다. 그 소식이 전해지면서 테슬라의 주가는 123달러를 넘어 사상 최고 기록을 세웠다. 그해 들어 그때까지 주가가 무려 264퍼센트나 뛴 것이다. 벤치마크 지수<sup>•</sup> 기업이 된다는 건 상장 기업으로서는 대단한 이득이 아닐 수 없다. "벤치마크 지수 기업이 된다는 건 한 기업이 시가 총액과 현금 유동성 면에서 성숙 단계에 접어들었다는 뜻이며 시장에서 인정받았다는 뜻입니다." 밸류 인베스트먼트 프린

• 나스닥 상장 종목 중 시가 총액이 가장 크고 거래량이 많은 100대 비금융 업종 대표 기업들로 이루어진 지수
• 목표로 삼을 만한 지수

서펄스<sup>Value Investment Principals Ltd</sup>의 샌디 메타<sup>Sandy Mehta</sup>의 말이다.

## 무공해 차량 크레디트

앞서 1장에서 보았듯, 캘리포니아주 대기자원위원회<sup>CARB</sup>는 2025년까지 신차 판매의 15퍼센트는 무공해 차량<sup>ZEV</sup>이 되어야 한다는 의무 규정을 만들었다. 현재는 6대 자동차 기업들만 그 의무 규정을 지켜야 하지만, 2018년에 이르면 그 수가 더 늘어날 예정이다.

CARB 제도하에서는 무공해 차량을 충분히 판매하지 못한 기업들은 무공해 차량 생산 의무 규정을 지키기 위해 무공해 차량을 충분히 판매한 기업들로부터 소위 '무공해 차량 크레디트<sup>ZEV credit</sup>'라는 걸 살 수가 있다. 현재까지 순수한 전기 자동차를 상당 수량 판매한 자동차 제조업체는 테슬라와 닛산밖에 없는데, 테슬라 입장에서는 이것이 또 아주 괜찮은 수입원 역할을 했다.

「로스앤젤레스 타임스」는 2013년 5월 이 문제를 다룬 적이 있다.[1] '이제는 말할 수 있다' 성격의 그 기사는, 테슬라가 야바위꾼처럼 납세자들의 돈을 빼내 가고 있다는 식의 얘기를 했지만, 사실 그것은 캘리포니아주의 무공해 차량 크레디트 제도가 의도했던 효과를 제대로 발휘하고 있음을 보여 준 것이었다.

「로스앤젤레스 타임스」는 이름을 밝히지 않은 한 월스트리트 분석가의 말을 인용해, 테슬라는 2013년에 무공해 차량 크레디트를 팔아 무려 2억 5000만 달러나 벌어들였는데, 이는 모델 S 한 대당 3만 5,000달러 꼴이라고 했다. 그 분석가의 말에 따르면, "일부 전문가들은 정부가 특정 기업을 편애한다고 보고 있습니다. 미국의 다른 어떤 기업도 그런 혜택을 누리지 못하고 있거든요." 무슨 이유에서인지, 그 분석가는 똑같은 혜택을 받고 있는 닛산 얘기는 하지 않았으며, 미국의 다른 어떤 자동차 제조업체도 전기 자동차를 팔면 똑같은 혜택을 누릴 수 있다는 사실을 언급하지 않았다.

CARB 위원장인 메리 니컬스Mary Nichols는 다음과 같은 말로 위원회의 정책을 옹호했다. "우리 위원회는 자동차 분야가 아니라 대기 오염 분야의 위원회입니다. …… 그리고 테슬라를 질시의 눈으로 보는 사람들이 있다는 것도 잘 압니다." 그녀는 캘리포니아주는 2023년까지 대기 오염을 없애라는 미국 환경 보호청의 데드라인을 지켜야 하며, 그렇지 못할 경우 연방 정부로부터 고속 도로 보조금을 받지 못하게 된다고 말했다.[2]

자동차 제조업체들은 사고 판 무공해 차량 크레디트의 세부 사항을 밝힐 의무는 없지만, 2012년 5월 「블룸버그」는 테슬라가 무공해 차량 크레디트 판매를 통해 혼다와 다른 자동차 제조업체들로부터 받은 돈이 이미 1300만 달러가 넘는다고 보도했다.[3] 「블룸버그」에 따르면, 모델 S 한 대당 무공해 차량 크레디트 7점까지 발생하며, 테슬라는 2013년 상반기에 무공해 차량 크레디트 판매로 1억 1900만 달러를 벌어들였는데, 이는 총수익의 16퍼센트에 해당하는 금액이라고 한다.[4]

2013년 9월, 닛산 부사장 앤디 파머Andy Palmer는 기자들에게 닛산 역시 여러분의 크레디트 판매를 시작할 거라면서 이렇게 말했다. "우리에겐 판매할 수 있는 탄소 크레디트가 있는데, 이제 그 캘리포니아 무공해 차량 크레디트를 팔려고 합니다."[5]

놀랄 일도 아니지만, 그다음달 캘리포니아주 대기자원위원회는 테슬라가 지난 12개월간 가장 많은 무공해 차량 크레디트를 판매했다고 발표했다.

1장에서 이미 보았듯, GM, 포드, 크라이슬러, 도요타, 혼다 등 의무적으로 무공해 차량을 생산해야 하는 다른 자동차 제조업체들 역시 꽤 괜찮은 전기 자동차들을 만들어 냈지만, 닛산과 달리 그 전기 자동차(이른바 '준수 자동차')들에 대한 마케팅이나 광고는 거의 또는 아예 하지 않았다. 사실상 그 회사들은 모두 자사 전기 자동차를 판매하는 것보다는 무공해 차량 크레디트를 사는 게 더 남는 장사라고 본 것이다.

수입을 만들 기회를 최대한 활용하면서도, 테슬라는 무공해 차량 크레디트 수입은 바람에 떨어진 과일처럼 결국 사라질 수입이라고 생각하는 듯하다. 그래서 그들은 미래의 수익 계획을 짤 때 무공해 차량 크레디트 수입은 포함시키지 않고 있다.


## 배터리 교체

지금 자동차 전문가들이 하나둘 보고 있듯, 전기 자동차는 구식 가솔린 엔진 자동차에 비해 여러 가지 장점을 갖고 있다. 그러나 물론 전기 자동차에도 이른바 '아킬레스건'이 두 가지 있다. 우선, 한 번 충전으로 갈 수 있는 거리, 즉 주행 거리가 제한적이다. 그리고 배터리가 다 될 경우 재충전하는 데 시간이 좀 걸린다. 직류 고속 충전 방식을 이용해도 30분 정도 걸리고, 훨씬 더 일반적인 2단계 충전 방식을 이용하면 여러 시간이 걸리는 것이다.

이 두 가지 문제를 해결할 수 있는 대안 중 하나가 휴대전화나 카메라 배터리를 교체하듯 다 쓴 배터리를 가득 충전된 배터리로 교체하는 것이다. 그런 기술의 선구자는 2007년 베터 플레이스라는 기업을 설립했던 다재다능한 이스라엘 기업가 샤이 아가시였다. 베터 플레이스는 다 쓴 배터리를 가득 충전된 배터리로 빨리 교체하기 위해 자동 세차기와 비슷하게 작동되는 로봇식 배터리 교체소를 이용했다. 그 회사는 일본과 이스라엘, 덴마크에 시험 배터리 교체소를 몇 군데 세웠고, 네덜란드 암스테르담 공항에 영업용 택시들을 위한 배터리 교체소를 세웠으나, 불행히도 1장에서 말한 것처럼 모든 게 잘 풀리지 않았다. 베터 플레이스는 그 외에도 여러 가지 멋진 아이디어를 가지고 있었으나 모든 걸 배터리 교체에만 집중해 자동차업계로부터 별 호응을 얻지 못했다. 베터 플레이스의 교체형 배터리를 자신들의 전기 자동차 모델들 중 하나인 플루언스 Z.E.에 쓸 수 있게 한 자동차 제조업체는 르노뿐이었다. 결국 베터 플레이스는 2013년 5월 기업 청산 절차에 들어갔다.

바로 그 달에 일론 머스크는 그의 유명한 폭탄선언들 중 하나를 할 준비를 했다. 테슬라가 미국 증권거래위원회에 보내는 보고서에서 가까운 장래에 배터리 교체를 도입할 계획이라는 얘기를 비친 것이다. 6월에는 일론 머스크가 트위터상에서 다음과 같은 말로 군불을 지폈다. "미국 어디서든 주유소에서 기름을 넣는 것보다 더 빨리 테슬라 모델 S를 재충전할 방법이 있습니다."

모델 S의 배터리 교체 옵션은 비밀 아닌 비밀이었다. 테슬라는 2009년 모델 S를 출시할 때부터 배터리 교체가 가능하게끔 제작되었다는 말을 했고, 일론 머스크 자신도 그 이후 틈나는 대로 그 말을 해 왔기 때문이다. 그는 2012년에는 이런 말을 했다. "우리가 모델 S의 배터리 팩을 차 바닥에 깔게 디자인한 것은 배터리를 아주 간단히 교체할 수 있게 하기 위해서였습니다." 어느 시점에선가 그는 이런 말도 했다. "샤이 아가시가 배터리 교체 아이디어를 떠올린 것도 실은 테슬라를 방문하고 나서입니다. 아이디어는 확실한데, 기술이 안 따라 주고 있죠." 이 말에 주목한 사람도 별로 없었고, 그러는 사이 관심의 초점은 슈퍼 충전기 충전소망 구축 쪽으로 옮아갔다. 나중에 일론 머스크는 트위터에 이런 글을 올렸다. "과거에도 그랬고 지금도 그렇고, 배터리 팩 교체는 모든 테슬라 모델 S에 유효합니다."

늘 그랬듯, 계속 감질나게 운을 떼 오던 테슬라는 드디어 6월 20일 연극조의 조금 과장된 이벤트를 열어 배터리 팩 교체 시연회를 가졌다. 배터리 팩 교체는 쿵쾅거리는 테크노 음악과 함께 중앙 무대 위에서 라이브로 행해졌는데, 그때 무대 한쪽 비디오 스크린에서는 한 운전자가 주유소에서 내연 기관 자동차에 기름을 넣는 모습이 나왔다.

조금 지켜본 바로도 테슬라의 배터리 팩 교체 기술은 훌륭했다. 배터리 팩 교체용 장비는 모두 바닥 밑에 위치해 있었다. 자동차와 바닥 사이의 공간에서 납작하니 커다란 배터리 팩이 내려가고 올라오는 게 보였고, 그걸 지켜보면서 사람들은 계속 감탄사를 내뱉었다.

배터리 팩 교체 과정 전체는 90초 정도 걸렸다. 사실 자동으로 움직이는 교체 장비들이 모델 S의 배터리 팩을 교체하는 데 걸린 시간은 스크린 속에서 가솔린 엔진 자동차 운전자가 자신의 아우디에 기름을 가득 넣는 시간보다 더 짧았다. 일론 머스크 말로는 그 시연회를 위해 테슬라 측에서 일부러 로스앤젤레스에서 주유 속도가 가장 빠른 주유소를 찾았다고 한다.

테슬라는 '배터리 팩 교체'를 바쁘게 여행해야 하는 사람들을 위한 프리미엄 서비스로 생각했다. 그리고 비용은 각 지역에서 대형 승용차 탱크를 가득 채웠을 때의 주유비 정도로 예상했다. 물론 배터리는 시간이 지나면 닳게 되어 있고, 그래서 테슬라는 전기 자동차 소유자들에게 여러 가지 옵션을 제시했다. 고객이 여행을 마친 뒤 같은 장소로 돌아올 경우, 충전이 끝난 원래의 자기 배터리 팩으로 다시 교체할 수 있었다(이 경우 교체비를 한

번 더 내야겠지만). 아니면 나중에 일정한 '운송비'를 내고 원래 자신의 배터리 팩을 택배 서비스 등을 이용해 돌려받을 수도 있었다. 그리고 새로 교체한 배터리 팩을 계속 사용하고 싶은데, 그 배터리 팩이 원래 배터리 팩보다 더 새것일 경우 그 차액을 지불하기로 했다.

그러나 베터 플레이스의 경우와 달리, 테슬라는 배터리 교체를 중심 전략으로 여긴 적이 없다. 성질 급한 고객들이 무료로 제공하는 슈퍼 충전기 충전 서비스 대신 선택할 수 있는 서비스에 지나지 않는다고 본 것이다. 로이터 통신과의 인터뷰에서 일론 머스크는 이런 말을 하며 베터 플레이스와 테슬라를 직접 비교했다. "샤이는 마케팅에는 아주 뛰어났지만 기술에는 그리 뛰어나지 못해. 배터리 팩 교체 사업을 제대로 해낼 수 없었어요. 제대로 된 기술과 장비만 확보하고 있다면, 배터리 팩 교체는 해 볼 만한 일이죠."[6]

베터 플레이스가 처음 배터리 교체 사업을 벌였을 때, 이 책의 저자인 나를 포함한 많은 회의론자는 배터리 교체가 임시방편적인 기술에 지나지 않는 듯하다고 지적했다. 조만간 더 뛰어난 배터리가 나와 주행 거리도 더 늘어나고, 고출력 충전 및 무선 충전 기술 덕에 충전 시간도 더 빨라지고 편해질 테니 말이다. 일론 머스크는 테슬라의 제3세대 전기 자동차가 시판될 무렵이면, 충전 기술이 더 발전해 배터리를 교체할 필요성 자체를 느끼지 못하게 될 거라고 예측했다.

그러나 2013년에는 배터리 팩 교체가 전기 자동차 판매를 늘리는 데 가장 큰 걸림돌이 되고 있는 문제를 제거하는 방법으로 보였다. 당시 일론 머스크는 이런 말을 했다. "나는 사람들이 전기 자동차를 사려고 하지 않는 이유를 정확히 알고 그에 대처하는 게 필요하다고 생각합니다. 사람들은 가솔린 엔진 자동차를 갖고 있을 때만큼 자유롭게 운전하고 싶어 합니다. 그런데 급히 어디를 가야 할 경우, 전기 자동차로도 그렇게 할 수 있습니다. 사실 더 빨리 갈 수 있죠."

어쨌든 배터리 팩 교체 계획은 결코 실현되지 못했다. 테슬라가 처음 배터리 팩 교체 시연을 했을 때, 일론 머스크는 2013년 말까지는 배터리 팩 교체를 가능하게 할 계획이라고 말했다. 그러면서 궁극적으로는 모든 슈퍼 충전기 충전소에 배터리 팩 교체 장비를 설치할 건데, 그 비용이 충전소 한 곳당 50만 달러 정도 들 것으로 예상된다고 했다.[7] 그러나 2014년 초에 일론 머스크는 한발 물러나 우선 한 충전소에 배터리 팩 교체 시설을 마련해 시험 운용해 보고, 사람들이 얼마나 많이 이용하는지 본 뒤 시설 확대 여부를 결정하겠다고 했다.

2014년 중반에 이르러 테슬라는 세계 곳곳에 새로운 슈퍼 충전기 충전소를 만드느라 정신없었지만, 배터리 팩 교체 시설 얘기는 나오지 않았다. 테슬라의 기업 개발 부문 부사장인 디아르무이드 오코넬Diarmuid O'Connell 은 한 인터뷰에서 배터리 팩 교체 건은 절대 포기한 게 아니라고 말했다. 그러면서 배터리 팩 교체가 대규모로 운영되는 영업용 택시들을 위해서도 좋은 해결책이 될 거라고 말했다. "우리는 그간 여러 관점에서 배터리 팩 교체에 대한 논의를 해 왔습니다." 당시 그가 한 말이다. "예를 들어 택시 회사의 경우 차량들이 계속 들어왔다 나갔다 하는 특정 차고지에서 배터리 팩 교체 작업을 할 수 있을 겁니다."[8]

2014년 말 테슬라는 드디어 운전자들이 급유나 타이어 교체 등을 위해 자주 들르는 로스앤젤레스와 샌프란시스코 간 I-5 도로 중간쯤에 있는 해리스 랜치에 배터리 팩 교체소를 오픈했다. 그러나 2015년 6월에 열린 주주 총회에서 일론 머스크는 배터리 팩 교체에 대한 추모사를 연상케 하는 말을 했다. "우리는 로스앤젤레스와 샌프란시스코 사이에 배터리 팩 교체소를 세웠습니다. 캘리포니아에 사는 모든 모델 S 소유자들이 그곳에 들러 직접 배터리를 교체해 보셨으리라 믿는데요. 그런데 현재로선 배터리 팩 교체소 이용률이 아주 저조한데…… 사람들이 배터리 팩 교체에 별 관심이 없는 겁니다. 슈퍼 충전기들의 충전 속도가 충분히 빠르기 때문입니다. 예를 들어 차를 몰고 로스앤젤레스에서 샌프란시스코까지 가는데 아침 9시에 출발해 교체소에 정오쯤 도착했다고 하죠. 잠시 멈춰 두 다리도 좀 쉬게 해 주고 화장실도 다녀오고 간단히 뭐 좀 먹은 뒤 커피 한잔하고 교체소로 돌아옵니다. 그때쯤이면 충전이 다 끝나 당장 출발할 수 있는데다 충전도 무료입니다. 그러니 뭣 때문에 배터리 팩 교체를 하겠습니까? 우리는 사람들이 배터리 팩 교체를 원하는지 어떤지를 확신할 수 없어 아예 자동차 안에 배터리 팩 교체 장치를 해 놨습니다. 어쨌든 뭔가 특별한 변화가 없는 한, 현재 상황에선 앞으로도 배터리 팩 교체소를 늘릴 필요성은 없을 것 같습니다."[9]

어떤 사람들은 CARB가 2014년 무공해 차량 크레디트 제도를 손보면서 배터리 팩 교체 크레디트를 축소해 버린 것이 배터리 팩 교체 프로그램의 붕괴에 결정적 역할을 했다고 믿고 있다. 무공해 차량 크레디트는 아주 복잡한데, 배터리 교체를 비롯한 '빠른 충전'에 대해서도 추가 크레디트를 받을 수 있게 되어 있다. 그리고 앞에서 이미 설명했듯, 테슬라는 그 크레디트를 다른 자동차 제조업체에 팔아 짭짤한 현금을 손에 쥘 수 있었다. 그런데 그간 배터리 교체 관련 규정을 두 차례 바꾼 CARB가 2018년에는 '빠른 충전'에 대한 크레디트 부여 제도를 완전히 폐지할 계획인 것이다.

2017년, 모델 3가 고객들에게 인도된 직후 배터리 팩에 대한 조사가 이루어졌는데, 그게 배터리 팩 교체 프로그램의 관에 마지막 못질을 한 셈이 됐다. 모델 S나 모델 X에 쓰인 배터리 팩들과는 달리, 모델 3의 배터리 팩은 아예 쉽게 교체할 수 없게 제작됐던 것이다. 미국 전기 자동차 전문 매체 「일렉트렉Electrek」에 따르면, 모델 3의 배터리 팩은 여러 개의 볼트로 죄어져 있어 내부 테두리를 뜯어내지 않고서는 어찌해 볼 도리가 없다.[10]

그러나 어쩌면 배터리 팩 교체 아이디어는 되살아날지도 모른다. 테슬라는 지금 세미 전기 트럭을 내놓을 준비를 하고 있는데, 장거리 트럭에 필요한 거대한 배터리 팩 문제를 해결하는 데 배터리 팩 교체나 리스 프로그램이 도움될 거라는 추측 때문이다(16장 참조). 배터리 팩 교체 프로그램이 정말 테슬라의 전략에 포함되어 있는지는 좀 더 지켜봐야 알 것 같다.[11]

## 생산에 박차를 가하다

2013년 후반에 테슬라는 전 세계를 대상으로 생산을 늘리고 제품 인도를 시작해 모델 S의 성공을 계속 이어 가려 애썼다. "현재 인력으로는 주당 400대 조금 넘게 생산할 수 있습니다." 2013년 7월에 한 인터뷰에서 일론 머스크가 한 말이다. "2014년 말이면 주당 800대가 생산될 겁니다. 그 정도는 정말 자신합니다." 그 시점에 테슬라 공장은 조립 노동자 2,000명 정도를 포함해 직원이 약 3,000명이었고, 2교대로 돌아가고 있었다. 테슬라는 끊임없이 생산 공정을 개선해, 같은 인시人時, man-hours•에 더 많은 자동차를 생산해 내고 있다.

"지난해 4분기에 우리는 자동차 만드는 일에 극도로 서툴렀습니다." 평

• 한 사람이 한 시간 동안 할 수 있는 작업량

소답지 않게 겸손한 어조로 「블룸버그」와의 인터뷰에서 일론 머스크가 말했다. "올해 1분기에도 여전히 아주 서툴렀습니다. 2분기에는 조금 서툴렀죠. 아마 4분기에는 서툴지 않을 것 같습니다. 그러니까 이건 '우리가 어떻게 뛰어나게 잘했나?'의 문제가 아니라 '우리가 어떻게 그렇게 서툰 데서 벗어났나?'의 문제인 셈이죠."

일론 머스크는 조만간 테슬라 공장에서 매년 50만 대는 생산할 거라고 했다. 그러면서 예를 들어 소형 SUV 차량 등 모델 X에 이어서 나올 차기 모델들과 관련해 감질 나는 힌트를 하나 주었다. "우린 여러분이 상상할 수 있는 모든 종류의 자동차를 만들어 낼 겁니다. 그야말로 움직이기만 한다면, 뭐든 만들 거예요."[12]

7월에 테슬라는 프리몬트 공장 인근에 한 구획의 땅을 매입했다. 총면적이 35에이커(약 14만 제곱미터)로, 사용 중단된 테스트 트랙까지 포함되어 있었다. "이 땅은 우리가 시설을 확장할 때 쓸 겁니다." 테슬라의 대변인 섀너 헨드릭스Shanna Hendriks의 말이다.

8월 들어 일론 머스크는 현재의 주별 순수 주문 추세로 볼 때, 유럽과 아시아, 호주에서 매출이 늘어난다면 모델 S의 연간 매출이 4만 대(북미 매출 2만 대 포함) 정도 될 거라고 말했다. "우리는 그 이상 팔려고 부리하지는 않을 겁니다." 당시 일론 머스크가 한 말이다. "우리는 지금 수요에 제약이 있는 게 아니라 생산에 제약이 있습니다. 우리의 시간은 지금 더 많은 차를 만드는 데 쓰이고 있습니다. 우리의 발목을 잡는 건 주로 공급업체의 부품들입니다."

일론 머스크는 부품 공급업체들 가운데 일부는 생산을 늘리지 못하고 있다고 말했다. 테슬라가 모델 S의 본격적인 생산 준비에 들어갔을 때, 일부 부품 공급업체들은 판매에 비관적이어서 자신들의 부품을 대량 생산할

캘리포니아주 프리몬트에 위치한 테슬라 공장

준비를 전혀 하지 않았다. "그래서 우리는 그 부품 공급업체들을 교체하거나 인소싱*화해야 했습니다." 2014년 2분기쯤이면 생산 지체 현상이 풀릴 거라고 예측하면서 일론 머스크는 이런 말을 덧붙였다. "우리는 지금 생산에 제약이 있는 게 아니라 수요에 제약이 있는 상황을 만들려 애쓰고 있습니다."[13]

그런데 또 다른 제약(또는 새로운 기회?)이 곧 모습을 드러낸다. 수십 년간 자동차 도시 디트로이트를 괴롭혀 온 문제에 자동차업계의 이단아 테슬라 역시 직면하게 된 것이다. 2013년 8월, 일론 머스크는 전미자동차노조UAW의 간부들을 만났고, 2014년 1월에는 그 연합 노조에서 테슬라 프리몬트 공장에 노조설립위원회를 결성한 것으로 알려졌다.

프리몬트 공장은 GM과 도요타의 합작 회사에 의해 운영되던 2010년 이전까지만 해도 유니언 숍union shop*이었다. 그러나 노조가 막강한 힘을 휘두르는 자동차업계와 달리, 실리콘 밸리의 첨단 제조 기업들은 노조가 없는 사업장이 대부분이다.

일간지 「샌프란시스코 크로니클」이 프리몬트 공장 노조 설립 소식을 전했을 때, 테슬라 입장에서 노조 설립이 좋은 소식이라고 본 사람은 거의 없었다. 디트로이트 자동차 제조업체들과 노조 간의 투쟁 역사를 감안해 보면 그럴 만도 했다. 그러나 「월스트리트 저널」의 분석가들은 노조 설립이 테슬라에 어떤 영향을 미칠지 장담하지 못했다. 일부에서는 전미자동차노조가 최근 들어 대립보다는 협력을 강조하고 있다는 점에 주목하기도

- 서비스나 기능을 조직 내에서 자체 조달하는 방식으로, 부품 조달을 비롯한 사업의 일부 또는 많은 부분을 외부에 위탁하는 아웃소싱의 반대 개념이다.
- 모든 직원은 의무적으로 노조에 가입해야 하고 탈퇴하면 회사가 해고하도록 되어 있는 사업장

했다. "꼭 대립적인 관계가 될 거라고 결론 내릴 순 없습니다." 도허티 투자 회사Dougherty & Co.의 테슬라 담당자인 안드레아 제임스Andrea James의 말이다. "그러나 지금처럼 회사가 한창 상승세를 타고 있는 상황에서는 아무래도 좀 더 자유롭게 움직일 수 있는 게 더 좋겠죠."14

노조에 대한 일론 머스크의 입장은 아직까지도 분명치 않다. 도요타로부터 프리몬트 공장을 매입한다는 발표를 할 때 그는 「샌프란시스코 크로니클」과의 인터뷰에서 이렇게 말했다. "노조 문제에 관한 한 우린 중립입니다." 그는 또 2009년 『와이어드』지와의 인터뷰에선 이런 말을 했다. "우리 경력직 직원들은 거의 다 노조가 있는 직장에서 일한 사람들인데, 노조에 가입하니 뭐가 좋더냐고 물었더니 이렇게 대답하더군요. '글쎄요, 사장이 꽉 막힌 사람이면, 노조에 의존하게 되죠.' 그래서 내가 이렇게 말했습니다. '좋아요. 원칙을 하나 세웁시다. 우리 회사엔 꽉 막힌 사람은 없을 겁니다.'"15

이 책을 쓰고 있는 현재, 테슬라에는 여전히 노조가 없다. 노조에 대한 일론 머스크의 허물없는 접근법이 앞으로 회사가 대량 생산 체제로 들어가도 계속 통할지는 좀 더 두고 봐야 할 것이다.


## 모델 S, 지구를 돌다

노르웨이, 스위스, 네덜란드 등 유럽 국가 고객들에 대한 모델 S의 인도는 2013년 8월부터 시작되었다. 11월에 이르러서는 총 2,641대의 모델 S가 인도되어, 유럽에서 두 번째로(닛산 리프에 이어) 많이 팔린 플러그인 전기자동차가 되었다. 테슬라는 2014년 6월 영국에서 운전석이 오른쪽에 있는 모델 S를 인도하기 시작했다. 그리고 그해 말에 이르러서는 홍콩과 호주, 일본에서 제품이 인도되기 시작했다. 특히 일본에서는 비非일본 자동차 제조업체의 플러그인 자동차 가운데 처음으로 가장 많이 팔린 자동차가 되었다.

2014년 9월에 모델 S는 새로운 기록을 또 하나 세웠다. 노르웨이에서 '이달에 가장 많이 팔린 자동차'가 된 것이다. 그렇다. 가솔린 자동차든 전기 자동차든 모든 종류의 자동차를 통틀어 1위 말이다. 이렇게 해서 고급 세단 모델 S의 노르웨이 내 시장 점유율은 그 유명한 폴크스바겐 골프의 4.6퍼센트를 제치고 5.1퍼센트에 도달했다.

사실 전 세계 전기 자동차 시장의 수도라 할 수 있는 노르웨이에서는 모델 S의 수요가 단기간에 너무 몰려 일부 성질 급한 고객들은 다른 사람이 쓰던 모델 S를 사기도 했다. 새 차가 나올 때까지 5개월을 기다릴 수 없어 2만 달러가량의 웃돈까지 얹어 주며 중고차를 산 것이다. "이 차에 대한 수요가 워낙 엄청나, 좀체 멈출 것 같지 않아요. 지금 대기자 명단에 이름을 올린 고객들만도 수두룩해요." 노르웨이 남서부 도시 베르겐의 테슬라 자동차 대리점 점장인 요아르 텐피오르Joar Tenfjord의 말이다.16

노르웨이에서 새로운 모델 S의 가격은 무려 11만 달러 선에서 시작됐지만, 전기 자동차 구매자들에 대한 노르웨이 정부의 후한 장려금과 가솔린 엔진 자동차에 대한 가혹한 세금 때문에 그 가격조차 싸게 느껴질 정도였다. 이 스칸디나비아반도 국가에선 오래전부터 전기 자동차에 대한 인기가 높아, 닛산 리프와 미쓰비시 i-MiEV는 물론 싱크 시티처럼 다른 데선 이미 사라진 구닥다리 전기 자동차들도 보이는 등 2016년 12월 기준 총 10만 대가 넘는 플러그인 자동차들이 도로 위를 돌아다니고 있다.

일본 도쿄의 아오야마에 위치한 테슬라 모터스 전시실

이처럼 전기 자동차의 높은 인기 때문에 문제가 발생하기 시작했다. 충전 시설이 충분치 않은 데다 전기 자동차들이 버스 차선을 막는 일도 빈번히 일어나기 시작한 것이다. 그러나 적어도 그간 모델 S의 소유자들은 주행 거리 걱정은 하지 않아도 되었다. 노르웨이에서 모델 S가 판매되자마자 바로 테슬라 측에서 전략상 중요한 지역에 슈퍼 충전기 충전소들을 건설했기 때문이다. 2017년 8월에 이르러 슈퍼 충전기 충전소 수는 36개로 증가했고, 지금도 계속 증가 중이다.[17]

2014년 10월 독일의 한 테슬라 서비스 센터에서 행한 연설에서 일론 머스크는 아우토반Autobahn을 맘껏 달릴 수 있게 자동차 핸들링을 개선시켜 주는 등 독일 고객들을 위해 특별한 자동차 튜닝 서비스를 제공하겠다고 말했다. "모델 S 구매자들을 위해, 우리는 옵션으로 고속 튜닝 서비스를 무료 제공할 것입니다. 만일 아우토반에서 전속력으로 달리는 걸 즐기는 분이시라면, 전속력으로 달리는 기쁨을 맛볼 수 있게 자동차를 맞춤 튜닝해 드리겠습니다." 그리고 나서 일론 머스크는 속도 제한이 없는 것으로 유명한 독일의 유명한 고속 도로 아우토반에서 직접 모델 S를 몰아 보곤 이렇게 말했다. "와, 정말 신나는데요."

당연한 얘기지만, 그렇게 막 전기 자동차가 액셀러레이터를 밟아 대면 주행 거리가 줄어들 수밖에 없다. 그래서 독일에서도 슈퍼 충전기 충전소망 구축이 그 문제의 해결책으로 제시되었다. 이 책을 쓰고 있는 지금, 독일에는 50개가 넘는 슈퍼 충전기 충전소가 운영 중인데, 테슬라 측에 따르면 독일 어디에서든 200킬로미터 이내에 슈퍼 충전기 충전소가 있다고 한다. 충전 전력도 120킬로와트에서 135킬로와트로 꾸준히 늘고 있어, 충전 속도 또한 계속해서 빨라지고 있다.

일론 머스크는 독일에서의 연설 마지막 부분을 멋지게 마무리하면서 그를 아끼는 사람들의 마음을 훈훈하게 만들었다(그리고 내 짐작이지만 비판론자들의 마음까지 뒤흔들었다). 전기 자동차로 갈 수밖에 없는 환경 요인들에 대해 자세히 얘기한 뒤, 그는 모델 S를 구입하는 모든 사람이 대량 생산될 제3세대 전기 자동차에 자금 지원을 해 주고 있는 것이라고 말했다. 현재 테슬라는 주식 배당을 못하고 있고, 일론 머스크의 연봉은 1달러이다. 물론 그는 막대한 금액의 테슬라 주식을 쥐고 있다. 그런데 그가 이런 말을 했다. "약속합니다. 나는 테슬라 주식을 내다 파는 마지막 사람이 될 겁니다. 선장은 배와 함께 가라앉아야 합니다. 아, 잠깐만요. 아니, 선장은 편안하게 배를 빠져나오는 마지막 사람이어야 합니다."[18]

그로부터 몇 주일 뒤, 테슬라 대리점 개업식 참석차 런던을 찾은 일론 머스크는 BBC의 〈뉴스나이트Newsnight〉에 나와 몇 가지 흥미로운 얘기를 했다. 그는 영국에 곧 무료 슈퍼 충전기 충전소망을 구축할 거라는 사실을 확인하면서, 그 충전소들에는 태양열 전지판으로 만든 잉여 전기를 공급할 것이라고 했다. 그러자 사회자 개빈 에슬러Gabin Esler가 빙그레 웃으며 회의적인 어조로 일론 머스크에게 혹시 밖에 나가 봤느냐고 물었다.* 그러자 일론 머스크는 태양열 전지판은 구름 낀 날에도 쓸 수 있다며 그 자리에서 맞받아쳤다.[19]

테슬라는 오래전부터 유럽과 아시아에서의 매출이 북미 지역에서의 매출을 앞지를 걸로 예상해 왔으며, 특히 유럽 제국에서의 세 확장을 서둘러 진행해 왔다. 그 결과 이 책을 쓰는 지금 유럽 대륙에는 수십 개의 대리점과 서비스 센터가 들어서 있다. 서유럽에는 슈퍼 충전기 충전소들이 빼곡하며,

---

* 개빈 에슬러는 영국은 구름 낀 날씨일 때가 많아 태양열 전지판을 이용하기가 어려울 거라는 말을 한 것이다.

남유럽과 동유럽 쪽도 슈퍼 충전기 충전소 수가 꾸준히 늘어 가는 중이다.

모델 S는 유럽 언론계에서도 곧 큰 인정을 받았다. 스웨덴과 노르웨이에서는 '올해의 자동차상'을 받았고, 스위스에서는 '가장 멋진 자동차상'을 받았으며, 덴마크에서는 '올해의 명예의 자동차상'을 받았다.

2013년을 마무리하면서, 테슬라는 2014년에는 모델 S를 중국에 진출시킨다는 계획을 세웠다. 중국은 지금 전 세계 프리미엄 세단 시장의 절반을 차지한다는 말을 들을 정도로 아주 중요한 시장이다.

주주들에게 보내는 2013년 4분기 보고서에서 테슬라는 전 세계 가격 전략과 관련해 다음과 같은 흥미로운 발언을 했다. '테슬라는 매출 총이익을 최대한 높이기 위해 노력하지는 않습니다. 그러자면 업계 관행대로 특정 시장의 고객들을 상대로 더 높은 가격을 매겨야 하는데, 그럴 경우 장기적인 고객 충성도 구축이라는 우리의 원칙에 위배된다고 믿기 때문입니다.'

이는 전 세계의 테슬라 팬들 입장에서도 좋은 소식이었지만, 전 세계 시장으로 판매를 확대하려는 테슬라의 입장에서도 경쟁력을 높일 수 있는 소식이었다. 대부분의 자동차 제조업체들은 현지 시장이 받아들일 만한 가격을 책정한다. 그래서 똑같은 모델이라도 미국 외의 국가에서 가격이 훨씬 더 높은 경우가 많다. 그런데 눈에 보이는 그런 이익을 포기할 경우, 테슬라는 값비싼 고급 세단 시장에서 모델 S를 경쟁 업체들의 제품에 비해 더 싸게 보이는 효과를 거둘 수 있다. 테슬라는 모델 S를 중국에서도 미국에서와 비슷한 가격으로 판매하고 있다고 말한다. "수입 자동차들에는 불가피하게 세금과 관세와 운송비가 추가되지만…… 미국에서와 같은 가격으로 갈 경우, 중국에서 모델 S의 가격은 대형 고급 세단이 아니라 중형 프리미엄급 세단과 맞먹을 것입니다."

테슬라는 베이징 시내에 자동차 대리점을 오픈했고, 중국어 웹사이트도 개설했다. 그러나 곧 중국 진출을 가로막는 뜻하지 않은 복병을 만났다. 누군가 테슬라 모터스라는 상표권을 미리 따내 테슬라가 중국에서 그 이름을 쓰지 못하게 한 것이다. 결국 테슬라는 한 '기업가'로부터 '테슬라 모터스'라는 상표권을 사들였지만, 알고 보니 또 다른 사람이 테슬라 모터스의 다른 여러 버전에 대한 상표권을 등록해 놓은 상태였다. 테슬라는 32만 6,000달러를 제안했지만, 현지의 상표권 투기꾼은 끝까지 3200만 달러를 요구했다고 한다. 1년 전에는 애플이 중국에서 '아이패드'라는 상표권을 사용하기 위해 2년간의 소송 끝에 6000만 달러를 내놓은 적이 있었다.[20]

다행히 2014년 1월에 중국 법정은 상표권 분쟁에서 테슬라의 손을 들어 주었다. 당시 테슬라는 중국 고객들 사이에서 가장 잘 알려진 자사 이름인 '테시라 Te Si La'를 마음대로 쓸 수 있었다. "법원은 우리에게 그 이름을 쓸 권리를 주었고, 지금 우리 대리점에 붙어 있는 중국 상호는 그렇게 해서 나온 겁니다." 당시 테슬라 중국 지부 부사장인 베로니카 우Veronica Wu의 말이다. 테슬라에 합류하기 전 애플 중국 지사에서 일했던 우는 연말까지 중국 도시 10~12곳에 매장을 열 계획이며, 2014년에 이르면 중국 내 매출이 전 세계 매출 성장의 3분의 1을 차지할 걸로 예측된다고 했다.

2014년 초 테슬라는 중국인을 상대로 5,000대의 선주문을 받았다. 처음에는 고객들에게 좋은 경험을 안겨 주기 위해 테슬라 서비스 센터가 있는 도시에 거주하는 고객과 주차장이 있고 집에서 충전이 가능한 사람만을 대상으로 주문을 받았다. 이러한 제약 때문에 모델 S를 대량 구매해 테슬라의 판매 요건에 맞지 않는 사람들에게 되파는 판매업자들이 기승을 부렸다. 2014년 봄에 모델 S는 중국인 고객들에게 처음 인도됐으나, 베이징과 상하이 이외의 도시에 사는 고객들은 새로 짓고 있는 고객 서비스 센터들이 완공된 뒤 자동차를 받을 수 있다는 말을 들어야 했다. 미국이나 유럽에서와는 달리, 중국 언론에서는 테슬라가 그리 큰 조명을 받지 못했다. 잠재 고객 대부분은 전기 자동차에 대해 아는 게 거의 없었고, 그래서 전기 자동차가 집에서도 충전할 수 있게 제작된다는 걸 모르는 사람들이 많았다(물론 미국에도 아직 그런 고객들이 많다). 충전은 반드시 공공 충전소에 가서 해야 하는 걸로 안 것인데, 당시에는 그런 충전소가 거의 존재하지 않았다.

2014년 말에 이르면서 상황은 그리 장밋빛이 아니었다. 테슬라는 중국에 약 4,700대의 모델 S를 보냈는데 실제 판매는 2,500대에 그친 것이다. 테슬라는 투기꾼들 탓을 했다. 그러나 『포천』에 실린 한 심층 기사에 따르면, 여러 전직 테슬라 직원들이 지적한 진짜 문제는 열악한 고객 지원이었다고 한다.[21]

일론 머스크는 주행 거리에 대한 불안과 충전 인프라 부족을 매출 부진의 요인으로 꼽으며 이런 말을 했다. "특히 충전과 관련된 커뮤니케이션 문제로 중국 내 상황이 조금 여의치 않았습니다. 중국에선 충전이 어렵다는 오해가 있었거든요."

일론 머스크는 이 같은 판매 부진의 이유로 주행 거리에 대한 걱정과 배터리 충전에 대한 인식 부족을 꼽았다. "중국 사업이 잘 풀리지 않은 건 소통 부족, 특히 배터리 충전에 대한 소통 부족 때문입니다. 중국 내에서의 배터리 충전이 어렵다는 오해도 문제입니다."

그러나 일부 업계 전문가들이 보기에, 중국에서의 배터리 충전 문제는 오해가 아니라 실제로 존재했다. 중국인 대부분은 인구가 밀집된 도시 지역에 살고 있어 개인 차고가 없는 경우가 많다. 그래서 자동차 소유자들은 길거리에 차를 주차해 두기 때문에 개인적인 충전 인프라 구축이 어렵다(런던과 그 밖의 다른 인구 밀집 도시들도 같은 문제를 안고 있다).

일론 머스크도 이런 문제를 인정했고, 테슬라는 이 문제를 해결하기 위해 바쁘게 움직였다. 4분기 수익 보고서를 발표할 즈음, 테슬라는 중국 내 아홉 군데의 '체험 센터'와 52곳이 넘는 슈퍼 충전기 충전소, 그리고 1,000곳이 넘는 2단계 충전소를 구축했다. 그 외에 테슬라는 집에서 무료로 충전할 수 있는 프로그램도 도입했을 뿐 아니라, 부동산 소유주들을 상대로 충전 인프라 구축에 나서라는 설득 작업도 시작했다.[22]

12월에는 베로니카 우가 사장 자리에서 물러나고 대신 주 샤오통<sup>Zhu Xiaotong</sup>이 들어왔다. 이듬해 1월, 일론 머스크가 2014년 4분기 중국 매출이 줄었다는 것을 확인해 준 직후에 테슬라의 주가는 급락했다. 『포천』에 따르면, 테슬라는 2014년 중국에서 약 3,500대를 팔았는데, 이는 목표에도 미달될 뿐 아니라 현지 경쟁 업체인 BYD와 베이징자동차<sup>BAIC</sup>에도 뒤처진 수치였다.[23]

2015년 1월 테슬라 대변인은 테슬라가 그간 중국 시장에서 다소 조급했다는 걸 인정했다. 테슬라는 톰 주<sup>Tom Zhu</sup>를 중국 지사 사장으로 앉히는 등 지역 지도부를 다시 교체했고 전략도 수정했다. 일론 머스크는 중국으로 날아가 시진핑 주석을 비롯한 중국 지도자들을 만났고, 초기 시행착오들이 있었지만 자신은 상황을 아주 낙관한다는 글을 트위터에 올렸다. 2015년 말에 이르러서도 매출은 연간 3,700대로 여전히 실망스러웠지만, 미래는 보다 밝아 보였다. 테슬라는 세계 그 어느 곳에서보다 더 빠른 속도로 중국에 슈퍼 충전기들을 설치해 나갔다. (그 당시 현재 중국에는 약 120곳의 슈퍼 충전기 충전소가 있었으며, 테슬라 측에서는 2017년 연말까지 1,000곳이 넘을 거라고 말했다.)

그러는 사이 중국 소비자들은 테슬라 제품을 구입하는 게 유리하다는 걸 깨닫기 시작했다. 중국에서는 고급 외제차 대부분이 '4S 매장<sup>4S stores</sup>'이라고 알려진 대리점에서 판매되고 있으며, 이 대리점들이 중간에서 많은 이익을 취하고 있다. 그런데 테슬라는 직접 판매 방식을 택하고 있어 소비자들은 굳이 대리점을 거칠 필요가 없다. 미국에서와 마찬가지로 이런 판매 방식은 중국인들 사이에서도 큰 호응을 받았다. 중국 소비자들은 또 전기 자동차를 구입하는 게 비교적 단기간 내에 자동차를 구입할 수 있는 유일한 방법이라는 것도 알게 됐다. 교통 체증과 대기 오염 문제를 해결하기 위해 중국 지방 정부들은 차량 번호판 발행을 제한하고 있고, 그래서 자동차를 사려면 몇 년이 걸릴 수도 있다. (2015년 현재 3만 7,000개의 번호판을 놓고 무려 620만 명의 베이징 주민들이 경쟁을 벌이고 있다.) 그런데 전기 자동차는 이런 제한에서 자유로우며 막대한 차량 등록비도 면제된다. 이런 정책 때문에 의도치 않은 결과들이 나타났다. 대부분 코드를 꽂아 충전할 곳도 없었던 중국 소비자들이 자동차를 최대한 빨리 받기 위해 플러그인 하이브리드 SUV 구입에 나선 것이다.

테슬라의 중국 사업을 촉진시켜 준 또 다른 힘은 모델 X의 출시였다. 중국인들은 미국인들만큼이나 SUV를 좋아한다. 2016년 상반기 중 전체 승용차 판매의 35퍼센트가 SUV였을 정도다. 모델 X가 2016년 6월 중국에 출시되면서 테슬라의 매출이 급증한 것도 결코 우연이 아닌 것이다.

테슬라는 중국의 전기 자동차 산업을 새로운 차원으로 끌어올리고 있는 중국 정부의 대대적인 전기화 지원 덕도 톡톡히 보고 있다. 중국은 2017년에 플러그인 자동차 100만 대 돌파라는 신기원을 세웠다. 중국 정부는 2025년에 이르면 매년 700만 대의 플러그인 자동차가 판매될 것으로 예측하고 있다.

중국 입장에서 전기 자동차는 질식할 듯한 대기 오염 문제를 해결하는 유일한 길일 뿐 아니라 전 세계 자동차 산업에서 주도권을 거머쥘 절호의 기회이기도 하다. 플러그인 자동차가 첨단 기술의 통합이긴 하지만, 그래도 전통적인 가솔린 자동차에 비하면 여러 면에서 제작하기가 더 간단하다. 그리고 서구의 주요 자동차 제조업체들이 전기 자동차 대량 생산을 극구 거부하고 있어 중국으로서는 그 틈새를 파고들 여지가 많다. 중국 자동차 제조업체들의 경우 메르세데스나 BMW 같은 브랜드들과는 품질 경쟁 자체가 불가능할지 모른다. 그러나 제작비가 적게 드는 기본형 전기 자동차 분야는 중국 기업에 강점이 있어, 주요 자동차 제조업체들이 무시하고 있는 저가 전기 자동차 시장에서는 승산이 있다(테슬라는 고가 전기 자동차를 공략하고 있으므로).

외국 기업들이 중국에서 사업을 하는 데 가장 중요한 요소는 중국 정부와 돈독한 관계를 유지하는 것인데, 그런 점에서 테슬라는 그간 조심스레 잘해 온 편이다. 애플과 마찬가지로 중국제 부품, 특히 터치스크린을 구입하여 현지 경제에 돈을 풀고 있는 것이다. 2015년 톰 주 중국 지사장은 테슬라가 중국제 부품 구입비를 5억 달러까지 늘릴 거라고 했다.

오늘날 테슬라 자동차는 중국 대도시에서 흔히 볼 수 있다. 테슬라는 2016년에 중국에서 1만 400대의 자동차를 팔았는데, 이는 그 전해에 비해 3배나 뛴 수치다. 2017년 들어 첫 세 달 동안 이미 그 수치가 두 배가 되었다. 2016년 테슬라는 전 세계에서 인도한 자동차의 약 13퍼센트를 중국에서 인도했다. 중국에서만 11억 달러의 매출을 올린 것이다. 그런데 중국에서의 모델 3 예약 대수가 미국 다음으로 많아서 이 모든 수치는 훌쩍 더 오를 전망이다.

모든 걸 감안했을 때, 앞으로 테슬라의 중국 내 매출은 필히 증가할 것으로 보인다. 그러나 전문가 대부분은 한 목소리로 테슬라가 중국 내 매출을 대폭 끌어올리려면 다른 외국 자동차 제조업체들과 마찬가지로 현지 생산을 해야 한다고 말한다. 자동차를 캘리포니아로부터 수입하는 데 막대한 추가 비용이 드는 데다 외국 제품에 대한 관세가 25퍼센트가 붙고, 다시 또 부가 가치세가 17퍼센트가 더 붙는다. 결국 중국 소비자들이 내야 하는 최종 가격은 미국에서보다 무려 50퍼센트나 더 높아진다. 예를 들어 모델 S는 10만 5,000달러, 모델 X는 13만 달러로 시작됐다. 테슬라 제품은 부유한 사람들의 신분의 상징처럼 여겨지고 있어, 2016년도 매출의 대부분은 중국 내 부의 중심지인 베이징, 상하이, 선전에 집중됐다. 모델 3는 중국에서 약 5만 달러에 판매될 전망인데, 이는 중산층 소비자들에게는 아주 부담스러운 가격이다.

일론 머스크는 적어도 2014년 4월부터 중국 공장 건설에 대해 얘기해 왔다. 그는 당시 이런 말을 했다. "앞으로 3~4년 후 어느 시점에선 중국 내에 현지 생산 체제를 갖출 겁니다. 중국은 테슬라의 미래에 아주 중요하니까요."[24] 오늘날 테슬라는 또 다른 딜레마에 빠져 있다. 가까운 미래의 매출 전망을 보면 현지 공장 건설에 막대한 투자를 한다는 건 과욕이다. 그러나 문제는 그러지 않을 경우 모델 3의 가격을 진정한 대량 생산 모델로 볼만한 선까지 끌어내릴 수 없다는 것이다.

우리가 알고 있는 테슬라와 일론 머스크의 그간 행적으로 봐서는, 테슬라는 분명 어떻게 해서든 조만간 중국 현지 공장을 건설할 가능성이 높다. 일론 머스크는 빠르면 2018년에 중국 내 자동차 생산을 시작할 수도 있다고 말해 왔는데, 『포천』에 따르면 현재 여러 중국 기업과 도시들이 테슬라를 향해 적극적인 구애 활동을 펼치고 있다고 한다.


## 모델 S, 미쳐 버리다

2014년 10월, 2주 가까이 어두운 차고 안에서 헤드라이트 불빛만 번쩍이는 미스터리한 티저 광고들을 내보낸 끝에, 테슬라는 모델 S의 D 시리즈를 공개했다. 캘리포니아주의 호손 뮤니시펄 공항(스페이스X 본사가 있는 곳)에서 열린 거창한 신차 공개 행사에서 일론 머스크는 강력한 듀얼 모터를 장착한 4륜 구동 방식의 모델 S 변형 버전을 소개했다. 소개는 그가 단순히 신모델의 장점들을 소개하는 슬라이드를 보여 주는 걸로 끝나지 않았다. 거대한 로봇 팔로 모델 S의 섀시를 통째로 들어 올린 뒤 옆으로 뒤집어 사람들이 한층 개선된 새 구동 장치를 직접 볼 수 있게 한 것이다.

이 모델 S의 D 시리즈에는 앞 차축 위쪽에 모터 하나를 더 장착해, 모델 S 85D의 경우 총 376마력, 그리고 P85D의 경우 691마력까지 낼 수 있다. 또한 이 D 시리즈는 카메라와 센서들이 부착되어 다양한 자율 주행 기능이 가능하며, 좌석들이 더 멋있어지고 자동으로 잠기는 충전 포트 도어가 추가되는 등 몇 가지 사소한 개선 사항들도 있다.

언론에서는 연일 D 시리즈의 새로운 기능들에 대한 보도를 쏟아냈지만, 늘 그렇듯 주류 언론은 정말 중요한 점을 놓치고 있었다. 많은 미디어들이 그저 '그래 봐야 모델 S에 다른 고급 모델들에 이미 다 있는 AWD, 즉 전륜 구동all wheel drive 기능과 다른 몇 가지 자동/안전 기능들이 추가된 것뿐인데, 웬 호들갑이지?' 하는 식의 태도를 취한 것이다.

그러나 시간을 가지고 D 시리즈의 새로운 기능들을 자세히 들여다본 사람이라면, 이 자동차가 단순히 모델 S를 개선한 정도가 아니라 자동차 산업에 중대 변화를 몰고 올 기능들을 갖추고 있다는 걸 알게 될 것이다. 먼저, D 시리즈에 추가된 AWD 기능은 단순히 추운 겨울날 편리하게 쓰는 데 그치는 기능이 아니다.

"D 시리즈의 AWD 기능이 과거의 AWD와 다른 건, 1,000분의 1초라는 짧은 순간에 파워를 최고치에서 최저치까지 다이내믹하게 바꿀 수 있다는 겁니다. 그러니까 순식간에 회전력을 조정할 수 있는 거죠. 다른 차들의

테슬라 모델 S의 D 시리즈 티저 광고

AWD는 기계적으로 샤프트와 연결되어 있어 아날로그 방식에 가깝다면, D 시리즈의 AWD는 디지털 방식에 가까운 겁니다. 그러니 타이어와 노면 밀착 안정성이 더 좋을 수밖에 없죠. 이런 식으로 우린 D 시리즈에서 자동차와 관련된 거의 모든 걸 개선할 수 있었습니다."

기존 자동차들의 AWD 장치는 대개 연비를 떨어뜨리지만, 테슬라의 AWD 장치는 오히려 연비를 올려 준다. 테슬라 측에 따르면, 일반 모델 S의 경우 시속 65마일(약 104킬로미터)로 달릴 경우 주행 거리가 261마일(약 420킬로미터)인 데 반해, AWD 장치를 한 모델 S 85D 버전의 경우 주행 거리가 295마일(약 475킬로미터)이라고 한다.

게다가 D 시리즈는 차체도 더 크면서 훨씬 더 빨랐다. 가장 힘이 좋은 P85D 버전의 경우 시속 0마일에서 60마일에 도달하는 데 단 3.2초밖에 걸리지 않았다. 또한 D 시리즈는 총 파워가 691마력이고, 최고 속도는 시속 155마일(약 249킬로미터)이다. "이 차를 타면 마치 항공 모함 활주로에서 날아오르는 기분이랄까…… 개인용 롤러코스터를 타는 기분이 듭니다." 일론 머스크의 말이다. D 시리즈에는 세 가지 운전 모드, 즉 '일반Normal' 모드와 '스포트Sport' 모드, '미친Insane' 모드가 있다.

후에 '터무니없는Ludicrous'(이 말은 영화 〈스페이스볼Spaceballs〉에서 나온 말로, 그 영화 속에서 우주선들은 미친 모드, 터무니없는 모드, 맥시멈 플레이드Maximum Plaid 모드로 날아다님) 모드가 추가됐다. 시속 0마일에서 60마일에 도달하는 시간을 2.4초로 줄여 주는 모드였다. 이 모델에는 묘한 유머 감각이라는 또 다른 기능이 처음 추가됐다. 최대 가속을 내기 위해 발사Launch 모드를 쓸 수 있는데, 이 모드를 너무 자주 쓰면 배터리 소모가 커 자동차에서 이 모드를 켜기 전에 경고가 나온다. 옵션은 둘 중 하나로 '그래, 시작해!Yes, bring it on!' 아니면 '아니, 엄마가 보고 싶어!No, I want my mommy!'다.

그런데 잠깐! 그게 다가 아니다. D 시리즈의 가장 혁명적인 발전은 레이더와 카메라, 초음파 탐지기를 이용한 '오토파일럿autopilot'(자동 조정) 장치다. 이 장치는 2014년 9월 중순 이후에 제작된 모든 테슬라 자동차(구형 모델들에는 장착할 수 없음)에 장착된다.

이제 오토파일럿 장치가 장착됐지만 '오토스티어autosteer'와 기타 부분적인 자율 주행 기능들을 가능하게 해 주는 소프트웨어는 아직 장착되지 않았고, 그래서 사람들 대부분이 이 하드웨어 업그레이드의 혁명적인 면을 이해하지 못하는 것도 무리는 아니었다. 테슬라 측에서는 "모든 오토파일럿 기능들을 완성해 자동차에 업로드하려면 앞으로 수개월이 걸릴 겁니다."라고 하면서 장차 여러 기능을 더 추가할 것을 약속했다.

앞으로 어떤 일이 일어날지 잘 알고 있는 몇 안 되는 저널리스트들(이 책의 저자인 나를 포함)은 이제 필요한 하드웨어는 갖춰졌기 때문에 완전한 자율 주행 기능들은 원격 소프트웨어 업데이트를 통해 추가될 수 있을 거라고 추정했다. 그러나 테슬라 측에서는 자사 블로그에서 무인 자동차가 현실화되려면 몇 년 더 걸릴 것이라고 했다. 결국 운전자가 핸들에서 손을 떼는 실질적인 자율 주행 기능(수준 4 자율-14장 참조)을 구현하기 위해 2016년에 또 한 차례의 하드웨어 업데이트를 해야 했다. 그리고 테슬라는 2015년 4월 1일 '주차 위반 딱지 방지' 기능도 집어넣을 거라 했는데, 그 기능도 조만간 실현될 듯하다.

오토파일럿 기능을 설명하면서 일론 머스크는 현재 시제와 미래 시제를 섞어 썼다. 그러면서 그는 모델 S는 지금도 스스로 주차한다거나 호출 시 운전자한테까지 오는 게 가능하며, 심지어 온라인 캘린더를 이용해 모델 S가 운전자가 원하는 시간에 원하는 장소까지 오게 할 수도 있다고 했다. 테슬라 측에서는 모델 S의 자동 주차 기능은 얼마든지 사용 가능하다면서

곧 구체적인 자율 주행 기능 개발 일정을 밝히기도 했다.[25]


## 로드스터가 거듭나다

크리스마스 바로 다음 날, 로드스터 소유자들은 반가운 소식을 하나 들었다. 주행 거리가 비약적으로 향상된 로드스터 3.0이라는 신차가 나올 거라는 얘기였다. 로드스터 3.0은 모델 S를 제작하면서 얻은 여러 가지 교훈을 로드스터에 적용해서 얻은 결과물이라 할 수 있다.

로드스터의 배터리가 본격적인 생산에 들어간 2008년 이래 배터리 기술은 괄목할 만한 발전을 이룩했다면서, 테슬라 측에서는 이런 말을 했다. "우린 초창기 로드스터에 비해 에너지가 31퍼센트 더 응축된 새로운 배터리를 찾아냈습니다. 우린 그 배터리를 이용해 배터리 팩을 만들었고, 그 결과 초창기 배터리 팩만 한 크기의 배터리 팩에서 70킬로와트시의 전기가 나오게 됐습니다." 현재 테슬라 측에서는 새로운 배터리 팩으로 원래의 파나소닉 제품 대신 LG화학 제품을 쓰고 있다.

로드스터는 공기 역학도 더 좋아졌다. "컴퓨터를 활용해 계산해 보니, 공기 역학은 15퍼센트 더 개선되고 공기 저항 계수는 0.31까지 줄어들 것으로 기대됩니다."

그 외에 휠과 타이어도 개선됐다면서, 테슬라 측에서는 이런 말을 했다. "로드스터 3.0에 쓰일 새로운 타이어의 회전 저항 계수rolling resistance coefficient*는 20퍼센트 정도 개선된 약 8.9킬로그램/톤입니다. 휠 베어링과

---

* 타이어의 회전 저항값을 타이어에 가해진 하중으로 나눈 값

잔여 브레이크 드래그brake drag *도 개선해, 자동차의 전반적인 회전 저항 계수를 더 줄일 겁니다."

테슬라 측에서는 이런 개선 조치들이 다 취해질 경우 로드스터 3.0은 주행 거리가 초기 로드스터에 비해 40~50퍼센트 늘어날 것으로 기대했다. "스피드와 운전 조건들만 적절하다면, 아마 로드스터 3.0은 400마일(약 640킬로미터) 이상 달릴 수 있을 겁니다." 로드스터 3.0에 대한 발표가 나온 지 몇 주일 뒤, 테슬라 팀은 로드스터 3.0 시제품을 몰고 캘리포니아 주 서부 새너제이에서 남부 로스앤젤레스까지 340마일(약 547킬로미터)을 시험 운전해 보았다.[26]

로드스터 3.0의 업그레이드는 2016년 7월경에 마침내 이루어졌다. 비용은 2만 9000달러였다.

• 운전자가 브레이크 페달을 밟지 않아도 제동력이 발생하는 상태

# 11 자동차를 재탄생시키다

역사상 가장 뛰어난 자동차(모델 S에 대해 그렇게 말하는 사람이 많다)를 만들어 냈다는 것만도 대단한 일이지만, 사실 테슬라는 그 이상의 일을 해냈다. 테슬라는 자동차에 대한 정의를 바꾸었는데, 사람들은 이제야 그 중요성을 깨닫기 시작하고 있다. 테슬라와 그 전기 자동차들은 세계 경제와 인류 사회에 혁명적인 변화를 몰고 올 일련의 일들을 촉발시켰다.

테슬라의 지속적인 영향력 중 일부는 이미 우리 눈에 분명히 보인다. 테슬라는 전기 자동차에 대한 사람들의 인식을 바꾸어 놓았고, 다른 자동차 제조업체들로 하여금 거의 다 죽어 가던 자신들의 전기 자동차 개발 프로그램을 되살리게 만들었다. 테슬라 자동차 개발 부사장이었던 이언 라이트는 내게 테슬라 이전 시대에 대해 이렇게 말했다. "사람들의 생각은 내 생각과 다를 게 없었습니다. '전기 자동차? 그거 골프 카트 같은 차들 아냐?' 그러나 이젠 그렇게들 생각하지 않죠. 그래서 나는 테슬라가 전기 자동차에 대한 사람들의 인식을 바꿀 정도로 세상을 변화시켰다고 생각합니다."

그러면서 이언 라이트는 이런 말도 했다. "닛산 리프, 쉐보레 볼트, 포드 전기 자동차들도 모두 테슬라의 혁신에 대한 기존 자동차 제조업체들의 반응으로 봐야 할 겁니다. 우리가 이 모든 걸 시작한 2003년의 상황을 생각해 보세요. 캘리포니아주의 무공해 차량 의무 생산 규정이 철회됐고, 시판되었던 모든 전기 자동차가 회수됐으며, GM의 EV1은 회수돼 폐기 처분까지 됐고, 주요 자동차 제조업체들은 아예 전기 자동차 생산 얘기를 꺼내지도 않고 있었습니다. 전기 자동차를 최대한 멀리하고 있었던 겁니다. 그러나 닛산의 최고경영자 카를로스 곤 Carlos Ghosn 은 달랐습니다. 지금 어떻습니까? 그가 만든 리프는 현재 세계에서 가장 많이 팔리는 전기 자동차입니다."[1]

## 바퀴 달린 컴퓨터

사람들이 생각하는 방식으로는 아닐지 몰라도, 테슬라는 자동차 개발 및 제조 방식도 변화시키고 있다. "도요타가 자동차를 제조하는 방식, 그리고 그들이 금속판을 찍어 내고 그걸 용접하고 페인트칠하고 모든 인테리어를 마친 뒤 최종적으로 자동차를 조립하는 방식은 우리가 앞서기 힘든 분야입니다. 그 면에서는 테슬라가 그 어떤 발전을 이루었는지, 아니 어쩌면 그 수준에 도달이나 했는지조차 의문입니다." 이언 라이트의 말이다. "그러나 여러분이 만일 실리콘 밸리의 기술 엔지니어이고, 그래서 현대의 자동차들이 제조되는 과정을 전자 공학적인 관점에서 본다면, 그런 구식 자동차 제조법은 호주식 표현대로 '개의 아침 식사', 즉 형편없는 것처럼 비칠 수도 있습니다. 우리 엔지니어들이 말하는 '시스템 설계'는 분명 아니죠."

사람들은 종종 현대의 자동차를 '바퀴 달린 컴퓨터'라고 말하는데, 실은 큰 컴퓨터 한 대가 아니라 조그만 컴퓨터 수십 대가 모여 있는 거라고 말해야 할 것이다. 그러나 이는 컴퓨터 네트워크나 소프트웨어 애플리케이션과는 다르다. (테슬라 자동차를 제외한) 자동차는 단순한 시스템으로 디자인되지 않는다. 독립된 여러 컴퓨터 시스템이 서로 다른 공급업체로부터 들어와 서로 뒤섞이는 것이다. 이언 라이트는 내게 이렇게 설명해 주었다. "지금 창문 너머 저기 2008년식 폴크스바겐 투아렉Touareg이 보이는데, 장담컨대 저 차 안에는 60개 내지 70개의 전자 블랙박스●와 무게 약 136킬로그램의 배선들, 그리고 20여 개 기업에서 가져온 소프트웨어가 들어 있을 겁니다. 이런 자동차들의 신뢰성 문제를 야기하는 건 주로 전자 장치와 소프트웨어입니다. 나는 테슬라의 경우 모델 S의 모든 전자 장치를 디자인하면서 문자 그대로 실리콘 밸리식 시스템 설계 방식을 썼다고 생각합니다. 이런 설계 방식이 거대 자동차 제조업체들에 어느 정도나 전달될지는 잘 모르지만, 어쨌든 이건 완전히 다른 설계 방식이고, 이런 방식을 쓸 경우 그들의 전자 장치와 소프트웨어 역시 이전보다 훨씬 더 믿을 만하게 될 거라고 믿습니다."

모델 S를 움직이는 모든 소프트웨어는 합리적인 단일 시스템으로 통합되어 있어, 이언 라이트에 따르면 다음과 같은 장점이 있다. "블랙박스 수가 더 적고 배선도 더 간결한 데다 소프트웨어 통합도도 높아, 뭔가 잘못되거나 다른 것들이 제대로 작동되지 않을 때, 또는 뭔가 이상한 일이 일어나기 시작할 때 문제를 보다 쉽게 해결할 수 있습니다."

이언 라이트는 이렇게 말을 이었다. "내 2008년형 폴크스바겐은 계기판 정중앙에 멋진 컬러 LCD가 있는데, 그게 날 아주 미치게 만듭니다. 그

---

● 기능은 알지만 구체적인 작동 원리까지는 알 수 없는 복잡한 기계 장치

LCD에 많은 정보를 담을 수도 있었을 텐데, 그걸 위아래 여러 칸으로 나누면서 망쳐 놨거든요. 그중 한 칸에는 바깥 기온이 나오는데, 연료가 부족해지면 경고가 뜹니다. 그렇게 일단 연료 부족 경고가 뜨면, 차에 기름을 더 넣을 때까지 그 경고 아이콘이 바깥 기온을 가려 바깥 기온이 어느 정도인지 알 수 없게 됩니다. LCD 화면에 뜨는 것들을 이리저리 옮기는 건 간단한 일인데, 그렇게 하지 못하고 있는 겁니다. 개발 방식 자체가 그렇거든요. 그런 작업을 하는 직원이 따로 있고, 작업상의 관례도 있고, 그런 식이죠. 그들이 잠자는 사이 테슬라가 바로잡고 있는 게 바로 그런 것들입니다. 큰 업체들은 고민만 하는 걸 우린 직접 해결하죠."

보다 통합적인 설계를 할 경우, 기술 개선에 따라 모든 걸 더 빨리 그리고 더 쉽게 업그레이드할 수 있다. 스마트폰 제조업체가 몇 주일이면 할 수 있는 간단한 개선도 오늘날의 자동차업계에선 5년이 걸릴 수 있다. 앞서 살펴보았듯, 테슬라는 그간 이미 모델 S에 대해 중요한 업그레이드를 여러 차례 했다. 그것도 고객들은 손 하나 까딱할 필요 없이 원격 조정으로 말이다. 전통적인 자동차에 그와 유사한 변화를 주려면 대리점으로 직접 차를 끌고 가야 할 것이다. 그리고 내가 아는 한, 테슬라를 제외한 그 어떤 자동차 제조업체도 잘못된 부품을 고치는 것 외에 기존 자동차에 대해 기능 개선이나 업그레이드를 한 적이 없다.

전기 자동차에서는 전자 장치와 소프트웨어가 그야말로 자동차의 핵심이기 때문에, 주요 자동차 제조업체들 역시 전기 자동차를 만들려면 결국 보다 시스템 중심적인 설계 방식을 택해야 할 것이다(그들이 단순히 기존의 가솔린 엔진 자동차 모델에 전기 구동 장치만 갈아 끼우는 방식을 취하는 한 그런 일은 일어나지 않겠지만). 게다가 지금 전기 자동차 분야에는 두 가지 다른 큰 경향, 즉 자동화 및 연결화 경향이 나타나고 있다. 이런 경향을 따라가기 위해서는 소프트웨어 중심의 개념이 절대적으로 필요하다. 기존 자동차 제조업체들 입장에서는 간단한 일이 아니며, 제품 디자인 및 제작 방식에 일대 혁명이 필요한 아주 큰일이다. 현재 시스템을 이용해 모든 것이 전기로 움직이고 자동화되고 고도로 연결된 21세기형 자동차를 만드는 것은 통화를 위한 반도체 칩과 운영 체제, 인터넷과 카메라, 음악 플레이어를 위한 반도체 칩과 운영 체제 등이 다 들어 있는 스마트폰을 만드는 것과 같을 것이다.

이는 단순히 전자 장치와 소프트웨어를 더 잘 만들어야 한다는 문제가 아니라, 자동차업계에 내재되어 있는 구조적인 문제다. 이언 라이트는 내게 이렇게 설명해 주었다. "설사 큰 업체들이 소프트웨어 시스템을 개선한다 해도, 십중팔구 일일이 직접 개발하지는 않을 겁니다. 필요한 사양을 적은 다음, 그걸 TRW나 지멘스, 보슈<sup>Bosch</sup> 같은 1등급 부품 공급업체에 보내겠죠. 앞으로도 계속 그런 방식으로 일한다면, 아마 문제는 여전히 해결되지 않을 겁니다."[2]


## 돌아온 아첨

전기 자동차에 대한 거대 자동차 제조업체들의 관심은 대개 거대한 물결처럼 밀려온다. 높이 치솟았다 다시 내려앉지만, 그때마다 늘 해변의 조금 높다란 곳에 뭔가 표식을 남겨 두고 싶어 한다. 우리는 7장에서 그 첫 번째 물결이 어떻게 치솟았는지를 보았다. 테슬라가 로드스터로 큰 성공을 거두자, 그에 고무된 GM의 밥 루츠가 회의론자들의 반대를 누르고 끝내 쉐보레 볼트를 생산하는 데 성공했던 것이다. 일론 머스크와 테슬라는 사람들이 사고 싶어 하는 전기 자동차를 만드는 것이 가능하다는 걸 입증해 보였다. 당시 밥 루츠는 자신이 테슬라 때문에 자극을 받아 전기 자동차를 만들게 되었다는 걸 워낙 분명히 밝혀 자동차업계의 다른 사람들이 전부 눈치챘을 정도였다.

2013년 자동차 전문가들이 모델 S를 극찬하기 시작하자, 거대 자동차 제조업체들의 의사 결정권자들은 뭔가 훨씬 더 중대한 일이 일어나고 있다는 걸, 그러니까 제2의 전기화 물결이 치기 시작했다는 걸 알아채기 시작했다. 캘리포니아의 조그만 신생 기업 테슬라가 앞으로도 계속 잘나갈 만한 괜찮은 자동차를 만들었는데, 더욱이 고급 세단을 자신들의 제품과 비슷한 가격대로 오히려 더 좋게 만들어 낸 것이다.

그 증거는 각종 수치로 나타났다. 모델 S가 메르세데스 벤츠 S 클래스나 렉서스 LS, BMW 7 시리즈, 그 밖의 유명한 자동차들보다 더 많이 팔리고 있었는데, 더욱더 놀라운 것은 전기 자동차임에도 불구하고 잘 팔리는 게 아니라 전기 자동차이기 때문에 잘 팔린다는 점이었다. 고급 자동차 대리점 주인들은 쉐보레 볼트나 닛산 리프로 인해 위협을 느낀 적이 없었다. 그 두 모델은 실용성을 강조한 소형차인 데다 동종의 가솔린 엔진 자동차들보다 가격이 거의 두 배나 비쌌기 때문이다. 그런데 모델 S는 이미 자리 잡은 고급 모델들을 위협하는 정도가 아니라 아예 압도해 버렸다. 가격대도 비슷한데, 이미 판매량에서 앞서 버린 것이다. 저 멀리 지평선 끝에서 얼핏 보였던 늑대가 어느새 부엌 안에까지 들어온 형국이었다.

1장에서 이미 살펴보았듯, 전 세계의 모든 자동차 제조업체는 한동안 전기 자동차에 대한 연구를 해 왔다(심지어 고급 승용차 제조업체의 대명사인 롤스로이스Rolls Royce와 벤틀리Bentley도 전기 자동차 시제품을 만든 적이 있다). 그래서 자동차 제조업체들이 새로운 위협에 대처한다는 것은 결국 그간 실험해 온 다양한 실험적 프로그램들 가운데 어떤 것을 상업화할 것인지 결정하는 문제로 귀착될 수 있다. 자동차 시장에선 갑자기 사람들이 미친 듯이 몰려드는 일은 없다(자동차업계에서 그런 예는 아직 없다). 그러나 모델 S가 점점 인기를 얻기 시작하자, 주요 자동차 제조업체 대부분이 자신들이 갖고 있던 기존의 전기 자동차 전략들을 꺼내들었다.

한동안 전기화 분야에서는 BMW가 선두 주자였다. 독일 바이에른에 본사를 둔 이 회사는 신모델을 천천히 그리고 신중히 도입하는 걸로 유명한데, 전기 자동차 개발도 3단계로 나누어 차근차근 진행했다. 그 첫 단계로 BMW는 2009년부터 미니 쿠퍼Mini Cooper를 개조한 미니 E Mini E 600대를 제작해(구동 장치는 AC 프로펄션의 제품으로 장착) 세계 곳곳의 도시에서 테스트를 실시했다. 2012년 1월에는 액티브E ActiveE 시제품을 출시했는데, BMW 1 시리즈 세단을 개조한 것이었다. BMW는 액티브E 1,100대를 3년 약정으로 '전기 전문가'들에게 임대했다.

BMW는 미니 E와 액티브E 개발 경험을 토대로 i3를 개발해, 2013년 말 시판에 들어갔다. BMW의 전기 자동차 부문을 이끌고 있는 제이컵 하브 Jacob Harb는 i3가 BMW의 전기 자동차 부문에 돌파구를 마련해 준 자동차라며 이렇게 말했다. "우리는 미니로 기고 액티브E로 걸었지만, 이제 i로 뛰게 될 겁니다."[3]

"BMW도 전기 자동차를 시장에 내놓으니 기쁩니다. i3는 아직 개선할 여지가 있는 것 같지만, 나는 그들이 잘 해내리라 기대합니다." 일론 머스크가 한 인터뷰에서 환히 웃으며 한 말이다. 그는 거대 자동차 제조업체들을 향해 전기 자동차를 만들 것을 독려 중이며, 그들이 계속 전기 자동차를 개선해서 내놓기를 바라고 있다. "지속 가능한 미래의 교통수단은 결국 전기 자동차가 될 것입니다. 나는 그 시기를 좀 더 당길 수 있기를 바랍니다."[4]

테슬라 모델 S와 마찬가지로, BMW i3는 100퍼센트 전기 자동차다. 그러나 목표 시장이 다르다. BMW i3는 실용적이면서도 스포티한 소형 고급 시티카 시장을 노리고 있다. 2014년 시중에 깔린 플러그인 하이브리드 자동차 i8은 미끈하게 잘 빠진 미래 지향적인 스포츠카로 모델 S의 경쟁 모델이 될 듯했다. BMW는 궁극적으로는 자신들이 갖고 있는 모든 차종의 전기 자동차 버전을 만들 계획이라고 했다.

　i3가 시판된 직후 폴크스바겐은 처음으로 제대로 된 전기 자동차 제작 계획을 내놓았다. 폴크스바겐 그룹(아우디, 포르셰, 스코다Skoda, 세아트SEAT 포함)은 규모가 세계에서 두 번째로 큰 자동차 제조업체로 유럽 시장에서 절대적인 영향력을 발휘하고 있어, 이 그룹이 전기화 전략에 변화를 주기로 했다는 건 큰 뉴스였다. 두 번째 전기화 물결에 대한 폴크스바겐 그룹의 기여는 아주 빠른 속도로 구체화됐다. 2013년 2월에 열린 제네바 오토 쇼에서 폴크스바겐이 전시한 전기 자동차는 화물 밴 콘셉트카와 조그만 우주선처럼 생긴 XL1이란 이름의 자동차 두 가지뿐이었다. 그러나 2014년 2월에 열린 제네바 오토 쇼에서는 유럽에서 가장 많이 팔린 자동차 중 하나인 골프Golf의 전기 자동차 버전인 e-골프e-Golf가 폴크스바겐 전시회장 중앙 무대를 차지했다. 그리고 e-골프와 보다 작은 버전인 e-업!e-Up!은 이미 폴크스바겐 자동차 대리점들에도 나와 있었다. 자동차업계에서의 일치고는 그야말로 초스피드로 이루어진 것이다.

　그러나 이 물결은 몰려올 때만큼이나 빠른 속도로 밀려갔다. e-골프는 2014년 말에 미국에서 시판됐는데, 폴크스바겐은 마케팅도 하지 않았기 때문에 결국 미국 정부의 규정을 따르기 위한 자동차나 다름없어졌다. 유럽에서의 폴크스바겐 플러그인 자동차 매출은 조금 나았다. 아이러니하게도 폴크스바겐의 전기 자동차들은 독일에서는 매출이 그저 그랬지만, 전기 자동차 e-골프와 플러그인 하이브리드 자동차 파사트 GTEPassat GTE는

BMW i3는 꾸준히 아주 잘 팔리고 있지만, 전기화에 대한 이 회사의 관심은 시들해진 듯하다. BMW 는 인기 있는 세단 및 SUV 모델들의 플러그인 하이브리드 버전도 출시했지만, 그 버전들은 제한된 수량만 팔리고 있다. 2017년을 기점으로 업데이트는 사실상 종료되었다. 결국 2016년에 마지막으로 개선된 배터리로 업데이트됐는데, 주행 거리가 114마일(약 183킬로미터)로 쉐보레 볼트, 테슬라 모델 3 그리고 새로 나온 2018형 닛산 리프에 비해 아주 뒤떨어진다.

노르웨이에서 톱5 플러그인 자동차로 꼽혔다.[5]

폴크스바겐은 오래전부터 디젤 엔진 배출 가스 감축을 전략의 중심으로 삼아 왔고 자신들의 오랜 디젤 엔진 기술에 강한 집착을 보여 왔는데, 그러다가 비극적인 결말을 맞았다. 폴크스바겐은 2015년에 자신들이 환경 관련 규제들을 피하기 위해 조직적으로 법을 어겨 왔다는 걸 인정했다. 특수한 소프트웨어 시스템을 이용해 배출 가스 테스트를 속이는 비열한 짓을 해 온 것이다. 2년 후 폴크스바겐은 수십억 달러의 벌금을 물어야 했으며, 그 스캔들은 아직까지도 진행 중이어서 폴크스바겐은 불법적인 공모 혐의로 독일과 미국에서 동시에 조사를 받고 있다. 그러나 폴크스바겐의 CEO 마티아스 뮐러Matthias Mueller는 지금도 디젤 엔진이 '위대한 미래'라고 주장하고 있다.

2014년 모델 S의 초기 성공을 지켜본 일부 자동차업계 경영자들은 자신들의 전기화 노력이 뭔가 잘못된 게 아닌가 하고 생각하기 시작했다. 볼트와 리프, i3, e-골프 등은 모두 사람들 대부분이 늘 전기 자동차에 가장 적절하다고 생각해 온 모델에 부합한다. 중간 가격의 시장에 적합한 소형 시티카 말이다. 매스미디어에서 지치지도 않고 상기시켜 주는 일이지만, 이 전기 자동차들은 지금까지 그리 많이 판매되지 않았다. 2014년에 이르러 자동차업계의 많은 사람은 테슬라가 12년 전에 짰던 전략이 참 지혜로운 전략이었음을 알게 된다. '먼저 고성능 고급 시장에 맞는 전기 자동차를 만들어라. 그 시장에서는 고객들이 프리미엄 제품에 돈을 더 내는 걸 개의치 않는다'는 전략 말이다. '쉐보레 볼트의 아버지' 밥 루츠는 이런 말을 했었다. "아무래도 우리가 그간 사업을 잘못해 온 것 같다."[6]

메르세데스의 전기화 프로그램을 진두지휘한 부사장 하랄트 크뢰거Harald Kroeger 역시 밥 루츠와 비슷한 고백을 했다. "우리는 엄청 비싼 기술을 값싼 C-세그먼트* 또는 그 아래 차종들에 집어넣고 있습니다. 그러니 고객들이 사지 않는 게 당연하죠. 돈 많은 사람들이 조그만 차를 타고 싶을리 없으니까요. 나는 우리가 가장 먼저 해야 할 일은 고급 고객들에게 맞는 고급 전기 자동차를 만드는 것이라고 생각합니다."[7]

테슬라가 모델 S의 보다 개선된 D 버전을 공개하고(10장 참조), 그 버전에 또 한 차례 극찬이 쏟아질 무렵, 독일 고급 자동차 제조업체 포르셰와 메르세데스, 아우디는 소위 '테슬라 대항마'(독일 경제 잡지 『매니저Manager』가한 말) 생산 계획들을 발표하기 시작한다.

2015년 초 포르셰가 2018년 또는 2019년 시판을 목표로 100퍼센트 전기 스포츠 세단을 제작 중이라는 보도가 흘러나왔다.[8] 그해 말 포르셰 경영진은 전기 자동차로는 고객들이 기대하는 정도의 성능을 낼 수 없다고 말했다. "미래는 분명 배터리로 움직이는 자동차 시대가 되겠지만, 언제 그렇게 될 수 있을지가 큰 의문입니다. 이 기술에는 문제들이 있어서요." 폴크스바겐의 CEO 마티아스 뮐러가 한 말이다. 그렇다면 테슬라는? "테슬라에 대해선 뭐라 말씀드릴 수가 없습니다. 테슬라에 대해 아무것도 모르니까요."[9] 이후 전기 자동차 제작 계획에 대한 얘기는 쏙 들어갔는데, 그러다가 2017년 포르셰 측에서는 자신들의 첫 순수 전기 자동차인 미션 E Mission E(이 차는 2015년 프랑크푸르트 모터 쇼에서 콘셉트 카로 처음 모습을 보임)가 2019년에 시판될 것이라는 사실을 확인해 주었다. 포르셰의 CEO 올리버 블루메Oliver Blume는 2023년까지 전기 자동차 생산량을 연간 자동차 총 생산량의 절반까지 끌어올릴 거라고 했다.[10]

---

• 세그먼트segment는 유럽에서 쓰는 차량 크기에 따른 분류 기준으로, C-세그먼트는 세 번째로 작은 차를 가리킨다.

아우디 역시 포르셰와 비슷한 길을 걸었다. 이 회사는 2014년 말 유럽에서 자신들의 첫 플러그인 자동차인 A3 e – 트론$^{A3\ e\text{-}tron}$을 출시했으며, 그 이후 곧 미국에서도 판매를 시작했다. 이 모델은 지금도 아주 소량으로나마 판매되는 중이다. 이후 아우디는 별 얘기 없이 조용히 있다가, 2017년에 2020년까지 새로운 전기 자동차 모델 3종을 출시하겠다는 계획을 내놓았다. 2025년까지 플러그인 모델 매출을 총 매출의 3분의 1 수준까지 끌어올리겠다고도 했다.[11]

"우리는 2017년까지 총 10종의 플러그인 하이브리드 모델을 출시하려 합니다." 다임러 이사회 임원 토마스 베버$^{Thomas\ Weber}$ 박사가 2015년 초에 한 말이다.[12] 그러나 그런 일은 일어나지 않았다. 메르세데스는 2016년 미국에 3종의 플러그인 하이브리드 모델을 내놨지만, 극히 소량밖에 팔리지 않았다. 최근 소식에 따르면, 다임러는 2022년까지 새로운 브랜드로 10종의 전기 자동차를 제작할 거라고 한다. 한편 메르세데스는 몇 년간 명목상의 판매만 해 오던 자신들의 유일한 순수 전기 자동차 B 클래스 일렉트릭 드라이브 모델의 생산을 2017년 중반에 중단했다(7장 참조).[13]

여기서 흥미로운 사실이 하나 있다. 2017년 메르세데스는 트위터에서의 비공식적 설문 조사를 통해 전기 자동차에 대한 소비자들의 관심도를 알아보기로 했다. 설문 내용은 이랬다. "요즘 전기 자동차가 점점 더 인기를 끌고 있는데요. 여러분께서는 전기 자동차로 바꿀 의사가 있는지 알아보고자 합니다." 그 설문 포스트에는 댓글이 수백 개 달렸는데, 대부분이 이미 자신의 자동차를 전기 자동차로 바꾼 운전자들이 올린 것이었다. 그리고 그들 대부분이 테슬라를 몰고 있었고, 그중 수십 명은 자신이 한때 메르세데스 고객이었다고 했다.[14]

2015년 1월, GM은 주행 거리가 200마일(약 322킬로미터) 정도 되는 쉐보레 볼트 전기 자동차 제작 계획을 발표했다. "볼트 전기 자동차는 일부 계층뿐 아니라 모든 사람이 살 수 있는 전혀 새로운 개념의 획기적인 전기 자동차입니다." 당시 GM의 최고경영자였던 메리 배라<sup>Mary Barra</sup>가 한 말이다. "쉐보레는 전기 자동차가 미래 교통수단의 근간이며, 그래서 보다 많은 고객이 부담 없이 살 수 있어야 한다고 믿습니다." 볼트 전기 자동차는 2016년 말에 출시되어 시장에서 테슬라 모델 3보다 더 큰 인기를 끌었다.[15]

GM이 쉐보레 볼트 전기 자동차를 내놓은 지 며칠 후, 닛산의 CEO 카를로스 곤은 2017년경 주행 거리가 현재보다 최소 두 배 늘어난 새로운 버전의 리프가 시장에 나올 거라며 이런 말을 했다. "우리는 이 시장의 리더이며, 앞으로도 계속 리더 자리를 지켜 갈 생각입니다."[16] (결국 2017년 말에 새롭게 디자인된 2018년형 리프가 공개됐는데, 주행 거리는 이전 버전에 비해 3분의 1 정도밖에 늘어나지 않았다).

테슬라가 전기 자동차에 대한 새로운 관심을 불러일으킨 것은 분명했다. 그러나 기사에 '테슬라'라는 말만 들어가도 사람들의 관심이 집중된다는 걸 체득한 언론은 지금 그걸 최대한 활용하고 있다. 어떤 자동차 제조업체가 전기 자동차와 관련된 얘기만 꺼냈다 하면 테슬라와 경쟁하기 위한 전략의 일환으로 해석하려 하는 것이다.

자동차 제조업체들의 입장에서 보면, 한때 관심을 끄는 조그만 신생 기업에 지나지 않던 테슬라는 이제는 자기 발로 우뚝 선 경쟁 기업이자 상대하기 힘든 미래의 위협이 되었다. 그래서 어떤 사람들은 다임러와 도요타가 테슬라와의 협력 관계를 축소한 것을 보고 그들이 앞으로 테슬라와 보다 적대적인 관계가 되리라고 생각했다. 2014년 4월, 다임러는 테슬라가 건설 중인 리튬 이온 배터리 공장 기가팩토리<sup>Gigafactory</sup>에 투자하지 않을 것이라고 밝혔다. 그간 자신들의 2세대 전기 자동차에 테슬라의 배터리를 써 온 다임러는 독일 배터리 회사 두 곳을 인수해 제3세대 모델에 필요한 배터리를 거기에서 조달했다(그리고 후에는 메르세데스 벤츠 B 클래스에 들어가는 배터리 역시 거기에서 조달했다). "테슬라는 대단한 기업입니다. 하지만 포르셰도 그렇고 메르세데스 벤츠도 그렇고, 고급 승용차를 대변하는 유서 깊은 브랜드는 많습니다. 우리가 언제까지 이렇게 테슬라 혼자 독주하는 걸 지켜보고만 있겠습니까?" 메르세데스 벤츠 미국 지사장인 스티브 캐넌 Steve Cannon의 말이다.[17] 2014년 다임러는 자신들이 갖고 있던 4퍼센트의 테슬라 주식 지분을 매각했고, 2016년에는 테슬라와의 모든 제휴 관계를 끝냈다. 도요타는 2014년에 테슬라 배터리로 움직이는 자신들의 RAV4 전기 자동차 생산을 중단했다. 이 모델은 2,600대밖에 팔리지 않았다. 그리고 2017년에는 자신들의 테슬라 주식 지분을 모두 매각했다(물론 메르세데스와 도요타 모두 투자 대비 막대한 이익을 올렸다).

도요타는 여전히 테슬라와 함께하는 것보다는 싸워 이기는 게 낫다고 생각하고 있으며, 그간 꾸준히 전기화의 흐름에 거슬리는 행보를 해 왔다. 수소 연료 전지 자동차 미라이Mirai를 출시할 즈음, 일본의 이 거대 자동차 제조업체는 적어도 공개적으로는 전기 자동차 생산 계획을 중단하는 듯했다. 그리고 도요타의 경영진 역시 만나는 사람마다 붙들고 미래는 수소 연료 전지의 시대이며 배터리 전기 자동차는 주행 거리가 짧아도 무방한 시티카로나 쓰일 거라는 말을 하기 시작했다.[18] 이미 여러 모델의 하이브리드 자동차를 갖고 있는 도요타 계열사 렉서스는 그간 전기 자동차를 비하하는 광고를 두 차례 내 사람들 사이에 널리 퍼진 잘못된 믿음과 정보를 자신들에게 유리한 쪽으로 이용함으로써, 친親전기 자동차 성향을 가진 언론의 거센 반발을 샀다.

도요타의 광고들은 그 자체로도 사람들을 호도하는 성격이 아주 강했지만, 그에 반박하는 과정에서 아주 재미있는 사실이 발견되었다. 도요타의 광고에 기술적인 오류가 담겨 있었던 것이다. 가뜩이나 눈에 불을 켜고 시빗거리를 찾던 친전기 자동차 미디어들은 그 기회를 놓치지 않았다. 렉서스가 낸 한 종이 광고에는 전기 자동차 충전소의 모습이 나오고 그 밑에 '누군가 네 시간을 죽일 각오를 해야 합니다'라는 문구가 들어 있었다. 바로 여기에 사람들을 호도하는 잘못된 정보가 들어 있었다. 휴대전화를 충전하면서 하릴없이 시간을 죽이는 사람이 없듯, 대개 집에서 밤새 충전하는 전기 자동차의 경우도 그 시간에 하릴없이 시간을 죽이는 사람은 거의 없을 것이기 때문이다. 재미있는 사실은 그 광고 사진에 나온 충전기는 에어로바이런먼트AeroVironment사의 직류 고속 충전기로 보였는데, 그 충전기의 경우 30분 정도면 전기 자동차를 완전히 충전할 수 있다.[19]

렉서스가 저지른 또 다른 실수는 5분짜리 동영상에서 나왔다. 한 무리의 불운한 사람들이 전기 자동차 BMW i3를 타고 장거리 여행에 나선다. 그들은 충전을 위해 네 번이나 멈춰야 하고, 그 바람에 뜨거운 사막의 태양 아래서 땀을 뻘뻘 흘리며 고생해야 한다(이 장면에선 눈 속에 갇혀 꼼짝달싹 못 하게 되었다는 존 M. 브로더의 기사 냄새가 나는 듯도 하다). 물론 미국 환경보호청 공인 주행 거리가 81마일(약 129킬로미터)밖에 안 되는 자동차를 몰고 장거리 고속 도로 여행을 한다는 건 마치 잘빠진 스포츠카 쉐보레 콜벳에 커다란 소파를 밀어 넣으려는 것만큼이나 아둔한 짓이므로, 그건 사용자의 잘못이지 제품의 결함이라고 할 수 없다. 그런데 뛰어난 관찰력을 가진 블로거 톰 몰로그니Tom Moloughney가 정말 재밌는 것을 찾아냈다. 그 동영상에 나온 i3가 가솔린 엔진으로 주행 거리를 늘릴 수 있는 옵션이 딸린 자동차라는 사실을 알아낸 것이다. 그러니까 그 자동차는 두어 차례 주유

도요타의 수소 연료 전지 자동차 미라이

소에 들러 잠시 가솔린 충전만 해도 얼마든지 장거리 여행을 할 수 있었던 것이다(그 동영상의 연료 주입구는 어떤 장면에서는 포토샵으로 지워져 있었지만 또 어떤 장면에서는 그대로 나왔다).[20]

이 책의 저자인 나를 포함해 많은 자동차업계 관계자들은 하이브리드 자동차든 배터리 전기 자동차든 연료 전지 자동차든 모두 평화롭게 공존할 수 있으며, 인위적인 경쟁은 자칫 배출 가스 감축이라는 보다 큰 대의를 그르칠 수 있다고 생각한다. 그러나 서로 대립 중인 양 진영은 그저 격렬한 대립만 했다.

2015년 1월, 디트로이트에서 열린 연례 자동차 뉴스 월드 회의에서 마이크를 잡은 일론 머스크는 다른 자동차 제조업체들을 향해 더 빠르게 전기 자동차 시대를 만들 것을 거듭 촉구했다. 그는 경쟁 업체들을 향해 이렇게 외쳤다. "전기 자동차에 투자하세요. 후회하지 않을 겁니다." 그러면서 그는 자신이 왜 수소 연료 전지는 미래가 없다고 믿는지를 설명했다(아마 이 얘기는 그동안 백 번은 했으리라). 수소는 에너지 저장 메커니즘이지 에너지 자원이 아니며, 또 전기 분해로 수소를 만들어 내는 건 지극히 비효율적인 일이라고 설명한 것이다.[21]

그로부터 2주 뒤, 도요타 미국 지사 수석 부사장인 밥 카터Bob Carter 가 자신은 일론 머스크의 발언에 실망했다면서, 이런 말을 했다. "내가 만일 모든 달걀을 한 바구니에 담는 무모한 사람이라면, 나 역시 같은 말을 할 겁니다."[22]

반면에, GM의 CEO였던 댄 애커슨Dan Akerson은 2014년 12월 한 인터뷰에서 테슬라가 일으킨 변화의 바람이 자동차 세계를 뒤바꿔 놓을 거라며, 일론 머스크에 대한 찬사를 아끼지 않았다. "그간 그가 자동차업계에 문제 제기를 해 왔으니, 이제 자동차업계가 그에 답해야겠죠. 그는 지금 코끼리들 다리 사이를 내달리고 있으며, 잠깐 동안이겠지만 이점도 갖고 있습니다. 그러나 경쟁 업체들은 기술은 뒤져 있을지 몰라도, 규모와 능력 면에서 많은 이점을 갖고 있습니다. 2018년이 되면 세계 곳곳에서 자동차업계의 판도를 바꿀 치열한 경쟁이 벌어지는 걸 볼 겁니다."[23]

물론 그야말로 자동차업계의 판도를 바꿀 시나리오는 애플이나 구글 같은 거대 첨단 기업이 전기 자동차 시장에 뛰어드는 것이다. 2015년 초, 애플이 배터리 관련 기술을 끌어모으고 있다는 얘기가 나오자 언론은 곧 엄청난 관심을 나타냈다. 그런 시나리오가 현실성 있어 보이는 데는 몇 가지 이유가 있다. 전기화, 자동화, 연결화라는 세 가지 큰 흐름 속에 자동차와 컴퓨터 간의 경계가 계속 사라지고 있는 데다, 애플은 자동차 산업에 필요한 막강한 현금 동원력을 갖고 있고 전기 자동차 제조업체 테슬라와 공통점도 많다(한때 직원이 150명 정도 됐던 것을 포함해).

내부 사정에 보다 밝은 자동차업계 관련자들은 애플이 전기 자동차 시장에 뛰어든다는 생각 자체에 코웃음을 쳤다. 자동차를 주문자 생산 방식OEM*으로 생산할 경우, 이윤 폭이 워낙 좁은 데다 수직 통합을 해 돈 한 푼 낭비되지 않게 최대한 쥐어짜야 하는데, 그건 전혀 애플의 스타일이 아니라는 것이다. 댄 애커슨은 블룸버그와의 인터뷰에서 그 문제를 이렇게 간단히 정리했다. "내가 만일 애플 주식을 갖고 있는 주주라면…… 장기적인 전망으로 봤을 때, 이윤도 박하고 힘든 자동차 제조업에 뛰어드는 것이 좋은 결정이라고 생각하진 않을 것 같습니다."[24]

그러나 애플이 직접 자동차를 만드는 게 아니라 자동차에 필요한 유저

---

• 주문자가 요구하는 제품과 상표명으로 완제품을 생산하는 것

인터페이스user interface* 소프트웨어를 파는 계획을 갖고 있다면 어떻겠는가? 실제 애플은 2014년형 자동차에 쓰기 위해 개발 중인 정보 시스템 애플 카플레이CarPlay를 통해 이미 그 방향으로 한 발 내디뎠다. 앞서 이언 라이트가 말했듯, 대부분의 비非테슬라 자동차들에 쓰이는 소프트웨어들은 그야말로 투박한 짜깁기 수준이어서, 21세기형 자동차 관련 정보 기술IT을 만들어 낼 수 있는 기업에 자동차 사업은 엄청난 기회가 될 수도 있다.

만일 애플이 원격 업데이트를 비롯한 광범위한 자동차 유저 인터페이스를, 그러니까 낯익은 애플의 그래픽과 테슬라 시스템의 모든 기능을 갖고 있는 그런 자동차 유저 인터페이스를 사용료를 받고 판다면 어떻겠는가? 그런 일이야말로 애플의 장기 아닌가? 그렇게 된다면, 모든 것과 연결해 스스로 움직이는 미래의 전기 자동차를 향해 한 발 더 성큼 다가가게 될 것이다. 그러나 적어도 한 증권 분석가가 지적했듯, 그런 시나리오를 가로막는 한 가지 중요한 장애물이 있다. 주문자 생산 방식으로 자동차를 생산하는 기업들이 제3자에게 자기 제품들에 대한 통제권을 그렇게 많이 넘겨주려 하겠는가 하는 점이다.

애플이 어떻게 움직일지 또 디트로이트의 거대 자동차 제조업체들이 어떻게 반응할지 속단하기는 아직 이르지만, 어쨌든 애플이 자동차업계에 눈독을 들이고 있는 건 분명해 보인다. 그런 점에서는 구글도 마찬가지인 것 같다. 구글 역시 스스로 움직이는 자율 주행 자동차 시제품을 제작하면서 자동차업계에 이미 한 발 집어넣고 있다.

그런 와중에 작가 애슐리 반스는 2015년에 내놓은 자신의 일론 머스크

---

* 컴퓨터를 편리하게 사용할 수 있는 환경을 사용자에게 제공하는 설계 내용

위   애플의 카플레이
아래  구글의 자율 주행 자동차

전기에서 일론 머스크가 2013년의 회사 금융 위기 때 테슬라를 구글에 파는 문제를 놓고 친구 래리 페이지와 협상을 벌였다는 말을 해서 논란을 일으켰다. 그러나 일론 머스크는 반스의 그런 주장을 부인하면서, 래리 페이지와의 얘기는 '아주 비공식적인 논의' 차원을 넘은 적이 없다고 했다(9장 참조).

## 더 빨리, 더 깨끗이, 더 안전하게

테슬라는 전기 자동차의 장점이 비단 대기 오염을 줄여 주는 것에 그치지 않는다는 걸 보여 주었다. 전기 자동차는 더 깨끗할 뿐 아니라 더 조용하고 운전하기도 더 재미있다. 그리고 더 안전하다. 2013년 8월, 미국 도로교통안전국NHTSA은 모델 S의 안전 등급을 매기면서 별 다섯 개를 주었다. 그것도 전반적으로가 아니라 각 카테고리별로 말이다. 그건 NHTSA에서 테스트하는 모든 차량 가운데 단 1퍼센트만 받을 수 있는 아주 높은 등급이다. 그 특유의 과장된 어조로, 테슬라는 모델 S가 전반적인 차량 안전 등급에서 별 5.4개라는 새로운 기록을 세웠다고 발표했다(나중에 NHTSA에서는 최고 안전 등급은 별 다섯 개라는 점을 분명히 했다).[25][26]

모델 S는 전기 자동차 특유의 디자인 덕에 안전성 면에서 기존 자동차들에는 없는 두 가지 장점을 갖고 있다. 먼저, 자동차 앞쪽에 엔진이 없어 정면충돌 시 외부 충격을 흡수하는 크럼플 존이 더 길다. 테슬라는 자동차 정면충돌을 높은 데서 풀장으로 뛰어내리는 것에 비유하곤 했다. 풀장이 깊고 바닥에 바위 같은 게 없는 게 더 좋다는 것이다(그러니 모델 S에는 프렁크, 즉 앞쪽 트렁크에 크고 딱딱한 물체를 넣지 마라).

모델 S가 안전성 면에서 갖고 있는 또 다른 장점은 배터리 팩이 자동차 바닥 밑에 깔려 있어 무게 중심이 아주 낮아 차가 전복될 가능성이 거의 없다는 것이다.

물론 모델 S는 볼보나 메르세데스처럼 안전하기로 유명한 브랜드들과 경쟁하는 값비싼 고급 자동차다. 뛰어난 안전 등급은 구매자들 입장에서 으레 기대할 만한 것이긴 하다. 그러나 무게 중심이 낮고 자동차 앞쪽에 엔진이 없다는 건 다른 전기 자동차에는 없는 모델 S만의 큰 장점이다.

NHTSA의 안전 등급이 나올 무렵, 테슬라는 모델 S의 리튬 이온 배터리에 대해 테스트 이전이나 도중, 또는 이후에 불이 난 적이 없고, 그간 고속으로 달리다 충돌한 경우가 몇 번 있었지만 배터리에 불이 붙은 적은 단 한 번도 없다는 점을 강조했다.

그러나 2013년 가을, 그 완벽했던 기록은 모델 S 세 대와 함께 연기 속으로 사라져 버렸다. 언젠가 일어날 일이긴 했다. 전기 자동차들은 일반 자동차들보다는 더 안전할지 모르나, 그렇다고 절대 화재가 안 난다는 건 아니다. 그러나 모델 S는 가장 많은 주목을 받은 전기 자동차인 데다, 얼마 전까지만 해도 역사상 가장 안전한 자동차들 가운데 하나라는 극찬을 받은 터라, 주행 중에 배터리 화재가 일어나자 그 어떤 전기 자동차보다 큰 타격을 입었다(그전에 있었던 전기 자동차 화재는 충돌 테스트 중에 일어났거나 배터리 외 다른 부품에 문제가 있는 경우였다).

워싱턴주의 한 고속 도로에서 모델 S 한 대가 불길에 휩싸였다는 뉴스가 터지자(그리고 물론 다른 운전자가 그 장면을 비디오 촬영까지 했다), 친전기 자동차 언론에서는 그 사건을 보다 큰 틀 안에서 차분히 정리하려 했고, 반전기 자동차 언론에서는 그 사건을 최대한 키우려 했다. 일론 머스크는 지체 없이 블로그에 다음과 같은 글을 올려 사건을 자세히 설명했다. "사고가 일어난 현장 부근 도로에서 세미트레일러*에서 떨어져 나온 반원형 부품이 회수되었습니다. 도로 작업반 직원들 말에 따르면, 그 부품이 사고 원인 같다고 합니다. 그 반원형 구조가 차 밑으로 들어가면서 강력한 지렛대 작용을 해 25톤 정도의 반동력으로 차 밑바닥을 뚫고 들어간 것입니다."

그런 사고가 일어나면 NHTSA에서는 보통 조사 팀을 보내게 되어 있는데, 엎친 데 덮친 격으로 그 당시 예산안 합의가 미뤄지면서 연방 정부 기능이 일시 정지되는 바람에 NHTSA의 조사도 이루어지지 못했다. 그러자 여러 웹사이트에서는 이를 오바마 대통령까지 연루된 은폐설로 몰고 가기도 했다.

사실 그 화재는 오히려 모델 S의 배터리 안전장치를 강조하는 계기가 되었다. "배터리 내에 불이 나면 배터리 팩 안에 구축해 놓은 내부 방화벽에 의해 더 이상 번지지 않게 됩니다. 차 안까지 불길이 번질 가능성이 전혀 없는 거죠. 만일 기존 가솔린 엔진 자동차가 고속 도로에서 같은 물체에 부딪혔다면, 그 결과는 아마 훨씬 더 참혹했을 겁니다." 테슬라 측에서 회사 블로그에 올린 포스트 내용이다. 그 포스트에는 사고 운전자로부터 온 이메일 사본도 올라와 있었는데, 그는 이메일에서 이렇게 말했다. "저는 아직도 모델 S의 열렬한 팬이며, 다시 모델 S를 탈 날을 학수고대하고 있습니다."

그 화재 사건에 대한 주식 시장의 반응은 아주 차분했다. 주초에 주당 194달러가 넘어 새로운 기록을 세웠던 테슬라의 주가는 문제의 화재 장면을 담은 동영상이 온라인상에 올라오면서 7퍼센트 정도 떨어졌으나(고공 행진을 한 신생 기업의 주가치고는 큰 폭의 하락도 아니지만), 이틀 뒤 다시 4퍼센

* 조종부와 트레일러 부분이 분리되는 대형 화물 자동차

트 넘게 회복되었다.

일주일 뒤 두 번째 모델 S 화재 사고가 발생했는데, 이번에는 한결 더 드라마틱한 장면이 연출되었다. 모델 S 한 대가 새벽 4시에 멕시코 메리다시의 한 로터리를 빠른 속도로 돌다가 도로 위로 볼록 솟아 있는 횡단보도 턱에 부딪힌 것이다. 그 순간 차가 공중으로 솟아올라 콘크리트 벽에 부딪힌 뒤 근처에 서 있던 나무를 들이받았다. 술에 취해 있던 것으로 보이는 운전자는 불타는 차를 뒤로한 채 사고 현장을 빠져나왔고, 두어 차례 2차 폭발이 일어난 뒤 소방대가 들이닥쳐 불을 껐다. 그 모든 장면을 지나던 한 행인이 비디오 촬영을 했는데, 촬영 중 내뱉은 그 행인의 상소리까지 그대로 녹음되었다.[27 28]

테슬라 측 대변인은 즉시 성명을 내놓았다. "우리는 서둘러 운전자를 만났는데, 다행히도 그는 무사했습니다. 이번 사고는 차가 워낙 빠른 속도로 달리다 콘크리트 벽을 박은 뒤 그대로 나무를 들이받은 대형 사고입니다. 그런데도 운전자는 큰 부상을 입지 않고 자기 발로 차에서 걸어 나왔습니다. 그는 모델 S의 안전도에 고마워하고 있으며, 자신의 다음 모델 S를 서둘러 받을 수 있게 해 줄 수 없느냐고 요청해 왔습니다."

첫 번째 화재는 개별적인 사건으로 쉽게 잊힐 수 있었다. 두 번째 화재는 음주 상태에서 일어난 충돌 사고인 점도 그렇고 흥미로운 비디오 촬영도 그렇고, 정말 코믹한 면이 많은 화재였다. 그러나 내슈빌 고속 도로에서 세 번째 모델 S 화재가 발생하자, 이번엔 그 불길이 그대로 매스 미디어를 집어삼켜 버렸다. 적어도 테슬라가 대외적으로 아주 심각한 이미지 추락 위기에 직면하게 될 것이 분명했다.

이번에도 언론의 반응은 예측한 대로였다. 친전기 자동차 성향의 미디어와 대부분의 자동차 전문 잡지들은 화재 사건을 따로 떼어 객관적으로

분석했다. 자동차 전문 매체『모터 오소리티Motor Authority』는 다른 많은 매체
와 마찬가지로 화재와 폭발 위험 없이 대량의 에너지를 비축할 방법은 없
다는 점을 지적했다.[29] 미국 화재방지연합에 따르면, 2011년의 경우 미국
에서 18만 7,000대의 내연 기관 자동차에 불이 나 270명이 목숨을 잃었
다. 자동차 잡지『오토모티브 뉴스』는 도로 위를 돌아다니는 자동차 수를
토대로 모델 S 6,333대당 한 대꼴로 화재가 발생한다는 계산을 내놓았다.
일반 자동차가 1,350대당 한 대꼴인 걸 감안하면 아주 양호한 수치인 셈이
다(다만 이는 각 자동차가 그동안 달린 주행 거리나 차량 연식 등은 감안하지 않고
뽑은 수치였다).[30]

반면에 반反전기 자동차 성향의 미디어들 입장에서는 그야말로 크리스
마스에 생일이 겹친 기분이었다. 보이콧 테슬라Boycott Tesla라는 웹사이트
는 (링크 주소를 밝히지 않은) 한 소셜 미디어에 따르면 미공개 화재 사고가
더 많으며 일론 머스크가 자기 목숨이 잘못될까 두려워 모델 S를 타고 미
국 횡단 여행을 하려던 계획을 취소했다는 주장까지 내놓았다. 몇몇 미디
어 웹사이트에서는 오바마 행정부가 테슬라 화재 사건을 덮으려 한다는
일종의 음모론을 들먹이기도 했다. 자동차 전문 블로거 데이비드 헤런David
Herron은 자신의 블로그 '긴 배관Long Tailpipe'에서 이에 대해 자세히 서술했고,
전기 자동차 혐오자인 닐 카부토Neil Cavuto 역시 한 폭스 뉴스 프로그램에 나
와 정부의 은폐설을 거론했다.[31]

주식 시장은 첫 번째 화재에는 그저 어깨 한 번 으쓱했고, 두 번째 화재
는 무시했지만, 세 번째 화재에는 민감하게 반응했다. 테슬라의 주가는 그
주 초에 부진한 분기 보고서가 나오면서 이미 곤두박질친 상태였다. 떨어
진 주가가 조금 회복되지 않을까 기대하고 있던 참에 내슈빌 화재 소식이
들려왔고, 주가는 그대로 그 상태에 머물렀다.

이번에는 NHTSA에서도 철저한 조사를 외치고 나섰다. 언론에서는 테슬라가 심한 타격을 받을 것이라고 예상했다. 당시 나를 비롯한 몇몇 사람은 테슬라가 결국 배터리 팩 바닥을 좀 더 두껍게 만들지 않을까 예상했다. "테슬라 자동차는 바닥이 충분히 튼튼하지 못한 것 같아요." 자동차안전센터의 실무 책임자가 「블룸버그」와의 인터뷰에서 한 말이다. "도로 장애물을 만날 때 차체 아래쪽 판이 견디지 못하는 거죠."

처음에 일론 머스크는 많은 신문 기사가 사실을 지나치게 호도하고 있다면서 테슬라 측에서는 아무 조치도 취하지 않을 거라 했다. 그러나 매스컴에 밝은 일론 머스크 역시 곧 깨닫게 된 사실이지만, 어떤 제품이든 이런 사고가 일어났을 때 기업의 평판을 지키려면 사태를 완화시키려는 말로는 충분치 않다. 행동이 따라야 하는 것이다. 다행히도 모델 S에는 원격 업데이트 기능이 있어 즉각적인 조치를 취할 수 있었다. 물론 그 조치는 안전성을 조금 개선하는 정도였으며, 테슬라 입장에선 돈도 거의 들지 않는 조치였다.

"우리는 에어 서스펜션<sup>air suspension</sup>•에 대한 무선 업데이트를 실시했고, 그 덕분에 고속 도로 주행 시 최저 지상고가 늘어나게 될 것입니다." 당시 테슬라 측에서 발표한 말이다. "좀 더 쉽게 말씀드리자면, 이건 안전성을 개선하는 조치가 아니라 차체 하단부가 외부 충격에 손상될 가능성을 줄이는 조치입니다. 이론적으로는 화재로 부상당할 가능성이 거의 사라진 상태고, 실제 지금까지 그런 일은 단 한 건도 없었습니다. 내년 1월에 또 다른 소프트웨어 업데이트를 실시할 예정인데, 그때는 운전자가 에어 서스펜션 최저 지상고를 직접 조정하게 될 겁니다."

• 압축 공기의 탄력을 이용하는 일종의 공기 스프링으로, 작은 진동도 흡수할 수 있다.

앞서 8장에서 이미 살펴보았듯, 모델 S의 경우 고속 주행 시 공기 역학을 개선하기 위해 차체를 낮출 수 있는 에어 서스펜션 기능이 옵션으로 제공되고 있다. 업데이트 후에는 최저 지상고가 그야말로 아주 조금 높아진다. 이는 자동차가 일단 장애물에 부딪힐 경우 파손 정도를 줄여 주진 못하지만, (에어 서스펜션 조정 기능이 옵션으로 주어진 모델 S라면) 장애물에 부딪힐 가능성 자체가 아주 조금은 줄어들 수 있다.

테슬라는 화재 발생으로 인한 모델 S 차량 손상에 대한 보증 정책도 손보았다. 운전자 과실에 의한 차량 손상까지 보증해 주기로 한 것이다. "모델 S 소유자가 의도적으로 차를 부수려 한 경우가 아니라면, 다 보증 처리됩니다. 우리의 목표는 그런 사고로 인한 고객 여러분의 비용 부담을 없애 드리고, 같은 가격대의 그 어떤 차보다 모델 S의 보험료를 낮게 하려는 것입니다."

테슬라는 또한 자신들이 화재 사건에 대해 최대한 신속하고 철저하게 조사해 줄 것을 NHTSA에 요청했다며 과잉 제스처를 취했다(후에 NHTSA은 자신들은 자동차 제조업체들의 요청에 따라 조사에 착수하는 게 아니며, 조사 착수 여부는 순전히 자체적으로 결정한다고 해명했다). "그런 경우는 많지 않지만, 화재 발생 시 탑승자의 안전에 도움이 될 수 있는 일이 발견되면, 우린 즉시 새로운 자동차에 그 변화를 적용하고 가능하다면 이미 나온 모든 차에도 그 변화를 무료로 적용하길 권합니다."[32]

2014년 3월, 그러니까 화재 사건이 언론에서 잠잠해지고 나서 한참 뒤에 NHTSA은 3개월에 걸친 화재 사고 조사를 마무리했고, 테슬라는 모델 S의 배터리 팩을 도로 장애물로부터 안전하게 지켜 줄 디자인상의 변화를 줄 거라고 발표했다.

NHTSA의 조사 문건에는 이렇게 적혀 있었다. "도로 장애물로 인한 차량 파손은 흔히 발생하는 예견 가능한 일이다. 이 사건의 경우, 테슬라 측에서 최저 지상고를 조정하고 차체 하부를 강화시켰기 때문에, 앞으로 차체 하부 충돌 빈도는 물론 화재 위험도 줄어들 것이다. 그 외 다른 결함은 발견되지 않았고, 따라서 이 사건은 종결한다."[33]

테슬라 측에서는 한 언론 보도를 통해 모델 S의 강화된 차체 하부가 고속 도로에 있는 장애물에 뚫리지 않고 잘 버티는 장면들이 담긴 비디오 자료도 내보냈는데, 일론 머스크는 그 보도에서 배터리 팩을 보호해 줄 새로운 티타늄 차체 하부에 대해 이렇게 자세히 설명했다.

우리는 화재 발생 가능성을 거의 0퍼센트로 떨어뜨려 모델 S 소유자들이 완전히 마음을 놓게 해 주는 게 중요하다고 생각했습니다. 그래서 3월 6일 이후에 생산되는 모든 모델에는 3중 안전장치를 설치하고 있습니다. 이미 시판된 모델들에 대해서도 고객의 요청 즉시 또는 정기 서비스 기간을 이용해 무료로 재장착해 드릴 것입니다.

152단계의 차량 테스트 과정을 거치는 동안 이 안전장치들은 차체 손상을 완벽히 막아 주었고, 그래서 화재가 일어난다거나 배터리 팩을 보호하고 있는 0.6센티미터 두께의 초고강도 알루미늄 장갑판이 뚫리는 일은 전혀 없었습니다. 우리는 차체를 한 방에 뚫어 버릴 경화 강철 구조물 등 상상 가능한 모든 도로 장애물을 가지고 테스트를 해 보았습니다. 말하자면 강철 창이 삐죽 솟아 있는 고속 도로를 차를 몰고 전력 질주했다고 보면 될 겁니다.

3중 안전장치 중 첫 번째는 속이 텅 빈 둥근 알루미늄 봉으로, 외부 물체를 완전히 피하게 해 주거나 그 충격을 흡수해 배터리 팩 한참 앞 위쪽으로 뚫고 나가게 만듭니다. 외부 물체가 플라스틱 에어 완충기를 뚫고 앞쪽 트렁크 안쪽으로 들어가게 되지만, 안전에는 전혀 영향을 주지 않으며,

자동차는 외부 물체와의 충격 당시는 물론 그 뒤에도 제대로 통제되고 운전도 됩니다.

그다음 안전장치는 무게 대비 놀라울 만큼 강한 힘을 가진 티타늄 판입니다. 우주 항공 분야나 군사용 무기 분야에 자주 쓰이는 소재죠. 이 티타늄 판은 민감한 자동차 앞면 하부 부품들이 손상되지 않게 해 주고 도로 장애물을 무력화시키는 역할을 합니다.

이 시점에 이르면, 외부 물체는 대부분 으스러지거나 쪼개져 버립니다. 그래도 혹시 아직 남아 있을 수 있는 물체의 잔해에 대비해, 우리는 세 번째 안전장치를 추가했습니다. 완만한 각도를 유지하고 있는 단단한 알루미늄 안전장치로, 충격 에너지를 흡수하고 또 다른 완충기 역할을 해, 도로 장애물이 부서지지도 않고 꼼짝도 안 할 경우 모델 S가 그걸 타고 넘어갈 수 있게 해 줍니다.

차체 하부의 이 3중 안전장치는 아주 강력한 보호 기능을 하면서도 차량 전체 구조에 미치는 영향은 미미합니다. 이 장치들로 줄어드는 주행 거리는 0.1퍼센트에 불과하며, 승차감과 핸들링도 아무 영향을 받지 않습니다. 바람 터널 테스트 결과 양력과 항력에도 별 변화가 없었습니다.[34]


2014년 초에는 충전 시 벽에 꽂는 어댑터가 과열되어 논란이 되었다. 충전 중에 플러그가 녹아내리거나 타 버리는 일이 대여섯 건 발생하자, 테슬라는 소프트웨어 업데이트를 통해 문제를 해결했다. 어댑터가 과열될 상황이 감지되면 자동으로 충전 전류를 25퍼센트 떨어뜨리게 만든 것이다. 그 외에도 테슬라는 모델 S 소유자들에게 개선된 충전기 커넥터를 제공했는데, 그 커넥터에는 온도 감지 퓨즈가 들어 있어 과열이 감지되면 자동으로 충전을 중단시키게 되어 있다.

일론 머스크는 과열 현상은 집 안 배선 문제 때문에 생겨날 수도 있다면서 이렇게 말했다. "과열 문제는 소프트웨어 업데이트로 해결할 수 있다고 확신합니다. 그러나 고객들의 마음이 완전히 편해지길 바라기 때문에, 따로 업그레이드된 어댑터를 제공해 드릴 계획입니다."

NHTSA는 문제의 어댑터를 쓰는 모델 S에 대한 공식적인 리콜 조치를 명령했는데, 2만 9,222대가 어댑터 문제를 갖고 있는 걸로 예측되었다. 테슬라는 '리콜'이라는 말 자체가 갖고 있는 이미지가 안 좋아 리콜을 아주 싫어해, 즉각 다음과 같은 성명을 내놓았다. "'리콜'이란 말은 구시대적인 것입니다. 테슬라는 그 어떤 차도 리콜하지 않습니다. 우리는 2013년 12월에 소프트웨어 업데이트를 했고, 추가 조치로 업그레이드된 NEMA 14-50 어댑터를 우편으로 고객들께 보내 드릴 것입니다. 그래서 테슬라 자동차 소유주들께서는 테슬라 매장이나 서비스 센터에 직접 오실 필요가 없습니다."

일론 머스크는 트위터에 이런 글을 올렸다. "고객들이 서비스를 받기 위해 직접 차를 몰고 오지 않아도 자동차 제조업체들이 문제를 해결할 수 있다면, 이젠 '리콜'이란 말 자체를 리콜해야 합니다."

2014년 여름에는 테슬라의 충돌 사고 시 생존율 100퍼센트 기록이 깨졌다. 도난당한 모델 S 한 대가 웨스트 할리우드 지역에서 경찰과 시속 100마일(약 160킬로미터)의 추격전을 벌인 끝에 전소되어 버린 것이다. 그 과정에서 다른 자동차 세 대도 파괴됐고, 여섯 명이 지역 병원으로 실려 갔다. 모델 S는 충돌 충격으로 두 동강 났으며, 뒤쪽 부분은 한 빌딩 출입구 안까지 치고 들어갔다. 당연한 일이겠지만, 지역 뉴스들은 하나같이 모델 S의 리튬 이온 배터리 팩이 터지면서 불이 났다는 점을 지적했다(그러나 할리우드 주민이라면 익히 알고 있는 사실이겠지만, 어떤 자동차든 고속으로 달리다 충돌하면 바로 불이 나게 마련이다). 문제의 모델 S를 훔친 범인은 충돌 시 앞 유리 쪽으로 튕겨져 나오며 기적적으로 목숨을 건졌지만, 얼마 뒤에 결국 사망했다.

## 자동차 대리점들, 전쟁을 선포하다

자동차업계의 이단아인 테슬라 사람들은 이미 정착된 업계의 관행을 따르는 경우가 별로 없다. 물론 그 관행의 상당 부분은 거대 자동차 제조업체들의 필요에 따라 오랜 기간 진화되어 온 것들이다. 자동차 마케팅과 판매, 그리고 서비스의 경우에도 테슬라는 최선이라고 생각되는 방식으로만 하려고 하며, 산업화 시대의 거인들보다는 캘리포니아 스타일의 인터넷 시대 기업들의 방식에 따르는 경우가 많다. 그러나 황소 한 마리가 날뛰는 바람에 사과 수레가 다 뒤엎어지고 자신들의 영역이 만신창이가 되어 가는 상황에서, 가만히 지켜보고만 있을 주인은 없다. 테슬라와 힘센 기득권층의 전쟁이 시작된 것이다. 이 전쟁은 일견 금세기 초에 있었던 음반 회사들과 음악 다운로더들 간의 전쟁과 약간은 비슷한 면이 있어 보인다.

로드스터 시절에 테슬라는 13개소의 직영 자동차 전시실을 만들었다. 그리고 대부분의 주문을 온라인상에서 받았지만, 애플 매장에서 힌트를 얻어 유행에 밝은 소매 구역에 세련된 스타일의 매장을 몇 개 열었다. 그러다 모델 S가 출시되면서, 테슬라는 미국 전역에 새로운 매장과 서비스 센터를 오픈할 계획이라며 소매 사업에 박차를 가했다. 테슬라 측의 그런 움직임은 기존 자동차 판매 질서를 뒤흔드는 위협으로 여겨졌고, 알고 보니 여러 주에서는 불법적인 행동이기도 했다. 자동차 제조업체들이 직접 자동차 판매점을 소유하는 걸 금하는 법이 있기 때문이다.

2012년 9월, 테슬라는 보스턴 부근 네이틱 몰Natick Mall에 스물여섯 번째 소매점을 오픈했다. 테슬라는 그 소매점을 완전한 자동차 대리점으로 운영할 계획이었다. 그런데 매사추세츠주 자동차대리점협회 측 변호사가 개입해, 테슬라는 문제의 소매점 부근에 서비스 센터를 갖고 있지 않아 자동차 대리점 운영 자격이 없다고 했다. 시와 협회를 상대로 한 삼자 간 법적 다툼 끝에 테슬라는 매장 오픈 허가는 받았으나 거기서는 어떤 자동차도 팔 수 없게 되었다. "여기서 우리가 할 수 있는 건 훗날 주문 생산될 자동차를 예약받는 것뿐입니다." 당시 테슬라 측에서 한 말이다. "여기서 고객과 회사 간에 구속력 있는 계약은 맺을 수 없고, 훗날 자동차가 최종 생산 준비 단계에 들어갈 때나 계약을 맺을 수 있을 겁니다."[35]

11월에는 뉴욕과 매사추세츠의 자동차 대리점 단체들이 테슬라를 상대로 소송을 제기했다. 약 1만 6,000개소의 신차 대리점들을 대표하는 전국 자동차대리점협회NADA는 테슬라 측 사람들과 만나 그 문제에 대해 논의하고 싶다고 했다.

테슬라 측에서는 문제의 매장들이 엄밀한 의미에선 자동차 대리점이 아니라고 주장했지만, 자동차 대리점 측에서는 그 말을 받아들이지 않았다. "그들은 자신들이 판매는 하지 않고 전시실로만 운영하는 거라고 주장하지만, 우리가 보기에 그건 완전한 사기입니다." 매사추세츠주 자동차대리점협회 부회장인 로버트 오코니에프스키Robert O'Koniewski의 말이다. "그러니까 그들은 지금 자신들이 직접 판매함으로써, 주 법을 준수하기 위해 상당한 경비를 지불해야 하는 매사추세츠주 대리점들에 갈 돈을 절약하자는 겁니다."[36][37]

테슬라가 기존 자동차 대리점들과 손잡고 일하는 걸 원치 않는 몇 가지 이유를 일론 머스크는 한 성명서에서 이렇게 설명한 바 있다.

프랜차이즈 가맹 대리점 사업의 절대 부분을 차지하는 기존 가솔린 엔진 자동차를 파는 것과 새로운 기술을 대변하는 전기 자동차를 파는 것 사이에는 근본적으로 이해가 상충됩니다. 전기 자동차 판매에 열중하다 보면 전통적인 사업 기반인 가솔린 엔진 자동차 판매가 부진해질 수밖에 없는 거죠. 그래서 결국 전기 자동차는 아직 전기 자동차에 대해 잘 모르는 사람들에게 팔릴 수 있는 공정한 기회조차 갖지 못하게 될 가능성이 높습니다.

사람들이 지역 자동차 대리점을 찾을 때는 이미 어떤 자동차를 살지 상당 부분 결정된 이후이며, 사람들이 사는 자동차는 대개 이전에 갖고 있던 자동차와 같은 회사 제품입니다. 그래서 이제 남은 건 딜러와 가격 흥정을 벌이는 일밖에 없게 되는 거죠. 따라서 테슬라 같은 신생 자동차 제조업체 입장에서는 잠재적인 고객들에게 모델 S에 대해 설명할 기회조차 제대로 못 갖게 되는 겁니다. 우리가 자동차 대리점에 직접 나가 있지 않다면 말이죠.

자동차 프랜차이즈 법은 수십 년 전 자동차 제조업체가 사업을 시작하고 자리 잡기 위해 이미 많은 시간과 돈과 노력을 쏟은 기존 프랜차이즈 가맹 대리점 근처에 직접적인 경쟁 관계에 있는 또 다른 대리점을 여는 걸 막기 위해 만들어진 것입니다. 물론 한 대리점 옆에 또 다른 대리점을 여는 건 잘못된 일이지만, 테슬라는 그런 문제를 야기하진 않습니다. 우리는 세계 그 어느 곳에 있는 프랜차이즈 가맹 대리점도 우리가 여는 매점들로 인해 피해를 입게 하지 않을 것입니다.

그렇게 전쟁은 시작되었다. 그리고 여러 주의 자동차 대리점 단체들이 지루한 법정 싸움에 뛰어들었다. 여기서 유의해야 할 게 하나 있다. 일부 언론에서는 그런 식으로 몰아가고 있지만, 자동차 대리점들의 진짜 의도는 테슬라의 자동차 판매를 막자는 게 아니라는 것이다. 어느 주에 사는 고객이든 온라인으로 자동차를 주문하고 인도받을 수 있다. 그러니까 이 전쟁은 테슬라가 어떤 주에서 직접 매장이나 전시실을 운영할 수 있는지, 또 거기에서 고객들이 판매 직원들과 가격 협상을 벌이고 시운전할 기회를 가질 수 있는지를 놓고 벌이는 전쟁인 것이다.

2013년 3월, 미네소타 자동차대리점협회MADA는 미네소타주 안에서 자동차 제조업체의 자체 대리점 운영을 금지하려는 의회의 한 법안을 지지했다. 당시 미네소타의 법하에서는 자동차 제조업체가 동일한 브랜드의 프랜차이즈 가맹 대리점과 경쟁하는 것만 금지하고 있었다. 그러나 테슬라 측에서 로비에 성공해 그 법안에서 매장 설립 금지 규정을 삭제함으로써, 미네소타주에서는 계속 모델 S를 판매할 수 있었다.[38]

자동차 제조업체가 고객에게 직접 자동차를 판매하는 것이 불법인가, 아니면 자동차 제조업체가 기존 자동차 대리점과 직접 경쟁을 벌이는 것만 불법인가? 이 문제에 관한 한 현재의 법은 다소 애매하며, 그래서 그간 다른 주들에서도 주요 쟁점이 되곤 했다. 미시간주에서는 반대로 대리점협회 측 뜻이 관철되었다. 테슬라는 미시간주에 자신들의 프랜차이즈 가맹 대리점이 없으므로, 미시간주 법에 따라 자신들은 직접 고객들에게 자동차를 팔 수 있다고 주장했다. 그러나 미시간 자동차대리점협회는 이 경우는 다르다면서, 그 법을 수정하려는 법안을 지지했다. 「디트로이트 뉴스Detroit News」에 따르면, '자체 프랜차이즈 가맹 대리점이 없는'에서 '자체'라는 단어를 삭제해 자동차 제조업체들이 자동차를 직접 고객들에게 팔지 못하게 하고 오직 프랜차이즈 가맹 대리점을 통해서만 팔 수 있게 한다는 게 그 수정 법안의 골자였다. 미시간주 주지사 릭 스나이더<sup>Rick Snyder</sup>는 2014년 10월에 그 법안 시행에 서명했다.[39]

텍사스주에서는 지루한 싸움이 벌어졌다. 이곳에서 자동차는 현재 오직 허가받은 자동차 대리점을 통해서만 팔 수 있게 되어 있다. 2013년 초 법안 두 개가 텍사스주 상하 양원에 제출되었다. 전기 자동차에 대해서만 기존 법에 예외를 두자는 법안들이었다. 일론 머스크는 계류 중인 그 두 법안의 통과를 호소하는 증언을 했다. "개인의 자유에 대한 자부심이 대단한 텍사스주가 전국에서 개인의 자유를 가장 많이 제한하는 법들을 갖고 있어 거대한 자동차 대리점 집단들이 공정한 경쟁을 할 수 없게 하고 있으니, 개탄스러운 일이 아닐 수 없습니다." 그러면서 그는 텍사스주에서 테슬라는 참담한 결과에 도달할 것 같다고 예측했다. "우리로선 생사가 달린 일입니다. 직접 팔 수 없게 된다면, 우린 자동차를 팔 수 없게 될 것입니다."

당연한 일이지만, 약 1만 2,000명의 회원을 거느린 텍사스 자동차대리점협회는 상황을 보는 관점이 달랐으며 이렇게 반론을 폈다. "어떤 자동차 제조업체든 자신들의 자동차를 고객들에게 가장 잘 팔려면 유능한 대리점을 통해야 합니다. 대리점이야말로 고객들에게 자동차를 파는 방법과 고객들을 만족시키는 방법을 잘 알고 있어, 자동차 판매를 가장 잘할 수 있기 때문입니다. 따라서 한 자동차 제조업체를 위해 법까지 바꿔선 안 됩니다."

이 무렵 일론 머스크는 그야말로 아주 기막힌 타이밍에 결정적인 말 한마디를 던졌다. 자동차 잡지 『오토모티브 뉴스』와의 인터뷰에서 테슬라는 향후 텍사스주에 제2의 제조 공장, 그러니까 전기 트럭 공장을 건설하는 걸 생각해 볼 수도 있다는 말을 꺼낸 것이다. "우리가 캘리포니아 외곽 지역에 제조 공장을 세우게 된다면, 아마 텍사스가 후보 1순위가 될 것입니다. 저는 그 공장에서 스포츠카 정도의 성능을 갖고 있으면서 실제 화물 적재 능력은 동급 사이즈의 가솔린 또는 디젤 트럭보다 더 좋은 최첨단 전기 트럭을 만들 생각입니다. 아마 꽤 멋진 트럭이 될 겁니다. 저는 새 공장에서 그런 트럭을 만드는 것도 일리가 있으리라 봅니다."[40]

그러나 6월에 그 법안들은 주 의회 회기 중에 통과되지 못했다. 테슬라 지지자들은 2015년과 2017년에 다시 또 그 법안 통과를 위해 노력했지만 실패했다(텍사스주 의회는 2년에 한 번씩 열림). 현재 그 법안은 주 의회에 계류 중이며, 이 '외로운 별' 주*에서 모델 S를 사고 싶은 사람은 캘리포니아주에서 주문해야 하는 '텍사스 2단계'라는 복잡한 과정을 거쳐야 했다. 그후 일론 머스크가 언급했던 트럭 공장 얘기는 쏙 들어갔다.

일론 머스크는 그 주에 열린 한 주주 총회 자리에서 그 문제에 대해 자세한 얘기를 나누었다. 그는 테슬라의 적은 '영세 기업'들이 아니라 막강한 정치적 영향력을 갖고 있는 거대 자동차 대리점 집단들이라면서, 직접 판매 허용을 지지하는 소비자들이 압도적으로 많다는 여러 주의 여론 조사 결과를 인용했다. 그는 흥분한 목소리로 이렇게 말했다. "민주주의가 제대로 작동되고, 주 의회 의원들이 주민들의 의지를 제대로 대변한다면, 뭔가 다른 결과가 나올 것이고 직접 판매를 인위적으로 제한하려는 법은 설 곳이 없게 될 것입니다. 나는 그들이 민주주의를 망쳐 놓고 희희낙락하는 모습에 분노를 금할 수 없습니다. 이건 분명 잘못된 일입니다."

2013년 6월에는 뉴욕주 의회에서 텍사스주의 경우와 흡사한 일이 일어났다. 테슬라 측에서 그 법안들이 통과되면 뉴욕주에서 사업을 하지 못하게 될 거라고 말하는 두 법안이 아무 진전도 없는 상태에서 주 의회 회기

* 텍사스주를 가리키는 말로, 텍사스주기州旗에는 별이 하나 그려져 있다.

가 끝난 것이다. 그 법안들이 통과될 경우, 뉴욕주는 2006년 이전에 등록 허가가 난 자동차 대리점이 아닌 자동차 제조업체 직영 자동차 대리점의 신규 등록이나 등록 연장을 해 줄 수 없게 될 참이었다. 그야말로 테슬라에게만 불리하게 적용될 법안들이었던 것이다.

이번에도 역시 테슬라는 그 법안이 통과되면 참담한 결과가 나올 것이라고 예견했다. "그렇게 되면 테슬라의 뉴욕 직원 모두가 일자리를 잃게 될 것입니다. 그리고 뉴욕에 기반을 둔 테슬라 공급업체들도 문을 닫고, 뉴욕 소비자들은 오늘날 세상에서 가장 발전된 전기 자동차를 살 수 없게 될 것입니다. 그리고 테슬라가 자동차를 팔 수 없게 된다면, 뉴욕주가 벌이고 있는 이산화탄소 배출 차량 감축 및 환경 개선 노력에도 찬물을 끼얹는 일이 될 것입니다."

2014년 마침내 교전 당사자들 간에 실행 가능해 보이는 타협이 이루어졌다. 뉴욕주에 만들어진 테슬라의 직영 매장 다섯 곳의 운영은 예외적으로 인정하되 새로운 매장은 열어선 안 된다는 절충안이 나온 것이다.

이후 펜실베이니아와 오하이오주에서도 이와 유사한 합의들에 도달했다.

2013년 7월, 테슬라는 상징적인 승리를 거두었다. 테슬라 모터스가 미국의 모든 주에서 고객들에게 직접 자동차를 파는 걸 허용해 달라는 백악관 청원에 11만 1,985명이 서명을 한 것이다. 미국 행정부가 청원을 검토하는 데 필요한 최소한의 서명자 수인 10만 명을 훌쩍 뛰어넘은 것이었다.

오바마 행정부의 기본 정책은 10만 명 이상의 서명을 받은 시민 청원서는 무조건 '검토'하는 것이었지만, 그렇다고 해서 그것이 미국 행정부가 청원서와 관련해 꼭 무언가를 할 수 있다거나 한다는 건 아니었다. 백악관은 1년쯤 뒤 다음과 같이 테슬라 청원서 내용을 지지한다는 반응을 내놓았다. "자동차 판매를 제한하는 법들은 오랜 세월 각 주 의회 차원에서 결정해 왔습니다. 우리는 소비자들의 연료비를 아껴 줄 자동차가 더 많아져야 하며, 미국 각 가정의 소비자 선택권이 더 넓어져야 한다는 데 원칙적으로 동의합니다. 그러나 기존 대리점들의 권리를 인정해 자동차 제조업체의 자동차 직접 판매를 금하고 있는 현재의 주 법들을 바꾸려면 의회 차원에서의 법 제정이 필요하다는 것도 잘 압니다."[41]

모든 것이 민간 재정과 변호사 중심으로 돌아가는 미국 민주주의 체제 안에서 활동하는 모든 기업은 변호사를 동원하는 데 많은 돈을 써야 한다. 기업이 커지다 보면 결국 주 의회 및 연방 의회에서 자신들의 이익을 대변해 줄 자체 로비스트 팀을 보유할 필요를 느끼게 된다. 정관계에 막대한 영향력을 행사하는 자동차대리점협회들에 대한 반감이 커지면서, 테슬라는 결국 변호사와 로비스트들을 늘리기 시작한다.

미국 전역에 퍼져 있는 자동차 대리점들은 아주 잘 조직화되어 있어, 그들의 목소리는 대부분의 주도州都에서 아주 크고 분명하게 들린다. 그들이 일자리를 만들어 내고 세금을 많이 낼 뿐 아니라, 오랜 세월 정치에도 깊숙이 개입해 왔기 때문이다. 각종 자동차 대리점 단체들은 테슬라가 탄생한 해인 2003년 이후 미국 전역의 주 선거에서 8680만 달러를 써 오고 있다. 워싱턴에는 자동차 딜러 출신의 의원이 일곱 명이나 되며, 전국 자동차대리점협회에서는 매년 약 300만 달러를 로비 자금으로 쓰고 있다. (아이러니하게도, 테슬라는 로비스트들의 심장부나 다름없는 워싱턴 K 스트리트에 전시실을 갖고 있다.)[42]

일부에서는 테슬라가 현재 겪고 있는 어려움을 1990년대에 마이크로소프트가 겪었던 어려움에 비유하기도 한다. 그 당시 마이크로소프트도 비정한 세상사를 직접 경험한 뒤 자체 로비스트 팀을 구축하기 시작했다.

자동차대리점협회로부터 자금 지원을 받는 정관계 로비스트들에 맞서 싸우기 위해 자체 로비스트 팀을 운용하기 시작한 바로 그 무렵에, 테슬라는 훨씬 더 효과 있어 보이는 또 다른 전략을 구사하고 있었다. 주 의회 의원들에게 직접 모델 S를 몰아 볼 기회를 준 것이다. 모델 S 스스로 주 의회 의원들을 설득하게 하는 이 방식은 노스캐롤라이나주에서 효과를 나타냈다. 2013년 11월, 노스캐롤라이나주 상원은 이미 온라인 자동차 판매를 금지하는 법안을 만장일치로 통과시켰는데, 그 무렵 테슬라 측에서는 모델 S 한 대를 주 의사당에 주차해 놓고 의원들을 초대해 직접 핸들을 잡아 보게 했다.

"액셀러레이터를 밟았더니, 스물세 살 때 무스탕 보스를 시운전할 때 느꼈던 그 황홀감이 다시 느껴지더군요." 공화당 출신의 주 의회 하원 의장 토머스 틸리스Thomas Tillis가 『롤리 뉴스 앤드 옵서버Raleigh News & Observer』와의 인터뷰에서 한 말이다. 그리고 이후 반테슬라 법안은 없었던 것으로 되었다. 상원에서 통과된 문제의 법안을 노스캐롤라이나주 하원에서 아예 투표조차 하지 않은 것이다.

자칭 '자동차 사나이'로 알려진 공화당 출신 주 의회 하원 의원 팀 무어Tim Moore는 이런 말을 했다. "주 의회 안에는 모델 S라는 차가 있는지조차 모르는 사람들도 있습니다." 그와 그의 동료 의원들은 상원을 통과한 법안을 사장시켰는데, 그 이유를 그는 이렇게 말했다. "과연 어떻게 하는 게 소비자 입장에서 최선인가 하는 것에 대해 보다 많은 대화를 해야 한다는 걸 깨달은 겁니다."[43]

텍사스주에서도 주 의회 의원 여러 명으로 하여금 모델 S를 시승하게 했지만, 거기서는 그 전략이 먹히지 않았다.

그런데 자동차 대리점들이 테슬라의 직접 판매 문제에 이렇게 강경한 자세를 유지하는 진짜 이유는 무엇일까? 그들은 정말 고객을 걱정하는 것일까?

"공장 직영 매장의 경우, 공장이 문을 닫으면 매장도 같이 문을 닫게 됩니다." 콜로라도주 자동차대리점협회 회장 팀 잭슨Tim Jackson의 말이다. "만일 불행히도 테슬라가 문을 닫으면, 그와 동시에 서비스 센터들도 다 문을 닫아야 합니다. 모두 공장 직영이니까요." 그러면서 그는 GM이 새턴Saturn이라는 브랜드를 만들었는데, 그 브랜드가 2008년부터 2010년 사이 회사가 위기를 맞아 대대적인 구조 조정에 들어가면서 그냥 사라져 버린 걸 좋은 예로 들었다. 포드의 머큐리Mercury 브랜드 역시 그 대리점들의 강한 반대에도 불구하고 비슷한 운명을 맞았다.

팀 잭슨의 말은 일견 일리가 있지만 아이러니한 면들도 있다. 새턴과 머큐리 소유자들은 지금도 GM이나 포드 대리점 또는 지역 자동차 정비소에서 서비스를 받을 수 있지만, 모델 S 소유자들은 테슬라가 문을 닫고 자동차에 문제가 생길 경우 어디서 서비스를 받아야 할지 난감할 것이다. 그점에서는 일리가 있다. 그러나 설령 테슬라가 문 닫는 일이 생긴다 해도, 과연 GM이나 포드 대리점들이 모델 S 고객들을 내 식구처럼 맞아 줄 거라고 상상하긴 힘들다(예를 들어 석유 산업 옹호자들은 풍력 터빈에 끼여 죽은 새들을 봐도 그 새들의 비운을 슬퍼하기보다는 환경 보호론자를 비난하는 데 더 바쁠 테니 말이다).

GM과 포드 같은 거대 자동차 제조업체의 자동차를 판매하는 대리점들은 정말 조그만 기업인 테슬라가 자신들의 사업에 막대한 지장을 줄까 두려운 것일까? 그런 것 같지는 않다(짐작하건대, 대부분의 자동차 대리점들은 여전히 전기 자동차를 진기한 한때의 유행 정도로밖에 보지 않으며, 테슬라도 조만간 사라질 거라고 생각하는 것 같다). 미국 전역에서 벌어지고 있는 자동차 대리점들과 테슬라 간의 전쟁 뒤에 숨어 있는 진짜 이유는 다른 자동차 제조업체들(아니면 두려운 중국인들)도 테슬라의 전철을 밟을 거라는 두려움이다.

자동차 대리점 운영자들이 보수적일 수도 있겠지만, 그들 가운데 상당수는 테슬라식의 직접 판매가 모든 종류의 소매업에 안 좋은 선례가 된다고 보고 있으며, 또한 자신들은 과거 여행사나 음반 가게들처럼 싸움 한 번 제대로 못해 보고 무너지고 싶지는 않은 것이다. 그들은 거대 자동차 제조업체들이 자동차 판매를 위해 프랜차이즈 가맹 대리점을 활용하는 현재 방식을 곧 포기하리라고는 생각하지 않는다. 그들 스스로 현재의 방식에 워낙 많은 투자를 했기 때문이다. 그러나 실리콘 밸리에서 온 물불 안 가리는 인습 타파자들이 오랜 세월 쌓아 온 프랜차이즈 가맹 대리점 제도라는 구조물 밑바닥에서 벽돌 한 장 빼내는 걸 묵인할 경우 어찌 되겠는가? 일론 머스크와 그 일당은 그러고도 남을 사람들 아닌가.

애플의 전前 전략 기획 책임자는 자동차 대리점들과 테슬라 간의 이 갈등과 관련해 흥미로운 견해를 내놓았다. 포드사의 후원하에 세계적 흐름에 대해 논의하는 한 회의 자리에서 크리스 라일리Chris Riley는 테슬라의 판매 모델은 결국 사람들이 자동차를 사는 방식 자체를 바꿔 놓게 될 거라고 말했다. 그에 따르면, 젊은 고객일수록 제조업체로부터 곧장 제품을 사는 게 더 '의미 있는' 거래가 된다는 걸 잘 안다. 자동차 대리점들이 정말 두려워하고 있는 것이 바로 그것이 아닌가 싶다.[44]

뉴저지주에서의 전쟁은 2014년 3월 그 주의 자동차위원회가 테슬라의 직접 판매를 효과적으로 봉쇄할 새로운 규정, 그러니까 신차의 경우 적어도 1,000제곱피트(약 92제곱미터) 면적의 전시실에서 반드시 중개인을 통해 판매해야 하며, 그 전시실에 별도의 서비스 시설도 갖추어야 한다는 규정을 승인하면서 시작되었다. 테슬라가 그 무렵에 만든 뉴저지주의 두 매장은 그보다 규모도 작았고 서비스 센터들도 별개의 장소에 있었다.

테슬라는 그 규정을 교활한 술수로 보았으며, 뉴저지 주지사 크리스 크리스티Chris Christie의 주 정부가 반테슬라 규정 통과를 미룬 뒤 주 의회에서 그 문제를 논의해 결정하겠다는 약속을 깼다며 다음과 같이 말했다. "뉴저지주 정부와 뉴저지주 자동차위원회는 지금 주 의회를 무시한 채 뉴저지주 소비자들의 희생 위에 자신들의 독점적 지위를 누리려는 이익 집단이 사주하는 규정들을 시행함으로써 월권행위를 하고 있습니다."

테슬라를 지지하는 사람들이 100명 이상 참관했음에도 불구하고, 반테슬라 규정은 공개적인 의견 수렴 과정도 거치지 않은 채 승인되었다(『인사이드EV Inside EVs』에 따르면, 뉴저지주 자동차위원회는 문제의 규정이 이미 승인된 뒤 참관인들의 의견 개진을 허용했다고 한다).[45]

그 결정 직후 테슬라는 '가든 주Garden State'•에서는 더 이상 자동차를 팔지 않겠다며 패배를 인정했다.

전기 자동차 관련 미디어 등은 평소에 자유 기업 체제 옹호를 외치다가 틈만 나면 자신들의 권한을 이용해 기득권의 이익을 대변하고 나서는 정치인들의 이중성을 비난했다. 뉴저지주 정부가 반테슬라 규정을 승인하기 1주일 전쯤 주지사 크리스 크리스티가 보다 작은 정부를 주창하는 워싱턴 소재 단체 미국보수연합이 후원하는 한 집회에서 이런 말을 한 것을 꼬집고 나선 것이다. "우리는 정부의 차갑고 딱딱한 손보다는 사람들의 노력과 창의성에 의해 성공이 결정되는 자유 시장 체제 사회를 지지하며, 그런 것에 대해 더 많은 얘기를 나누어야 합니다."[46]

좌우익 가릴 것 없이 모든 정치꾼이 반테슬라 규정을 비난하고 나섰다. 뉴저지주 의회 의원인 팀 유스터스Tim Eustace는 뉴저지주 자동차위원회의 결정을 무력화시키는 법안을 제출했다. "우리는 미국 기업가들과 미국 기

• 뉴저지주의 애칭

업들을 밀어주어야 합니다." 팀 유스터스의 말이다. 그는 평소 전기 자동차 리프를 몰고 다녔고, 테슬라 직영 자동차 전시실이 있는 도시 퍼래머스가 그의 지역구에 속해 있었다.[47]

대표적인 보수주의자 뉴트 깅리치Newt Gingrich 공화당 하원 의원은 자신의 지지자들에게 보내는 이메일 메시지를 통해 이 논란에 끼어들었다. "주 정부가 개입해 21세기의 한 신생 기업을 상대로 케케묵은 비즈니스 모델을 강요하는 건 전혀 합리적이지도 정당하지도 못합니다. 그러나 자동차 대리점들은 그런 법이나 규정들을 끌어들여 자신들의 이익을 지키려 합니다. 뉴저지주의 경우, 주지사 크리스 크리스티는 지금 소극적으로 과거를 지킬 것인지 아니면 적극적으로 미래를 위해 싸울 것인지를 결정해야 하는 중대한 기로에 서 있습니다."[48]

국제법학 및 경제학 센터는 70명 이상의 경제학 및 법학 교수들이 서명한 공개서한에서 주지사 크리스 크리스티에게 반테슬라 규정을 철회하라고 촉구하며 이렇게 말했다. "그런 식의 기업 활동 제한은 경제학적으로 또는 공공 정책학적으로 아무런 합리적 근거도 없으며…… 아주 간단합니다. 이건 자동차 대리점들을 위한 보호주의입니다."[49]

주지사 크리스 크리스티는 그런 결정을 내린 건 자동차위원회(그 위원회 위원들은 주지사에 의해 선출된다)라고 항변하면서 모든 책임을 주 의회에 돌렸다. "테슬라를 몰아낸 건 내가 아니라 주 의회입니다." 그러면서 그는 이렇게 말을 이었다. "뉴저지주 법에 저촉되지만 않는다면, 나는 테슬라가 고객에게 직접 자동차를 팔든 말든 아무 상관 안 할 겁니다. …… 나는 왕이 아닙니다. 법에 예외를 인정할 순 없어요."[50]

뉴저지주 자동차위원회가 반테슬라 규정을 시행한 지 1년 뒤 뉴저지주 의회는 그 규정을 폐지하고 대신 무공해 차량 제조업체들의 직접 판매를 합법화하는 법을 제정했다. 주지사 크리스 크리스티는 2015년 3월에 그 법안에 서명한 뒤 자신은 아주 행복하다면서 이런 말을 했다. "이제 테슬라 같은 제조업체들이 고객에게 직접 판매할 수 있는 기회를 갖게 되어 기쁩니다."

테슬라는 마침내 뉴저지주에서 자동차를 직접 판매할 수 있는 매장 네 곳을 열 수 있게 됐다.[51]

테슬라가 미국 북동부 지역에서 고전을 면치 못하고 있던 때, 미국 남서부 지역에서는 테슬라 측에 강력한 정치적 무기가 되어 줄 만한 일이 일어나고 있었다. 2014년 2월, 테슬라는 네바다주나 뉴멕시코주나 애리조나주 또는 텍사스주에 6,500여 개의 일자리를 창출할 것으로 기대되는 거대한 배터리 제조 공장 기가팩토리를 건설할 것이라는 계획을 발표했다. 그로부터 몇 주일간 미국 남서부 주 정치인들은 갑자기 더없이 열렬한 테슬라 팬이 되었다.

애리조나주 상원의 한 위원회는 전기 자동차만 제작하고 그 주에 서비스 센터를 갖고 있는 자동차 제조업체들의 직접 판매를 허용하는 법안을 승인했다. 예를 들어 테슬라는 애리조나주 스코츠데일에 전시실을 갖고 있었지만, 거기서 자동차를 판매하는 건 금지되어 있었다. 공화당 상원 다수당 의장인 존 매코미시John McComish는 그 법안을 테슬라의 영업을 방해할지도 모를 미래의 법들에 대한 '선제공격'이라고 불렀다. "몇몇 주에서는 그런 종류의 영업을 금하고 있습니다." 존 매코미시의 말이다. "그러나 나는 우리는 혁신을 억누르기보다는 혁신의 기회를 살리는 쪽으로 가야 한다고 생각합니다."

그런데 기가팩토리 뉴스가 나오기 한 달 전에도 비슷한 법안이 제출됐지만, 그때는 아무 성과가 없었다. 애리조나주 상원 의원 밥 워슬리Bob Worsley는 이렇듯 갑자기 애리조나주의 분위기가 바뀐 건 많은 일자리가 생기는 공장에 대한 유혹 때문이라는 사실을 애써 부인했다. "나는 이런 변화가 일자리가 생기는 공장에 대한 보상이라는 메시지가 되지 않길 바랍니다. 그러니까 이런 변화가 우리가 큰 잠재력을 지닌 성공한 기업들과 함께 일할 기회를 환영한다는 메시지로 받아들여지길 바라는 것입니다."52 결국 테슬라는 기가팩토리를 네바다주에 짓기로 했고, 그래서 현재 애리조나주에서는 자동차 직접 판매가 여전히 불법이다.

텍사스주의 경우 주 의회가 자동차대리점협회의 든든한 우군이며, 그래서 이곳에서는 지금까지도 테슬라의 직접 판매가 금지되고 있다. 그러나 폭스 비즈니스 뉴스Fox Business News와의 인터뷰에서 텍사스 주지사 릭 페리Rick Perry는 자신은 직접 판매를 금지하는 규정들을 결국은 사라져야 할 구시대의 유물로 본다는 점을 분명히 했다.

"이것들은 옛날에 정해진 낡은 법들로, 당시 그 법들이 옳은 것이었는지 아니었는지를 따질 생각은 없습니다. 그러나 어쨌든 우린 지금 10년 전과 전혀 다른 세상에 살고 있습니다." 그러면서 릭 페리 주지사는 이런 말을 했다. "이제 텍사스 주민들은 자동차 대리점에 대한 그 오랜 보호를, 이를 시대에 뒤떨어진 보호라고 말하는 사람들도 있습니다만, 계속하는 것이 텍사스주의 이익에 부합되는지 자문해 봐야 할 때가 됐습니다. …… 그리고 나는 텍사스 주민들은 이렇게 말할 거라고 생각합니다. '우린 자동차 대리점을 보호하는 걸 원치 않는다. 우린 자동차 제조업체들과 직접 가격 협상을 할 수 있게 되길 원한다.'"

당시 칼럼니스트 마리아 바티로모Maria Bartiromo는 이런 말을 했다. "텍사스는 지금 테슬라가 고객들에게 직접 자동차를 판매하지 못하게 하고 있는 주들 중 하나입니다. 그러면서 새로 건설될 50억 달러짜리 테슬라 공장은 유치하고 싶어 하죠. 그러니 어떻게 두 마리 토끼를 다 잡겠습니까?"

"우리 주는 일론 머스크와 테슬라 쪽 사람들이 공장 건설을 진지하게 고려하고 있는 네 개의 주 중 하나입니다. 그래서 우리 주 의원들과 공무원들이 제조업 면에서 우리가 전국에서 가장 앞서가는 주가 되는 문제에 대해 그야말로 공개적이고 심도 있는 얘기를 나누기 바랍니다." 릭 페리 텍사스 주지사의 말이다.[53]

물론 릭 페리 주지사는 이런저런 식으로 어떤 조치를 취할 계획이라는 말을 한 적이 없으며, 그저 그 문제에 대해 활발한 논의가 있었으면 좋겠다고 했다. 유명 블로거 로버트 파헤이Robert Fahey는 그런 그의 태도를 '긴가민가해, 결정하기 힘들다'는 식의 애매한 태도라고 꼬집었다.[54]

이 책을 쓰고 있는 지금 테슬라는 미국 대부분의 주를 접수했다. 그러나 텍사스, 웨스트버지니아, 유타, 애리조나, 아이러니하게도 진보적인 주인 코네티컷 그리고 자동차 친화적인 걸로 여겨지는 미시건, 이렇게 여섯 개 주에서는 여전히 직접 판매가 금지되고 있다. 미국 지도는 지금 다소 누더기 상태가 되어 있다. 어떤 주에서는 분명하게 테슬라의 직접 판매를 허용하고 있고, 어떤 주들에서는 분명하게 금지하고 있으며, 또 어떤 주에서는 한정된 수의 매장만 허용하는 절충안을 제시하고 있다.

한편 미시건주와의 싸움은 조만간 훨씬 더 흥미로운 반전이 일어날 수도 있다. 2016년 테슬라는 직접 판매를 거부함으로써 미국 헌법이 보장한 자사의 권리를 침해하고 있다며 미시건주를 상대로 연방 소송을 제기했다. 테슬라 측에서는 '한밤중 개정안'(미시건주 의회가 회기 거의 막판에 은밀히 처리했다 하여)에 대해 순전히 테슬라를 표적으로 삼은 법안이라고 주장하고 있다.

"2014년 미시건주 의회에 의해 보호무역주의 색채가 아주 강한 법안이 통과됐습니다." 테슬라 측은 법원에서 이렇게 말했다. "미시건주 의회가 테슬라의 직접 판매 방식을 전면 금지하는 법안을 은밀히 처리해, 결국 미시건주 내에서의 자동차 판매를 주 정부가 나서서 체인점 형태의 자동차 대리점들에게 독점권을 준 겁니다."

테슬라 측 변호인들은 두 의회 의원에게 보내진 메시지들이 문제의 수정 법안이 반테슬라적이라는 걸 보여 주는 좋은 증거라고 주장했다. 그들은 공화당 출신의 상원 의원 조 후네Joe Hune와 하원 의원 제이슨 셰파드Jason Sheppard에게 소환장을 보내 수정 법안과 관련해 로비스트들에게서 받은 이메일을 제출해 달라고 요청했다. 두 의원은 그 소환장에 불응했으나, 2017년 8월 연방 판사는 두 의원에게 관련 서류들을 제출할 것을 명령했다.

미시건주 법무 장관 빌 슈에트Bill Schuette는 2014년 수정 법안이 테슬라만을 겨냥한 법안이 아니라, 오래전부터 자동차 제조업체들이 직접 대리점을 운영하는 걸 금지해 온 법안이라고 주장하고 있다. "미시건주에서 자동차를 판매하려 하는 다른 모든 자동차 제조업체도 똑같이 이 규정을 따라야 합니다. 그런데 지금 테슬라가 특별 대우를 요구하면서 미시건주의 법을 따르지 않으려 하고 있는 거죠. 사실 지금 테슬라는 자신들이 관행을 바꿔 미시건주의 법을 따르는 게 아니라, 미시건주가 자신들의 혁신적인 사업 계획과 관행에 따라야 한다고 주장하는 겁니다."

일부 전기 자동차 옹호론자들은 테슬라가 요구하는 게 바로 그것이니까 다른 주들이 그렇게 했듯, 미시건주 역시 새로우면서도 혁신적인 기술에 맞춰 법을 바꿔야 한다고 말할 수도 있을 것이다. 이 사건은 현재 계속 법정 절차를 따르고 있는 중인데, 십중팔구 미국 대법원에서 모든 게 결판날 것이다. 대법원이 테슬라의 손을 들어 준다면 미국 50개 주에서 대리점 독점 판매권이 완전히 사라질 것이며, 그 반대라면 대리점들의 위치가 앞으로도 계속 더 공고해질 것이다.[55]

테슬라와 자동차 대리점들 간의 이 지루한 전쟁을 다뤄 오면서, 나는 이 문제가 동성애자 결혼 문제와 비슷하게 돌아가고 있다는 생각을 했다. 동성애자의 결혼은 이제 많은 주에서 허용되고 있는데,* 테슬라의 직접 판매 문제 역시 그렇게 되어 가고 있는 것이다. 어쨌든 내가 보기엔 머지않아 모든 주에서 신혼부부에게 결혼 선물로 줄 신형 모델 S(아마도 무지개 색의)를 테슬라 매장에서 직접 살 수 있게 될 것 같다.


## 용감한 신新 배터리

당연한 얘기겠지만, 테슬라는 늘 새롭고 개선된 배터리 기술을 찾고 있다. 로드스터 3.0과 모델 3에 사용된 새로운 2170 배터리(13장 참조)는 성능 면에서 큰 진전을 보여 주었지만, 현재까지는 테슬라 측에서 '차세대' 배터리라고 부를 만한 배터리가 나올 거라는 암시조차 한 적이 없다. 2013년 2월에 내가 언제쯤 정말 뛰어난 새 배터리가 나올 것 같으냐고 물었을 때, 테슬라 제품 기획 책임자인 테드 메렌디노Ted Merendino는 앞으로 5년 정도 더 걸릴 것 같다고 했다. (거의 다 왔다!)

주행 거리, 주행 거리, 주행 거리! 주류 언론이 전기 자동차에 대해 말할 때마다 약방에 감초처럼 등장하는 말이다. 그리고 전기 자동차 미디어들 역시 보다 나은 배터리 얘기에 관심이 많아, 에너지 밀도가 더 높은 새로운 화학 물질(흔히 '성배'라는 말을 씀)이 발견될 때마다 허겁지겁 달려가 취재에 열을 올리곤 한다. 그러나 에너지 밀도가 높은 게 다는 아니다. 테드 메렌디노가 내게 한 말에 따르면, 그보다 훨씬 더 중요한 요소들이 있을 수 있다.

• 현재 동성애자 결혼은 대법원 판결을 통해 미국의 모든 주에서 합법화되었다.

"테슬라는 세계에서 가장 큰 배터리 전용 연구실 중 하나를 갖고 있고, 거기서 그야말로 사람들이 상상할 수 있는 모든 배터리를 테스트합니다. 에너지 밀도도 우리가 관심 있게 보는 특징 중 하나지만, 우린 그 외에도 내구성, 신뢰성, 열에 대한 민감성, 충전/방전 주기 등 자동차용으로 가장 좋은 배터리 특징 수백 가지를 검토합니다. 그리고 뭐니 뭐니 해도 가장 중요한 건 역시 가격입니다. 물론 구하기 쉬워야 한다는 점도 아주 중요하죠. 한 공급업체에 의존했다가 낭패를 보는 상황이 있어선 안 되니까요."[56]

2013년 3월 미국 자동차엔지니어협회[SAE]와의 인터뷰에서 JB 스트로벨은 아직까지는 테슬라에서 쓰고 있는 파나소닉 18650 배터리가 최고라며 이런 말을 했다. "우리가 새로운 배터리 회사를 만날 때 제일 먼저 하는 요청은 '귀사의 가격 지침을 보여 주세요'입니다. 거의 다 가격 얘기는 안 하려 합니다. 늘 대화 끝에 가격 얘기를 꺼내죠. 어리석은 짓입니다. 전기 자동차에 쓸 배터리의 경우, 일정 수준 이상의 안전과 성능은 기본입니다. 당연히 그 수준을 넘어야죠. 그런데 그보다 더 중요한 건 에너지 밀도의 비용 효율성입니다. 그래서 누군가 비용 효율성이 더 뛰어난 배터리를 갖고 있다고 하면, 우린 귀가 솔깃해집니다. 그런데 현재까지는 그 누구도 우리가 쓰고 있는 배터리보다 더 비용 효율성이 높은 배터리를 내놓지 못하고 있습니다."[57]

2014년 5월, 일론 머스크는 이런 말을 했다. "지금 거의 매일 새로운 배터리가 개발됐다는 얘기가 나오고 있지만, 지금 우리가 쓰는 배터리보다 더 나은 배터리는 단 한 가지도 본 적이 없습니다. 심지어 아직 연구실에서 연구 중인 배터리는 물론이고, 조만간 나올 거로 예측되는 배터리 중에도 그런 배터리는 없어요."[58] 지금 와서 이 말을 곰곰이 뜯어보면, 그는 당시 일단 사람들의 기대치를 누그러뜨려 놓고 어느 날 놀라운 배터리 기술 발전을 선보여 세상을 놀래키려 했던 게 아닌가 싶다.

한때 테슬라가 새로운 형태의 하이브리드 배터리 팩을 만들려 하고 있다는 소문이 돌았었다. 테슬라가 서로 다른 두 종류의 배터리 기술을 합쳐 주행 거리를 대폭 늘리려 한다는 얘기가 몇 달간 일부 사람들 입에서 오르내린 것이다. 그러다 2013년 9월, 두 명의 증권 분석가가 좀 더 구체적인 얘기를 꺼냈고, 기다렸다는 듯 여러 언론 매체가 그 소식을 특종으로 보도했다(그러자 곧 테슬라의 주가는 처음으로 주당 200달러를 넘어가면서 새로운 기록을 세웠다).

2013년 4월 친환경 자동차 전문지 『그린 카 리포츠』의 존 뵐커의 말에 따르면, 테슬라는 그간 금속 공기 배터리 기술 응용과 관련해 적어도 여덟 개의 특허를 신청했다. 그중 하나는 '전기 자동차를 위한 효율적인 듀얼 배터리 팩 시스템'으로, 배터리 팩 두 개를 묶어 함께 사용하는 것이다. 다음은 그 특허 신청서의 내용 중 일부를 발췌한 것이다.

> 전기 자동차의 전력원 활용을 최적화하는 방법. 전력원은 두 개의 배터리 팩으로 구성된다(예를 들어 첫 번째 배터리 팩이 비금속 공기 배터리 팩이면 두 번째 배터리 팩은 금속 공기 배터리 팩이다).
> 전력원은 효율성이 떨어지는 배터리 팩(이를테면 두 번째 배터리 팩)의 사용을 최소화해 최적화하며, 그렇게 해서 전기 자동차는 다음 배터리 충전 전까지 바라는 주행 거리를 갈 만한 전력을 확보하게 된다.

리튬 이온 배터리는 출력 밀도가 높고 에너지 밀도가 낮지만, 금속 공기 배터리는 그 반대로 에너지 밀도가 높고 출력 밀도가 낮다. 그래서 하이브리드 시스템은 이론적으로 양쪽 배터리의 장점을 다 활용해 주행 거리와 성능을 동시에 극대화하는 것이다.

이론적으로는 이 같은 하이브리드 시스템에 사실상 수명에 한계가 없고 막강한 출력 밀도를 갖고 있는 울트라커패시터ultracapacitor, 즉 초고용량 배터리를 보탤 수도 있다(일론 머스크가 젊은 시절 스탠퍼드대학교에서 공부하려 했던 분야가 바로 이 울트라커패시터 분야였다). 이런 아이디어는 비싸지만 빠른 캐시 메모리와 값싼 램RAM, 그리고 아주 값싼 고용량 하드 드라이브 등을 동시에 활용하는 컴퓨터 계층 저장 방식과 비슷한 개념이다.59

이 모든 건 순전히 짐작에 불과했으며, 이후 4년이 지나도록 금속 공기 배터리도 하이브리드 배터리도 출현하지 않고 있다. 그러나 그 당시에는 아주 그럴싸해 보여서, 바로 그 주에 GM의 한 임원은 자동차 제조업체들이 보다 나은 배터리 개발을 위해 치열한 경주를 벌이고 있는 중이라는 걸 인정했다.


## 거대한 기가팩토리

제3세대의 대량 생산 자동차(모델 3) 개발에 착수한 직후, 일론 머스크는 자동차 제작과 관련해 중대한 병목현상이 있다는 걸 인정했다. 테슬라 측에서 새로운 모델의 생산량을 대폭 늘릴 경우, 그 당시 전 세계에서 생산되는 리튬 이온 배터리 팩을 다 끌어 모아도 충분치 못하리라는 걸 인정한 것이다. 배터리 확보가 어려워질 경우 대량 생산에 차질이 생길 것이 뻔했다. 2013년 9월 일론 머스크는 CNBC와의 인터뷰에서 대량 생산 모델이 제작되기 시작하면 눈이 휘둥그레질 정도로 큰 배터리 공장이 필요할 거라고 말했다.

한 순진한 전기 자동차 반대자는 테슬라가 곧 망할 증거라며 일론 머스크의 그 말을 물고 늘어졌다. 일론 머스크가 당장 그다음 주가 아닌 2~3년 뒤 상황을 얘기한 것이라는 걸 이해하지 못한 것이다. 음모론 주창자들의 얘기와 달리, 지구상에는 리튬이 많으며, 그게 전부 중국에 있는 것도 아니다. 그러나 일론 머스크는 그 가벼운 흰색 물질 리튬에 대한 자신의 욕심을 과장하지 않고 드러냈다. 테슬라의 3세대 자동차가 출시될 무렵이면 배터리 용량이 지금의 배는 되어야 할 거라고 말한 것이다.

테슬라에 배터리를 공급하는 파나소닉은 배터리 판매가 폭발적으로 늘어나는 기쁨을 누렸다. 2013년 9월에 리튬 이온 배터리 부문이 극적인 흑자 전환을 했는데, 거의 대부분 테슬라의 모델 S가 잘 팔린 덕분이었다. 시장 조사 기관 럭스 리서치Lux Research에 따르면, 2012년 2분기에 2000만 달러의 적자를 봤던 파나소닉 리튬 이온 부문은 2013년 2분기에 약 4200만 달러의 흑자로 돌아섰다. 파나소닉은 그다음 해에 2억 달러를 투자해 오사카와 가사이의 자동차 배터리 생산 라인을 확대할 계획이라고 발표했다.

이 무렵, 테슬라는 1만 6,000대의 모델 S를 고객들에게 인도했고, 파나소닉 측에 4억 달러 이상의 매출을 안겨 주었다. 일본 대기업 파나소닉은 놀리고 있던 오사카 배터리 공장 생산 라인을 재가동하고 2014년 초에 또다른 배터리 공장을 건설하겠다고 말했다.[60]

일본의 최대 니켈 생산업체인 스미토모 금속광업Sumitomo Metal Mining(SMM)은 예상되는 리튬 이온 배터리 생산 증가에 발맞추기 위해 4800만 달러 정도를 투자해 리튬 니켈 산화물 생산 규모를 늘리겠다는 발표를 했다. 스미토모 금속광업은 파나소닉과 협력해 양극 재료로 쓸 고성능 리튬 니켈 산화물을 개발했으며, 현재 그 물질의 주요 공급업체 중 하나다.[61]

2013년 10월, 파나소닉과 테슬라는 기존 배터리 협력 관계를 확대했다. 새로운 협약에 따라 파나소닉은 향후 4년간 20억 개에 달하는 배터리를 테슬라에 공급하기로 되어 있었다. 이 무렵에 테슬라가 배터리 공급처 다각화를 위해 삼성<sup>Samsung</sup> 및 다른 배터리 제조업체들과도 계약을 맺었다는 말이 있었지만, 현재까지 파나소닉은 테슬라의 유일한 배터리 공급업체다 (로드스터 3.0에 쓰인 LG화학 배터리는 제외).

일론 머스크는 2013년 11월에 처음으로 테슬라 기가팩토리 건설 가능성을 내비쳤다. 테슬라 기가팩토리는 한쪽 끝으로 원자재들이 들어가고 나머지 끝에서 완성된 배터리 팩들이 쏟아져 나오는 일괄 작업 공장이다.[62]

2014년 2월, 테슬라가 마침내 그 거대한 배터리 공장을 건설한다는 확정 계획을 발표하자, 테슬라의 주가는 하루아침에 주당 200달러를 돌파해 그대로 260달러를 넘어 버렸다.

테슬라 측에서 배포한 6페이지짜리 프레젠테이션 자료에 나와 있는 테슬라 기가팩토리의 세부 내용은 아주 간단한 스케치 수준이었지만, 많은 사람에게 기가팩토리가 현실화될 거라는 확신을 심어 주기에 충분했다. 모건 스탠리의 분석가 애덤 요나스는 자신이 작성한 보고서에서 2026년이면 '유토피아 같은 사회'가 만들어질 거라고 상상했다. 그는 그때쯤 되면 테슬라는 배터리 시장과 자동차 시장을 모두 지배하게 될 것이고, 매출 규모도 2014년에 비해 무려 60배나 불어날 것이라고 했다.

테슬라는 새로운 공장은 미국 남서부 어딘가에 건설될 것이며, 거기서 배터리용 전극과 분리기, 전해액 제조에서부터 새로운 배터리 팩 조립, 낡은 배터리 재활용에 이르는 모든 작업이 이루어질 거라고 밝혔다. 그리고 본격적인 생산은 2017년부터 시작될 것으로 예측됐다(실제 그렇게 됐음). 또한 테슬라는 새 배터리 공장이 건설되면 배터리 팩 비용이 30퍼센트 이상 줄어들 것으로 예측했다.

기가팩토리와 관련된 그 어떤 멋진 그림이나 그래프보다 더 월스트리트 관계자들의 마음을 사로잡은 것은 테슬라가 새 공장 건설에 필요한 엄청난 자금을 얼마든지 자체 조달할 수 있을 것으로 보인다는 점이었다. 예측한 대로, 테슬라는 16억 달러 규모의 선순위 상환 주식 발행을 통해 자금을 마련하겠다는 발표를 내놓았다. 파나소닉을 비롯한 협력 회사들로부터 추가로 20억 달러 정도를 더 투자받을 계획이라는 말도 했다.[63]

곧이어 미국 남서부 지역의 정치인들은 새로운 일자리를 창출할 공장을 자신들의 주에 유치하기 위해 발 벗고 나섰다. 애리조나와 텍사스주의 경우, 최근까지만 해도 자동차대리점협회 편에 서서 테슬라를 공격하던 주의회 의원들이 앞장서 테슬라야말로 가장 혁신적이며 미국적인 제조업체라며 추켜세우기 시작했다. 애리조나주의 투손과 메사시의 지도자들은 기가팩토리 유치를 위한 공식 제안서를 제출하기도 했다.[64]

캘리포니아주의 지도자들은 공장 유치 열의가 그리 뜨겁지 않았다. 특별한 이유는 밝히지 않았지만, 테슬라 측에서 기가팩토리를 골든 스테이트Golden State*가 아닌 다른 곳에 건설할 거라는 점을 분명히 했기 때문이다. 캘리포니아 주지사 제리 브라운Jerry Brown의 대변인은 캘리포니아주에서 여러 후보지를 제안했지만 테슬라 측에서 받아들이지 않았다고 말했다. 「로스앤젤레스 타임스」는 캘리포니아 주민들이 테슬라 자동차의 3분의 1 이상을 팔아 줬고, 또한 테슬라가 캘리포니아주의 공해 통제 정책들 덕분에 무공해 차량 크레디트로 수억 달러의 소득을 거둬들였다는 사실을 상기시키며(10장 참조), 테슬라 측에서 캘리포니아주의 제안을 거부한 것은 있을 수 있는 일이긴 하지만 납득하기 힘들다고 했다.[65]

업계 분석가들은 테슬라가 캘리포니아주의 제안을 거부한 것은 캘리포니아주의 높은 땅값과 임금 수준 때문이라고 생각했고, 또한 테슬라가 캘

• 캘리포니아의 애칭

리포니아주와 그곳의 여러 규정에 대한 의존도를 줄이기 위해 지역적으로 좀 더 활동 범위를 넓히고 싶어 하는 것 같다는 분석도 내놓았다.

전기 자동차 지지자들과 리튬 공급업체 등이 한창 샴페인을 터뜨리고 있을 때, 파나소닉이 그 같은 파티 분위기에 찬물을 끼얹었다. 쓰가 가즈히로 사장이 기자들에게 파나소닉은 조심스럽게 움직일 계획이라면서 이런 말을 한 것이다. "조금씩 단계적으로 투자하는 것이 우리의 기본 접근 방식입니다. 일론 머스크는 모델 S 외에 더 값싼 모델들을 생산할 계획을 갖고 있는데, 저 역시 그 생각을 이해하며, 그래서 우리는 최대한 협력할 참입니다. 그러나 어쨌든 투자 위험 부담이 더 커질 건 분명합니다."

일론 머스크는 파나소닉의 참여가 100퍼센트 확실한 건 아니라는 점을 인정했다. 그러자 역대 최고가까지 치솟았던 테슬라의 주가는 주당 200달러 아래로 곤두박질쳤다.[66]

그로부터 2개월 뒤, 다시 파티 분위기가 되살아났다. 파나소닉이 기가팩토리 건설에 참여할 뿐 아니라 테슬라의 유일한 배터리 공급업체가 되길 기대한다는 발표를 한 것이다. 2014년 7월 파나소닉은 처음에 2억 달러를(이는 결국 16억 달러 넘게까지 늘었음) 투자함으로써 기가팩토리 건설에 참여하기로 합의했다는 사실을 확인해 주었다.

처음에 테슬라는 동시에 두 곳 이상의 주에서 공장 부지를 고를 거라고 했다. 두 후보지 가운데 배터리 팩 공장을 제시간 내에 건설해 제3세대 자동차 생산에 지장을 주지 않을 후보지를 고른다는 계획이었던 것이다. "혹시 모를 막판 변수들에 대비하기 위해, 착공 전까지 한 주 이상, 적어도 두 주에서 공장 부지를 찾을 생각입니다. 그러니까 돈을 더 쓰더라도 적절한 타이밍을 놓칠 가능성을 최소화하려는 겁니다."[67] 당시 일론 머스크가 한 말이다.

결국 테슬라는 네바다주 북서부의 도시 리노 바로 외곽의 한 지역을 공장 부지로 선택했고, 2014년 말부터 공사에 착수했다. 네바다주는 이 유명한 테슬라 배터리 공장을 유치하기 위해 세제 지원과 토지 무상 제공 등 14억 달러 규모의 각종 혜택을 제공했다. 이는 역사적으로 민간 기업에 주어진 최대 규모의 혜택은 아니었지만(그 영광을 누린 것은 워싱턴주로부터 110억 9000만 달러 규모의 혜택을 받은 보잉Boeing이었다), 자동차업계에서는 가장 규모가 큰 혜택으로, 과거 크라이슬러는 미시간주로부터 13억 달러, 닛산은 미시시피주로부터 12억 5000만 달러 규모의 혜택을 받았다.

기가팩토리와 6,500개로 추산되는 새로운 일자리를 자기 주로 끌어들이기 위해 각 주 간에 벌어진 경쟁에는 카우보이모자를 쓰고 다니는 지역 경제계의 거물 랜스 길먼Lance Gilman 같은 유명 인물들까지 등장했다. '리노의 철학자'로 불리는 랜스 길먼은 전설적인 무스탕 랜치Mustang Ranch의 소유주로, 현재 기가팩토리 공사가 한참 진행 중인 타호-리노 산업 센터의 소유주이기도 하다.

일론 머스크와 그 일당들은 자동차업계에선 이단아일지 몰라도, 재정 및 정치 세계에서는 아주 뛰어난 능력을 발휘하는 수완가들이다. 『포천』의 한 기사는 테슬라가 각 주를 상대로 각종 세금 혜택 등을 끌어내기 위해 현란한 수완을 발휘했으며, 그 결과 자신들이 원하는 걸 다 얻어냈다면서 이렇게 말했다. "일론 머스크는 혁신은 물론이요 정치적인 술수에도 천재적인 재주를 갖고 있다는 걸 스스로 입증해 보였다. 수익 결산 보고와 블로그 포스트 등을 통해 이런저런 신호들을 내보내면서도, 각 주의 관계자들로 하여금 아무것도 모른 채 공장 유치 경쟁에서 탈락할지도 모른다는 두려움을 갖게 함으로써, 오케스트라 지휘자로서 오즈의 마법사 같은 일을 해낸 것이다."

게임은 2013년 10월, 미국 남서부 지역 일곱 개 주 대표들이 테슬라 프리몬트 공장에 모여 기가팩토리에 대한 프레젠테이션을 듣고 모델 S 시운전을 해 보면서 시작되었다. 각 주의 대표들에게는 자신들이 제안한 공장 부지와 관련된 질문 90개 이상이 든 스프레드시트*가 주어졌는데, 테슬라 측에서는 그걸 토대로 3주일 안에 제안서를 제출해 달라고 했다.

아이러니한 일이지만, 캘리포니아주는 배터리 생산을 지연시킬지도 모를 엄격한 환경 관련 법들 때문에 공장 유치 경쟁에서 탈락된 듯하다. 텍사스주는 막대한 '사업 기금'을 제공하고 기가팩토리를 위해 별도의 고속 도로를 내주겠다는 제안까지 하는 등 아주 의욕적인 유치 활동을 벌였다.

결국 네바다주가 제공한 각종 푸짐한 혜택 외에 기가팩토리 유치에 결정적 역할을 한 것은 네바다주가 보여 준 '빨리 빨리' 자세였다. 기가팩토리가 모델 3의 출시 시기에 맞춰 제대로 가동되어야 하기 때문에, 테슬라 입장에서는 무엇보다 타이밍이 아주 중요했다. "우린 미국 그 어디에서보다 빨리 공장을 건설할 수 있습니다." 30일 이내에 건축 허가가 나오도록 하겠다는 약속을 하며 랜스 길먼이 한 말이다(그는 카운티 위원이기도 하다). 그는 필요하다면 새벽 2시에도 시 관계자들이 콘크리트 다지기 검사를 해 줄 수 있다고 했다.[68]

『포천』의 기사는 이런 뒷얘기들을 들려주면서 테슬라가 뭔가를 잘못했다거나 불법적인 행위를 했다는 식으로 몰고 가지는 않았다. 그 반대로, 비즈니스 전문 잡지답게 얘기하는 톤이 사뭇 존경에 가까웠다. 실리콘 밸리를 이끄는 사람들 가운데 하나인 일론 머스크가 『군주론』의 저자 마키아벨리처럼 능수능란한 권모술수로 각 주에서 푸짐한 혜택을 이끌어냈다고 평한 것이다.

그러나 민간 기업에 각종 세제 혜택을 주는 각 주의 관행은 논란의 소지가 많으며, 그래서 테슬라에 대해 조금이라도 안 좋은 기사가 나오면 즉

• 숫자, 문자 데이터가 가로 세로로 펼쳐져 있는 표 계산 프로그램

각 그에 대한 반응을 내놓곤 하는 일론 머스크는 『포천』의 기사에 대해 조목조목 반박해야겠다고 생각했다. 그래서 그는 기가팩토리 유치가 네바다주 입장에서도 손해 보는 장사가 아닌 이유들을 자세히 써서 블로그에 올렸다. 그는 각종 혜택에 대한 제안은 네바다주 상하원의 모든 의원들로부터 만장일치로 승인받았으며, 신용 평가 기관 무디스Moody's' 또한 이번 거래를 리노 지역과 네바다주 전체의 등급에 긍정적인 영향을 줄 것으로 평가했다는 사실을 상기시켰다.

그렇다고 네바다주가 테슬라에 14억 달러를 현금으로 지불하는 것도 아니다. 사실 테슬라는 현금 지원은 전혀 받은 바 없다. "우리는 네바다주가 우리 공장 개발 업체와 맺은 교환 조건을 통해 공장 부지를 지원받았으나, 네바다주에 가 본 사람들은 잘 알겠지만 거기엔 아무도 살지 않는 그런 유휴지가 많습니다. 유휴지는 공급이 넘치는 상황인 겁니다." 일론 머스크가 블로그에 올린 글이다. "기가팩토리가 5년 뒤 본격적인 생산에 들어가려면 50억 달러가 투자되어야 하는데, 네바다주가 주는 혜택들을 금액으로 환산하면 그 5퍼센트 정도밖에 안 됩니다. 또 20년간 들어갈 운영비와 업그레이드 비용은 약 1000억 달러로 예상되는데, 네바다주로부터 받는 혜택들은 그 1퍼센트가 조금 넘습니다. 그러나 20년 뒤면 그 모든 혜택이 끝나게 되며, 기가팩토리는 그보다 훨씬 더 오래 네바다주에 경제적인 기여를 하게 될 것입니다."[69]

사회 각계각층의 많은 사람들이 왜 테슬라가 기가팩토리를 네바다주에 건설하기로 결정했는지에 대해, 리튬 매장지에 가깝기 때문이라거나 재생에너지 분야에 잠재력이 있기 때문이라는 등, 그야말로 다양한 이유를 제시했다. 상실감이 컸던 일부 캘리포니아인들은 네바다주의 더 낮은 세금과 더 기업 친화적인 주 정부를 이유로 꼽았다. 『오클랜드 트리뷴Oakland Tribune』

지는 테슬라와 네바다주의 합의를 캘리포니아주의 열악한 기업 환경을 입증해 준 또 다른 예라고 불렀다. 그리고 캘리포니아 로즈빌에 기가팩토리를 유치하기 위해 뛰어다녔던 캘리포니아주 상원 의원 테드 게인스<sup>Ted Gaines</sup>는 이런 말을 했다. "테슬라의 고향이나 다름없는 캘리포니아주가 이 막대한 투자를 네바다주에 뺏긴 건 우리 기업 환경이 얼마나 열악한지 그대로 보여 준 겁니다."[70]

비공식적 합의 사항이었지만, 네바다주는 테슬라가 고객들에게 자동차를 직접 판매하는 것을 허용하기로 했다. 네바다주 자동차대리점협회는 네바다주 교통국이 테슬라의 직접 판매를 허용키로 한 것에 대해 항의할 계획이었으나, 대국적 견지에서 그 계획을 포기했다. "기가팩토리 건설 얘기를 들었을 때, 우린 심호흡을 하고 보다 큰 그림을 보려 애썼습니다. 그리고 우리 프랜차이즈 법에서 테슬라는 예외의 경우로 인정한다는 데 동의했습니다." 네바다주 자동차대리점협회의 임원인 웨인 프레디아니<sup>Wayne Frediani</sup>의 말이다. "사람들이 테슬라 공장에서 일하게 될 거고, 그런 다음 우리 대리점들을 통해 차를 살 테니 말입니다. 아마 테슬라 차를 사진 않을 겁니다. 대개 소형 픽업트럭들을 사겠죠."[71]

기가팩토리 건설 공사는 2014년 여름에 시작됐다.

2015년 10월 JB 스트로벨은 리노의 네바다대학교에서 새로운 인턴 제도 시행을 발표했으며, 또 그 대학의 배터리 연구 프로그램에 100만 달러를 투자하겠다는 계획도 발표했다. 당시 프레젠테이션에서 그는 테슬라가 앞으로 사업 중심을 차세대 자동차인 모델 3로 옮길 것이라면서 몇 킬로미터 밖에서 이미 공사가 진행 중인 거대한 기가팩토리의 단계별 계획에 대해 자세히 설명했다.

기가팩토리는 첫 단계로 90만 제곱피트(약 83,612제곱미터) 넓이로

짓지만, 최종적으로는 그보다 몇 배 더 커질 예정이다. 580만 제곱피트 (약 538,837제곱미터) 면적에 2층 건물로 총 면적이 1000만 제곱피트(약 929,030제곱미터)에 달해, 사실상 세계에서 가장 큰 건물이 될 것이다. 이는 원자재 처리부터 최종 배터리 팩 제작까지 모든 제작 과정이 수직 통합된 시설로, 연간 전기 자동차 50만 대 분의 배터리 팩이 생산될 것이다.

"우리는 그야말로 여러 해에 걸쳐 이 공장을 건설할 겁니다. 또한 공장 절반이 완공되면 나머지 절반이 확장되는 동안에도 이미 완공된 공장에서 계속 작업하는 전략을 취할 생각입니다." 스트로벨의 말이다. "이 공장의 배터리 조립 일을 아주 많은 사람이 투입되어 하는 노동집약적인 작업으로 오해하는 사람들이 많은데요. 실은 훨씬 더 다양한 직업군의 사람들이 모여 일하는 공장이 될 겁니다. 우리는 지금 이 공장에서 일하게 될 엔지니어링 팀과 연구 개발 팀들을 구축 중입니다. 엔지니어링 팀은 이미 이곳 공사장 트레일러 안에 묵으며 일을 시작한 상황입니다. 엔지니어링 팀의 규모는 점차 더 커질 겁니다. 또 지금 우리는 생산 엔지니어와 제조 엔지니어들은 물론 각종 제어 시스템과 건물 자체 디자인을 돕는 사람을 채용 중입니다."

이 공장과 이 공장에 에너지를 공급하는 태양열 및 풍력 발전 시설들에는 자체 전문 인력 생태계가 구축되어 이곳에서 일어나는 모든 일을 관리하고 지원하게 된다. 스트로벨의 말을 좀 더 들어 보자. "이 공장은 멀리 떨어진 본사 같은 데서 원격 조정하는 위성 시설처럼 되진 않을 겁니다. 이 공장이 제대로 돌아가려면 절대적으로 그렇게 되어야 한다고 생각합니다. 말하자면 그 자체가 하나의 신생 기업처럼 움직여야 하는 겁니다."[72]

기가팩토리의 본래 존재 이유는 대량 생산될 모델 3에 쓸 배터리 팩을 공급하는 것이었다. 그런데 그 존재 이유에 정지 에너지 저장 제품들을 생산하는 테슬라 에너지Tesla Energy가 새로 추가됐다. 기가팩토리는 2017년 초에 배터리 생산을 시작했다. 그리고 그 무렵 테슬라는 유럽에 하나 중국에 하나, 이렇게 두 개의 기가팩토리를 더 건설하는 문제를 입에 올렸으며, 네바다주의 공장을 기가팩토리 1이라 칭하기 시작했다. 그리고 솔라시티 인수가 마무리된 뒤에는 버펄로에 있는 태양 전지 공장을 기가팩토리 2라 불렀다(15장 참조).

## "우리의 모든 특허는 여러분의 것입니다"

2014년 6월, 다른 자동차 제조업체들의 전기 자동차 개발 속도가 너무 더딘 데 대해 실망감을 표시하면서, 일론 머스크는 특허를 받은 테슬라의 모든 기술을 세상 모든 사람과 공유하겠다는 계획을 발표했다.

정말 과감한 조치였지만, 자동차와 첨단 기술 업계에서 벌어지는 피 튀기는 경쟁을 감안한다면, 그리고 다른 기업들이(예를 들어 애플과 삼성처럼) 특허권 문제로 치열한 법적 싸움을 벌이고 있는 현실을 감안한다면, 일부 사람들에게는 너무 무모해 보일 수도 있는 조치였다. 그러나 자동차업계가 본격적인 전기 자동차 시대로 들어서야 한다는 일론 머스크의 보다 원대한 목표를 감안하면 그리 놀라운 조치도 아니었다.

일론 머스크는 블로그에 올린 한 포스트에서 특허를 공유하기로 한 결정에 대해 이렇게 설명했다.

어제까지만 해도, 우리 팰로앨토 본사 로비의 한쪽 벽에는 테슬라가 받은 특허들이 죽 붙어 있었습니다. 그러나 앞으론 보이지 않을 겁니다. 소스 코드 공개 운동 정신에 따라, 그리고 전기 자동차 기술의 발전을 위해 그 특허들을 전부 치워 버렸기 때문입니다.

테슬라 모터스는 지속 가능한 교통수단의 도래를 앞당기기 위해 설립됐습니다. 우리가 뛰어난 전기 자동차 창조에 이르는 길을 닦고 있으면서, 우리 뒤에 지적 재산권이라는 지뢰들을 묻어 다른 사람들의 접근을 막는다면, 우리는 우리 목표와 상반되는 행동을 하는 셈입니다. 우리는 올바른 신념을 갖고 우리 기술을 이용하길 원하는 사람이라면 그 누구에게도 특허권 소송을 제기하지 않을 것입니다.

첫 번째 기업 집투를 시작했을 때, 나는 특허는 좋은 것이라 생각했고, 그래서 특허를 따려고 열심히 노력했습니다. 오래전에는 특허가 좋은 것이었는지 몰라도, 요즘은 특허가 실제 발명가에게는 별 도움이 안 될 뿐 아니라, 그저 발전을 저해하고 거대 기업들의 입지를 강화하고 법조계 사람들의 배만 불리는 도구로 쓰이는 경우가 너무 많습니다. 집투 이후 나는 특허를 받는다는 게 결국 소송으로 가는 티켓을 구입하는 것과 다름없다는 걸 깨닫게 되었고, 그래서 가능하면 특허를 따지 않으려 했습니다.

그런데 테슬라에서 우리는 거대 자동차 기업들이 우리 기술을 빼내 그 막대한 제조 및 판매, 마케팅력을 동원해 우리를 압살하려 할지도 모른다는 불안감 때문에 특허를 따지 않을 수 없었습니다. 그런데 알고 보니 우리 생각이 완전히 잘못됐습니다. 불행히도 현실은 우리 생각과 정반대였던 것입니다. 거대 자동차 제조업체들에서 진행 중인 전기 자동차 개발 프로그램(또는 탄화수소를 태우지 않는 자동차 개발 프로그램)은 너무 미미해 없는 거나 마찬가지입니다. 그들이 판매하는 전체 자동차 가운데 전기 자동차 비중은 평균 1퍼센트에도 훨씬 못 미치니 말입니다.

거대 자동차 기업들은 현재 기껏해야 제한된 주행 거리를 가진 전기 자동차를 제한된 수량만 생산하고 있습니다. 몇몇 기업들은 아예 무공해 차량을 생산조차 하지 않습니다.

현재 연간 신차 생산량이 1억 대에 육박하고 전 세계의 자동차 대수가 20억 대 정도 된다는 걸 감안하면, 테슬라 혼자 이산화탄소 위기에 대응할 만큼 빠른 속도로 전기 자동차를 생산한다는 건 불가능합니다. 마찬가지로 자동차 시장 자체가 너무 거대합니다. 우리의 진정한 경쟁 상대는 얼마 생산되지도 않는 비非테슬라 전기 자동차들이 아니라 매일 전 세계 공장에서 엄청나게 쏟아져 나오는 가솔린 엔진 자동차들입니다.

우리는 빠른 속도로 진화하는 기술 플랫폼을 모두가 공유할 경우, 우리 테슬라와 다른 전기 자동차 제조 기업들은 물론 전 세계가 도움을 받을 수 있다고 믿습니다.

기술적 우위는 특허에 의해 주어지는 게 아니라, 세상에서 가장 재능 있는 엔지니어들을 끌어모으고 동기 부여를 해 줄 수 있는 기업의 능력에 의해 주어집니다. 역사적으로 봐도 특허는 대개 뭔가 해 보려 하는 경쟁자의 의욕만 꺾는 편협한 보호주의에 지나지 않습니다. 이런 관점에서 우리는 우리 특허에 소스 코드 공개 정신을 적용하는 것이 우리의 입지를 약화시키기는커녕 오히려 더 강화시켜 줄 거라고 믿습니다.[73]


나이가 지긋한 일반 독자들은 '우리의 모든 특허는 여러분의 것입니다All our patent are belong to you'라는 포스트 제목이 무슨 뜻인가 의아할 수도 있을 것이다. 이 말은 〈제로 윙Zero Wing〉이라는 일본 비디오 게임에 나온 '당신의 모든 기지는 나의 것이다*'라는 말이 변형된 것이다. 이 말은 '잉

---

• All your base are belong to us. 이는 문법적으로 틀린 말로, All your bases belong to us라고 썼어야 옳다.

그리시Engrish'•가 대중문화에 널리 쓰인 예로, 여러 노래와 웹사이트, 티셔츠 등에서 자주 볼 수 있다(내 경우 가장 기억에 남는 건, 엉클 샘이 나오는 포스터 밑에 들어갔던 '당신의 모든 데이터는 나의 것이다All your data are belong to us'라는 문구다).

그렇다면 테슬라가 모든 사람과 공유하기로 한 특허들은 대체 어떤 것들이고 다른 자동차 제조업체들은 그 특허들을 어떻게 활용하게 될까? 테슬라가 낸 특허들은 거의 다 배터리와 관련된 것들이다. 테슬라의 전기 자동차들은 늘 다른 전기 자동차들보다 주행 거리가 훨씬 더 긴 것이 자랑이었다. 그래서 아마 다른 전기 자동차 제조업체들은 테슬라의 배터리 기술을 공유하는 것으로 혜택을 볼 수 있을 것이다. 한편 전기 자동차 프로그램에 어느 정도 관심이 있는 다른 자동차 제조업체들은 이미 자기 고유의 배터리 포맷에 많은 투자를 해 온 데다, 대개 테슬라가 선호하는 원통형 배터리보다는 보다 커다란 파우치형 배터리를 사용하고 있다.

테슬라는 충전 기술과 관련된 특허도 28건도 공개했는데, 이 부분은 다른 기업에도 도움이 될 수 있을 것으로 보인다. 다른 자동차 제조업체들이 테슬라 슈퍼 충전기 충전소에서 자신들의 전기 자동차를 충전할 수 있게 하는 방안에 대해서는 오래전부터 논의가 있었다. 그게 실현된다면 '주행 거리 걱정'이라는 무서운 질병을 퇴치하는 데 큰 도움이 될 수 있겠지만, 아직까지 그런 협력 관계가 이루어졌다는 발표는 없다.

테슬라는 배터리 화재 위험을 줄여 주는 기술과 관련해서도 25개 정도의 특허를 갖고 있는데, 대부분이 열 폭주 현상을 감지하고 관리하는 것과

---

• r과 l 발음을 잘 구분 못하는 아시아인들 특히 일본인들의 영어를 가리킨다. English에 l 대신 r을 넣어 만든 것이다.

관련되어 있다. 뜨거워진 가스를 하나 이상의 금속 공기 배터리로 보냄으로써 배터리 팩 안에서 일어나는 열 폭주 현상을 완화시켜 주는 방법과 관련된 특허도 있고, 내부 합선을 탐지하는 제어기와 관련된 특허도 있다. 다른 전기 자동차 제조업체들이 이 부분을 면밀히 분석해 본다면, 아마 보다 안전한 전기 자동차를 만드는 방법을 찾아낼 수도 있을 것이다.

# 12 모델 X, SUV에 대한 정의를 바꾸다

이익을 많이 내는 회사는 두 가지 전략 중 하나를 선택할 수 있는 여유가 있다. 먼저 그 분야에서 자신의 입지를 굳히고 이익이 가장 많이 나는 제품군에 주력하면서 적절한 성장을 추구하며 안전한 길을 걷는 전략을 선택할 수 있다. 이익의 일부를 주주들에게 배당금으로 돌려줄 수도 있을 것이다. 아니면 이익을 몽땅 새로운 시장, 새로운 기능, 새로운 제품에 쏟아부으면서 약간의 위험을 감수하는 전략을 선택할 수도 있다. 모델 S가 어느 정도 제자리를 찾아가면서, 테슬라 역시 그 같은 선택의 기로에 서게 됐다. 여기까지 이 책을 읽어 온 사람이라면 테슬라가 어떤 선택을 했을지 능히 짐작이 가고도 남을 것이다.

앞서 언급했듯, 일론 머스크의 목표는 모든 인류의 대중교통을 전기 자동차로 바꾸는 것인데, 아무리 멋지게 만들었다 해도 모델 S는 그 목표를 향한 한 걸음에 불과했다. 아직 상대해야 할 용龍도 많았고 할 일도 많았다. 주식 분석가 입장에서는 당혹스러운 일이고 테슬라의 열렬한 팬 입장에서는 당연한 일이었지만, 2013년에 일단 분기 이익을 달성해 자신의 잠재력을 입증해 보이자 테슬라는 더 이상 주기적으로 그런 성과를 보일 필요가 없었다. 그리고 그 이후 계속 상당 규모의 손실이 이어졌음에도 테슬라의 주가는 꾸준히 올랐다.

일론 머스크는 이렇게 설명했다. "우린 신제품 개발에 필요한 현금 유동성을 확보해야 하며, 그러자면 상당한 이익을 내야 합니다. '이만하면 됐다. 이제 제품 개발만 중단하면 계속 상당한 이익을 낼 수 있을 것이다.' 이렇게 말하는 사람도 있을 겁니다. 하지만 우리 앞엔 새로 개발하고 싶은 것들이 있습니다. 그것들은 투자해 볼 만한 것들이며, 그래서 우린 지금 실제 그렇게 하고 있습니다. 그렇다고 해서 이 시점에 우리가 이익 극대화에만 매달려서도 안 됩니다. 그러다 보면 기업 성장이 둔화될 것이고, 세상의 교통수단을 모두 전기 자동차로 바꾼다는 목표 자체가 위협을 받게 될 것이기 때문입니다."[1]


## 사커 맘을 열광케 하다

테슬라의 목표는 전 세계 시장에서 모델 S에 대한 마케팅을 강화하고 슈퍼 충전기 충전소망을 확대하며 모델 X를 생산할 준비에 착수하는 것이었다. 그 모든 걸 이루기 위해서는 자체 공장의 생산 능력을 대거 확충해야 했는데, 테슬라는 곧 그런 방향으로 끝없는 노력을 기울이기 시작했다.

2014년 초, 테슬라는 4억 1500만 달러 규모의 제조 장비를 새로 구입했다. 그때 캘리포니아주는 3470만 달러의 세금 감면 혜택을 주었다. 캘리포니아는 원래 제조 장비 구입에 세금을 물리는 몇 안 되는 주들 중 하나지만, 첨단 청정에너지 기업에 대해서는 종종 그 세금을 면제해 주고 있다 (7장에서 보았듯, 캘리포니아주는 테슬라가 도요타로부터 프리몬트 공장을 사들일 때도 그런 혜택을 주었다). 캘리포니아주 당국에서는 테슬라 공장에 새로 투입되는 제조 장비들 덕에 112개의 새로운 일자리가 생겨나, 세금 감면으로 인한 손실을 상쇄하고도 남는다고 본 것이다.[2]

2014년 7월, 테슬라는 1억 달러 규모의 공장 시설 업그레이드를 위해 2주일 동안 생산을 중단했는데, 그때 25대의 로봇이 추가되어 생산 능력이 25퍼센트 향상될 것으로 기대됐다. "이는 우리가 이 공장을 가동하기 시작한 이래 최대 규모의 단일 투자로, 생산력 증대에 큰 도움이 될 것입니다." 당시 대외 홍보 담당 부사장 사이먼 스프라울Simon Sproule이 한 말이다. "그리고 모델 S와 같은 생산 라인에서 모델 X도 생산할 수 있게 될 겁니다."[3]

테슬라는 모델 S가 본격적인 생산에 들어가기 몇 개월 전인 2012년 2월에 모델 X를 공개했다. 그리고 바로 그다음 날 (늘 그랬듯, 광고도 하지 않은 상태에서) 예약 판매액이 4000만 달러를 넘었다.[4] 이 신형 크로스오버 SUV 모델 X는 제3세대 자동차는 아니었으며, (축간 거리, 즉 자동차 앞바퀴와 뒷바퀴 사이의 거리는 더 길지만) 모델 S와 같은 플랫폼을 토대로 제작되고 가격대도 비슷할 것으로 예상되는 모델 S의 변형 버전이었다. 모델 X는 모델 S에 비해 무게가 10퍼센트 정도 더 나가고, 그래서 주행 거리도 10퍼센트 정도 더 짧았다.

모델 X는 미니밴과 SUV의 장점을 합쳐 놓은 자동차로 디자인되었다. 웬만한 건 다 실을 수 있을 만큼 실용적이면서도 섹시한 매력을 가진 그런 자동차 말이다. "미니밴은 그야말로 별 특징도 없이 무미건조해, 미니밴을 갖고 싶어 하는 사람이 그리 많지 않습니다." 한 인터뷰에서 테슬라의 수석 디자이너 프란츠 폰 홀츠하우젠이 한 말이다. "기능적인 면을 중시해 미니밴을 사고 싶은데 그게 안 될 경우, 기능성은 좀 떨어질 수도 있지만 SUV나 크로스오버 차량으로 눈을 돌리게 되는데, 모델 X가 바로 그럴 때 적합한 차입니다. 미니밴의 기능성 내지 실용성을 최대한 살리면서도 겉모습까지 갖고 싶을 정도로 매력적인 차 말이죠."

문자 그대로 매가 날개를 편 듯한 형태의 독특한 모양이 되는 모델 X의 팰컨 윙 도어는 보기만 좋은 게 아니라(정말 보기 좋지만) 실용성도 고려해 만들어졌다. 프란츠 폰 홀츠하우젠의 설명을 들어 보자. "어떻게 하면 좌석 3열짜리 자동차에서 두세 번째 열 좌석에 더 편하게 탈 수 있을까요? 우리는 대개 슬라이딩 도어나 일반 도어에 익숙한데, 그런 도어들의 경우에는 차의 세 번째 열에 앉는 게 아주 불편합니다. 심지어 미니밴의 경우에도 세 번째 열에 들어가 앉으려면 앞 열 좌석을 타고 넘어가거나 젖히고 들어가야 하고, 둘째 열에 아기용 좌석이 있을 때 세 번째 열로 들어가려면 아기를 첫 번째 열로 옮겨야 합니다. 우리는 좀 더 편한 방법을 찾고 싶었고, 팰컨 윙 도어에서 그 답을 찾았습니다. 두세 번째 열에 타기가 훨씬 쉽거든요."

들로리언처럼 개성 강한 자동차들에 쓰이는 걸 윙Gull-wing 도어*는 문짝이 차 지붕 중앙에서 양옆으로 벌어지는 방식이어서, 주차 공간이 좁은 데서는 도어를 열 수가 없다. "그래서 우리는 도어가 수직으로 올라간 뒤 위에서 열리는 방식을 택했습니다." 프란츠 폰 홀츠하우젠의 말이다. "그리고 도어에 센서를 달아, 도어가 차고 벽이 낮은 천장 또는 바로 옆에 주차된 차에 부딪힐 일은 절대 없습니다."[5]

---

* 문자 그대로 '갈매기 날개' 모양의 도어로, 열었을 때의 모습이 모델 X의 팰컨 윙 도어와 비슷하다.

테슬라 공장에서 모델 S를 조립 중인 로봇

테슬라 모델 X

시각적 디테일을 중시하는 테슬라의 평상시 지론에 따라 도어에 부착한 초음파 센서들은 보이지 않게 숨겨졌고, 그래서 오늘날의 다른 자동차들에서 흔히 볼 수 있는 조그만 원형 '퍽'들은 찾아볼 수 없었다. 테슬라는 모델 X의 외관을 손상시키지 않으려고 금속을 꿰뚫어 볼 수 있는 센서를 개발했다.

모델 X 두 대가 옆으로 나란히 주차된다면 어찌될지, 또 그 두 자동차의 문이 동시에 열리면 어찌될지를 궁금해할 사람들도 있을 수 있다. 일론 머스크는 모델 X는 지능을 가진 생명체들처럼 서로를 인식해 그에 맞춰 움직일 거라고 말했다. 9월에 있었던 제품 인도 프레젠테이션 때 일론 머스크는 이렇게 설명했다. "모델 X의 앞문 역시 아주 지능이 높습니다. 오토 프리젠팅 앞문은 3각 측정법으로 내 위치를 알아내 내가 그 문 쪽으로 다가가는 걸 탐지해 냅니다. 결국 아무것도 건드리지 않고도 저절로 앞문이 열리는 겁니다. 그리고 내가 자리에 앉으면 마치 보이지 않는 운전기사라도 있는 것처럼 문이 저절로 닫힙니다."

모델 X는 이밖에도 다른 독특한 특징과 최초의 기록을 다수 갖고 있다. 우선 모델 X는 다른 차를 견인할 수 있고 비포장도로를 달릴 수도 있는 최초의 전기 자동차다. 비포장도로를 달릴 수 있는 기능을 여럿 보강했는데, 눈이나 모래, 진흙 같이 미끄러운 지표면에서 출발할 수 있게 해 주는 슬립 스타트Slip Start 기능이 그 대표적인 예다. 또한 옵션으로 제공되는 에어 서스펜션 기능 덕에 최대 클리어런스clearance가 22센티미터나 된다.[6] P100D 버전은 시속 0마일에서 60마일에 도달하는 데 2.9초밖에 걸리지 않아 여러 스포츠카들보다 더 빠르다.

테슬라는 모델 X를 디자인하면서 자동차의 또 다른 아이콘인 사이드 미러(영국인들은 '윙 미러'라고 한다)도 없애고 싶었다. 모델 X의 원래 콘셉트에서는 자동차 외부에 미러가 전혀 없었는데, 내가 2013년 제네바 오토 쇼에서 본 모델 X의 양산 직전 모델에서는 사이드 미러가 다시 모습을 드러냈다. 사이드 미러에 대한 미국 정부의 규제가 시간만 끌며 풀리지 않고 있어, 테슬라는 모델 S와 모델 X에 이어 모델 3에서도 사이드 미러를 다는 수밖에 없었다.

백미러는 1914년에 처음 등장했는데, 그 이후 지금까지 크게 변한 게 없다. 프란츠 폰 홀츠하우젠에 따르면, 자동차 외부 미러들을 카메라와 비디오 디스플레이 장치로 교체할 경우 단순히 차 모습만 더 보기 좋아지는 게 아니라 바람 저항도 3~6퍼센트 줄어든다고 한다. 그러나 늘 그렇듯, 각종 정부 규제가 기술 혁신의 발목을 잡곤 한다. 미국 도로교통안전국은 백미러를 법으로 강제하고 있어, 현재의 법 아래서는 마음대로 없앨 수가 없다.

사이드 미러와 백미러는 테슬라가 자동차 유전자 게놈에서 지워 버리고 싶어 하는 유일한 흔적기관은 아니다. "아마 자동차 규제법들만 모아도 이 방을 가득 채울 겁니다." 일론 머스크의 말이다. "규제가 정말 말도 안 될 정도로 많습니다. 헤드라이트는 어떠해야 한다는 것은 물론이고, 계기판 사용자 인터페이스의 세세한 부분까지 다 정해져 있는데, 그중 일부는 그야말로 시대착오적인 규제들이죠."[7]


## 기다린 보람이 있다

모델 X 공개 후 예약 주문이 정신없이 쏟아져 들어왔다. 일론 머스크는 그때의 상황을 물고기들이 '배 안으로 막 뛰어 들어오는 상황'에 비유했다.[8] 그러나 모델 S의 경우와는 달리 출시되기까지의 과정이 순탄치 않았다. 테슬라는 원래 모델 X를 2014년 초부터 고객들에게 인도할 계획이었으나,

제작 일자가 여러 차례 뒤로 밀리면서 2015년 9월에야 비로소 출시되기 시작했다. 이 같은 생산 지연으로 테슬라는 적어도 매스컴에서는 신뢰성 면에서 적지 않은 상처를 입었다. (물론 콘셉트 카를 공개한 이후 실제 생산이 되기까지의 3년이 실리콘 밸리에서는 긴 기간일 수도 있지만, 자동차업계에선 아주 짧은 기간이라는 점은 지적해야 할 것 같다.) 훗날 테슬라가 모델 3 제작에 착수했을 때 많은 전문가들이 새 모델 역시 생산이 많이 지연될 거라 주장했지만, 실제 그렇진 않았다.

일론 머스크는 되풀이해서 그래도 모델 X를 기다린 보람이 있을 거라고 장담하며 이렇게 말했다. "나는 실제 생산된 제품이 어떤 점에서건 시제품보다 못한 데가 있는 건 원치 않습니다. 그래서 나는 지금 실제 생산된 제품은 이전에 보여 드린 그 어떤 시제품보다 뛰어나야 한다고 아주 고집스레 밀어붙이고 있는 중입니다."[9]

「블룸버그」와의 인터뷰에서 일론 머스크는 테슬라는 지금 순전히 제품을 제대로 만들기 위해 시간을 들이고 있는 거라고 했다. "제품 디자인에 관한 한 나는 완벽주의자에 가깝습니다. 그래서 출시일이 연기되는 건 순전히 나 때문이라고 생각합니다. 내가 개인적으로 제품에 완전히 만족하지 못하고 있다는 거죠. 모델 X의 경우 가장 힘든 점은 스타일은 물론 기능까지 뛰어나야 한다는 것입니다. 스타일과 기능 중 하나를 포기하면 쉽겠죠. 그런데 보기에도 멋지면서 동시에 기능까지 놀랄 만큼 뛰어난 SUV를 만들려니 정말 힘든 겁니다. 사실 이는 모델 S 경우보다 더 힘든 디자인 문제입니다."

사실 모델 X에는 아주 힘든 디자인 문제를 일으킬 만큼 독특한 특징들이 여럿 있다. 그리고 친환경 자동차 전문지 『그린 카 리포츠』가 최근 기사에서 언급했듯, 조금만 더 자세히 들여다본다면 출시일이 연기될 수밖에 없는 이유들을 어렵잖게 발견할 수 있다. 모델 X는 모델 S보다 더 크고 더 무겁다. 그런데 테슬라는 심리적인 이유들 때문에 모델 X의 주행 거리를 최소 200마일(약 320킬로미터) 이상 되게 만들어야 하고, 그러니 주행 거리를 늘리기 위해 가능한 모든 방법을 쥐어짜 낼 수밖에 없는 것이다.

팰컨 윙 도어의 경우만 해도 그리 간단한 문제가 아니다. 제대로 잘 작동되는 것도 중요하지만, 모델 S에 비해 손색없는 측면 충돌 보호 기능도 갖고 있어야 하기 때문이다. 이름을 밝히지 않은 테슬라 공급업자들이『그린 카 리포츠』와의 인터뷰에서 한 말에 따르면, 팰컨 윙 도어들은 튼튼한 수평 빔으로 되어 있어 더 무거워질 수밖에 없고, 그래서 경첩과 용수철에 더 큰 부담이 가해진다고 한다. 따라서 아주 좁은 자동차 천장틀이 움직이는 묵중한 물체인 도어를 단단하게 잡아 주게 하는 건 보통 힘든 일이 아니다. 알루미늄은 강한 금속이지만, 경첩같이 작은 장치에 많은 힘이 가해질 경우 찢어지기 쉽다. 그래서 일부 소식통에 따르면, 테슬라는 모델 X의 지붕과 도어 경첩 부품에 쓸 고강력 특수 합금을 따로 개발했다고 한다.

모델 X 양산 자동차의 경우 도어들이 정말 튼튼하다. 벨로루시 출신의 두 오프로더off-roader*가 한 비디오에서 모델 X를 가지고 보여 준 '사선 스핀 테스트'가 그 산 증거다. 이 테스트에서는 자동차를 웅덩이 안에 비스듬하게 얹어 한쪽 앞바퀴와 뒷바퀴가 공중에 뜬 상태로 만든다. 모델 X는 심지어 슬립 스타트 모드를 사용할 필요도 없이 아주 손쉽게 그 웅덩이를 빠져나온다. 프레임이 얼마나 강한지 테스트하기 위해 두 사람은 자동차가 웅덩이에 걸터앉아 두 바퀴만 바닥에 닿게 만든 뒤 모든 문을 열었다 닫는다. 프레임이 약할 경우 휘어져서 도어들이 제대로 열릴 수 없게 될 것이

* 스포츠로 도로가 아닌 곳을 달리는 사람

다. 그러나 여러분도 짐작하겠지만, 모델 X의 경우 팰컨 윙을 포함한 모든 도어가 완벽하게 열리고 닫혔다. 약간 삐걱거리는 소리 외에는 아무 소리도 나지 않아 모든 게 정상 작동 중이라는 걸 보여 준 것이다.

물론 도어들을 그렇게 제대로 만드는 일이 결코 쉽지는 않았다. 2016년 초에 테슬라는 유럽의 자동차 부품 공급업체 호에비거Hoerbiger를 상대로 소송을 제기했다. 그곳은 모델 X의 도어들을 처음 제작한 업체로, 테슬라에 따르면 그 도어들의 경우 기름이 새고 늘어지거나 과도한 열이 났다. 그래서 테슬라는 호에비거의 유압식 도어 시스템을 대체할 도어 시스템을 직접 디자인하고 제작했으며, 새로운 부품 공급업체를 잡았다(테슬라는 이때부터 보다 많은 부품을 직접 제작하기 시작한다). 호에비거를 상대로 한 소송은 2016년 9월에 판결이 났다.[10]

견인 능력은 단순히 쓸 만한 기능이 아니라 모델 X가 SUV 시장에서 경쟁하기 위해 꼭 갖춰야 할 기능이기도 하다. 모델 X는 7명이 탑승하고 많은 짐을 실은 상태에서 5,000파운드(약 2,268킬로그램)까지 견인할 수 있다(물론 이 경우 주행 거리는 눈에 띄게 줄게 된다). 제품 인도 파티에서 모델 X는 전형적인 에어스트림 트레일러를 뒤에 달고 다녀 막강한 힘을 과시했으며, 트렁크에 아주 많은 식료품 봉지들을 빼내는 모습도 보여 주었다.[11]

물론 전형적인 미국 픽업트럭이 말 운반용 트레일러를 뒤에 매단 채 세미트레일러를 가볍게 제치고 급경사 길을 오르는 TV 광고를 본 소비자라면 이 정도는 별것 아닌 것처럼 보일 수도 있지만, 전기 자동차로서는 기술적인 면에서 놀라운 성취가 아닐 수 없다. 최대 출력 상태를 장시간 유지하다 보면 전기 모터에 큰 열 부하가 걸리고, 그 결과 아주 강력한 냉각 장치가 필요하기 때문이다.[12]

테슬라는 모델 X에서 일반인들은 필요하다는 걸 잘 모르는 아주 중요한 일까지 신경 쓰고 있었는데, 그것은 바로 실내 공기의 질이었다. 모델 X는 배기가스 배출이 전혀 없을 뿐 아니라, 환경 의식이 부족한 주변 운전자들로부터 오는 배기가스까지 막아 주게 되어 있다. 일론 머스크에 따르면, 모델 X에는 HEPA 공기 필터가 장착돼 있어 차 안으로 들어오는 공기를 워낙 깨끗하게 걸러 줘 생물학 병기로 사용되는 병원균들까지 잡아 줄 수 있을 정도라고 한다. 모델 X 인도 파티 때 일론 머스크가 설명한 것처럼 전 세계 주요 도시의 대기 오염은 사람들의 기대 수명까지 뒤바꿔 놓고 있다. 대기 오염 때문에 도시 거주자들은 시골에 사는 사촌들보다 수명이 단축될 수 있는 것이다(뉴욕의 경우 적어도 6개월, 베이징의 경우 22개월 정도 단축).

모델 X에는 두 개의 HEPA 공기 필터가 장착되어 있는데, 이 필터들은 대부분의 차량에 장착된 필터보다 그 단면이 10배나 더 크며, 활성탄이 세 겹 들어 있어 유해 가스들을 다 걸러 준다. 다른 자동차들에 비해 700배나 강력한 공기 여과 기능을 갖고 있어, 일론 머스크에 따르면 실내 공기를 병원 수술실 공기만큼이나 깨끗하게 유지시켜 준다고 한다. 알레르기 환자들이 좋아할 만한 소식도 있다. 이 필터는 알레르기 전염원인 식물 포자까지 걸러 준다고 한다.

맞다. 모델 X에는 실제 생물학 병기 방어Bioweapon Defense 모드가 있다. 실내 공기를 압박해 오염 물질들을 내모는 기능이 있는 것이다. 일론 머스크는 이렇게 장담한다. "모델 X의 공기 여과 장치는 아주 미세한 바이러스까지 여과시켜 줍니다. 생물 무기 공격이 있을 경우 여러분은 그저 자동차 안으로 들어가면 됩니다."

모델 X가 출시되고 몇 주 뒤에 열린 한 화상 회의에서 일론 머스크는 제품 인도 목표를 맞추는 데 별문제가 없을 거 같다고 말했다. 테슬라 측에서 조립 라인들을 개선한 데다, 모델 X의 2열 시트를 자체 생산함으로써 부품 공급업체 문제를 하나 더 해결한 덕이었다.

모델 X의 지붕 대부분이 유리다 보니, 자동차 평론가들은 모델 X에 올라타면 마치 헬리콥터나 우주선을 탄 것 같다고 말한다. 파노라믹 윈드실드Panoramic Windshield는 양산 자동차에 사용된 전면 유리 중 가장 큰데, 이는 비록 모델 X의 생산을 지연시킨 요인 중 하나이긴 했지만 공학적인 측면에서 놀라운 개가가 아닐 수 없다. 테슬라는 깨끗한 전방 시야를 제공하고 머리 위의 태양 빛을 차단시켜 주며 첨단 선바이저 역할을 해 줄 여러 겹으로 된 특수 유리를 개발해야 했는데, 일론 머스크에 따르면 모델 X의 선바이저는 세계에서 기술적으로 가장 진보되고 가장 정교한 선바이저다. 전방에는 온통 유리밖에 없어 선바이저들은 사이드 필러side pillar에 부착되며, 그것들을 늘려 백미러까지 닿게 되어 있고, 거기에서 자석들을 이용해 단단히 고정된다.[13]


## 문제아가 크게 된다

오래 기다려 온 자동차가 드디어 빛과 소리가 어우러진 프리몬트의 멋진 무대 위에 그 모습을 드러낸 가운데, 일론 머스크는 최초 구매자 6명에게 자동차 키를 건네주었다.

"모델 X의 경우 아무래도 욕심이 좀 과했던 거 같습니다." 테슬라 측에서 설정한 마감 시한을 며칠 앞당겨 여섯 대를 인도한 뒤 일론 머스크가 한 말이다. "우리가 만일 엔지니어링 관련 비용과 그 복잡한 과정에 대해 좀 더 잘 알았더라면, 아마 이렇게까지 하지 않았을 텐데…… 어쨌든 이제 다 끝난 일이고요. 아마 이 모델을 구입하는 사람들은 아주 좋아할 겁니다."

새로 나온 자동차 모델의 경우 이런저런 문제들이 발생할 가능성이 높다. 그걸 우린 흔히 초창기의 작은 문제들, 버그 또는 사소한 결함이라 부른다. 더욱이 모델 X는 새로운 모델일 뿐 아니라 전혀 새로운 유형의 차량이었다. 그러니 뭔가 문제들이 발생하지 않는다면 오히려 그게 이상한 일이었으리라. 출시 후 얼마 지나지 않아, 테슬라는 뒤쪽 시트의 안전 문제로 2,700대의 모델 X를 리콜했다. 그리고 곧 미국 전역에서 모델 X를 구입한 사람들이 도어와 센서, 스크린, 브레이크, 품질 관리 등과 관련해 크고 작은 다양한 문제를 제기했다.

어느 정도 예견됐던 일인지도 모르지만, 『컨슈머 리포츠』[14]와 『월 스트리트 저널』[15] 같은 미디어들에 따르면, 몇몇 고객들의 경우 모델 X의 팰컨 윙 도어에 문제가 있었다. 아주 일찌감치 모델 X를 인도받은 고객 중 한 사람인 바이런 디터Byron Deeter는 『포천』에 모델 X에는 문제가 너무 많아 더 이상 운전할 수 없을 정도라고 말했다. "처음엔 기술적인 버그로 받아들일 만한 문제들이 조금 있었습니다. 팰컨 윙 도어가 늘 내가 다가가는 걸 감지해 문을 열어 주진 못한다든가 하는 문제들 말이죠. 그런데 지난 2~3일간에는 안전 및 사용 가능성 문제와 직결되는 심각한 문제들이 발생했습니다. 첫째 운전석 쪽 도어가 밖에서 열리지 않고, 닫히지도 않는 겁니다. 어제는 말 그대로 도어가 닫힌 채 미팅 장소까지 몰고 가야 했습니다."[16]

테슬라의 여러 포럼에도 앞 도어가 열리지 않는다는 불만 글들이 올라왔다. 『그린 카 리포츠』에 따르면, 모델 X 생산 일자가 코앞에 다가온 상황에서도 테슬라 측에서는 여전히 부품 공급업체들과 부품 공급과 관련된 협상을 벌이고 있었다고 한다. 또한 일부 부품들의 경우 날짜에 맞출 수가 없어 할 수 없이 테슬라 측에서 직접 수작업으로 대체품을 만들었다고 한다. 그러나 테슬라 대변인은 이렇게 말했다. "초기에 출시된 모델 X 가운데 몇 가지 문제가 나타나고 있는데, 모든 모델에 공통적으로 나타나는 문제는 아닙니다. 저희는 지금 문제를 해결하기 위해 신속히 또 선제적으로 각 고객과 긴밀히 대화하며 대처 중입니다. 저희는 모든 고객이 완전히 만족하실 때까지 이런 노력을 계속할 것입니다."[17]

대부분의 평가에 따르자면, 테슬라는 개별 고객의 불만을 해결하기 위해 많은 노력을 해 왔다. 그리고 모델 S만큼 세상 사람들에게 뜨거운 열정을 심어 주진 못했지만, 모델 X에 대한 언론 보도도 거의 다 긍정적이었다. 모델 X를 폄하하는 영향력 있는 미디어로는 『컨슈머 리포츠』를 꼽을 수 있었다. 『컨슈머 리포츠』는 2013년에 이어 2014년에도 테슬라의 모델 S를 극찬했다. 그러나 2016년 11월, 편견 없는 제품 평으로 유명한 이 미디어는 모델 X에 대해 '자랑할 만한 매력이 있지만 대체로 실망스런 제품'이라고 평했다.

『컨슈머 리포츠』는 이 전기 SUV 모델의 성능에는 높은 점수를 주었다. "모델 X는 무게가 5,400파운드(약 2,449킬로그램)나 나가면서도 정지 상태에서 시속 60마일에 도달하는 시간이 4.9초밖에 안 걸릴 만큼 추진력이 엄청나다. 그리고 모델 S와 마찬가지로 아주 빠르고 조작도 잘된다. 그러나 승차감과 소음 차단 능력은 모델 S만은 못하다."

유감스럽게도, 『컨슈머 리포츠』는 모델 X의 단점을 쫙 늘어놓았다. 모델 X의 유명한 팰컨 윙 도어들은 열리고 닫히는 데 시간이 걸리며 잠시 멈추거나 아예 멈추는 경우도 많았다. 그리고 다른 SUV들과는 달리, 두 번째 열의 시트들이 접히지 않아 많은 짐을 싣는 데 한계가 있었다. (그래서 이후 테슬라는 완전히 접히는 시트들을 옵션으로 제공했다). 『컨슈머 리포츠』가 본 모델 X의 1년차 신뢰도는 평균 이하였다.

『컨슈머 리포츠』의 다음과 같은 결론은 테슬라가 아직 해야 할 일들이 있다는 걸 보여 주었다. "이런저런 장점들에도 불구하고, 모델 X는 복잡성, 기대 이하인 기능성, 실망스러운 1년차 신뢰도 때문에 동료들보다 앞서 나가려는 얼리 어댑터를 위한 자동차로 보인다."[18]

그러나 영향력이 다소 떨어지는 다른 미디어들로부터 극찬을 받은 것이 테슬라의 입장에서는 그나마 다소 위안이 됐는지도 모른다. 앞서 5장에서 봤듯이, 2008년에 벌어진 테슬라와 영국 BBC 자동차 쇼 〈탑 기어〉 간의 싸움(톱 기어는 테슬라의 로드스터 모델을 혹평했었음)은 전기 자동차 세계의 OJ 심슨OJ Simpson 재판처럼 되어 버렸다. 훗날 모델 S가 출시됐을 때 BBC는 아예 평가조차 하지 않았고, 그 당시 모델 S의 경쟁자로 보였던 피스커 카르마Fisker Karma에 대해서는 침이 마를 정도로 극찬을 했다. 논란이 많았던 〈탑 기어〉 진행자 제러미 클락슨은 2016년에 축출됐고, 테슬라는 미디어의 총아가 됐으며, 〈탑 기어〉는 10분짜리 방송을 통해 새로 나온 모델 X에 대해 극찬을 아끼지 않았다.

"미래로 오신 걸 환영합니다." 〈탑 기어〉의 사회자 로리 라이드Rory Reid는 이렇게 입을 열었다. "포드 모델 T가 말들을 대체했듯, 이제는 전기 자동차가 휘발유나 디젤 자동차를 대체할 것 같습니다. 저는 지금 그 어떤 자동차의 충돌 테스트보다 뛰어난 테스트 결과를 보여 준 널찍하고 고급스런 6인승 SUV 안에 앉아 있습니다." 라이드는 테슬라의 낮은 무게 중심과 즉각적인 회전력을 높이 평가했다. "이 차는 전복되지 않고, 커브 길에서도 놀랄 정도로 균형을 잘 유지합니다. 엔진이 없는 데다 아주 조용해 핸들에서 별다른 반응이 전해지지 않으며, 그저 지면을 움켜쥐는 타이어들 소리만 들립니다. 마치 귀로 운전하는 것처럼 아주 묘한 느낌이 드는 게, 아주 마음에 듭니다."

〈탑 기어〉의 전통에 따라, 라이드는 6.2리터짜리 V8 슈퍼차저 엔진을 장착한 닷지 챌린저 헬캣<sup>Dodge Challenger Hellcat</sup>을 상대로 짧은 직선 코스를 달리는 일명 '드레그 레이스<sup>drag race</sup>'를 펼쳤다. 닷지 챌린저 헬캣을 제친 뒤 라이드는 물었다. "나 아직 '휘발유 자동차광' 맞나요?" 그는 분명 전기 자동차로 개종한 사람 같았다. "실린더와 고급 휘발유는 잊으십시오. 배터리와 슈퍼커패시터가 미래니까요. 그건 멈출 수 없는 대세라서 거역해 봐야 소용없습니다. 미래는 여기 와 있습니다. 그리고 그건 전기입니다."[19]

2017년 6월 전미도로교통안전국[NHTSA]에서 모델 X의 모든 범주에 대해 최고 등급인 별 5개 안전 등급을 부여함으로써, 가뜩이나 잘나가던 테슬라는 그야말로 날개를 단 격이 된다. 모델 X의 전 버전이 11개 카테고리 전체에 걸쳐 만점을 받은 것인데, 이는 SUV 사상 최초의 일이다.

전미도로교통안전국의 안전 테스트에서는 두 차량 간의 정면충돌뿐 아니라 여러 형태의 측면충돌에 대해서도 시뮬레이션이 이루어진다. 차량의 전복 가능성 역시 테스트되는데, 테스트 담당자들은 어떤 경우에도 모델 X를 전복시킬 수가 없었다. 전미도로교통안전국은 모델 X의 경우 여태껏 테스트해 본 어떤 SUV보다 충돌 사고 시 부상을 입을 가능성이 낮으며, 대형 충돌 사고가 일어난다 해도 모델 X 탑승자들은 큰 부상 없이 제 발로 걸어 나올 가능성이 93퍼센트나 된다고 했다.

"모든 게 전기로 움직이는 구조와 특유의 구동 장치 디자인 때문에 모델 X는 가솔린 엔진으로 움직이는 그 어떤 SUV보다 충돌 사고 시 안전도가 훨씬 높습니다." 테슬라 측의 설명이다. "모델 X를 움직이는 더없이 안전한 배터리 팩은 차량 바닥 밑에 장착돼 무게 중심이 아주 낮으며, 그래서 모델 X는 현재 도로 위를 달리는 그 어떤 SUV보다 전복 가능성이 낮습니다. 그간 이렇게 전복 가능성이 낮은 SUV는 존재한 적이 없었던 것입니다."[20]

# 13 약속을 지키다: 모델 3

일론 머스크는 테슬라를 설립한 이래 계속 제3세대 자동차에 대한 얘기를 해 왔다. 하지만 개발이 어느 정도 진전되기 전까지는 그 제3세대 자동차에 대해 자세한 얘기를 하지 않았다. 물론 그 자동차가 주행 거리가 적어도 200마일(약 320킬로미터)은 될 거고, 가격은 모델 S의 절반 정도밖에 안될 거며, 2017년쯤 시장에 나오게 될 거라는 말은 여러 차례 했다. 그러면서 절대 질이 떨어지는 형편없는 자동차는 아닐 거라고 장담하곤 했다.

그런데 여러 해 동안 그게 다였다. 스타일과 기능 등에 대해서는 2016년 3월에 출시될 때까지 회사 차원에서 한마디도 하지 않은 것이다.[1] 디자이너 몇 명이 웹상에 그 제3세대 자동차의 상상도를 올린 적이 있는데, 그중 하나는 경주용 자동차처럼 생긴 조그마한 2도어 자동차였고, 또 하나는 모델 S 스타일에 가까운 보다 점잖은 해치백이었다.

이 역사적인 대량 생산 자동차의 원래 이름은 모델 E였다. 그러면 테슬라의 제품들 라인업이 S-E-X(모델 S - 모델 E - 모델 X)가 되는데, 그야말로 자동차 판매를 할 때 써먹기 좋은 라인업이었다. 그런데 오, 이런! 알고 보니 모델 E라는 이름은 이미 포드 측에서 상표 등록을 한 상태였다. 그래서 테슬라는 모델 E 대신 모델 3로 가기로 결정했는데, 그러다 아라비아 숫자 3을 E처럼 보이게 하는 방법이 있다는 걸 발견했다. 로마 숫자 III을 옆으로 눕히면 수평으로 선이 3개가 되어, 테슬라 로고의 E처럼 보이는 것이다.*

"한 친구가 내게 세 번째 자동차는 뭐라고 부를 거냐고 묻기에, 그간 모델 S와 모델 X를 만들어 냈으니, 다음엔 모델 E를 만들면 되겠다고 했습니다." 일론 머스크가 자동차 잡지 『오토 익스프레스*Auto Express*』와의 인터뷰에서 한 말이다. "그랬더니 포드에서 모델 E란 이름은 자신들이 쓰고 싶다며 소송을 걸어 왔어요. 말도 안 되는 일이라고 생각했죠. 포드가 SEX란 말을 죽이려 하니 말이죠. 어쨌든 그래서 우린 다른 이름을 생각해 낼 수밖에 없었어요. 새로운 모델은 모델 3라고 불릴 겁니다. 3 대신 막대 세 개짜리 로마자 III을 쓸 거고, 그럼 우리 자동차 라인업은 S-III-X가 되는 거죠."[2]

이렇게 계속 자동차 이름을 가지고 밀고 당기기를 한 끝에 테슬라는 결국 로마 숫자 III은 버리기로 결론지었다. 그래서 2017년에 인도된 모델 3의 경우, 자동차 앞뒤에 박힌 Tesla의 첫 자인 T자 외에 다른 앰블럼도 없다.

2014년 7월, 새로운 모델에 대한 몇 가지 새로운 얘기들이 흘러나오기 시작했다. 자동차 전문지 『오토카*Autocar*』와의 인터뷰에서 테슬라의 엔지니어링 담당 부사장인 크리스 포릿*Chris Porritt*은 새로운 모델이 모델 S처럼 플랫폼을 100퍼센트 알루미늄으로 쓰진 않을 거라며 이런 말을 했다. "아마 모델 S의 것을 그대로 쓰는 건 거의 없을 겁니다. 비용 효율성을 높여야 하니, 모든 부품에 알루미늄을 쓸 순 없어요." 모델 3에는 알루미늄과 강철

---

• 테슬라의 로고는 **T ≡ S L ㅋ**로, 두 번째 E가 한자 三처럼 보인다.

이 적절히 섞여 사용되고 있다.

크리스 포릿은 또 배터리 가격이 새로운 모델의 제작비에서 가장 큰 비중을 차지하는 요소라면서 이렇게 말했다. "그런 점에서 기가팩토리 건설은 보다 비용 효율적인 배터리 제작에 큰 힘이 될 겁니다." 그의 말을 확인이라도 해 주려는 듯, 많은 전기 자동차 전문가는 주행 거리가 200마일(약 320킬로미터) 정도 되는 전기 자동차를 적절한 가격에 판매하려면 테슬라는 성능이 더 뛰어나고 가격은 싼 배터리 팩을 개발해야 할 것이라고 말하고 있다. 따라서 테슬라 측에서 배터리 팩 가격을 30퍼센트 이상 떨어뜨려 줄 걸로 예상하는 기가팩토리와 모델 3는 떼려야 뗄 수 없는 불가분의 관계에 있다.

"모델 3는 모델 S와 아주 비슷하면서도 스케일은 작아서 아마 BMW 3 시리즈나 아우디 A4 크기 정도 될 겁니다." 2012년 8월에 일론 머스크가 한 말이다. "나는 그 3세대 자동차를 만들면서 우리가 쓸 수 있는 모든 혁신적인 방법을 써 보고 싶습니다. 그러나 무엇보다 중요한 건 3만 달러 선의 뛰어난 자동차를 만들어야 한다는 겁니다. 그러자면 많은 창의력이 필요할 겁니다. 우리는 3세대 구동 장치 기술을 개발해 낼 것이며, 중요도 순서에 따라 생산량을 늘릴 것이고, 자동차 무게도 20~30퍼센트 더 가볍게 만들 겁니다."[3]

일론 머스크는 2013년 4월에는 이런 말을 했다. "로드스터에서 모델 S로 오는 동안 우린 비용을 절반 정도 줄였는데, 다시 또 그럴 수 있다고 생각합니다. 그러자면 규모의 경제가 도움을 줄 것이고, 자동차 크기를 줄이는 것 역시 도움을 줄 겁니다. 중요한 건 이겁니다. 어떻게 눈길을 끌면서도 가격이 적절한 자동차를 만들 것인가? 그러나 싸긴 하지만 질이 떨어지는 자동차라면 아무 소용 없습니다."[4]

"사람들이 진정 원하는 건 뛰어나면서도 가격이 적절한 전기 자동차입니다." 일론 머스크의 말이다. "사람들이 뭐라 하든, 그 목표를 달성할 때까지 난 절대 포기하지 않을 겁니다."[5]

2015년에 이르러 3만 달러라는 목표 가격은 슬그머니 3만 5,000달러로 올랐다.[6] 일론 머스크는 주식 분석가들과 담소를 나누던 중에 그 수치를 언급했으며, 모델 3가 2017년 후반에는 시판될 수 있을 거라는 말을 되풀이했다. 일부 전문가들은 실제 가격은 훨씬 더 비싸질 거라며 코웃음을 쳤지만, 테슬라의 역사를 잘 알고 있는 사람들은 중간 가격을 유지하는 게 가장 중요하다는 걸 잘 알고 있었다. 모델 3는 모델 S보다 '조금' 싸서는 안 됐다. 그야말로 보통 사람 누구나 살 수 있는 자동차가 되어야 했다.

일론 머스크는 주식 분석가들에게 모델 3는 애초에 계획했던 것만큼 모험적인 자동차는 되지 않을 거라고 말했다. "모델 X 때는 정말 많은 모험을 했었죠." 그의 말이다. "모델 3 초기 버전의 경우 그렇게까지 모험을 하진 않을 겁니다. 모델 X 때처럼 생산을 지연시키는 일은 절대 하고 싶지 않습니다. 물론 모델 3 플랫폼의 경우에도 모험을 무릅쓸 만한 일들이 있겠지만, 그렇게 하다 보면 일정에 차질이 생길 겁니다. 우린 분명 놀랄 만한 자동차를 만들어 낼 거지만, 모델 3의 경우 가장 모험적인 버전이 되진 않을 겁니다."[7]

**"기어이 해냈군!"**

2016년 3월, 캘리포니아주 호손 소재 테슬라 디자인 스튜디오에서 열린 신차 발표회는 빛과 소리가 어우러진 테슬라 특유의 극적인 향연이었다. 일론 머스크는 테슬라의 임무가 세상의 교통 시스템을 환경친화적인 것으로 바꾸는 데 일조하는 것이라면서, 대중에게 다가가기 위한 자신의 3단계 계획에 대해 되풀이해 설명했다. 그는 또 마스터플랜의 마지막 단계인 값싼 대량 생산 자동차 개발에 필요한 자금을 대 준 모델 S와 모델 X의 구매자들에게도 고마움을 전했다. 결국 이렇게 해서 3단계 계획의 마지막 모델이 탄생했고, 사람들 입에서는 "기어이 해냈군!"이라는 외침이 터져 나왔다.

이 신차 발표회가 있기 직전까지, 언론계의 많은 사람들은 테슬라가 모델 3의 가격을 '꿈의 가격'인 3만 5,000달러에 맞추지 못할 거라 생각했다. 그러면서 그들은 테슬라 측에서 모든 사람이 원하는 기능은 다 빠진 기본 모델을 3만 5,000달러에 제시하는 유인 판매 상술을 쓸 거라 예상했다. 그러나 진정한 기사는 그렇게 행동하지 않는다. '아이언맨' 일론 머스크는 모든 모델 3에 테슬라 자동차를 테슬라 자동차답게 만드는 주요 기능을 다 집어넣음으로써 사람들을 안심시켰다. 그러니까 모든 모델 3가 별 5개의 완벽한 안전도를 갖췄고, 정지 상태에서 60마일에 도달하는 데 채 6초가 안 걸렸으며, 주행 거리는 적어도 215마일(약 346킬로미터)이었고, 표준적인 오토파일럿 하드웨어와 오토파일럿 안전 기능을 갖고 있었으며, 많은 사람이 탑승할 수 있고 짐 적재 공간이 충분했으며, 슈퍼 충전 기능도 갖추고 있었던 것이다.

테슬라 측에서는 신차 발표회 아침부터 예약을 받기 시작했는데, 일론 머스크가 프레젠테이션을 끝냈을 무렵에 이미 1,000달러의 예약금을 건 사람이 11만 5,000명에 달했다. 1년 후 차량 인도가 시작될 무렵 그 숫자는 50만 명에 육박했다.

설사 모든 게 순조롭게 진행된다 해도 2018년 말까지 테슬라가 매년 그렇게 많은 자동차를 생산할 수는 없을 것이며, 그래서 불가피하게 가까운 미래까지는 대기자 명단이 길게 이어질 수밖에 없는 상황이다. 그래서 테슬라는 모델 3 '반反판매' 전략을 펴 왔다. 그러니까 잠재 고객들에게 모델

3가 아닌 모델 S를 주문하고 예약금을 입금하라고 설득하고 있는 것이다. 테슬라의 웹 사이트에는 두 모델을 비교한 차트까지 올라와 있는데, 다음과 같이 모델 S가 프리미엄 자동차라는 걸 확실히 보여 주고 있다. "모델 S는 우리의 주력 상품이자 프리미엄 세단으로, 주행 거리와 순간 가속 능력, 각종 디스플레이, 맞춤형 옵션들 면에서 더 뛰어나며…… 모델 3는 보다 작고 단순하고 더 값싼 전기 자동차입니다. 우리의 가장 최신 자동차이긴 하지만, 그렇다고 '버전 3'도 아니며 가장 진화된 테슬라 자동차도 아닙니다."

자동차 제조업체가 이처럼 특정 모델에 결함이 있다는 걸 인정하는 것 역시 분명 테슬라가 처음이다. 자동차 회사들의 홍보물은 대개 우스꽝스러울 정도로 심하게 긍정적인 면을 강조하고 부정적인 면은 무시한다. 그런데 테슬라는 모델 3가 보다 질이 떨어지는 모델이라는 걸 부각시키려 애쓰고 있다. 그뿐 아니라 오래 기다리기까지 해야 한다고 말이다(안돼!). 다음과 같은 홍보 문구들은 기존 마케팅 지혜의 모든 원칙에 위배된다.

- 모델 S : "새로운 모델 S는 재고 자동차를 주문할 경우 약 7일이면 인도 가능하고, 맞춤형 주문을 할 경우 30일에서 60일이면 배달됩니다."
- 모델 3 : "지금 생산량을 늘리고 있습니다만, 모델 3를 오늘 예약하실 경우 2018년 중반이나 되어야 인도 가능할 것으로 예상됩니다."

## 생산 라인을 정비하다

2017년 2월에 테슬라는 캘리포니아 조립 공장에 시제품 제작 시설을 건설하기 시작했다. 4월에는 로이터 통신이 테슬라 측에서 이전에는 표준 절차로 여겨졌던 한 단계를 생략함으로써 모델 3 생산 라인 구축 과정을 간소화할 계획이라는 보도를 했다. 자동차 제조업체들은 새로운 제품군을 테스트하기 위해 대개 간단히 변형시켜 문제점을 해결할 수 있는 비교적 값싼 시제품 장비들로 차량을 제작하며, 그런 다음 일단 생산이 순조롭게 진행되면 임시로 썼던 장비들은 제거하는데, 이런 과정을 보통 '소프트 세공 soft tooling'이라 한다. 테슬라는 처음부터 생산 라인에 영구적인 장비를 설치함으로써 이 과정을 생략했다. 일론 머스크는 투자자들에게 이렇게 설명했다. "저희는 첨단 분석 기법들(컴퓨터 시뮬레이션들)을 활용해 소프트 세공을 생략하고 바로 생산 세공으로 들어갈 겁니다."

일부 관측자들은 이를 위험한 시도로 보았다. 수백만 대의 자동차를 생산할 목적으로 제작된 생산 장비는 제대로 작동되지 않을 경우 수리하거나 교체하는 데 비용이 많이 들기 때문이었다. 그러나 임시로 쓰는 저등급 장비는 2015년에 모델 X 생산을 장기간 지체시킨 문제의 일부였다. 로이터 통신에서 보도한 한 익명의 제보자에 따르면, 테슬라는 소프트 세공에서 배운 교훈들을 제대로 소화할 만한 시간이 없었고, 그래서 그 가치를 무시했다고 한다. "소프트 세공은 전체 제작에 별 도움도 되지 못하며 일만 망칩니다." 게다가 테슬라는 그간 생산 장비들을 개선하는 방법도 배운 데다 2015년에는 미시건주의 공구 및 다이 제조업체 리비에라 툴 Riviera Tool 을 인수해 예전보다 더 빨리 더 싸게 장비를 만들 수도 있다.

이번 경우, 테슬라는 새로운 생산 방식을 시도한 최초의 자동차 제조업체는 아니었다. 아우디는 얼마 전 멕시코 공장에서 전체 조립 라인과 공정을 컴퓨터 시뮬레이션으로 돌려 보고 생산하는 방식을 썼으며, 그 덕에 공장에서의 자동차 생산 속도가 평상시보다 30퍼센트나 빨라졌다. 당시 아우디 멕시코 공장 중역으로 있던 피터 호흐홀딩거 Peter Hochholdinger 가 현재

테슬라의 생산 담당 부사장이다.[8]

수개월간 모델 3의 생산이 지연될 거라고 주장해 온 전문가들의 입장에선 겸연쩍은 일이었지만, 그해 7월에는 일정에 맞춰 제한적이나마 모델 3의 생산이 시작됐다. 그리고 모델 S 개발 중에 있었던 장면이 재연되었다. 테슬라가 자동차업계 판도를 바꿀 차량을 적시에 인도할 게 분명해지자 테슬라 주가는 바로 급등했다.

모델 3 초기 생산분은 그해 7월에 팡파르 없이 조용히 생산 라인에서 굴러내려 왔다. 성대한 파티가 열린 것은 고객 30명에게 처음 자동차가 인도된 그달 말이었다. 자동차 예약자들로 하여금 자동차 색상과 각종 옵션을 선택할 수 있게 해 주는 환경 설정 툴이 제대로 작동되기 시작한 것도 바로 그때였다.

두 번째 공개 행사 때 일론 머스크는 다시 한번 테슬라 스토리를 얘기해 갈채를 받았고, 자신의 팀원들은 물론 모델 S나 모델 X를 구입해 준 고객들 모두에게도 감사의 말을 전했다. "모델 3가 나온 건 여러분 덕입니다. 우리가 모델 S와 모델 X에서 버는 돈이 전부 모델 3 제작에 쓰이고 있으니까요." 테슬라가 이익을 내길 초조히 기다리고 있던 월스트리트 사람들이 듣고 싶은 말은 아니었을지 몰라도 테슬라를 믿는 팬들에겐 힘을 주는 메시지였다.

일론 머스크는 평소의 그답지 않게 아주 절제된 어조로 이렇게 말했다. "어떻게 엄청나게 많은 자동차를 만들 것인가 하는 게 앞으로 6개월에서 9개월간 우리의 가장 큰 과제가 될 것입니다." 그런 다음 그는 정중한 어조를 풀며 이렇게 말했다. "솔직히 말해, 우리는 생산 지옥에 빠지게 될 겁니다. 생산 지옥으로 여러분을 초대합니다."

테슬라는 2017년 말까지 주당 5,000대까지 생산량을 늘리고, 2018년에는 총 50만 대(세 가지 모델을 다 합쳐서)를 생산할 계획이다.


## 새로운 종

현재 모델 3는 두 종밖에 없다. 3만 5,000달러짜리 스탠더드<sup>Standard</sup> 모델
은 주행 거리가 220마일(약 354킬로미터. 미국 환경 보호국 추산)이고, 정지 상
태에서 시속 60마일에 도달하는 시간이 5.6초이며, 완전 자율 주행에 필
요한 모든 하드웨어를 갖추고 있다. 롱 레인지<sup>Long Range</sup> 모델(4만 4,000달러)
은 310마일(약 499킬로미터)의 주행 거리를 자랑하며, 정지 상태에서 시속
60마일에 도달하는 시간이 스탠더드 모델보다 0.5초 더 짧다. 5,000달러
를 더 내면 제한된 자율 주행 기능에 자율 주차를 비롯해 개선된 오토파일
럿 기능이 추가된다. 향후 3,000달러를 더 내면 완전한 자율 주행 기능을
추가할 수 있다. 그게 언제쯤 가능할까 하는 건 복잡한 소프트웨어 검증과
규제 승인에 달려 있는데, 그건 아마 관할 지역에 따라 다를 것이다.
    테슬라는 자신들의 자동차들을 도로 위에서 가장 안전한 자동차로 만들
겠다는 의지가 아주 확고하다. 론칭 행사 때 일론 머스크는 그 자신이 '자
타가 공인하는, 세상에서 두 번째로 안전한 자동차'라고 부르는 그 유명한
볼보 S60과 모델 3의 측면 충돌 테스트 결과가 담긴 비디오를 한 편 소개
했다.
    예상했던 대로 모델 3의 실내는 여유가 있고 깨끗했으며, 대시보드에
는 터치스크린 외엔 아무것도 없었다. "자동차들은 갈수록 자동화될 것입
니다." 일론 머스크의 말이다. "그래서 계기판을 그리 자주 봐야 할 필요가
없게 될 겁니다. 대신 영화를 본다든가, 친구와 얘기를 한다든가, 잠을 잔

다든가······ 뭐든 하고 싶은 일을 할 수 있게 되겠지요." 그렇다. 그래서 컵홀더는 있다.

탁 트인 느낌을 주는 모델 3의 넓은 실내에 깊은 인상을 받은 전문가들이 많다. 전체 사이즈는 모델 S보다 작지만, 우선 해치백 스타일이 아니기 때문에 뒤쪽 자동차 지붕과 머리 사이의 공간은 더 넓다. 게다가 뒤쪽 창이 넓고 드라이브 샤프트가 없으며 대시보드가 군더더기 없이 매끄러운 등, 여러 가지 특징들 때문에 더 실내가 넓게 느껴진다.

사이즈가 더 큰 모델 S에 비해서는 당연히 많이 떨어지지만, 모델 3는 화물 적재 능력도 상당하다. 뒷좌석들은 완전히 수평으로 접히는 데다 뒤 공간과 프렁크frunk까지 있어, 모델 3는 짐을 실을 수 있는 공간이 15입방피트(약 425리터) 정도 되는데, 이는 거의 모든 다른 동종의 자동차(BMW 4 시리즈와 재규어 XE 제외)를 능가하는 화물 적재 능력이다.

그러나 화물 적재 공간이 제대로 활용되려면 단순히 공간만 넓은 게 아니라 이용하기도 쉬워야 한다. 자동차가 해치백 스타일과 세단 스타일로 구분되는 이유이다. 많거나 무거운 짐을 실을 때는 모델 S(또는 도요타 프리우스나 혼다 피트) 같은 해치백 스타일의 자동차가 편하지만, 세단 스타일의 트렁크는 거의 불가능하다. 그러나 모델 3의 경우 해치백과 트렁크를 합친 형태여서 빈공간이 넓기 때문에 자전거나 서프보드까지 실을 수 있다.

모델 3에는 완전한 자율 주행에 필요한 센서들과 제어 하드웨어가 장착되어 있어, 새로운 오토파일럿 기능들(아직 개발 중인 새로운 기능들 포함)을 추가하기 위해선 소프트웨어 업데이트만 하면 되며, 그래서 그 확장성에 한계가 없다(한계가 있다면, 그건 아마 새로운 소프트웨어 업데이트에 필요한 돈뿐일 듯하다). 자동차 자율 주행의 이점들(교통 흐름이 더 유연해지고 주차장이 덜 필요해지는 등)이 실현되려면 대부분의 자동차 또는 모든 자동차의 자율 주행이 가능해져야 하므로, 새로운 자율 주행 기술은 결국 가장 값싼 자동차들에까지 적용될 것이다. 분명한 것은 테슬라가 지금 모든 모델 3가 자율 주행을 할 수 있는 미래를 꿈꾸고 있다는 것이다.

또한 앞으로는 자동차의 속도 또한 더 빨라질 것이다. 현재 스탠더드 모델 3가 정지 상태에서 시속 60마일에 도달하는 시간은 5.6초인데, 테슬라는 앞으로는 모든 버전의 자동차가 그보다 더 빨라질 거라고 장담한다. 테슬라 팬들의 트위터 질문에 답하는 과정에서 일론 머스크는 앞으로 모델 3에도 당연히 '터무니없는' 모드가 옵션으로 제공될 것이라고 했다.

앞으로 추가될 가능성이 있는 또 다른 옵션들로는 듀얼 모터 전륜 구동(2018년 초에 약 5,000달러의 비용으로 추가될 걸로 예측), 지상고를 다이내믹하게 조정해 주는 에어 서스펜션 기능, 자동차 뒷부분의 견인봉,* 가죽을 일절 사용하지 않는 채식주의자들의 취향에 맞춘 인테리어 등을 꼽을 수 있다.

이 외에 또 다른 어떤 옵션들이 추가될지는 아무도 모른다. 금융 관련 미디어에 종사하는 많은 사람은 테슬라가 지금 모델 3의 수익성을 확보하기 위해 부가 가치가 높은 옵션들을 추가하는 전략을 쓰고 있다고 믿는다.

모델 3와 그전에 나온 모델 S, 모델 X 사이에는 몇 가지 중요한 기술적 차이들이 있다. 2015년 네바다대학교에서 열린 한 강연에서 JB 스트로벨은 모델 3는 완전히 새로운 '3세대 플랫폼'을 토대로 제작될 거라고 확언했다. "더 좋은 쪽으로든 안 좋은 쪽으로든, 모델 3는 거의 다 새로워질 겁니다." JB 스트로벨의 말이다. "모델 X의 경우 모델 S와 겹치는 부품을 많이 썼지만, 모델 3의 경우 그럴 수가 없습니다. 우리는 완전히 새로운 플랫폼을 개발 중인데…… 모델 3는 배터리 구조부터 다릅니다. 모터 기술도 다

• 트레일러 등을 연결하는 데 쓰인다.

르고 차량 구조 자체가 완전히 다릅니다."

JB 스트로벨이 2015년에 이미 간단히 예견했듯이, 테슬라와 협력업체 파나소닉은 모델 3를 위해 새로운 배터리를 개발했고, 유도 전동기를 3단계 영구 자석 전동기로 교체했으며, 바디 패널도 알루미늄에서 강철로 바꿨다.

모델 3 개발 계획이 발표된 이후, 테슬라 관측자 대부분은 주행 거리가 200마일인 전기 자동차를 원하는 가격대에 넘기기 위해 테슬라가 성능이 더 좋으면서도 저렴한 배터리 팩을 개발하지 않을 수 없을 거라는 데 이견이 없었다. 그래서 늘 모델 3 하면 으레 기가팩토리 얘기가 따라 나오곤 했다. 테슬라 측에서 규모 경제와 새로운 생산 기법들을 통해 배터리 팩 비용을 30퍼센트 넘게 줄일 수 있을 거라고 기대하는 대규모 배터리 공장 말이다. 현재 기가팩토리 1로 불리는 이 거대한 건물에서는 지금 특히 모델 3를 위해 만들어진 새로운 유형의 배터리들이 빠른 속도로 쏟아져 나오고 있다.

얼핏 보기에는 모델 S와 모델 X에 들어 있는 18650 배터리와 새로 나온 2170 배터리 사이에는 별 차이가 없는 것 같다. 그리고 새로운 배터리들은 크기가 좀 더 크지만, 대부분의 자동차 제조업체가 전기 자동차에 사용하는 보다 큰 주머니형 배터리들과는 달리 원통형이다. 그러나 테슬라는 화학적인 측면에서 배터리 성능을 계속 개선시켜 왔으며, 일론 머스크 역시 2170 배터리들이 에너지 밀도가 더 높다고 장담해 왔다. 또한 배터리 사이즈가 더 크기 때문에 테슬라의 입장에서는 모듈들을 덜 써도 된다. 모델 S의 배터리 팩에는 16개의 모듈이 들어 있지만, 모델 3의 배터리 팩에는 3개의 모듈밖에 없는 것이다.

처음에 테슬라는 모델 3 배터리 팩의 실제 용량을 비밀에 부쳤었다. 모델 S와 모델 X의 경우 자동차 이름에 배터리 용량을 보여 주는 이름을 붙이고 있다. 예를 들어 모델 S 75에는 75킬로와트시의 배터리 팩이 들어 있고, 모델 S 85에는 85킬로와트시의 배터리 팩이 들어 있는 식이다. 테슬라는 이런 방식을 포기한 것 같다. 그런 방식이 너무 따분하다고 생각한 걸까? 그 이유가 어떻든, 모델 3의 경우 현재 주행 거리 220마일의 스탠더드 모델과 주행 거리 310마일의 롱 레인지 모델 이렇게 단 두 가지 배터리 옵션만 제공 중이다. 구체적인 설명이 없는 상황에서, 분석하길 좋아하는 전기 자동차 전문 매체 『일렉트릭』의 작가 존 램버트John Lambert는 미국 환경 보호국의 모델 3 인가 문서를 토대로 모델 3 배터리 팩의 용량을 추정해 보았다. 결국 일론 머스크는 스탠더드 모델의 배터리 팩 용량은 50킬로와트시 정도고, 롱 레인지 모델의 배터리 팩 용량은 75킬로와트시 정도라고 설명했다.

배터리 용량은 테슬라 배터리 팩 제작비에 대한 단서를 제공하기 때문에, 이는 아주 중요한 정보이다. 또한 배터리 팩 제작비를 알면 테슬라사의 총수익이 어느 정도인지 또 경쟁사들(경쟁사가 생겨난다면) 속에서의 테슬라의 위치가 어느 정도인지도 알 수 있다. 다른 자동차 제조업체들과 마찬가지로, 테슬라 역시 정확한 배터리 비용을 공개하는 건 거부하고 있지만, 일론 머스크는 테슬라가 2020년까지 배터리 제작비를 킬로와트시 당 100달러 아래로 끌어내리지 못한다면 실망할 거라고 말하곤 했다.

동력 구동 장치의 또 다른 축인 모터, 즉 전동기 부분에서도 큰 변화가 있었다. 모델 3의 경우 모델 S와 모델 X에 쓰인 유도 전동기와는 전혀 다른 3단계 영구 자석 전동기가 쓰인다. 그 자세한 이유는 조만간 밝혀질 것 같지 않지만, 우리는 테슬라가 여러 전동기들을 테스트하고 또 특정 자동차에 필요한 매개 변수들에 맞춰 최적화하는 데 복잡한 컴퓨터 시뮬레이션을 이용하고 있다는 건 안다. 물론 모델 3에 필요한 매개 변수들은 모델 S나 모델 X에 필요한 매개 변수들과는 다르다. 따라서 테슬라의 엔지니어링 팀이 모델 3에는 3단계 영구 자석 전동기 디자인이 가장 잘 맞는다고 본 게 아닌가 하는 추정이 가능하다.

전동기 기술이 바뀐 이유는 어쩌면 테슬라의 역사에서도 찾아볼 수 있다. 테슬라가 처음에 유도 전동기를 쓴 것은 AC 프로펄션의 디자인을 그대로 물려받았었기 때문이라는 얘기들이 많은 것이다. 로드스터에 쓰인 유도 전동기의 뿌리는 사실 불운했던 GM의 전기 자동차 EV1까지 거슬러 올라간다. EV1의 전동기는 앨런 코코니<sup>Alan Cocconi</sup>에 의해 디자인됐는데, 5장에서 얘기했듯 테슬라가 코코니의 회사인 AC 프로펄션에 사용료를 지불하고 그 디자인을 자사 자동차의 전동기 디자인에 갖다 쓴 것이다.

그러나 유도 전동기의 자랑스러운 역사에도 불구하고, 테슬라는 모델 3를 디자인할 때 모든 걸 처음부터 다시 시작했으며, 테슬라가 모델 S를 디자인할 때만 해도 이용할 수 없던 가상 모델링 기법을 도입하는 등 연구 개발 역량 또한 크게 늘렸다.

2012년 모델 S가 고객들에게 인도되기 시작했을 때, 업계 전문가들은 이 모델에 알루미늄 바디 패널이 획기적으로 많이 쓰인 것에 찬사를 보냈다. 그러나 5년이 지난 현재 그 이후 그것이 하나의 트렌드가 됐다고 말하기는 어렵다. 오늘날 알루미늄은 포드 F-150 같이 수익성 좋은 픽업트럭이나 아우디와 재규어, 레인지 로버<sup>Range Rover</sup>의 일부 스포츠 모델들의 연비를 높이기 위해 광범위하게 쓰이고 있다. 리프 같은 전기 자동차들의 무게를 줄이기 위해 어느 정도 사용되기도 한다. 그러나 아직 바디 소재로 강철을 대체하진 못하고 있는데, 그건 비용도 비싼 데다 내구성 및 수리 편의성에 관한 문제도 있기 때문이다. 많은 테슬라 제품 소유주가 불만을 토로했듯, 알루미늄 바디 패널은 경미한 충돌 사고 이후에도 수리비가 엄청나게 많이 들어갈 수 있다. 알루미늄의 최대 장점 중 하나가 가볍다는 거지만, 이 장점 또한 현재 새로운 세대의 고강도 강철이 개발 중이어서 조만간 별 장점이 되지 않을 수도 있다.

어쨌든 테슬라가 모델 3에 강철과 알루미늄을 섞어 쓰게 된 건 아마 비용 때문이었을 것이다. 2014년에 테슬라의 엔지니어링 부사장 크리스 포릿은 이런 말을 했다. "우리는 비용 대비 효율성은 높여야 합니다. 모든 부품에 알루미늄을 쓸 수는 없습니다."

테슬라가 제작하기 쉬운 자동차로 디자인했다는 것 역시 모델 3가 그 전작들과 다른 중요한 차이들 중 하나다. 이런저런 부가 기능들을 최소화하고 선택 가능한 옵션(일론 머스크는 계속 앞으로 옵션이 더 많아질 거라는 언질을 주고 있지만)을 최소화한 것이 그런 노력의 좋은 예다. 모델 S의 경우 현재 세 가지 배터리 팩, 후륜 구동 또는 듀얼 모터, 일곱 가지 페인트 색, 여섯 가지 유형의 인테리어, 네 가지 스타일의 바퀴, 두 가지 루프 등 다양한 옵션이 제공되고 있다. 이 옵션들을 다 합치면 1천 500가지 이상의 조합이 가능하다. 그러나 모델 3의 경우 옵션을 다 조합해 봐야 100가지도 안 된다.

모델 3의 또 다른 독특한 점은 가히 가장 미국제다운 미국제 자동차인지도 모른다는 것이다. 코곳경영대학은 얼마나 많은 미국제 부품들로 만들어지는지에 따라 자동차들에 등급을 매기는 연례 보고서를 발행한다. 테슬라 측에 따르면, 현재 모델 S 부품의 약 55퍼센트는 미국제 또는 캐나다제다. 그런데 네바다주에서 만든 배터리를 장착한 모델 3의 경우 무려 95퍼센트의 부품이 미국제로, 시판 중인 자동차들 가운데 가장 미국적인 자동차로 꼽힌다. 더욱이 테슬라는 지금 배터리에 쓰이는 원자재의 상당 부분을 미국 내에서 구입할 계획이다. 테슬라는 현재 기가팩토리에서 멀지 않은 네바다주의 실버 피크 지역에서 리튬 원재료를 개발 중이어서 네바다주 의원들이 네바다에서의 리튬 생산을 늘리기 위해 테슬라 측에 새로운 세제 혜택들을 제시하고 있는 걸로 알려지고 있다.

테슬라와 역겨울 정도로 친미국적인 인물 일론 머스크는 늘 애국심에 불타는 자신들의 선의를 자화자찬해 왔지만(그리고 또 사실 급성장 중이고 미래지향적인 분야에서 2만 5,000명 이상의 미국인을 고용하는 것보다 더 애국적인 일이 어디 있겠는가?), 물론 테슬라가 가능한 한 미국 내에서 생산을 하려고 하는 건 애국적인 이유 때문만은 아니다. 숙련된 직원들을 쉽게 구할 수 있는 데다 부품 공급 체인도 최소화할 수 있기 때문이기도 한 것이다.

## 충전비를 받다

테슬라의 슈퍼 충전기망은 테슬라가 가장 자랑하는 것들 중 하나다. 고객들에게는 소중한 혜택이고 경쟁업체들에게는 강력한 무기다. 테슬라가 모델 S를 내놓을 때만 해도 무료 슈퍼 충전은 배터리 방전을 걱정하던 잠재 고객들을 안심시키는 요소였다. 그러나 고객들에게 대량으로 자동차를 인도하기 시작하면서, 테슬라는 무제한적인 무료 슈퍼 충전 서비스를 계속 제공할 수 없게(그리고 제공해서도 안 되게) 되었다. 첫 번째 모델 3 론칭 파티가 끝난 직후, 테슬라는 '무제한 무료' 서비스 정책을 중단하고 기존 고객과 미래의 고객 모두에게 공정하다고 생각되는 새로운 정책으로 바꾸었다(그러나 새로운 정책은 좀 복잡해 여기에서 요약 설명하진 않도록 하겠다).

"모든 모델 3에는 슈퍼 충전 기능이 있습니다. 앞으로 무료가 되지 않는다 해도, 여전히 아주 쌀 것이며, 가솔린보다는 훨씬 싼 비용으로 장거리를 달릴 수 있게 될 겁니다." 일론 머스크가 해 온 약속이다.

일부 테슬라 팬들은 부당하다고 외치고 있지만, 전기 자동차 운전자 대부분은 무조건적인 무료 충전은 관련 당사자 모두를 위해서도 좋은 아이디어는 아니라는 데 동의하는 듯하다. 가장 인기 있는 슈퍼 충전 장소들은 이미 포화 상태여서, 현재의 사용자 기반에 모델 3 운전자 50만 명이 추가될 경우 현재 아주 신속하고 편리하게 할 수 있는 충전이 악몽 같은 일로 변할 수도 있다. 원래 돈을 지불하는 서비스는 중히 여기지만, 무료로 받는 서비스는 남용되기 쉽다. 소액의 충전료를 받을 경우 운전자들은 정말 필요할 때 슈퍼 충전기를 이용하게 될 것이며, 아무래도 좀 더 조심해서 사용하게 될 것이다. 그리고 신차 구입에 3만 5,000달러를 지불할 수 있는 운전자들의 경우, 필요할 때 빠른 충전을 편리하게 이용할 수만 있다면 10달러에서 15달러 정도 쓰는 건 개의치 않을 것이다.


## 세단 시장을 뿌리째 뒤흔들다

모델 S는 아우디, BMW, 렉서스, 메르세데스 같이 유서 깊은 자동차 제조업체들의 세단들보다 더 많이 팔리는 등, 지난 2년간 대형 럭셔리 세단 시장을 지배해 오고 있다. 모델 3 역시 그런 위업을 달성할 수 있을까? 그간 여러 자동차 관련 미디어들이 모델 3의 기능들과 가격을 아우디, 메르세데스, 렉서스, BMW, 재규어의 소형 및 중형 세단들과 비교했는데, 그 결과가 기존 자동차 제조업체들 입장에선 달갑지 않다.

우선 순간 가속 능력에 관한 한 모델 3는 같은 가격대의 거의 다른 모든 세단들보다 뛰어나다. 게다가 일론 머스크는 모델 3의 안전도가 최고가 될 거라고 약속해 왔다. 오토파일럿 기능은 이미 모든 경쟁사가 제공하는 그 어떤 운전자 보조 장치와도 맞먹는 수준에 오른 듯하며, 앞으로도 무선 업데이트를 통해 계속 업데이트될 것이다. 또한 모델 3의 보증 기간 8년, 동력 전달 장치 보증 10만 마일은 많은 경쟁사들보다 두 배나 길다. 커다란 터치스크린이나 표준 인터넷 접속 기능 같은 표준 기능들은 경쟁사들의 세단에서는 옵션으로도 제공되지 않는 기능들이다.

블룸버그, 일렉트릭, 일렉트릭 무스Electric Moose, 클린 테크니카Clean-Technica 같은 여러 매체들은 모델 3와 비슷한 가격대의 라이벌 자동차들을 비교한 차트들을 공개했는데, 그 차트들을 보더라도 모델 3가 다른 어떤 경쟁 세단보다 조금(또는 많이) 낫다는 건 의심의 여지가 없다. 그리고 이 모든 것에 우선해 모델 3는 연료비와 유지비 측면에서 아주 유리하다. 게다가 전기 자동차의 최대 장점이기도 하지만 승차감이 뛰어나 직접 시승해 본 거의 모든 자동차 평론가가 이구동성으로 하는 말이 승차감이 그 어떤 동종 세단보다 부드럽고 조용하고 즐겁다는 것이다.

모델 3는 과연 그렇게 많은 사람들이 예견해 왔듯 '자동차업계 전체를 깨우는 모닝콜'이 될 것인가? 아니면 그간 여러 차례 그래 왔듯 유서 깊은 자동차 제조업체들이 이번에도 스누즈 버튼snooze button●을 누를 것인가? 쉐보레 볼트와 차세대 닛산 리프는 둘 다 훌륭한 자동차였다. 스스로 여러 자동차들을 비교해 보는 잠재 고객들의 관점에서 보자면, 둘 다 모델 3의 잠재적인 경쟁자가 될 수도 있을 것이다. 그러나 GM도 닛산도 아직까지는 시장에서 테슬라와 경쟁하는 데 별 관심이 없는 듯하다. 친애하는 독자 여러분은 이제 확실히 알겠지만(대부분의 주류 미디어는 아직도 모르지만), 미

● 아침에 잠이 깬 뒤 조금 더 자려고 누르는 타이머 버튼

국의 빅3(GM, 포드, 크라이슬러)와 그들의 유럽 및 아시아 경쟁업체들은 순전히 정부 규제들을 따르기 위해 필요한 만큼의 전기 자동차만 제작해 왔으며, 전기 자동차들을 대량 생산 시장에 광고한 적도 없다. (그러나 이는 변할 것이다. GM은 그간 미국의 전국 신문과 잡지들에 쉐보레 볼트 전면 광고를 해 왔으며, 생산량도 대거 늘릴 계획이라는 소문도 돌고 있다.)

만일 유서 깊은 자동차 제조업체들이 계속 전기 자동차 소량 생산 전략을 고수한다면, 그 결과 아이러니하게도 테슬라가 가뜩이나 공급 측면에서 병목현상이 일고 있는 전기 자동차 시장을 거의 독점하다시피 하게 될 것이다. 모든 사람이 전기 자동차를 원할 수도 있지만, 테슬라가 연간 50만 대(미국의 연간 자동차 생산량 1800만 대의 극히 일부에 지나지 않음)밖에 생산하지 못하는 상황에서 대부분의 고객들은 자동차 제조업체들이 대리점에 세워 둔 자동차들을 사는 수밖에 달리 도리가 없을 것이다. 자동차를 인도받기까지 무려 18개월을 기다려야 하는 한, 모델 S가 다른 브랜드들로부터 시장 점유율을 대거 빼어 온다는 건 어불성설인 것이다.


## 연방 세금 공제 혜택은 어찌될까?

전기 자동차를 구매하면서 연방 세금 공제 혜택을 받게 된다면, 모델 3의 최종 가격은 2만 7,500달러까지 내려갈 수도 있다(일부 자동차 제조업체들과 달리 테슬라는 세금 공제 후의 가격을 솔직히 밝혔음). 그러나 이제 조만간 그런 일은 불가능해진다.

전기 자동차에 대한 세금 인센티브는 얼리 어댑터들의 전기 자동차 구입을 촉진시키기 위해 만들어졌지만, 그런 혜택도 일단 특정 자동차 제조업체의 전기 자동차 판매가 20만 대에 도달하면 끝나게 되어 있다.

2017년 3월 테슬라는 미국에서 약 12만 대의 차량을 팔았다. 모델 S와 모델 X의 생산을 계획대로 계속 늘려 나갈 경우 2017년 말에 거의 20만 대를 기록하게 되는데, 마침 그게 모델 3의 대량 인도가 시작되는 시점이었다.

내국세 수입 규정 30D에 따르면, 특정 자동차 제조업체의 전기 자동차 판매가 20만 대에 도달할 경우 세금 공제 혜택이 자동으로 소멸되게 되어 있다. 그러니까 해당 업체에서 제작한 자동차가 20만 대 이상 팔린 달력상의 분기 이후 두 번째 분기부터 세금 공제 혜택이 사라진다. 그리고는 이후 12개월간 세금 공제액이 6개월간 3,750달러*로 떨어지고, 다음 6개월간 1,875달러까지 떨어진 뒤 완전히 사라지는 것이다.

현재 주문이 밀려 있는 50만 대의 모델 3가 전부 인도되지 않는다 해도, 많은 구매자는 세금 공제 혜택을 절반밖에 못 받거나 전혀 못 받게 될 것이다. 그런데 테슬라는 지금 모델 3를 일괄적으로 묶어 생산하기 때문에, 특정 구매자가 기한 전에 모델 3를 인도받게 될지 어떨지를 미리 알 수 있는 방법은 없다.

세금 공제 혜택이 로드스터와 모델 S, 모델 X를 구입한 부자들 선에서 다 끝나고, 인내심을 갖고 모델 3를 기다려 온 정작 더 필요한 중산층에겐 전혀 돌아가지 않는다면 아이러니한 일이 아닐 수 없다. "테슬라 측에서 세금 공제 혜택을 필요하지도 않은 아주 부유한 사람들에게 다 써 버렸다는 불만이 나올 만하죠." 자동차 전문지 『켈리 블루 북』의 레베카 린드랜드 Rebecca Lindland가 『와이어드』와의 인터뷰에서 한 말이다.[9]

---

• 전체 세금 공제액 7,500달러의 절반

물론 테슬라 팀에서도 이 문제를 잘 알고 있다. "우리의 생산 증대 계획 덕에 모델 S나 모델 X를 구입하지 않은 많은 고객들도 세금 공제 혜택을 받을 수 있어야 합니다." 일론 머스크가 트위터에 올린 글이다. 어떻게 그렇게 할 건지는 분명치 않지만, 그는 이렇게 말했다. "우리는 늘 분기별 수익이 줄어드는 한이 있어도 고객의 행복을 극대화시키려 애쓰고 있습니다."

『포브스』는 테슬라 측에서 모델 3의 인도 일정을 잘 조정할 경우, 자동차 판매가 20만 대에 도달한 뒤에도 7,500달러 전액 세금 공제 혜택 부여 기간을 거의 6개월간 연장할 수 있다고 했다. 내국세 수입 규정이 인도된 자동차 수를 세는 방식에서 달력상의 분기를 세는 방식으로 바뀌기 때문이다. 그러나 현재 모델 3의 생산이 일정에 맞춰 이루어지고 있어, 2018년 중반이면 모델 S와 모델 X 인도를 끝으로 세금 공제 혜택이 끝날 걸로 추정된다.[10]

# 14 이 정도 가격이면 스스로 움직여야

자율 주행 자동차는 오랫동안 SF 소설에 약방의 감초처럼 자주 등장했다. 그러나 하늘을 나는 자동차와 휴머노이드 로봇과는 달리, 자율 주행 자동차는 오래지 않아 우리 일상생활의 일부가 될 것으로 예측되고 있다. 작가 스티븐 존슨<sup>Steven Johnson</sup>이 곧 가능하다고 본 자동차의 자동화는 아직 완전히 실현 가능한 일은 아니지만, 이제 필요한 기술이 전부 등장해 얼마든지 꿈꿔 볼 만한 일이 되었다.[1]

자동차 가속과 조정 제어에 필요한 막대와 줄들은 10년 내지 20년 전에 이미 전기 회로와 소프트웨어로 교체됐으며, 이제는 주변 세상을 인식하는 데 필요한 많은 센서들이 자동차 안에 하나하나 장착되고 있다. 일론 머스크가 테슬라의 오토파일럿 시스템 구축 계획을 발표할 당시 순항 제어<sup>cruise control</sup>• 같은 자율 주행 기능들은 이미 소비자들에게 익숙한 상태였으며,

---

• 운전자가 희망 속도를 설정하면 가속 페달을 밟지 않아도 그 속도를 유지하면서 주행하게 해 주는 기술

고급 모델에는 주차 보조나 자동 감응식 순항 제어adaptive cruise control *같이 보다 정교한 반⁺자율 주행 기능들이 제공되기 시작하고 있었다.

따라서 2013년 9월 일론 머스크가 향후 3년 이내에 '오토파일럿', 즉 자율 주행이 가능한 자동차를 만들겠다는 계획을 발표한 것은 그리 놀랄 일도 아니었다. 그는 운전자가 운전의 90퍼센트 이상을 컴퓨터 시스템에 맡기게 될 자율 주행 자동차가 자체적으로 개발될 것이라고 했다.[2]

그로부터 한 달 뒤, JB 스트로벨은 한 인터뷰에서 일론 머스크가 한 말의 대부분이 사실임을 재확인해 주었다. 그는 자율 주행이 자동차업계의 지형을 뒤바꿔 놓을 필연적인 트렌드가 될 거라고 했다. 그러면서 그는 테슬라는 이미 자율 주행 기술에 많은 시간을 투자했고 대규모 팀을 구성했다고 덧붙였다(실제로 그 무렵 테슬라의 웹사이트에는 자율 주행 분야에 경험이 있는 엔지니어들을 모집한다는 채용 안내문들이 올라왔다). "자율 주행은 사람들이 생각하는 것보다 더 빨리 현실화될 겁니다."

JB 스트로벨은 자동차업계가 그간 비행기나 배, 우주선 같은 다른 운송 수단에서 이미 널리 이용되고 있는 기술을 신속히 도입하지 못했다면서 이런 말을 했다. "그 기술들은 조종사나 선장이 무료해하기 때문에 나온 게 아니라, 안전 때문에 나온 것입니다. 자동차 운전자들은 아마 모든 운송 수단 조작자들 가운데 훈련이 가장 덜 됐을 겁니다. 자율 주행이 가장 필요한 곳이 있다면, 그건 바로 자동차 안입니다."[3]

다른 자동차 제조업체들은 이미 자율 주행 분야에 많은 시간과 노력을 투자했지만, 늘 그렇듯 테슬라의 일정표는 다른 그 어떤 업체의 일정표보다 야심만만했다. 닛산은 2013년 일본의 한 고속 도로에서 완전한 자율 주

* 주행 속도와 차간 거리를 자동으로 제어해 주는 기술

**410**

행 기능을 가진 리프를 시험 주행했다. 그리고 그 무렵 닛산과 다임러는 2010년대 말쯤이면 자율 주행 자동차를 시판할 수 있을 거라고 예견했다. 구글은 이미 여러 대의 완전한 자율 주행 자동차들을 테스트한 바 있어, 조만간 자동차 분야에 진출할 거라는 추측을 불러일으키고 있다.

전기화의 경우와 마찬가지로 자동화 역시 단계적으로 이행될 수 있으며 아마 실제 그렇게 될 것이다. 자동차는 가솔린 엔진 자동차에서 하이브리드 자동차로, 다시 플러그인 하이브리드 자동차로, 그리고 다시 완전한 전기 자동차로 발전해 오지 않았던가. 마찬가지로 오늘날의 제한된 자율 주행 기능을 가진 자동차에서 두어 가지 중간 단계를 거쳐 결국 완전한 자율 주행 기능을 가진 자동차로 발전될 것이다. 미국 자동차 엔지니어 협회SZE 는 자동화 단계를 레벨 0에서 레벨 5까지 6개 레벨로 나누고 있다.

- 레벨 0 - 자동화가 전혀 안 되는 수준
- 레벨 1 - 운전자 보조 수준: 순항 제어, 주차 보조 기능 등
- 레벨 2 - 부분적인 자동화 수준: 자동차가 특정 상황에서 스스로 조종하고 가속하고 브레이크를 밟을 수 있음(차선 지키기, 자동 감응식 순항 제어)
- 레벨 3 - 조건부 자동화 수준: 자동차가 특정 환경에서 스스로 운전할 수 있음. 그러나 필요할 경우 운전자가 개입해야 함 - 기본적으로 지금 테슬라가 고속 도로에서 할 수 있는 수준
- 레벨 4 - 높은 수준의 자동화 수준: 자동차가 특정 환경에서 인간의 개입 없이 스스로 운전할 수 있음
- 레벨 5 - 완전한 자동화 수준: 자동차가 모든 상황에서 인간 운전자의 개입 없이 모든 측면의 운전을 할 수 있음

거의 모든 사람이 동의하는 목표는 물론 레벨 5의 완전한 자동화 수준에 도달하는 것이다. 그 목표까지는 아직 갈 길이 멀지만, 일단 달성될 경우 인간 사회의 완전한 재정리를 촉발할 것이다. 현대 사회는 자동차를 중심으로 돌아가고 있으며, 따라서 완전한 자동화는 자동차 분야를 뛰어넘어 아주 광범위한 곳까지 영향을 미칠 것이다. 자동차 전문가 대부분은 완전한 자동화가 미칠 몇 가지 영향들(교통사고가 줄어들고 운전기사가 사라지며 도시에서 주차장 용도의 땅이 줄어드는 등)에는 동의하지만, 운전자가 없는 미래의 세상이 어떤 모습일지 정확히 아는 사람은 아무도 없다. 완전한 자동화가 불러올 변화들은 아마 여기서 다루기엔 너무 광범위하고 깊고 놀랍고 복잡할 것이다.

순항 제어 수준에서 로보-택시˙ 수준까지 가려면 아직 갈 길이 멀지만(적어도 실리콘 밸리의 관점에서 볼 때), 현재까지는 테슬라가 가장 앞서고 있다.

2014년 2월에 가진 한 인터뷰에서 일론 머스크는 자율 주행 자동차가 나올 날이 몇 년 안 남았다며 이렇게 말했다. "테슬라는 자율 주행 분야에 많은 노하우를 축적해 왔으며…… 아마 현재 우리보다 더 막강한 자율 주행 엔지니어링 팀을 보유한 자동차 제조업체는 없을 겁니다. 우리는 아주 뛰어난 자율 주행 기능을 가진 자동차를 처음 시중에 내놓는 기업이 되려고 합니다."⁴

2014년 5월, 일론 머스크의 다음과 같은 폭탄성 발언이 뒤이었다. "우린 지금 자율 주행 분야에서 괄목할 만한 발전을 이루고 있습니다. 장담하건대, 여러분은 이제 1년 이내에 자동차 계기에 손 하나 대지 않고 고속 도

• 운전기사가 없는 무인 택시

로 진입로로 들어가 고속 도로 출구로 빠져나오게 될 것입니다."[5]

테슬라는 2014년 말에 D 패키지(10장 참조)의 일부로 오토파일럿을 가능하게 해 주는 하드웨어를 도입했다. 그리고 2014년 10월에는 2,500달러짜리 테크 패키지[Tech Package] 옵션의 일부로 오토파일럿을 제공하기 시작했다. 이때 오토파일럿 기능에는 반[半] 자동주행 및 주차 기능이 포함되어 있었다.

이듬해에 테슬라는 무선 소프트웨어 업데이트를 통해 교통 인지 순항 제어[Traffic Aware Cruise Control], 고속 도로 오토스티어[Highway Autosteer], 수평 자동[Parallel Autopark] 같은 기능들을 하나하나 도입했다. 이 새로운 기능들은 대개 고속 도로에서만 통했고, 어느 정도 운전자의 개입이 필요했다. "기본적으로 자동차가 하고 있는 일에 전혀 관심을 갖지 않아도 된다고까지 말씀드리진 못하겠습니다."[6] 일론 머스크의 말이다.

과거는 물론 지금도 테슬라는 많은 베타 테스터[beta tester]*를 운용하고 있어, 다양한 오토파일럿 기능들이 어떻게 작동되는지 관련 데이터를 계속 축적하고 있으며, 그 데이터를 이용해 기존 기능들을 개선하고 새로운 기능들을 만들어 내고 있다. 그리고 베타 테스트 결과는 일급비밀이어서 자신의 경험을 언론에 흘리는 베타 테스터는 팀에서 제명된다.

인간의 본성상 늘 새로운 기술을 오용하거나 남용해 다른 사람들에게 해를 끼치는 개인들이 있게 마련이다. 오토파일럿 기능이 널리 쓰이게 되자 유튜브에 이른바 '엄마 봐. 나 손 놨어[look ma, no hands]' 비디오들이 속속 올라오기 시작했다. 눈가리개를 한 채 도로를 질주한다거나, 시속 100마일(약 160킬로미터)로 달리며 맥주를 들이켜고 대마초를 피운다거나, 그밖에 다른 여러 가지 무모한 행동을 하는 테슬라 운전자들의 모습이 담긴 비

• 자사 제품을 판매하기 전에 제품에 결함이 있는지의 여부를 테스트하는 사람

디오들 말이다. 테슬라는 그런 어리석은 행동을 공개적으로 비난했으며, 2015년 12월에는 고객들이 위험한 행동을 하지 못하게 일부 자동 운전 기능들을 제거한다는 발표를 했다.

## 비극적인 사건

2016년 5월, 비극적인 사건이 하나 발생했다. 오하이오주의 주민 조수아 브라운Joshua Brown이 모델 S를 오토파일럿 모드로 놓고 달리다 충돌 사고로 목숨을 잃은 것이다. 이는 테슬라 자동차들이 오토파일럿 모드로 달린 총 주행 거리 1억 3000만 마일(약 2억 킬로미터)만에 처음 발생한 사망 사고로, 자율 주행 자동차의 충돌 사고로 발생한 최초의 사망 사고이기도 했다.

테슬라는 한 블로그에 올린 포스트에서 이 사건을 보다 자세히 설명했다.

> 우리가 알기로 이 모델 S는 오토파일럿 모드로 고속 도로를 달리고 있었는데, 그때 사거리가 나타났고 맞은편에서 다가오던 견인 트레일러가 그 사거리를 돌면서 모델 S 앞을 가로막았습니다. 오토파일럿 장치도 운전자 자신도 눈부시게 밝은 하늘 때문에 그 견인 트레일러의 흰색 측면을 보지 못했고, 그래서 브레이크도 작동되지 않았습니다. 트레일러의 높은 지상고,* 사고 현장 도로에서의 트레일러 위치, 그밖에 극도로 드문 상황들 때문에 모델 S가 트레일러 측면 밑으로 들어가게 됐고, 그 바람에 모델 S의 앞유리 부분이 트레일러 하단부에 깔렸습니다. 고속 주행 중이었다 해도, 만일 모

• 지표면에서 프랭크 샤프트까지의 간격

414

델 S가 트레일러의 앞이나 뒤를 받았다면, 다른 많은 유사한 사고에서 보아 왔듯 최첨단 충돌 안전장치 덕에 큰 부상을 입진 않았을 텐데…….

이번 충돌 사고로 숨진 고객에겐 사랑하는 가족이 있을 텐데, 그분들의 상실감에 슬픔을 가눌 길 없습니다. 그는 테슬라와 보다 넓은 전기 자동차 공동체의 친구였으며, 평생 모든 걸 혁신과 기술 발전에 바쳐 왔으며, 테슬라의 임무에 굳건한 믿음을 보여 준 분이었습니다.[7]

이후에 일어난 일들은 어느 정도 예견됐던 일들이었다. 언론은 불안 심리를 부추기며 누군가 비난할 대상을 찾았고, 테슬라는 신경질적으로 모든 책임을 부인했으며, 전문적이거나 비전문적인 온갖 의견이 다 쏟아져 나왔다. 결국 최종 심판자인 월스트리트 증권가가 '별거 아닌 일'이라는 평결을 내렸고, 테슬라의 주가는 거의 꼼짝도 하지 않았다.

이 비극적인 사건에 대한 테슬라(그러니까 곧 일론 머스크)의 반응은 결코 모범적인 건 아니었다. 이 사건이 보도되자, 늘 그렇듯 일론 머스크는 바로 완전한 방어 모드로 들어갔다. 그는 애도의 뜻은 제대로 표했지만, 그런 뒤 각종 통계 수치를 인용해 가며 그 어떤 책임도 인정하지 않았다. 심지어 모든 진상이 밝혀지기도 전에 그는 마치 테슬라는 그 어떤 비난도 받아선 안 된다고 주장하는 듯했다. 그냥 테슬라는 진상 조사 결과에 따를 것이며, 오토파일럿 장치를 고치거나 개선하는 데 필요한 조치를 취해 운전자들의 안전을 도모하겠다고 하는 게 더 나았을 텐데 말이다.

2017년 1월, 미국 도로교통안전국은 고속 도로 자동차 사고 조사 결과를 발표했다. 오토파일럿 장치와 관련해 디자인이나 성능 면에서의 결함은 확인하지 못했으며, 각종 장치들이 의도된 대로 작동되지 못해 일어난 사고는 아니라는 게 그 요지였다. 또한 테슬라 측에서 오토파일럿 장치를 도입한 이후 테슬라 자동차들의 충돌 사고 발생 건수가 40퍼센트 정도 줄었다는 발표도 했다.

그러면서 미국 도로교통안전국은 이번 사고는 주로 운전자의 잘못으로 일어났다고 했다. 조사 보고서에 따르면, 운전자인 브라운이 브레이크를 밟지 않은 데다 충돌 사고가 일어나기 채 2분도 안 남았을 때 마지막으로 한 행동이 시속 74마일(약 119킬로미터)의 속도에서 순항 제어 모드에 맞춘 거라 한다. 그리고 브라운이 충돌한 견인 트레일러는 적어도 충돌 사고가 일어나기 7초 전에 이미 그의 눈에 띄었을 거라 했다. "그런데도 충돌을 피하기 위해 브레이크도 밟지 않고, 핸들 조작 등 어떤 조치도 취하지 않은 것이다."

또한 미국 도로교통안전국은 운전자들이 오토파일럿 장치나 운전자 자신이 특정 시간에 자동차를 제대로 제어하고 있는가 하는 의문 때문에 혼란을 느낄 수 있다고 했으며, 그들의 대변인 브라이언 토마스Bryan Thomas는 『뉴욕 타임스』와의 인터뷰에서 이렇게 말했다. "모든 시스템이 완벽한 건 아닙니다. 자동 비상 브레이크 장치가 제대로 반응하지 못하는 운전 여건이란 것도 있는 거니까요."[8]

이 비극적인 사고와 그 후유증으로 인해, 자동차 관련 매체들이 한동안 추상적인 차원에서 갑론을박해 온 다음과 같은 문제들이 다시 수면 위로 떠올랐다. 자동화 덕에 자동차는 더 안전해지고 있는가? 어느 정도의 자동화가 최선인가? 인간 운전자들은 어느 정도 자동화가 이루어진 자동차들과 어떤 식으로 도로를 공유할 수 있는가? 이번 사고(마지막 사고가 될 것도 같지 않은데) 같은 사고가 테슬라나 다른 자동화 선구업체에 뜻하는 바는 무엇인가? 기업은 어떤 종류의 책임을 져야 하는가?

더 안전하다는 것이 100퍼센트 안전하다는 의미는 아니다. 안전벨트를 매고 자동차에 에어백을 설치해도 사람들이 죽듯이(드문 경우긴 하지만, 사람들은 오히려 안전벨트와 에어백 때문에 죽기도 한다), 자동화 기능들을 이용하는 자동차 안에서도 사람들은 계속 죽을 것이다.

어떤 사람들은 테슬라가 '오토파일럿'이란 말을 사용하는 것 자체를 비난하기도 한다. 마치 자동차가 인간의 개입 없이 스스로 운전할 수 있다는 말로 받아들여질 수 있는데, 아직은 그렇지 못하기 때문이다. 물론 테슬라 측에서는 고객들을 향해 운전자는 늘 핸들에 손을 올려놓고 있어야 한다고 조언하고 있다. 그러나 문제는 사람들은 자신이 믿고 싶은 것만 믿는다는 것이다. 운전 중에 핸드폰을 만지작거려도 안전할 거라고 믿고 싶어 하는 사람이 수백만은 된다.

미국 교통부 장관 앤서니 폭스<sup>Anthony Foxx</sup>는 운전자들에게는 자동차를 제어해야 할 의무가 있으며, 자동차 제조업체들은 반<sup>半</sup>자동 장치의 한계를 설명해 줘야 한다며 기자들에게 이렇게 말했다. "자동차업계는 자동화 기술이 할 수 있는 일과 할 수 없는 일에 대해 분명히 설명해 줘야 합니다."

테슬라는 곧 오토파일럿 장치에 대한 여러 개선책을 발표했지만, 언론의 악평이나 소송 등이 두려워 생명을 구할 수 있는 잠재력을 가진 기술 사용을 미루는 건 '도덕적으로 부끄러운' 일이라면서 오토파일럿 기능을 무력화해야 한다는 제안은 받아들이지 않았다.

법률 전문가들은 미국 도로교통안전국이 테슬라의 잘못이 없다는 결정을 내렸다고 해서, 운전자 보조 장치들이 제 기능을 못해 충돌 사고가 일어날 경우 자동차 제조업체들이 그 책임에서 자유로울 수 있다는 뜻은 아니라고 했다. "만일 운전자들이 자율 주행 장치들 때문에 혼란을 겪고 또 그 장치들을 잘못 사용하게 된다면, 그 장치들 자체가 안전과 관련된 결함이 될 수 있는 겁니다." 제조물 책임 변호사 제이슨 스티븐스<sup>Jason Stephens</sup>가

로이터 통신과의 인터뷰에서 한 말이다.[9]

2017년 9월, 미국 연방교통안전위원회[NTSB]는 테슬라 자동차 충돌 사고에 대한 보고서를 냈다. 그 보고서에서 위원회는 "자동화 장치들에 대한 안전 조치가 부족했다."라며 테슬라에 일부 책임을 물었다. 그리고 당시 연방교통안전위원회 위원장 로버트 섬왈트[Robert Sumwalt]는 이런 말을 했다. "테슬라는 운전자들로 하여금 자동화 장치를 제작 의도와는 다른 상황에서도 사용할 수 있게 해 주었고, 또 자동화 장치를 통해 너무 많은 재량권을 주어 운전자들의 주의력을 흐트러뜨렸습니다."

미국 연방교통안전위원회는 규제 당국과 자동차 제조업체들에게 반자동화 장치들이 남용되는 일이 없게 필요한 조치를 취하라고 권고했다. 테슬라는 위원회의 권고를 심사숙고해 보겠다며 이렇게 말했다. "우리는 또 현재와 미래의 고객들에게 오토파일럿 기술은 아직 완전한 자율 주행 기술이 되지 못하며 따라서 늘 운전에 집중해야 한다는 걸 분명히 밝힐 생각입니다."[10]

2016년 9월, 또 다른 암울한 사건이 일어났다. 자동차 제조업체를 상대로 한 최초의 자동화 관련 소송이 벌어진 것. 그런데 아이러니하게도 그 소송이 벌어진 곳은 소송 천국인 미국이 아닌 중국이었다. 그해 1월 한 고속 도로에서 모델 S가 도로 청소차 뒤를 들이받는 충돌 사고로 운전 중이던 23살 난 가오 야닝이 사망한 것이다. 그의 가족은 오토파일럿 기능이 사고의 원인이라면서 테슬라와 사고 자동차를 판매한 베이징 자동차 대리점을 상대로 소송을 제기했다. 그러나 이 책을 쓰고 있는 현재까지도 아직 그 소송 결과는 나오지 않고 있다.[11]

그 뒤를 이어 다른 소송들이 줄을 이었다. 2017년 4월에는 캘리포니아 주에서 한 법률 회사가 일부 모델 S와 모델 X의 개선된 오토파일럿 장치에 '위험한 결함'이 있다며 집단 소송을 제기했다. 자동차 사고 후 그게 오토파일럿 기능 때문에 일어난 사고라며 소송을 제기하거나 제기할 거라고 위협하는 개인도 여럿 있었다. 그러나 그중 몇 사람은 오토파일럿 기능 탓이 아닌데 그렇다고 우겨 봐야 소용없다는 걸 알게 됐다. 테슬라 측에서 모든 테슬라 자동차의 매순간 움직임이 기록되는 전자식 운행 기록을 들여다보고 있었기 때문이었다. 펜실베이니아주에서 모델 X 전복 사고가 발생한 뒤, 운전자는 충돌 사고 당시 오토파일럿 장치가 작동 중이었다고 주장했다(그러나 경찰은 운전 부주의로 보았음). 처음에 테슬라는 운전자의 말이 사실인지 아닌지 원격으로 확인할 수 없었으나, 후에 사고 차량에서 바로 운행 기록을 다운로드받을 수 있었다. "차량 운행 기록을 보니 펜실베이니아 충돌 사고 당시 오토파일럿 기능은 꺼져 있었습니다. 오토파일럿 기능이 작동됐더라면 충돌 사고는 일어나지 않았을 것입니다." 당시 일론 머스크가 트위터에 올린 글이다.[12]

## 오토파일럿 2.0

지금까지 살펴봤듯, 테슬라는 2014년에 처음 오토파일럿 하드웨어를 도입했고, 이후 2년간 무선 업데이트를 통해 점차 여러 기능들을 추가했다. 그러나 2016년에 이르러 테슬라는 기존 하드웨어가 자신들이 생각하는 완전한 자율 주행에는 적절치 않다는 걸 깨달았다. 그래서 그들은 하드웨어 버전 2(HW2)라는 하드웨어로 업그레이드했는데, 그 하드웨어에 설치된 소프트웨어를 흔히 오토파일럿 2.0Autopilot 2.0이라 한다.

오토파일럿의 초기 버전들은 모빌아이Mobileye와 손잡고 개발된 것으로,

모빌아이는 현재 여러 주요 자동차 제조업체에 각종 카메라와 센서, 그리고 EyeQ3 등을 팔고 있는 이스라엘 기업이다. 그러나 2016년 8월, 두회사는 계약 기간이 만료되는 대로 각자 자신의 길로 갈 거라는 발표를 했다.

그런데 당시 두 회사가 주장하는 결별 이유가 상반돼 묘한 여운을 남겼다. 모빌아이의 최고기술경영자 암논 샤슈아Amnon Shashua는 자신들은 조슈아 브라운의 충돌 사망 사고 후 결별을 결정했다고 했다. 그는 모빌아이는 자사 기술의 사용 방식과 관련해 좀 더 많은 통제력을 갖고 싶다면서, 자동차 제조업체들이 자동화 기능의 한계에 대해 좀 더 명확한 설명을 해 줘야 한다고 했다. "운전자들에게 단순히 조심하라고 하는 걸로는 충분치 않습니다. 왜 조심해야 하는지를 설명해 줘야 합니다."

그러나 일론 머스크는 결별은 '불가피했다'면서 모빌아이가 필요 이상의 간섭을 하고 있다는 뉘앙스의 말을 했다. 테슬라의 오토파일럿 프로그램 책임자인 스털링 앤더슨Sterling Anderson은 이런 말을 했다. "효율적이고 빠른 발전을 위해선 하드웨어와 소프트웨어의 긴밀한 통합이 필수적입니다. 그를 위해선 자체적으로 직접 해결책을 찾아야 하는 경우가 많습니다."[13]

테슬라가 모빌아이 오토파일럿 장치 사용을 중단할 것이라는 징후들은 이미 여러 차례 나타났다. 『그린 카 리포츠』에 따르면, '자동차업계의 이단아' 테슬라는 반도체 칩 및 관련 기술 전문가들을 끌어모으고 있었는데, 전직 AMD의 임원으로 새로 테슬라 오토파일럿 하드웨어 엔지니어링 부사장이 된 짐 켈러Jim Keller 등이 그 좋은 예였다.

그로부터 몇 달 후인 2017년 초에 인텔Intel은 모빌아이를 150억 달러에 인수했는데, 이는 여러 가지 흥미로운 사실을 보여 주는 사건이었다. 업계가 그만큼 자율 주행 기술에 거는 기대가 크며, 그만큼 기업들이 그 분야에서 입지를 다지기 위해 앞다퉈 많은 돈을 투자하고 연구 개발에 열을 올리고 있다는 뜻이었다. 인텔은 모빌아이를 인수함으로써, 자동차 제조업체들이 자동화 분야의 유일한 참여자들도 주요 세력도 아니라는 사실을 일깨워 줬다. 자동화 장치들의 핵심은 소프트웨어와 전문화된 하드웨어로, 이는 사실 자동차 제조업체들보다는 오히려 인텔 같은 기업이 더 강한 분야이다. 그래서 지금 인텔 외에 애플, 구글, 우버 같은 기술 거인들 역시 이 분야에 뛰어들 준비를 하고 있다. 일부 분석가들은 인텔의 모빌아이 인수를 가뜩이나 높았던 테슬라의 주가를 더 끌어올려 준 사건으로 봤다. 테슬라가 더 이상 쓰지 않기로 한 모빌아이의 오토파일럿 기술이 150억 달러나 된다면, 테슬라가 그 대신 쓰기로 한 기술은 그 가치가 얼마나 크겠는가?

오토파일럿 2.0을 도입하면서 테슬라는 모빌아이의 하드웨어 사용을 중단한 대신 엔비디아Nvidia의 드라이브 PX 컴퓨터로 움직이는 '테슬라 비전Tesla Vision'이란 이름의 자체 센서 장치를 이용했다. 당시 비주얼 컴퓨팅 기업인 엔비디아는 이런 말을 했다. "드라이브 PX는 오픈된 인공 지능 자동차 컴퓨팅 플랫폼으로, 주행 제어 능력이 있고 에너지 효율성이 높은 손바닥만 한 모듈에서 자율 주행 능력을 갖춘 강력한 인공 지능 슈퍼컴퓨터로 진화된 것입니다." 일론 머스크에 따르면, 테슬라 비전은 하드웨어에 구속받지 않으며, 보다 강력한 컴퓨터로 업그레이드하는 게 가능하다고 한다.

그래서 이 하드웨어는 계속 업그레이드되면서 보다 복잡한 자동화 기능들을 수행할 수 있게 된다. 오토파일럿 2.0을 도입할 때 테슬라 측에서 한 말에 따르면, 이 소프트웨어는 맥북 프로MacBook Pro 150대와 맞먹는 컴퓨팅 능력을 가진 컴퓨터에 의해 움직이고 레벨 4 수준의 자동화를 지원할 수 있지만, 레벨 5 수준의 완전한 자율 주행을 지원하려면 이 소프트웨어 두 개가 필요할 거라고 한다. 그 이후 첨단 기술에 관심이 많은 테슬라 팬들은 현재의 하드웨어로 완전한 자율 주행이 가능한지, 결국 또다시 업그레이드가 필요할 건지를 놓고 갑론을박을 벌였다(테슬라 측에서는 동일한 하드웨어라 해도 소프트웨어 개선을 통해 얼마든지 성능 향상이 가능하다고 말하고 있다). 한 대담한 모델 S 소유주는 자신의 드라이브 PX를 뜯어내 인터넷에 그 사진들을 올리기도 했다.[14] 일개 자동차 소유주가 아무 손상 없이 그 보드를 빼낼 수(그러니까 어쩌면 교체할 수도) 있을 정도라면, 앞으로 테슬라가 하드웨어를 업그레이드하는 건 문제도 아니지 않겠는가.

2세대 하드웨어는 여덟 대의 카메라와 레이더 그리고 360도 회전되는 초음파 발생기 등으로 이루어져 있다. 다른 자동차 제조업체들의 자동화 하드웨어는 주로 라이더[lidar](레이더 즉 radar와 비슷하지만 전파 대신 빛을 사용함)라 불리는 기술에 의존하고 있지만, 테슬라의 시스템에서는 라이더를 사용하지 않는다. 일론 머스크는 이렇게 말한다. "레이더는 비와 눈, 안개, 먼지 등을 뚫고 투시할 수 있기 때문에, 저는 레이더가 더 좋습니다."

자동화 장치들은 카메라나 센서뿐 아니라 맵핑 데이터에도 의존해 움직이는데, 맵핑 데이터는 차량이 자동화 장치들을 사용하며 돌아다니는 상황에서 계속 업데이트된다. 현재 오토파일럿 장치를 장착한 채 돌아다니는 테슬라의 자동차들은 심지어 오토파일럿 장치가 작동되지 않는 이른바 섀도[shadow] 모드에서도 계속 테슬라 측에 각종 정보를 보내 오고 있다. 2016년 11월 현재 테슬라 측에는 무려 3억 마일(약 4억 8280만 킬로미터)에 달하는 오토파일럿 주행 데이터와 13억 마일(약 20억 9210만 킬로미터)의 섀도 모드 데이터가 축적되어 있다. 이 방대한 데이터는 테슬라가 오토파일럿 장치를 꾸준히 개선하는 데 소중한 자료로 쓰이게 된다. 또한 이 정보는 자동화 분야의 잠재적 경쟁자들이 갖고 있지 못한 테슬라만의 장점으로 꼽힌다.

2016년 10월 이후 생산된 모든 테슬라 자동차들에는 하드웨어 버전 2(HW2)가 장착되고 있는데, 이 하드웨어 버전 2에는 미래의 완전한 자동화 기능(레벨 5 수준)에 필요한 모든 센서 및 컴퓨팅 하드웨어가 포함돼 있다. 그러나 처음에는 이 버전의 성능이 이전 버전의 성능에 미치지 못했다. 이후 테슬라가 새로운 버전을 지원하는 소프트웨어들을 개발하면서 새로운 기능들이 단계적으로 도입되고 있으며, 그건 지금까지도 마찬가지다.

이 과정에서 묘한 상황이 벌어졌다. 테슬라 자동차들의 오토파일럿 기능이 일시적으로 퇴보하는 현상이 나타난 것. 그래서 일부 운전자들은 예전에는 쓸 수 있었던 기능을 못 쓰게 됐고, 또 어떤 경우에는 이전 모델이 최신 모델보다 더 오토파일럿 기능이 뛰어나기도 했다. 하드웨어 버전 2를 위한 오토파일럿 소프트웨어는 2017년 2월에 처음 출시됐는데, 거기에는 적응식 순항 제어 기능과 제한된 오토스티어 기능(중앙 분리대가 있는 고속도로나 지방 도로에서 특정 속도에서 작동) 등이 포함됐다. 2017년 6월에 출시된 펌웨어 버전 8.1에는 새로운 오토파일럿 운전 보조 알고리즘, 자동적인 비상 브레이크(충돌 방지용), 평행 및 수직 주차 기능 등이 추가됐다.

『컨슈머 리포츠』는 자동긴급제동(AEB) 장치는 꼭 필요한 안전 기능이라고 보고 있다. 그래서 하드웨어 버전 2로 교체된 뒤 그 장치를 쓸 수 없게 되자, 그들은 새로 나온 모델 S 및 모델 X 버전들의 안전도를 하향 조정했다. 2017년 8월, 테슬라는 시속 90마일(약 145킬로미터)의 속도에서 다시 자동긴급제동 장치를 쓸 수 있게 됐다. 『컨슈머 리포츠』새로운 자동긴급제동 장치가 광고 내용대로 작동되는 걸 테스트 트랙에서 확인한 뒤에야 모델 S의 안전 등급을 다시 최고 등급으로 상향 조정했다.[15]

기본적인 안전 기능을 비롯해 테슬라의 오토파일럿 기능 중 일부는 모든 모델에 기본으로 제공되지만, 어떤 기능은 옵션으로 제공된다. 다양한 옵션 패키지 간의 관계는 다소 복잡하며, 최종적으로 완전한 자율 주행에 도달할 때까지의 시간표 또한 다소 복잡하다. 개선된 오토파일럿Enhanced Autopilot(현재 5,000달러에 제공) 옵션도 있고, 완전 자율 주행 기능Full Self-Driving Capability(추가 3,000달러) 옵션도 있는데, 후자의 경우 이름만 완전 자율 주행 기능이지 실제로는 아직 레벨 5 수준의 자율 주행 기능은 갖고 있지 못하다. 이런 기능들이 언제 작동되느냐 하는 건 운전자의 위치에 따라 달라질 수 있다. "앞서 얘기한 이런 기능이 각기 정확히 언제 쓰이게 될지는 알 수가 없는데, 그것이 지역별 규제 승인에 따라 크게 달라지기 때문입니다." 테슬라 측에서 하는 말이다.

2017년 4월, 일론 머스크는 미국 한쪽 해안에서 다른 해안까지 시범 운전을 해 보이겠다는 약속을 되풀이했다. "올해 11월이나 12월에 우리는 내내 그 어떤 제어 장치에도 손대지 않고 캘리포니아의 한 주차장에서 뉴욕의 한 주차장까지 갈 수 있게 될 겁니다." 그러면서 그는 진정한 레벨 5 수준의 자동화가 실현되어 운전자들이 테슬라 자동차에 운전을 맡기고 낮잠을 잘 수 있게 되려면 2년 정도 더 있어야 할 거라고 예견했다.[16] 이는 다른 자동차 제조업체들이 제시하는 일정보다 여러 해를 더 앞당긴 일정이다.

## 테슬라 네트워크

앞으로 자동차 혁명은 상호 보완적이고 병행해서 진행되는 네 가지 트렌드, 즉 전기화와 자율성, 연결성, 새로운 자동차 소유 모델을 중심으로 일어나게 될 것이다. 그 가운데 특히 앞의 세 가지 트렌드의 경우, 테슬라가 거의 단독 선두를 달리며 그 분야를 지배하고 있다.

네 번째 트렌드인 새로운 자동차 소유 모델의 경우, 우버와 그 경쟁자들(리프트 등)이 단연 두각을 드러내고 있으며, 자동차 함께 타기 서비스(블루 솔루션즈Blue Solutions 등)와 P2P 렌탈 네트워크(투로 등)처럼 새로운 형태의 자동차 소유 모델들도 등장 중이다. 그러나 새로운 기회가 있을 때 누구보다 먼저 그것을 활용해 온 테슬라는 지금 이 새로운 유형의 자동차 생태계마저 지배할 계획을 갖고 있다.

테슬라 네트워크Tesla Network는 2016년 7월 테슬라의 '마스터플랜 파트 2'의 일환으로 처음 언급됐다.

테슬라 자동차가 규제 당국에 의해 진정한 자율 주행 자동차로 승인된다면, 여러분은 그야말로 어디서고 테슬라 자동차를 부를 수 있게 될 겁니다. 그리고 일단 그 차에 타고 나면 목적지까지 가는 동안 잠을 자든 책을 읽든 다른 뭔가를 할 수도 있습니다.

또한 테슬라 전화 앱의 버튼만 누르면 여러분의 자동차를 테슬라 공유 자동차 명단에 올릴 수 있어, 직장에 가 있거나 휴가 중일 때 여러분의 자동차로 수입을 올릴 수도 있습니다. 그러면 매월 나가는 자동차 할부금이나 임대비를 상당 부분 상쇄할 수 있을 것이며 때론 그런 비용을 상쇄하고도 남을 겁니다. 그러니까 거의 누구든 테슬라 자동차를 소유할 수 있을 정도로 소유 비용을 확 줄일 수 있게 되는 겁니다. 자동차 대부분이 하루의 5퍼센트에서 10퍼센트만 소유주에 의해 사용되므로, 진정한 자율 주행 자동차의 기본적인 경제적 효용성은 아마 그렇지 않은 일반 자동차의 몇 배는 될 겁니다.

테슬라는 고객 소유의 자동차에 대한 수요가 공급을 초과하는 도시에서 자체 자동차 네트워크를 운용, 여러분이 그야말로 언제 어디서건 저희 자동차를 부를 수 있게 할 겁니다.

그때 이후 테슬라 네트워크 얘기는 더 들을 기회가 거의 없었다. 일론 머스크와 테슬라가 테슬라 네트워크를 잊어서가 아니고, 그게 실현되려면 그에 앞서 해야 할 일이 두 가지가 있기 때문이다. 첫째 테슬라 자동차들이 완전한 레벨 5 자동화가 가능한 수준까지 업그레이드되어야 한다. 둘째 연방 정부, 주 정부, 현지 규제 당국들로부터 허가를 받아야 하는데, 그게 얼마나 걸릴지는 그 누구도 알 수 없다. 분명한 건 그 과정은 테슬라가 레벨 5 수준의 자동화 장치를 테스트하고 시범 운용을 할 준비가 되기 전까지는 시작조차 되지 않으리라는 것이다.

테슬라 네트워크가 실제 시행될 준비가 끝난다면, 아마 사람들의 교통편 이용 방법에 급격한 변화가 일어날 것이다. 일론 머스크는 교통비도 대중교통을 이용하는 것보다 더 싸질 거라고 말한다. 아주 대담무쌍한 주장인데, 물론 많은 사람들이 테슬라 네트워크를 사용함으로써 규모의 경제가 구현될 때에나 실현 가능한 얘기이다.

테슬라 네트워크에 참여하는 테슬라 자동차 소유주들 입장에서는 큰 기회를 갖게 될 수도 있다. 대부분의 자동차는 무려 95퍼센트의 시간 동안 차고나 주차장에 세워져 있다. 따라서 그 죽은 시간을 활용해 돈을 번다면 상당한 추가 수입이 발생할 수 있을 것이다. 그러나 자동차 소유주들이 과연 반짝반짝 빛나는 자신의 새 테슬라 자동차를 낯선 사람이 타고 돌아다니는 걸 받아들이겠냐며 회의적으로 보는 사람들도 있다.

테슬라 네트워크를 발표하면서, 잠재적 파트너가 될 수 있었던 우버와 리프트 같은 대중교통 제공업체들은 순식간에 경쟁자로 바뀌었다. 2015년 당시 우버의 CEO였던 트래비스 컬러닉Travis Kalanick은 테슬라가 완전히 자동화된 자동차들을 제공한다면 자신이 그걸 다 구입하겠다고 말했다 한다. 그러나 이제 그런 일은 일어날 것 같지 않다. 테슬라의 웹사이트에 이런 글이 고지돼 있기 때문이다. "주의해 주십시오. 테슬라 자율 주행차를 친구나 가족들과 공유하거나 앱 등을 통해 직접 불러 이용하는 건 좋으나, 영리를 목적으로 그렇게 하려면 반드시 테슬라 네트워크의 허락을 받아야 합니다."

이 책을 쓰고 있는 지금까지, 테슬라는 테슬라 네트워크가 어떤 식으로 운용될 것인지에 대해 구체적으로 밝힌 적이 없다. 그러나 관심 있게 모델 3를 들여다본 사람이라면, 그 모델의 경우 인테리어가 최소화되어 있고, 자동차의 거의 모든 걸 원격 조정할 수 있게 되어 있으며, 내부 카메라도 (자동차 나눠 타기 고객들 중 음식을 토할 만한 가능성이 있는 고객을 모니터링하기 위해) 설치되는 등, 자동차 나눠 타기 용도에 맞는 기능들이 여럿 있다는 걸 금방 알 수 있다.

로보택시가 현실화되려면 한 가지 기능이 더 있어야 한다. 물리적인 키 없이도 안전하게 자동차 안에 들어가고 시동을 걸 수 있어야 하는 것이다. 짐작 가겠지만, 테슬라 앱을 사용할 경우 세계 어디서건 모델 3의 도어를 열거나 잠글 수 있다(모델 S와 모델 X에도 이 기능은 있음). 지금 테슬라의 핸드폰 앱을 쓰면, 블루투스 LE를 통해 자동차와 직접 연결되는 백그라운드 서비스가 작동된다. 그래서 핸드폰을 주머니에 넣고 있으면 당신이 다가갈 때 자동차 도어가 절로 열리며, 또한 자동차가 당신을 알아봐 당신이 선호하는 기능이나 특별한 기능이 작동되거나 특정 기능이 제한되게 환경 설정을 하기도 한다.

# 15 흩어진 것들을 한데 모으다

테슬라는 전기 자동차를 제작하기 위해 설립된 회사지만, 근본 목표는 늘 세계의 교통 시스템을 지속 가능하며 환경 친화적인 시스템으로 만들고 환경 재난을 막자는 데 있다. 그러나 전기 자동차로는 그런 목표를 달성할 수가 없다. 전기 자동차는 에너지를 극대화하기 위해 재생 에너지를 에너지원으로 공급받아야 하는데, 재생 에너지가 믿을 만한 에너지원이 되려면 고정식 저장 장치가 필요하기 때문이다. 결국 전기 자동차와 재생 에너지 그리고 저장 장치가 스마트 그리드smart grid* 기술로 하나로 통합되면서 완전한 청정에너지 생태계(이 논리는 기존의 자동차에도 그대로 적용된다. 석유 연료를 공급하는 전 세계적인 인프라가 없을 경우 기존의 자동차들은 무용지물이 되기 때문이다)가 구축되는 것이다.

• 기존의 전력망에 정보 기술을 접목해 전력 공급자와 소비자가 양방향으로 실시간 정보를 교환함으로써 에너지 효율을 최적화하는 차세대 지능형 전력망

회사 규모가 점점 커지면서 테슬라는 수직적 통합을 강화하고 보다 많은 필요한 기능들을 한 지붕 아래 끌어 모을 필요가 있다는 걸 깨달았다. 이 회사는 결국 단순히 자동차 관련 부품들을 통합해야 할 뿐 아니라, 태양 에너지와 저장 장치는 물론 조만간 테슬라 네트워크를 통한 교통 서비스 시스템까지 통합해야 할지도 모른다.

2016년, 테슬라는 파워월<sup>Powerwall</sup> 및 파워팩<sup>Powerpack</sup> 제품 라인을 도입함으로써 저장 장치 분야를 강화했고, 동행자나 다름없던 솔라시티를 인수함으로써 태양 에너지 분야도 강화했다. 그리고 새로우면서도 보다 큰 목표를 반영해, 회사 이름 또한 Tesla Motors에서 Motors를 빼고 Tesla로 바꾸었다.

## 솔라시티를 인수하다

전기 자동차와 지붕 위 태양 전지판의 관계는 맥주와 땅콩의 관계와 같다. 어느 한쪽에 대한 욕구가 커지면 다른 한쪽에 대한 욕구 또한 커진다. 설문 조사들에 따르면, 전기 자동차 소유주들의 무려 3분의 1이 자신의 집에 태양 전지판을 설치했다고 한다. 그리고 아마 전기 자동차 소유주들의 거의 100퍼센트가 태양 전지판 설치를 고려 중이라고 봐도 무방할 것이다.[1] 태양열 발전은 처음부터 일론 머스크의 마스터플랜에 들어 있었다. 그는 2006년에 자신의 사촌들인 피터 라이브<sup>Peter Rive</sup>와 린든 라이브<sup>Lyndon Rive</sup>를 도와 솔라시티를 설립했으며, 그 회사는 늘 테슬라의 자매 회사나 다름없었다. 그 이후 10여 년간 부침을 겪은 뒤, 솔라시티는 공식적으로 테슬라 제국의 일부가 되었다.

그러나 테슬라가 2016년에 인수한 솔라시티는 2006년에 라이브 형제가 설립한 그 솔라시티와는 아주 다른 회사였다. 원래의 개념은 테슬라나 스페이스X의 개념과 유사했다. 그러니까 제품의 비용 방정식을 바꿔 업계에 일대 혁명을 일으킨다는 생각을 갖고 있었던 것이다.

태양 전지판 도입을 가로막는 가장 큰 장애물은 과거에도 그랬고 지금도 그렇고 초기 투자 비용이다. 고객들의 경우 태양 전지판을 설치하면 장기간에 걸쳐 돈이 절약되지만, 대개 그걸 구입할 만한 자금이 없다. 솔라시티는 이 문제를 임대 방식을 통해 피해갔다. 그러니까 주택 소유주들은 당장 돈 한 푼 들이지 않고 태양 전지판을 설치한 뒤, 매월 현재 내고 있는 전기 · 가스 · 수도 요금과 비슷하거나 더 적은 임대비를 내면 됐던 것이다. 솔라시티는 또 태양 전지판 설치 과정에서의 비용 절감을 위해 여러 가지 조치들도 취했다. 태양 전지판 설치 시간을 줄여 줄 획기적인 설치 시스템을 개발한 신생 기업 젭 솔라<sup>Zep Solar</sup>를 인수한 것이 그 대표적인 예다.

2012년에 주식 상장을 할 무렵, 솔라시티는 매년 매출이 두 배씩 뛰는 등 아주 잘나가고 있었다. 2014년 초에는 고객 수가 7만에 이르고 주가는 정점을 찍었으며, 린든 라이브는 2018년까지 태양 전지판 100만 개를 설치하겠다는 일론 머스크 스타일의 원대한 목표를 세웠다.

그러나 곧 먹구름이 밀려왔다. 공격적인 매출 목표를 달성하겠다는 욕심이 앞선 나머지 방문 판매 직원들이 고객들을 상대로 질보다는 양 위주의 계약을 하기 시작한 것이다. 고객들은 위약금 없이 마음대로 임대 계약을 취소할 수 있었는데, 실제 많은 고객들이 그렇게 했고 그 결과 취소하는 비율이 무려 45퍼센트를 넘어섰다(최근에 솔라시티 대변인은 그간 취소 비율이 많이 줄었다고 했다. 그리고 현재 솔라시티는 단순히 계약을 한 고객 수가 아니라 '설치된 자산'을 위주로 매출을 집계한다).

그리고 다른 회사들과의 경쟁이 점점 더 치열해지면서 태양 전지판 가격 또한 점점 내려갔다. 태양 전지판이 마진율 적은 일상 용품처럼 되어버리자, 처음에 솔라시티는 태양 전지판 생산 사업에는 손을 대지 않았다. 그러나 후에 실레보라는 태양 전지판 신생 기업을 2억 달러에 인수했고, 그로 인해 현금 유동성이 뚝 떨어졌다.

가장 큰 문제는 역시 자금 조달이었다. 지금도 그렇지만, 은행과 다른 일반 대출 기관들은 아직 수익성이 입증되지 않은 새로운 태양열 분야에 대출하는 걸 꺼린다. 그래서 솔라시티와 관련 공급업체들은 '택스 에쿼티 파이낸싱tax equity financing'(과중한 납세 의무를 가진 기관들이 재생 에너지 프로젝트들에 적용되는 세금 감면 혜택 같은 인센티브들을 공유하는 대가로 대출을 해 주는 것) 같이 흔히 이용하지 않는 부담스러운 대출을 이용할 수밖에 없다. 2015년에 이르자 주식 분석가들은 솔라시티의 사업 모델이 연방 정부의 세금 감면 제도에 의존하고 있다면서 이는 몇 년 전 큰 문제를 야기했던 서브프라임 모기지 대출*을 연상케 하는 위험한 자금 조달 방식이라 했다.

한편 지붕 태양 전지판이 점점 더 큰 인기를 끌자, 전기 공급 회사들이 반격에 나섰다. 그리고 자신들의 정치적 영향력을 이용해 태양 전지판에 주어지는 주 정부 차원에서의 각종 인센티브를 줄이고 새로운 요금들을 만들어 냈다. 햇빛이 많은 플로리다주를 포함한 여러 주에서 현재 솔라시티의 임대 모델은 불법이며, 전기 공급 회사들이 주 정부 규제 당국과 워낙 사이가 좋아 당분간은 계속 그런 상태가 지속될 전망이다. 네바다주의 경우, 전기 공급 회사들은 태양 에너지를 만들어 내는 주택 소유주들에

• 신용 등급이 낮은 저소득층을 대상으로 주택 자금을 빌려주는 미국의 주택 담보 대출

게 해 주던 전력 요금 인하 혜택을 줄이고 새로운 연회비를 만들어 내 솔라시티를 비롯한 태양 전지판 업체들은 전부 네바다주에서 철수해야 했다. (2016년 말에 전기 공급 회사들은 기존 태양 전지판 고객들에 대해서는 기존 혜택을 그대로 주는 걸로 방침을 바꿨고, 결국 솔라시티는 다시 네바다주로 돌아왔다.) 2015년 말에 연방 의회 의원들은 뜻밖에도 30퍼센트의 태양열 세금 감면 제도를 연장했다. 이는 장기적으로는 희소식이었지만, 솔라시티 고객들의 입장에서는 연말 전에 태양 전지판을 설치해야 한다는 다급함이 사라져 단기적으로는 나쁜 소식이었다.

성장률이 정체 상태에 빠지고 주가도 떨어지자, 솔라시티는 전략을 바꾼다는 성명을 발표했다. 성장률을 극대화하기 위해 애쓰기보다는 수익성을 높이는 데 집중하기로 한 것이다. 사업 방식 또한 태양 전지판 임대 방식에서 매력적인 대출 조건으로 구매 가능한 직접 판매 방식으로 바꿨다.

2016년 2월, 일론 머스크는 자매 회사 솔라시티를 정식으로 입양할 때가 됐다는 결론을 내렸다. 그보다 몇 개월 앞서 테슬라는 파워월 제품 라인을 도입했으나, 머지않아 판매 및 설치 과정이 믿기 어려울 만큼 엉성하다는 걸 깨닫게 됐다. 테슬라 측에는 설치 팀이 없었고, 파워월 고객들은 현지의 다른 설치업자들의 손을 빌려야 했다. 완전한 에너지 생태계를 구축하기 위해서 솔라시티나 다른 경쟁업체들 중 한 곳의 도움을 빌릴 수밖에 없게 된 것이다. "마치 노트북을 구입하면서 노트북 하드 드라이브는 별도 구입해야 하는 것과 같았습니다." 일론 머스크의 말이다. 테슬라가 시작부터 끝까지 모든 과정을 통제하는 쪽이 이치에 더 맞았던 것이다.

게다가 일론 머스크는 자신이 판매하는 제품에 대해 상세히 아는 것에 관심이 많으며, 또 제품의 미학적인 면들을 중시하는 걸로 알려져 있다(테슬라의 초기 모델 로드스터가 성공을 거둔 가장 큰 이유 중 하나가 단순히 기름이나 절약해 주는 박스처럼 투박한 자동차가 아니라 세련된 스포츠카처럼 생겼기 때문이라는 사실을 상기해 보라). 솔라시티를 인수한 이후 테슬라의 디자이너들과 솔라시티 엔지니어들은 서로 긴밀히 협조해 세련된 스타일의 태양 전지판을 개발했다. 이는 두 회사가 서로 대등한 별개의 회사일 때는 기대할 수 없었던 일이다. "뭔가 하고 싶은 일이 있을 때마다 양 회사의 내부 의견을 거쳐야 해서 정말 느렸습니다." 일론 머스크의 말이다. "하지만 이제 우리는 한 달씩 걸리던 결정들도 즉시 내릴 수 있습니다."

또한 테슬라는 수직적 통합에 큰 이점이 있을 거라고 기대하고 있다. 말하자면, 다른 회사들은 태양열 타일을 개발하려 애써 왔지만 그 제품들은 아래 말라비틀어지곤 했다. "지붕용 태양 전지판만 만든다면 그럴 수 있죠. 하지만 솔라시티와 테슬라가 힘을 합칠 경우 그런 문제에서 벗어날 수 있습니다." 피터 라이브의 말이다.

테슬라와 솔라시티 주주들도 피터 라이브의 말을 믿는 듯했고, 그래서 그들은 28억 달러짜리 인수 합병 건을 85퍼센트라는 압도적인 지지로 승인했다.

물론 모든 사람이 이 인수 합병을 지지했던 건 아니다. 일부 금융 관련 미디어들은 이 인수 합병 뒤에 숨겨진 진짜 이유는 더 늦기 전에 솔라시티를 긴급 구제하려는 거였다고 주장했다. 그 전해에 테슬라의 경우 1달러를 벌기 위해 50센트를 썼는데, 솔라시티의 경우 무려 6달러를 썼음을 생각해 보라. 당시 『월스트리트 저널』의 칼럼니스트 스펜서 자캅Spencer Jakab은 이렇게 썼다. "테슬라가 솔라시티에 매달리는 건 마치 난파를 당해 떠다니는 나뭇조각에 매달려 있는 사람이 그런 나뭇조각도 없는 다른 사람을 붙잡는 거나 마찬가지다."

그러나 린든 리브는 그런 주장에 동의하지 않았다. "우리가 긴급 구제를 필요로 했다는 건 말도 안 되는 얘기입니다. 우리는 이 업계에서 가장 활발한 주식 거래를 해 오면서 늘 막대한 수익을 올렸고 유동성도 풍부했습니다. 자금 조달 필요성이 있었다면 당연히 그렇게 했겠죠."2

테슬라가 태양 전지판과 새로운 태양열 지붕 타일을 생산하기 위해 기가팩토리 2라는 새 공장을 건설 중인 버펄로 지역에는 이 사업을 회의적으로 보는 사람들이 더 많았다. 솔라시티는 2014년에 실레보를 인수하면서 공장까지 그대로 넘겨받았었다. 당시 현지 및 주 정부 관계자들은 88에이커(약 35만 6,000제곱미터) 면적의 러스트 벨트Rust Belt• 땅에 첨단 제조 시설이 들어오는 걸 쌍수를 들어 환영했으며, 7억 5000만 달러의 자금 지원까지 했다. (그에 화답해 솔라시티는 그 공장에서 최소 500개의 일자리를, 그리고 최종적으로는 주 전체에서 총 5,000개의 일자리를 만들어 내겠다는 약속을 했다.) 후에 솔라시티는 태양 전지판 생산 경험이 많은 파나소닉을 끌어들였고, 파나소닉은 2억 5600만 달러를 투자하기도 했다.

2017년 6월, 『버펄로 뉴스Buffalo News』는 공장 건설 일정이 지연되고 있다면서, 그래도 다음과 같은 낙관론을 폈다. "소유권의 변화, 악화 중인 솔라시티의 재무 상태, 공장에서 사용될 기술과 생산 예정인 제품들의 변화 등이 주된 지연 이유다. 이제 이런 문제들은 테슬라로 소유권이 넘어가면서 대부분 해결돼, 버펄로 공장은 어쨌든 올해 안에는 문을 열게 될 것 같다."3

일론 머스크는 2017년도 테슬라 2분기 수익 보고서를 발표하면서 그해 말까지는 버펄로 공장에서 태양 전지판을 생산하기 시작할 거라며 잠시 버펄로 공장에 대해 언급했다(태양열 지붕 타일은 9월부터 생산되기 시작). "저는 우리가 버펄로 기가팩토리가 태양 전지판 및 태양열 타일 생산 기지가 되길 원한다는 걸 강조하고 싶습니다. 그 공장은 아주 활발하

• 미국 북동부 5대호 주변의 쇠락한 공장 지대

게 돌아가는 공장이 될 것입니다."⁴

한편 테슬라 인사부 쪽에서는 상황이 급하게 돌아갔다. 합병 이래 테슬라 솔라Tesla Solar는 상당수가 판매와 마케팅 분야 쪽 일을 하는 전체 직원의 약 20퍼센트인 3,000명의 직원을 정리 해고했다. 과거에 인수했던 두 회사인 실레보와 젭 솔라의 책임자들을 포함해 중요한 직책을 맡고 있던 여러 중역들도 떠났다. 그리고 놀랍게도 합병 작업이 마무리되고 6개월 뒤에는 린든 리브 자신까지 떠났다. 당시 그는 이런 말을 했다. "이제 누군가 강력한 운영자가 별 충격 없이 접수할 수 있는 회사가 되었습니다."

모든 게 늘 격변하는 테슬라 스토리의 전형적인 한 장을 보는 듯하다. 극도로 야심만만한 목표들, 불가피한 지연들, 아주 큰 위험들과 그만큼 큰 보상. 모든 게 기적적으로 잘 돌아간다면, 테슬라뿐이 아니라 버펄로 공장 직원들과 전 세계의 에너지 소비자들에게도 해당될 얘기이다.

이 책을 쓰고 있는 지금, 지붕 태양 전지판 사업은 중대한 갈림길에 와 있다. 가격은 계속 떨어지고 있지만, 대부분의 주택 소유주들 입장에서는 정부 보조금이 없을 경우 여전히 감당하기 어려운 수준이다. 이 장애물을 넘기 위해 꼭 필요한 것은 역시 보다 효율성 높은 태양 전지판이다. 그런 태양 전지판이 나와야 완전한 시스템, 그러니까 현재 테슬라 솔라가 버펄로에서 생산 중인 바로 그 태양 전지판 시스템을 설치하는 데 필요한 인건비를 줄일 수 있을 것이다.


## 테슬라 에너지

그야말로 근본적인 혁명들은 종종 대부분의 사람들이 눈치 못 채는 혁명이다. 밀레니얼 세대*와 그 자식들의 경우, 스위치를 올려 불을 켜는 것까지는 우리 할아버지 세대와 아주 비슷할 것이다. 그러나 스위치 뒤에 숨겨진 인프라는 세 가지 면에서 완전히 다를 것이다.

오늘날의 전력망은 고도로 중앙 집중화되어 있다. 거대한 발전소들이 전기를 생산하면, 이전과 비교할 수 없을 만큼 소형화된 송전선망을 타고 전기가 소비되는 각 가정과 기업으로 흘러들어가는 것이다. 오늘날의 전력망은 주로 동기 전송 방식이다. 일반적으로 말해, 언제든 생산되는 전기의 양이 소비되는 전기의 양과 정확히 일치되어야 하는 것이다.

곰곰이 생각해 보면 아주 이상한 시스템 작동법이 아닐 수 없다. 말하자면 연료 탱크 없는 자동차, 위가 없는 몸, 비상 시 완충 자금이 없는 은행 계좌나 비슷한 것이다. 그리고 사실 그런 의미에서 전력망은 아주 비효율적이다. 전력망이 전력을 가장 많이 필요로 하는 때의 수요에 대처할 수 있게 구축되어야 하기 때문이다. 전력 수요가 많은 시기에 필요한 예비 전력을 공급하기 위해 전기 공급 업체들은 자신들이 평균적으로 필요로 하는 것보다 더 많은 발전소를 지어야 한다. 그런데 전력 수요가 피크에 도달할 때 필요한 이 발전소들은 대부분의 시간에는 그냥 놀게 되며, 모든 사람들이 저녁 때 집에 돌아가 에어컨과 TV 같은 전기 제품들을 켤 때 비로소 활발히 돌아간다. 배터리 저장 장치들이 이 문제를 해결해 줄 수 있지만, 배터리 저장 장치들은 최근까지만 해도 너무 비싸 실용성이 없었다. 그러나 이제 그게 빠른 속도로 변하고 있어 전 세계의 전기 공급 업체들은 고정식 저장 장치들을 설치 중이다.

또한 배터리 저장 장치 덕에 재생 자원들이 훨씬 더 유용해지고 있다.

---

• 1980년대 초반부터 2000년대 초반 사이에 태어난 세대

그러니까 태양이 비치거나 바람이 불 때 만들어지는 에너지를 저장했다가 피크 타임 때 쓸 수 있게 된 것이다. 일부 정치 지도자들이 뭐라 하든 관계없이, 재생 에너지는 미래의 에너지이다. 특히 지붕에 설치하는 태양 전지판은 소비자들로 하여금 돈을 절약하게 해 줄 뿐 아니라, 특히 배터리 저장 장치를 통해 중앙 집중식 전기에 대한 의존에서 벗어나게 해 주는 매력도 갖고 있다.

미래의 전력망은 중앙 집중화 현상이 줄어들고 비동기 전송 방식이 강화되어, 대규모 발전소들이 훨씬 덜 필요해지게 될 것이다. 그에 이어 전기 자동차는 세 번째 중요한 요소가 될 것이다. 전기 자동차는 전력망에서 에너지를 끌어다 쓰게 되지만, 전력 사용이 많은 피크 타임을 피해 충전(스마트 충전)을 하므로 그 영향력은 아주 미미할 것이며, 심지어 에너지를 비축했다가 나중에 그걸 전력망에 보냄으로써(자동차 대 전력망. V2G라고 함) 피크 타임 때 유용하게 쓸 수 있을 것이다.

이 세 가지 트렌드 모두를 이끌고 있는 건 누구겠는가? 테슬라가 완벽한 전기 생태계를 구축해 소비자들에게 서비스를 제공할 것이다. 솔라 루프Solar Roof가 에너지를 생산하면, 파워월이 그 에너지를 저장하고, 모델 S와 모델 X, 모델 3가 그 에너지를 쓰는 것이다.

그러나 일반 소지자들만 테슬라의 에너지 저장 제품들을 구입하진 않을 것이다. 전기 공급 업체들을 위해 제작되는 전력망 규모의 배터리 저장 장치인 파워팩Powerpack은 파워월의 '아버지'다. 파워팩은 파워월보다 그 규모가 몇천 배는 더 크지만(값도 수천 배 더 비쌈), 기본 기능은 똑같다. 전기 공급 업체들은 이 파워팩을 이용해 피크 타임과 비非피크 타임 간의 전력 수요 격차를 조정할 수 있으며, 재생 가능한 에너지원들로부터 에너지를 받아 저장할 수 있다. 현재 전 세계의 전력 공급 업체들이 이 파워팩을 자신들의 전력망에 추가 중이다.

현재까지는 주로 만성적인 공기 오염 문제로 인해 재생 가능한 에너지원 개발이 절실한 캘리포니아나 기존 에너지원이 너무 비싼 외딴 섬 등에서 이 파워팩을 도입 중이다.

솔라시티 인수 직후, 테슬라는 미국령 사모아의 타우라는 섬에 필요 전력의 거의 100퍼센트를 공급하는 프로젝트를 끝냈다. 많은 섬이나 기타 다른 외딴 지역들과 마찬가지로 타우는 디젤 발전기들에 의존해 왔는데, 디젤 발전기는 비용도 많이 든다. 이 섬의 새로운 소규모 독립형 전력망은 1.4메가와트의 전력을 생산할 수 있는 5,328개의 태양 전지판과 6메가와트시의 에너지를 저장할 수 있는 60개의 테슬라 파워팩으로 구성되어 있다. 배터리 저장 장치는 필요할 경우 3일까지 전기를 공급할 수 있다.[5]

섬 전체가 태양 에너지로 돌아간다는 건 멋진 얘깃거리다. 물론 타우섬은 늘 햇빛이 많고 주민이 600명도 안 되는 데다 중공업 시설이나 기타 전력 소비가 많은 다른 시설이 없어, 태양열 발전에 더없이 이상적인 곳이다. 그러나 타우섬은 테슬라 파워팩이 그 진가를 발휘하는 유일한 곳은 아니다.

요 몇 년 사이에 에너지 위기 같은 걸 겪은 호주 또한 배터리 저장 장치 사용이 아주 활발한 곳이다. 호주 남부 지역인 사우스오스트레일리아는 최근 들어 덴마크를 제치고 세계에서 가장 비싼 전기를 쓰는 지역이 되었다. 물론 호주는 햇빛이 많고 주민들 또한 몇 년째 지붕 태양 전지판 설치에 아주 적극적이다. 퀸즐랜드주의 경우, 31퍼센트가 넘는 가정에 지붕 태양 전지판이 설치되어 있다. 그러나 지난 2년 동안 지방 정부와 전기 공급 업체들은 태양 전지판 설치를 촉진시키기 위해 주택 소유주들에게 제공하던 각종 보조금 및 인센티브 프로그램들을 단계적으로 폐지해 왔다. 이제 주택 소유주들에게 필요한 것은 자신의 태양 에너지를 직접 저장하고 지역 전기 공급업체들로부터 완전히 독립하는 것이다.

공교롭게도 호주 전기 공급업체들이 인색하게 나오기 시작한 바로 그 무렵, 테슬라가 호주에서 파워월을 판매하기 시작했다. 당연한 일이지만, 퀸즐랜드주를 필두로 그 수요는 폭발적이었다.

일론 머스크의 '할 수 있다' 정신은 그가 트위터에 올린 글들에 아주 잘 드러났으며, 곧이어 테슬라가 호주에서 대규모 에너지 저장 프로젝트를 시작한다는 계획이 나왔다.

2016년, 전력 수요가 정점에 이르는 여름 시즌에 사우스오스트레일리아주에서는 안정된 전기 서비스 제공에 문제가 생겼고, 그 결과 연이어 당혹스런 정전 사태가 벌어졌다. 퀸즐랜드 주지사 제이 웨더릴Jay Weatherill은 '붕괴된' 국가전력시장National Electricity Market(호주의 전기 시장 대부분을 맡고 있는 도매 전기 시장)을 전력 위기의 주범으로 지목하면서, 전력 공급업체들이 자신들의 시장 지배력을 이용해 공익을 위해 일하는 게 아니라 이익 추구에만 혈안이 돼 있다고 주장했다(이는 미국 내 일부 주의 주민들이 주장하는 것과 비슷한 듯하다).

이 문제를 해결하기 위해 퀸즐랜드주 정부는 5억 달러 상당의 각종 대책을 발표했는데, 그 속에는 여러 형태의 에너지 저장 장치로 지원되는 새로운 재생 에너지 공장 건설도 포함돼 있었다. 그러나 주 정부 입장에서 당면한 전력 위기를 해결하기 위해 필요한 건 신속한 온라인 전환이 가능한 배터리 저장 솔루션이었다.

호주의 소프트웨어 기업 애틀라시안Atrolasian의 공동 설립자인 억만장자 마이크 캐논브룩스Mike Cannon-Brookes와 새로운 에너지 경제 추진 정책에 대해서도 언급해야겠다. 일론 머스크가 사우스오스트레일리아의 에너지 위기를 100일이면 해결할 수 있다고 공언하자, 캐논브룩스는 일론 머스크가 '중매비'만 낸다면 현지의 정치 및 금융계 문제는 자신이 해결해 주겠다고 제안했다.

그렇게 해서 호주인을 비롯한 많은 사람의 상상력을 사로잡은 현란한 트위터 교환이 시작됐다. 일론 머스크는 테슬라가 100일 내에 100메가와트 이상의 에너지를 공급할 수 있다면서 그러지 못할 경우 무료로 제공하겠다고 약속했다.

아마도 캐논브룩스의 영향력 덕이겠지만, 일론 머스크는 곧 퀸즐랜드 주지사 웨더릴과 호주 총리 말콤 턴불Malcolm Turnbull과 이야기를 나눴다. 말콤 턴불 총리는 일론 머스크에게 이렇게 말했다. "오늘 에너지 저장 장치와 값싸고 신뢰할 만한 전기 공급에 있어 그 장치가 하는 역할에 대해 심도 있는 얘기를 나누게 돼 감사합니다."

그 이후 모든 게 급물살을 탔다. 퀸즐랜드의 바로 이웃에 있는 빅토리아주는 2000만 달러를 투자해 2018년까지 100메가와트 규모의 에너지 저장 시스템을 구축하겠다는 계획을 발표했고, 캐논브룩스는 곧 가까운 장래에 호주 전역에 약 1기가와트 규모의 새로운 저장 시스템을 구축하는 프로젝트에 대해 얘기하기 시작했다.

"나는 '조정된 정책들'이란 말이 무슨 말인지, 또 실제 어떤 계획이 있었는지 잘 모르지만, 지금 여러 주지사들과 총리가 전화 통화를 통해 일론과 저장 장치에 대한 얘기를 나누고 있습니다." 캐논브룩스가 『로이터』 통신과의 인터뷰에서 한 말이다. "저는 자금을 투자해 최소한 한 개의 대규모 배터리 시설을 만들어 보는 건 별문제 없을 거라 생각합니다."[6]

호주에서의 저장 장치 설치에 대한 일론 머스크의 공개 협상은 워낙 흥미진진해, 주요 신문들은 곧 피크 때를 대비한 전력 비축, 전력 부하 분산

같은 주제들을 놓고 갑론을박을 벌였다. 이 협상은 대중의 상상력을 사로 잡았는데, 그것은 이 협상이 공개적이고 실용적인 방식으로 진행되고 있었기 때문이다. 그렇다. 기업과 정부가 공개 석상(트위터야말로 그야말로 공개적인 포럼임)에서 비즈니스 얘기를 나누는 건 정말 이례적인 일이며, 테슬라처럼 기업 입장에서 어떤 거래를 앞두고 공개적으로 희망 가격을 공개하는 것 역시 전례가 없는 일이었다. 일론 머스크는 킬로와트시<sup>kWh</sup>당 250달러(이는 배터리 팩만의 가격임. 인버터, 물류, 설치는 추가 요금 필요)의 가격을 제시했다.

계약 조건들이 빠른 속도로 구체화되고 있는 중이라는 소문이 퍼지자, 몇몇 현지 기업들이 자신들도 100일 이내에 100메가와트시의 전기를 공급한다는 테슬라의 제안에 맞출 수 있다며 끼어들었다. 결국 주 정부는 전기 저장 시스템 구축 프로젝트를 경쟁 입찰에 붙일 거라고 발표했고, 여러 호주 기업들이 주 정부로부터 계약을 따내기 위해 테슬라와 경쟁을 벌였다.

당시 뉴질랜드와 아르헨티나를 비롯한 세계 여러 나라의 거물급 인사들이 트위터상에서 일론 머스크에게 유사한 거래에 대한 문의를 해 왔다. 일론 머스크가 한 우크라이나인이 올린 트윗에 '비슷한 프로젝트에 같은 비용으로 전기 저장 시스템을 설치해 줄 의사가 있다'고 대답한 뒤, 우크라이나 총리 볼로디미르 그로스만<sup>Volodymyr Groysman</sup>이 좀 더 자세한 얘기를 나누고 싶다며 일론 머스크에게 연락을 해 오기도 했다.

2017년 중반에 이르러 테슬라 에너지 사업 부문은 워낙 빠른 속도로 또 워낙 여러 방면으로 발전해 나가, 일부에서는 테슬라 에너지 사업이 폭발적 관심을 끄는 분야가 될 수 있는가 하는 의문을 제기하기 시작했다. 그런데 그 의문에 대해서는 일론 머스크가 이렇게 답한 적이 있다. "아마 장기적으로 자동차 사업만큼이나 큰 사업이 될 겁니다." 크든 작든 테슬라의 에너지 저장 프로젝트들은 전 세계적으로 진행되고 있고 그 규모 또한 놀라운 속도로 커져 가고 있다. 서던캘리포니아의 경우, 테슬라 파워팩은 여러 현지 전기 공급업체들의 전력망 조절에 도움을 주고 있다(그리고 로스앤젤레스의 경우 천연가스 누출 사고로 인한 위기를 막는 데 이용되고 있음). 파워팩은 지금 캐나다와 남아프리카공화국 및 피지에 이르는 여러 지역에서 기존의 전력망에 연결되지 않은 외딴 집들에 전기를 공급해 주고 있다.

테슬라의 에너지 저장 제품이 얼마나 폭넓게 사용되고 있는지를 살펴본다면 놀라지 않을 수 없다. 그런데 훨씬 더 놀라운 사실은 이 모든 일이 그야말로 전광석화처럼 빨리 진행되고 있다는 것이다. 파워월은 2015년까지만 해도 존재조차 하지 않았고, 이 모든 배터리를 생산하고 있는 기가팩토리가 생산을 시작한 것도 2016년 초가 다 되어서다.

# 16 개봉 박두

이 책을 쓰고 있는 지금 테슬라는 조심스레 모델 3를 고객들에게 인도하고 있다. 언론계에선 많은 사람이 테슬라가 생산 물량을 일정에 맞추지 못할 거라고 주장하고 있지만, 계속 이 회사를 지켜봐 온 사람들의 대부분은 테슬라가 일정에 맞출 거라고 확신한다. 일론 머스크의 마스터플랜 (적어도 1부)에 따르면 이제 결말이 날 때도 됐다. 처음도 아니지만, 많은 사람이 테슬라가 이제 이익을 확보해 모델 3 생산에 전력투구할 것이며 어쩌면 상당한 이익을 내기 시작할 수도 있을 거라고 말하고 있다.

지금쯤 독자 여러분들은 그런 일은 일어나지 않을 거라는 걸 능히 짐작할 것이다. 지금 창의력 풍부한 프리몬트 공장 사람들의 머릿속에는 향후 몇 년간 해야 할 새로운 프로젝트들이 줄지어 서 있기 때문이다.

## 밀고 나가기

2017년 모델 3와 테슬라 에너지가 연일 매스컴에 오르내리는 동안, 테슬라는 조용히 또 다른 큰일을 하고 있었다. 엄청나게 빠른 '맥시멈 플레이드' 모드로 충전 인프라를 늘려 나가고 있었던 것이다.

2016년, 모델 3가 출시되기 전에 테슬라는 전 세계의 약 600개 장소에 슈퍼 충전기를 설치했었다. 가장 최근 통계 결과에 의하면 951개 지역에 총 6,550개의 충전기가 들어서 있으며, JB 스트로벨에 따르면 테슬라는 현재 전 세계 어디서건 12시간마다 한 대씩 새로운 충전기를 설치하고 있다고 한다.[1] 일론 머스크는 2018년 말이면 슈퍼 충전기 수가 세 배에 달할 거라고 했다.

또한 테슬라는 지금 기존 충전소들에 더 많은 충전기들을 추가하는 중이다. 현재 충전소당 평균 6~7대의 충전기가 설치돼 있으며, 북적이는 충전소에는 12대까지도 설치돼 있다. 테슬라는 새로운 지역 세 곳(두 곳은 캘리포니아, 한 곳은 노르웨이)에 각 40곳의 충전소를 설치할 계획이며, 충전소 설치 예정 장소는 50곳에서 100곳에 이를 거라고 했다. 지속적으로 업데이트되는 전기 자동차의 데이터 덕에 현재 테슬라는 보다 붐비는 충전소들을 업그레이드하는 게 가능하다.

테슬라는 또 현재 자신의 제국에 서로 다른 여러 유형의 충전소를 추가하고 있는 중이다. 전통적인 슈퍼 충전기 지역은 주요 고속 도로 주변에 위치해 있어, 장거리 여행을 가능하게 만들어 주고 있다. 게다가 최근 2~3년간 테슬라는 여행객들이 하룻밤 머무는 호텔이나 기타 장소에 '목적지 충전기Destination Charger'도 운용 중이다(간혹 테슬라 자동차 외에 다른 전기 자동차 운전자들이 사용할 수 있는 비테슬라 충전기가 설치된 경우도 있음). 최근 들어 전략을 획기적으로 수정한 테슬라는 도심지에 최적화된 보다 컴팩트한 슈퍼 충전기를 새로 개발했으며, 그걸 캘리포니아주의 대도시들뿐 아니라 미시시피주와 와이오밍주의 작은 도시들과 이 책을 쓰고 있는 나의 고향 플로리다주 세인트피터스버그 같은 도시 중심지에도 설치해 운용 중이다.

현재 충전소 확장 규모와 속도는 워낙 빨라, 일부 테슬라 후원자들까지 왜 테슬라가 인프라 구축에 그렇게 많은 돈을 쏟아붓고 있는지, 또 구체적으로 무얼 얻고자 하는 건지 의문을 제기하고 있는 중이다. 속을 가늠하기 힘든 테슬라가 바로 답할 것 같지는 않다. 그러나 테슬라가 어떤 충전소들을 어디에 설치하고 있는지를 보면, 전기화된 미래 세계에 대한 테슬라의 비전을 어느 정도 알 수 있다.

전기 자동차의 시대가 열린 이래 지금까지, 미래의 전기 자동차 생태계에 얼마나 많은 공공 충전 인프라가 필요할 건지를 둘러싸고 늘 이견이 분분했다. 어떤 사람들은 새로운 기술을 낡은 렌즈를 통해 봄으로써, 주유소와 마찬가지로 충전소 역시 구석구석에 있어야 한다고 생각하고 있다(실상을 잘 모르는 한 칼럼니스트는 기존 주유소들의 편의성에 맞서려면 테슬라가 앞으로 3만 대의 슈퍼 충전기를 추가해야 한다고 해 전기 자동차 매체들로부터 조롱거리가 되기도 했다). 한편 도시 자치 단체나 기업 체인들이 연방 보조금을 타낼 목적으로 시청이나 대학, 약국 그리고 기타 거의 별 도움도 안 되는 장소에 수백 대의 충전기들을 설치하기도 했다. 그에 대해 회의론자들은 이렇게 말한다. "이미 설치된 충전기도 쓰는 사람이 없는데, 대체 뭣 때문에 자꾸 충전기를 설치하는 겁니까?"

전기 자동차를 구입하는 사람들이 점점 늘어나면서, 많은 사람이 테슬라가 깨달은 사실, 그러니까 어떻게 적절한 장소에 적절한 유형의 충전 시설을 제공하느냐 하는 문제의 중요성을 깨닫기 시작하고 있다. 그리고 그 문제를 해결하려면 공공 충전 시설 구축과 관련된 구체적인 문제들에 대해 생각해 볼 필요가 있다. 그 문제들 중 하나가 장거리 여행인데, 테슬라는 그 문제를 고속 도로 주변에 직류식 슈퍼 충전기들과 레벨 2 '목적지 충전기'들을 설치함으로써 해결했다. 또 다른 문제는 지정된 주차 공간이 없는 아파트 거주자들의 문제인데, (테슬라 측에서 아직 명확히 밝히진 않았지만) 테슬라가 새로운 도시 중심지 슈퍼 충전기를 만든 이유도 아마 바로 이 문제를 해결하기 위한 것이었으리라.

테슬라의 입장에서 충전 인프라는 처음부터 큰 자산이었고, 그 덕에 테슬라 전기 자동차의 가치가 올라갔고 전기 자동차 구입을 가로막는 중요한 걸림돌들도 사라졌다. 어떤 면에서 현재의 급격한 충전소 확대는 점점 늘어나는 도로 위 테슬라 자동차들에 맞춘 충전망 확대의 일부이다.

그러나 테슬라가 앞다퉈 전 세계 충전망을 확대하려 하는 건 또 다른 이유, 그러니까 잠재적 경쟁자들을 압도하고 싶다는 이유 때문인지도 모른다. 이에 비해 다른 전기 자동차 제조업체들의 충전 관련 전략은 그간 다 달랐다. 닛산과 BMW는 그간 계속 충전 인프라에 막대한 투자를 해 왔고, 폴크스바겐은 지금 어쩔 수 없이 그렇게 하고 있지만(추악한 디젤 파문에 대한 속죄의 일환으로), GM은 아직은 그렇게 해야 할 필요를 못 느끼고 있다.

자동차는 제3자들이 필요한 특정 서비스들을 제공하는 시스템에 속해 있고, 테슬라가 수시로 그 권위에 도전장을 던져 온 모델이기도 하다. 충전 서비스 공급업체 에버차지EverCharge의 다음과 같은 말은 시사하는 바가 많다. "그 제3자들 때문에 사람들이 자신들의 전기 자동차를 즐기지 못하는 경우가 너무 많고, 그래서 결국 테슬라는 자신들의 생태계를 구축해야 할 필요가 있다는 걸 깨달은 겁니다. 테슬라는 현재 테슬라 자동차 소유주들만 사용할 수 있는 충전소를 수천 개 건설했는데, 이는 곧 그들이 충전 관련 경험을 나름대로 완벽히 최적화하고 표준화할 수 있다는 뜻이 됩니다. 그건 광대한 영토를 확보하는 것이며, 가장 좋은 영토는 전부 테슬라가 갖게 된다는 뜻이기도 합니다."[2]

테슬라 전기 자동차가 늘 그랬듯, 이제 유명해진 테슬라의 충전소들과 테슬라라는 강력한 브랜드, 테슬라의 기술적 우위(대부분의 다른 직류형 충전소들은 24~50킬로와트의 속도로 충전되지만, 슈퍼 충전기는 무려 120킬로와트 속도로 충전됨) 등은 충전의 절대적인 표준이 되어 가고 있다. '스카치 테이프 Scoptch tape'나 '크리넥스Kleenex' 같은 상표명들과 마찬가지로, '슈퍼 충전기 Supercharger'라는 상표명 역시 조만간 직류 급속 충전을 가리키는 용어처럼 쓰이게 될지도 모른다. 마케팅 분야에서의 테슬라의 이 같은 쾌거는 유서 깊은 자동차 제조업체들에게 엄청난 타격이 될 것이다.


## 트럭 분야로 진출하다

2017년 4월, 일론 머스크는 다음과 같은 짧은 트윗으로 운수 업계의 또 다른 분야에 일대 파문을 일으켰다. "9월에 테슬라 세미Tesla Semi 트럭을 선보일 예정입니다. 우리 팀이 또다시 놀라운 일을 해냈습니다." (후에 세미트럭 공개 일자는 10월로 연기됐다.)

전기 세미트럭이라는 게 과연 가능할까? 분명 장애물이 엄청나다. 이 '고속 도로의 기사들 Knights in the Highways'은 비가 오나 눈이 오나 언제든 몇 톤의 짐을 싣고 장거리를 달려야 한다. 전기 세미트럭이 현재 돌아다니는 디젤 세미트럭들 사이에서 두각을 드러내려면, 힘도 세고 주행 거리도 길고 내구성도 좋아야 한다. 그러나 이 뉴스가 나올 무렵 사람들은 이제 일론 머스크와 그 팀의 잠재력을 너무 잘 알고 있었고, 그래서 트럭 업계 또한 테슬라 세미트럭을 그리 회의적인 눈으로 보지 않았다.

"기존 업계의 판도를 뒤흔들 만큼 큰 성공을 거둔 기업이 새로 제기하는 이 경쟁력 있는 위협은 자동차 제조업체들 입장에선 분명 달갑지 않은 소식입니다." 자동차 분석가 마이클 바우덴디스텔Michael Baudendistel의 말이다. 또 다른 분석가 알렉스 포터Alex Potter도 그의 말에 동의했다. "기존 자동차 제조업체들과 그 공급업체들은 이 뉴스를 웃지 말고 심각하게 받아들여야 할 겁니다."

테슬라 세미트럭은 말뿐인 위협이 아니다. 제대로 작동되는 시제품 상태에까지 와 있는 것이다. 일론 머스크는 자율 주행 기능이 있는 이 전기 트럭은 장거리 수송이 가능하며, 운영비도 적게 들어 기존의 디젤 트럭들을 대체할 만큼 매력적인 트럭이 될 거라고 말하고 있다.

JB 스트로벨은 테슬라 세미트럭은 기술적인 면에서 특별히 더 복잡하진 않다고 했고, 일론 머스크는 테슬라 세미트럭에는 모델 3의 많은 부품들(모델 3 신형의 전기 모터 포함)이 그대로 쓰이고 있다고 했다.

두 사람 다 그 커다란 테슬라 세미트럭에 사용될 배터리 팩에 대해서는 많은 얘기를 하지 않았지만, 십중팔구 양산 자동차에 장착된 배터리 팩들 가운데 가장 큰 배터리 팩이 될 것이다. 모든 '배터리 팩의 어머니'라고나 할까. 오, 그렇다. 아주 큰 배터리다(사람들은 "얼마나 큰 배터리인데?"라고 합창을 한다).

『인사이드EV』에 글을 기고하는 자동차 전문가들이 대략적인 계산을 해본 결과, 전기 세미트럭이 600마일(약 965킬로미터)의 주행 거리를 달성하려면 1,200킬로와트시 용량의 배터리 팩이 필요하다는 계산이 나왔다. 테슬라 측에서 곧 가능해질 걸로 기대하고 있는 킬로와트시당 배터리 가격이

100달러이므로, 12만 달러짜리 배터리가 필요하다는 얘기가 된다. 웹사이트 『애스크 더 트러커*Ask the trucker*』에 실린 2016년의 한 기사에 따르면, 신형 디젤 트럭의 가격은 11만 3,000달러 선에서 시작되며, 연간 연료비는 7만 달러를 훌쩍 뛰어 넘는다고 한다.

테슬라가 전기 세미트럭을 생산하는 최초의 회사는 아니다. 사실 그간 오렌지 EV^Orange EV나 BYD 같은 회사들이 생산한 총 차량 중량 8등급 Class 8* 전기 트럭들이 시험 운행 중이다. 그러나 이런 트럭들은 문자 그대로 '터미널 트럭'들로, 항구나 기타 화물 시설 안이나 그 주변에서 화물을 취급하는 데 쓰이고 있다. 이 트럭들은 고속 도로 트럭들과 같은 양의 짐을 싣고 다니지만, 주행 거리는 그리 길 필요가 없다.

물론 실용성 있는 도로 주행용 전기 트럭을 만드는 게 쉬운 일은 아닐 것이다. 대형 트럭용 고속 도로 충전망이 없어, 테슬라 측에서 그런 충전망을 구축하든가 다른 해결책을 찾든가 해야 할 것이기 때문이다.

모건 스탠리의 두 분석가는 그 해결책으로 배터리 임대를 제시했다. "우리는 테슬라가 자율 주행 기능이 있는 무無 배터리 전기 세미트럭을 판매한 뒤, 고객들에게 별도로 배터리를 임대해 줄 수도 있을 거라 봅니다." 분석가 애덤 조나스^Adam Jonas와 라비 섕커^Ravi Shanker의 말이다. "주행 거리 250~300마일(약 402~483킬로미터)을 달린 뒤, 테슬라 슈퍼 충전소나 전국 트럭 휴게소에 구축된 배터리 교체소에서 배터리를 교체하는 겁니다.[3]

전기 자동차의 주행 거리가 짧고 공공 충전소가 드물던 시절에는 배터리 교체가 유망한 방법처럼 보였고, 테슬라는 실제 2013년에 배터리 교체 시범까지 했었다. 그러나 슈퍼 충전망이 발전하면서 배터리 교체에 대한

• 총 중량이 13,969킬로그램이 넘는 차량

사람들의 관심은 사그라들었다(10장 참조). 그래서 일론 머스크 또한 앞으로 특별한 상황 변화가 없는 한 배터리 교체는 더 확대할 가치는 없을 것 같다고 했다.

장거리 여행용 트럭들의 경우, 배터리 교체가 괜찮은 방법일 수 있는 이유가 몇 가지 있다. 승용차와 달리 장거리 도로 수송용 트럭은 대개 장시간 움직여야 하며, 그래서 배터리 팩이 보다 빨리 닳을 수 있다. 배터리를 교체할 경우 그것들을 보다 새로운(그리고 훨씬 나은) 배터리 팩으로 교체하는 게 더 쉬울 것이다. 또한 배터리 팩들이 점점 더 작고 가벼워져 짐 싣는 소중한 공간이 더 늘어나게 될 것이다. 그리고 배터리 팩을 임대할 경우, 전기 트럭으로 바꾸라는 제안이 보다 매력적으로 다가오게 될 것이다.

테슬라 세미트럭은 자율 주행 기능을 가진 자동차로 구상되고 있다. 그리고 테슬라는 지금 트럭들이 자율 주행 모드로 선도 트럭을 따라 무리를 지어 이동하는 기술을 개발 중이다. 2017년 6월, 테슬라 측 사람들은 네바다 및 캘리포니아주 차량국 관계자들을 만나 시제품 전기 트럭 두 대가 사람이 탑승하지 않은 상태에서 자율 주행 모드로 짝을 지어 두 주의 경계선을 따라 이동하는 테스트에 대해 논의했다.[4]

자율 주행 장치를 개발 중인 다른 기업들 역시 장거리 운행 트럭에 관심이 있는데, 그 기업들은 장거리 운행 트럭이 자율 주행 기술에 적합한 초창기 후보로 보고 있다. 자율 주행 장치의 입장에서는 복잡한 도심지를 돌아다니는 것보다는 주간 고속 도로를 다니는 게 더 쉬운 과제이며, 트럭 운전자들의 경우 달리는 자동차 안에서 쉴 수 있다는 건 엄청난 장점이다. 따라서 고속 도로에서만 자율 주행이 되는 장치도 상당한 가치가 있다.

일론 머스크는 자신이 테슬라 세미트럭 시제품을 테스트 주행해 봤다면서 이렇게 말한다. "여러분이 이 커다란 트럭에 올라탑니다. 우리는 전기 트럭이 그 어떤 디젤 트럭보다 엔진 토크가 뛰어나다는 걸 보여 주고 싶습니다. 만일 줄다리기를 시킨다면, 아마 테슬라 세미트럭은 오르막길에서 디젤 세미트럭을 끌고 올라갈 겁니다. 그렇게 힘이 넘치는 트럭이 될 겁니다. 스포츠카 같이 몰고 다닐 수 있죠."[5]

## 하이퍼루프

만일 일론 머스크가 아닌 다른 사람이 이런 아이디어를 들고 나왔다면, 언론에선 아마 블로그에 올라온 포스트 하나만큼도 관심을 보이지 않았을 것이다. 일론 머스크는 승객들을(그리고 어쩌면 자동차들도) 로스앤젤레스에서 샌프란시스코까지 단 30분 만에 실어 나를 수 있는 전혀 새로운 초고속 운송 수단 얘기를 꺼냈다. 그는 하이퍼루프Hyperloop라는 이름의 그 운송 시스템은 캘리포니아주가 고속 철도 시스템 건설에 쓰려고 계획 중인 비용의 10분의 1만 있으면 건설할 수 있다고 했다. 하이퍼루프는 다른 사람도 아닌 일론 머스크가 내놓은 아이디어였고, 그래서 『블룸버그 비즈니스위크』와 『포브스』처럼 보수적인 비즈니스 잡지들까지 적어도 처음 조롱이나 비난기가 전혀 느껴지지 않는 논조로 하이퍼루프 이야기를 특집으로 다루었다.

하이퍼루프는 일론 머스크가 어느 날 아침 커피 한잔 하다가 무심코 내뱉은 아이디어가 아니다. 테슬라와 스페이스X의 엔지니어 10여 명으로 구성된 팀이 9개월 이상 연구한 끝에 내놓은 계획이다. 일론 머스크 군단은 2013년에 57페이지에 달하는 하이퍼루프 시스템 개요를 발표하기도 했다.[6]

일론 머스크에 따르면, 하이퍼루프 시스템은 한 쌍의 고가高架 강철 튜

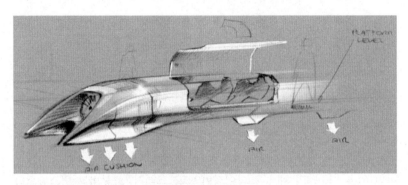

비행기보다 빠른 초고속 진공 열차 하이퍼루프의 콘셉트 이미지

브로, 그 속을 알루미늄으로 된 캡슐형 열차들이 시속 800마일(시속 약 1,287킬로미터)의 속도로 달리게 되어 있다. "차량들은 진공 튜브 속에서 공기 베어링air bearing• 위를 초고속으로 달리게 됩니다." 일론 머스크가 『블룸버그 비즈니스위크』와의 인터뷰에서 한 말이다. "이는 산업계에서는 이미 상당히 많이 활용되고 있는 기술로, 공기 베어링을 이용해 크고 무거운 물체들도 아주 낮은 마찰 저항 속에 이동시킬 수 있습니다."

일론 머스크의 설명을 좀 더 들어 보자. "공기와 캡슐형 열차를 움직이는 데 필요한 에너지는 어떻게 조달할 건지 궁금해하는 사람들이 있는데요. 그건 그 사람들이 캡슐형 열차를 움직이는 게 공기라고 잘못 알고 있기 때문입니다. 캡슐형 열차는 사실 선형 가속기에 의해, 그러니까 선형 전기 모터에 의해 가속도를 내게 되고…… 선형 모터가 전자기의 힘으로 캡슐형 열차에 속도를 높여 주는 건데…… 그렇게 해서 전자기 펄스가 만들어지고, 그것이 튜브 속을 이동하며 캡슐형 열차를 시속 800마일의 초기 속도로 달리게 하는 겁니다."

"하이퍼루프 시스템에 쓰이는 선형 전기 모터는 모델 S에 들어가는 것과 같은 선형 전기 유도 모터입니다." 일론 머스크가 『포브스』와의 인터뷰에서 한 말이다. "아주 오래전에 나온 기술입니다. 선형 전기 유도 모터는 그 옛날 니콜라 테슬라가 발명한 거거든요."

하이퍼루프 시스템을 처음 제안하고 몇 주일 뒤 BBC와 인터뷰하는 자리에서 일론 머스크는 하이퍼루프 시스템을 캘리포니아주와 영국에서 진행 중인 훨씬 평이한 대중교통 건설 프로젝트와 비교하며 설명했다. "우리

---

• 보통의 윤활유 대신에 공기를 매체로 사용하는 베어링. 베어링은 회전 운동하는 축을 지지하는 부분이다.

는 포부가 너무 작아 문제일까요? 좀 더 크게 생각해야 할까요?" 진행자 개빈 에슬러가 물었다. 그 질문에 우리 아이언맨은 이렇게 대답했다. "우리는 기왕이면 뭔가 영감을 주는 미래 지향적인 프로젝트를 진행하고 싶어 합니다. 인생이란 게 단순히 문제를 해결하는 게 다가 아니잖아요."7

일론 머스크는 그러잖아도 자신은 이미 할 일이 너무 많으니, 하이퍼루프는 자신의 '꼭 해야 할 리스트'에 올릴 프로젝트가 아니라 다른 사람들이 해 주어야 할 프로젝트라고 했다. 벌써 도전을 한 사람들이 있으며, 하이퍼루프는 이제 콘셉트 단계를 훨씬 지나쳤다. 또한 이 기술을 상용화하기 위해 설립된 기업도 여럿이다. 그 기업들 중 두어 곳은 상당한 자본금도 모았고, 적어도 한 기업은 프로젝트를 실제로 진행하기 위한 계약을 맺었다고 주장하기도 한다.

스페이스X는 하이퍼루프 열차 경연 대회Hyperloop Pod Competition를 후원하고 있는데, 이 대회에서는 전 세계에서 몰려온 많은 팀이 다양한 하이퍼루프 관련 기술을 선보이기 위해 하이퍼루프 열차 시제품들을 만든다. 2016년 1월에는 115개 팀이 모여 하이퍼루프 열차 시제품 디자인을 제출했으며, 그중 30개 디자인은 직접 제작되어 1년 후 하이퍼루프 테스트 트랙에서 경쟁을 치르기도 했다. 당시 독일 뮌헨공과대학교 팀이 제작한 와프WARP 하이퍼루프가 시속 201마일(약 323킬로미터)의 최고 속도로 우승을 차지했다. 2018년 여름에도 경연 대회가 열리게 되어 있다.


## 일론 머스크, 땅을 파다

로스앤젤레스에 있는 스페이스X 본사 마당에서는 일론 머스크가 최근 설립한 기업 보링 컴퍼니Boring Company가 '시험용 지하 터널'을 파고 있어 계속 흙먼지가 날리고 있다.

일론 머스크는 한 트윗에서 교통 체증 문제를 해결하기 위해 지하 터널을 뚫는 아이디어를 처음 언급했는데, 그는 그 트윗을 로스엔젤레스의 지독한 교통 체증 속에 갇혀 있을 때 쓴 걸로 알려져 있다. 그리고 훗날 하이퍼루프 팟 경연 대회에 참여해 콘셉트 열차들을 출품한 학생 팀들을 격려하는 한 행사에서 일론 머스크는 자신의 계획에 대해 이렇게 좀 더 자세히 설명했다.

"높은 빌딩들이 있습니다. 모두 3D죠. 그런데 모든 사람이 동시에 그 빌딩에 들어가거나 나가고 싶어 합니다." '실리콘밸리의 현자' 일론 머스크의 말이다. "2D의 도로망 위에서는 분명 그럴 수가 없죠. 그러니 땅 위쪽으로든 아니면 아래쪽으로든 3D로 가야 합니다. 그리고 저는 아래쪽으로 가는 걸 생각 중입니다."

물론 교통용 지하 터널을 건설한다는 건 단순히 엔지니어링 문제들을 해결하는 것 이상의 일이다. 그래서 많은 전문가들이 보스턴시의 '빅 딕Big Dig'이나 뉴욕시의 '2번가 지하철Second Avenue Subway'같이 실패로 끝난 악몽 같은 프로젝트들의 예를 들어가며 일론 머스크의 계획을 뜯어말리려 했다.

스페이스X부터 LA국제공항까지 지하 차도를 연결하려면 시의회의 승인도 받아야 하고 산더미처럼 많은 서류 작업도 해야 한다. 터널 프로젝트에는 현재 지하에 매설된 수도, 전기, 가스 관련 인프라를 다른 데로 옮겨야 하는 등 큰 문제들이 따르는데, LA 메트로 건축업자들의 최근 예측에 따르면 그 비용이 무려 4500만 달러가 넘는다고 한다. 그 외의 걸림돌로는 지역 주민들로부터의 각종 소송과 불안정한 지역 정책 등이 꼽힌다.

그리고 설사 이 모든 장애물을 극복한다 해도, 대부분의 교통 전문가들이 동의하듯이 새로운 도로를 뚫는 것만으로는 교통 체증이 거의 완화되지 않는다. 현지 교통이 새로 뚫린 도로로 몰리기 때문이다. 결국 정말 필요한 건 사람들로 하여금 자가용을 버리고 훨씬 더 효율적인 대중교통을 이용하게 하는 것이다. 그렇다. 그래서 일론 머스크는 이런 생각을 했다. 미래의 터널망은 여러 층의 터널들로 이루어지는데, 그중 일부는 자동차들을 위한 터널이고 또 일부는 하이퍼루프 노선들을 위한 터널이라고 말이다.

일론 머스크는 엔지니어링 과정들을 개선시켜 줄 독보적인 기술들을 개발해 그걸 보다 효율적인 터널 공사를 하는 데 활용하고 싶어 한다. "우리는 터널 뚫는 속도를 올리려면 어떻게 해야 하는지를 알아낼 겁니다. 한정된 물리학 접근 방식을 적용한다면, 500퍼센트에서 1,000퍼센트 사이 어디쯤까지 가능하다고 생각합니다." 일론 머스크는 이런 말을 덧붙였다.

"우리에겐 개리라는 이름의 애완용 달팽이가 있으며…… 개리는 현재 다른 터널 굴착기보다 14배나 빨리 터널을 뚫을 수 있습니다." 일론 머스크의 말이다. "우리는 그 개리보다 뛰어난 굴착기를 원합니다. 그 굴착기는 참을성 많은 작은 기계가 아니라 강력한 승리자가 될 것입니다."[8]


## 그들은 지금 어디에 있나?

테슬라의 CEO 일론 머스크와 CTO JB 스트로벨은 아직 테슬라에서 확고하게 자리를 지키고 있는데, 10여 년 전 함께 세상을 변화시켰던 5인방 중 나머지 세 사람은 어찌 지내고 있을까?

테슬라 자동차 개발 부사장이었던 이언 라이트는 테슬라를 떠난 지 1년 만에 자신의 기업인 라이트스피드Wrightspeed를 설립했다. 자동차 제조업체와 운수업체에게 전기 구동 장치를 공급하는 회사다.

그는 내게 자신은 비전이 달라 테슬라를 떠났다며 이런 말을 했다. "테슬라는 모든 사람이 전기 자동차를 모는 날이 오게 한다는 목표를 달성하기 위해 할 수 있는 모든 일을 했습니다. 그런데 유감스럽게도 사실 내겐 그런 목표가 없거든요. 그들이 고성능 첨단 전기 자동차를 만든다는 사실은 너무 좋았지만, 문제는 그 자동차가 너무 비싸다는 거였습니다. 환경을 생각해서든 아니면 다른 이유에서든, 사람들은 그걸 사야 하기 때문에 그 많은 돈을 낼 거라는 생각들이었는데, 난 전혀 그 생각을 받아들일 수가 없었거든요."

테슬라를 떠나면서 이언 라이트가 갖고 있던 계획은 슈퍼 고성능 전기 자동차를 만드는 거였고, 실제 그는 그런 전기 자동차를 만들었다. 2005년, 이언 라이트는 X1 콘셉트 카를 만들었다. 그의 말에 따르면 그 자동차는 법적으로 거리를 달리는 데 아무 문제없는, 세계에서 가장 빠른 전기 자동차였다.[9] 그러나 나중에 그는 전기 자동차 기술을 가장 적용하기 좋은 건 연료 소모가 가장 많은 차량, 즉 상업용 트럭이라는 결론에 도달했다. "먼발치에서 테슬라가 온갖 시련과 고난을 겪는 걸 지켜보면서 많은 걸 배웠어요. 그러면서 자동차와 자동차 공장을 만든다는 게 우리가 생각하는 것처럼 쉬운 일이 아니라는 생각이 아주 분명해졌죠. 하지만 모든 노력을 자동차 구동 장치에만 집중한다면, 자동차 공장을 짓거나 자동차를 만들지 않고도 얼마든지 판로를 찾을 수 있습니다. 그래서 구동 장치에만 전념하고, 그걸 중형 트럭과 전력 재공급 키트용으로 개발하기로 한 겁니다. 테슬라의 비전과 판이하게 다른 비전이죠."[10]

이언 라이트는 고성능 전기 구동 장치에 대한 열정이 대단한 사람이지만,

테슬라 자동차 개발 부사장이었던 이언 라이트가 만든 X1 콘셉트 카

그의 회사는 가장 실용적인 시장과 가장 비실용적인 시장을 동시에 노림으로써 위험을 분산하고 있다. 각 휠에 250마력의 전기 모터를 달고 있는 라이트스피드 회로Wrightspeed Circuit 구동 장치는 전륜 구동 형태로 파워가 1,000마력까지 나와, 최강의 파워와 핸들링을 원하는 자동차 제조업체들이 많이 선택하고 있다. 라이트스피드의 또 다른 주력 상품인 루트Route는 플러그에 꽂기만 하면 바로 사용할 수 있는 중형 트럭용 전력 재공급 키트다.[11]

테슬라 CEO였던 마틴 에버하드는 여러 전기 자동차 관련 기업들에서 바쁜 나날들을 보내고 있다. 2010년에는 폴크스바겐에 합류해 한동안 배터리 연구소를 이끌었다. 2013년에는 전기 오토바이 제조업체인 BRD 모터사이클즈BRD Motorcycles의 자문 위원회 위원이 됐는데, BRD 모터사이클즈는 샌프란시스코에 기반을 둔 신생 기업으로 지금은 알타 모터스Alta Motors라 불린다.[12] 그는 또 예전 테슬라 동료들과 함께 신생 전기 자동차 기업인 아티에바Atieva(지금의 루시드 모터즈Lucid Motors)에 잠시 몸담기도 했다. 또한 그는 2016년에 SF 모터즈SF Motors와 2년 기간의 컨설팅 계약을 맺었다고 알려져 있는데, SF 모터즈는 아티에바와 마찬가지로 중국인들이 자금을 댄 신생 기업으로 전기 자동차를 미국 시장에 판매하는 데 관심이 많다.

마틴 에버하드는 2017년에 인에빗InEVit이라는 새로운 회사를 설립하고 자신은 회장 겸 최고기술경영자가 됐는데, 인에빗은 전기 자동차 구동 장치를 개발해 자동차 제조업체들을 상대로 그 라이센스를 판매하는 걸 사업 목표로 삼고 있다.

테슬라의 CFO였던 마크 타페닝은 지금 세 아이를 키우느라 정신이 없다. 자신의 고향에서 교육위원회 선출직으로 근무하면서 틈나는 대로 모델 S를 몰고 캘리포니아의 언덕들을 돌아다니고 있다. 그는 또 신생 첨단 기업들을 지원하는 벤처 디자인 기업인 그린스타트Greenstart[13]와 풋힐대학

과학학습연구소[14]의 일에도 관여하며 신생 기업에 대한 식지 않는 열정을 보여 주고 있다.

그와 마틴 에버하드는 가끔 초창기 청정 첨단 기업들에 투자하는 이른바 '천사 투자자'이기도 하다. "매일 두어 차례 누군가를 만나 무언가에 대해 의논하는 것 같습니다. 자동차 부품업체들과 자동차 부품 공급망 내의 여러 이해관계자에 대해 아주 관심이 많아요. 그러다 보니 그런 문제에 관심 있는 젊은 기업가들을 많이 보게 되네요." 마크 타페닝의 말이다.[15]

전기 자동차 회사 AC 프로펄션은 전 세계 전기 자동차 제조업체들을 상대로 특허를 낸 자신들의 전기 구동 장치 부품 사용에 대한 로열티를 받는 등 여전히 활발한 사업을 벌이고 있다. 이 회사는 또 BMW가 2008년과 2012년 사이에 만들어 테스트한 데모용 전기 자동차 미니 E에 들어간 구동 장치를 제공했으며, 대만 자동차 기업 위롱裕隆과 손잡고 미니밴 럭스겐 Luxgen의 전기 자동차 버전을 만들기도 했다. 미래형 오토바이를 생산하는 스위스 기업 페라베스Peraves와 택시 전용 자동차를 생산하는 중국 기업 포톤Photon 등이 AC 프로펄션의 주요 고객이다.[16]

"우리는 차세대 구동 장치 개발에 더 집중하고 있습니다." AC 프로펄션 사장 폴 카로사가 내게 한 말이다.[17]

톰 게이지는 현재 EV 그리드EV Grid라는 회사의 사장인데[18], 이 회사는 잘 알려지진 않았지만 잠재력이 무궁무진한 V2G* 기술 분야의 일을 하고 있다. 이 V2G 시스템에서는 전력망을 안정적으로 운용하기 위해 전기 자동차의 배터리들을 활용하고 있어, 전 세계의 에너지 시장에 더 많은 재생

---

* vehicle-to-grid의 약자로, 전기 자동차에서 쓰고 남은 전력을 전력망에 판매하는 시스템

에너지원을 끌어들이는 데 더없이 중요한 역할을 하고 있다.

"AC 프로펄션의 구동 장치는 특히 이 V2G에 유용한데…… 그건 전력 망에서 전력을 끌어와 배터리를 충전할 수도 있고, 반대로 배터리의 전력을 전력망으로 보낼 수도 있어, 그 과정에서 전력망을 안정적으로 유지하는 데 필요한 미세한 조정이 가능해지기 때문입니다." 그러면서 톰 게이지는 이렇게 말을 이었다. "전력망 운영자 측으로부터 돈을 받기 때문에 수익성 있는 서비스죠. 대개는 거대한 발전기들과 연결하지만, 전력망 수요에더 신속히 대처할 수 있다는 점에서 배터리들과 연결하는 게 더 효율적입니다."

전력망 유지에 의미 있는 도움을 받으려면, V2G 시스템은 적어도 100대의 전기 자동차를 필요로 한다. BMW는 미니 E 프로그램을 종료하면서 미니 E 600여 대를 톰 게이지의 회사로 보내 그가 그 자동차들을 이용해 대규모 V2G 시스템 테스트를 할 수 있게 해 주었다.

"전기 자동차 전력망은 그렇게 시작됐어요. 그 뒤 우린 다른 많은 배터리 관련 사업에 뛰어들었죠. 우리는 AC 프로펄션이 하던 배터리 사업을 인수했습니다. 그래서 그들은 지금 구동 장치 사업에만 전념하고, 배터리와 배터리 관리 기술에 대한 모든 사용권은 우리가 갖고 있습니다. 우리는 지금 배터리 2차 활용 방법을 찾고 있는데, 자동차 제조업체들도 아주 큰 관심을 보이고 있습니다. 배터리의 잔존 가치를 최대한 활용할 수 있는 길이라고 보는 거죠."[19]

# 17 결론

테슬라는 큰 성공을 거두었다. 최소한 「뉴욕 타임스」의 크로스워드 퍼즐에 문제로 나올 정도로 유명해졌다. 일론 머스크란 이름은 그 유명한 텔레비전 퀴즈 쇼 〈제퍼디! Jeopardy!〉에서도 여러 차례 문제로 출제됐고, 2015년에는 텔레비전 애니메이션 영화 시리즈 〈심슨네 가족들 The Simpsons〉 에피소드에 특별 출연하기도 했다.[1] 테슬라는 텔레비전 애니메이션 시리즈 〈사우스 파크 South Park〉의 한 에피소드에서 언급됐고(카트맨: "살고 싶다면 있는 힘껏 액셀을 밟는 게 좋을 거야. 오, 잠깐! 이거 테슬라 자동차야? 오, 이런! 그렇담 아주 살짝 밟아!"), 신문 연재 만화 〈하이 앤드 로이스 Hi & Lois〉에서도 언급됐다(칩: "내가 보기에, 당신 다음엔 전기 자동차를 사야겠어." 하이: "맞아, 그린 green* 쪽으로 가야 할 거야." 칩: "이 차는 시속 0마일에서 60마일에 도달하는 데 5.6초 걸리잖아!" 하이: "이래 봬도 9만 달러짜리 차야! 그린이 많이 들어갔다고!").

• 친환경을 뜻한다.

테슬라라는 이름은 이제 혁신 기술의 대명사가 되어 가고 있다. 최근 '주방 용품 업계의 테슬라', '잔디 깎는 기계의 테슬라'를 꿈꾸는 기업에 대한 보도 자료를 본 적이 있을 정도다. 또한 '테슬라'라는 이름은 뛰어난 자동차의 환유어가 되었으며, 거의 1세기 가까이 고급차를 상징해 온 '캐딜락'을 대신하고 있다. 『탬파 베이 타임즈*Tampa Bay Times*』에 실린 최근 기사에서는 세인트피터스버그 부두St Petersburg Pier를 개조하는 웅대한 계획이 자금 축소로 인해 덜 웅장해 보인다며 "우리가 원하는 건 테슬라지 에드셀Edsel*이 아니다."라는 말을 하기도 했다.

그간 언론에서는 테슬라와 일론 머스크에 대해 과도할 정도로 많은 관심을 보여 왔다. 테슬라의 일거수일투족, 테슬라의 주가 동향을 일일이 다 보도해 온 것이다. 간결하면서도 함축적인 일론 머스크에 대한 책도 있고[2], 그의 발언들만 모아 올리는 웹사이트도 있으며[3], 그가 즐겨 쓰는 트위터 메시지를 패러디해 내놓는 웹사이트도 있을 정도다.[4]

기술 및 비즈니스 세계에서는 이미 테슬라라는 말이 들어가는 현상이 두 가지 나왔다. 적어도 두 작가가 불가능해 보이는 일을 신생 기업이 해 내 기존 대기업들이 신경 쓰지 않을 수 없게 만드는 현상을 '테슬라 효과Tesla effect'라 불렀다. 나 역시 '테슬라 순간Tesla moment'이라는 신조어를 제안했는데, 언론계가 어떤 새로운 기술을 더 이상 일시적 유행이라며 우습게 보지 않고 축하해야 할 강력한 흐름으로 보기 시작하는 순간을 뜻한다(9장 참조).

그간 워낙 많은 사람이 테슬라의 성공 '비결'에 대한 자신의 의견을 글로 썼다. 이제껏 살펴봐 왔지만, 사실 비결이랄 것도 없다. 굳이 말하자면,

• 막대한 자금을 투자해 큰 기대 속에 탄생했으나 대실패로 끝난 포드의 자동차 모델명

때가 무르익은 아이디어, 아주 확고한 신념과 많은 재능을 가진 일단의 사람들, 그리고 일정 부분의 행운 등이 그 비결인 셈이다. 훨씬 더 흥미로운 의문은 이런 것이다. '테슬라는 어떻게 혁신의 역사에 들어맞았는가?'

테슬라 이야기는 1990년대 초에 시작되어 지금까지 사상 유례없이 **빠른** 속도로 세계 경제를 재편하고 있는 거대한 혁명의 일부에 지나지 않는다. 그리고 제품 및 서비스의 디자인, 생산, 유통에 각종 정보 기술을 이용하고, 지리학적 거리와 중간 상인, 시대에 뒤떨어진 규제(저널리스트 톰 프리드먼Tom Friedman은 이런 것들을 '마찰 저항'이라 불렀음) 같은 장벽들을 제거하는 것이 이 혁명의 핵심이다. 이 혁명으로 백과사전, 전화번호부, 신문 광고, 여행사, 음악, 책 등 이미 많은 것이 파괴되거나 재창조되었으며, 현재 영화와 고등 교육 분야에서도 같은 일이 일어나고 있다.

테슬라는 이렇듯 새로운 비즈니스 질서를 자동차와 에너지 산업에 적용하고 있는 것뿐이지만, 그 파급 효과는 거의 혁명적일 것이다. 자동차가 워낙 우리 생활과 밀접한 관련이 있다 보니 그걸 재창조하는 일은 사회의 거의 모든 방면에 파급 효과를 미치게 되는 것이다. 몇 년 전 나는 직업상 특정 도시 지역 안에 있는 온갖 사업체를 방문해야 했는데, 그 당시 내가 깨달은 흥미로운 사실 중 하나는 그 가운데 정말 많은 사업체가 자동차와 관련되어 있다는 것이었다. 자동차를 제조하고, 자동차를 판매하고, 자동차에 기름을 넣고, 자동차와 관련해 대출을 해 주고, 자동차를 보험에 들게 하고, 자동차를 수리하고, 자동차를 원하는 대로 개조해 주고, 자동차를 세차하고, 자동차를 주차하고, 자동차를 이용해 사람과 제품을 실어 나르고, 자동차가 다닐 수 있게 도로나 다른 기반 시설을 건설하고, 자동차에 치인 사람을 치료하고, 자동차를 범죄에 악용하는 사람을 처벌하고, 자동차 수명이 다됐을 때 처분하는 것 등이 모두 자동차와 관련된 사업이다. 이 모든 사업이 향후 10여 년간 자동차의 전기화, 자동화, 연결화, 새로운 소유 모델이라는 4대 트렌드에 의해 큰 변화를 겪게 될 것이다.

테슬라는 그간 자동차 그 자체는 물론 자동차를 개발하는 과정과 관련해서도 새로운 가능성들을 보여 주었다. 자동차 대리점들과의 전쟁이 일단락되고 나면, 우리 경제에서 아주 큰 비중을 차지하고 있는 자동차 판매 인프라 역시 완전히 뒤바뀔 것이다. 물론 이처럼 제품 하나가 그 주변의 여러 산업들까지 변화시키는 건 테슬라의 경우뿐만이 아니다. 사실 요즘은 그런 일들이 비일비재하다. 예를 들어 애플이 내놓은 디지털 오디오 플레이어 아이팟과 그 생태계는 음반 회사와 음악가들의 수익 구조까지 변화시켜 버리고, 온라인 미디어의 출현은 광고 산업 자체를 재편하면서 인쇄 산업에 큰 충격을 안겨 주고, 그것이 또 인쇄기 산업의 몰락으로 이어지고, 그렇게 계속 파급 효과가 발생한다.

테슬라는 또한 자동차 거래를 디지털 시대에 맞게 변화시킴으로써, 자동차업계의 혁신을 앞당기고 있다. 인터넷 분야에서 일하던 내가 이렇게 자동차 관련 글을 쓴 지도 꽤 여러 해가 됐는데, 그래도 아직 나는 인터넷 업계에 비해 워낙 더딘 자동차업계의 발전 속도에 적응이 잘 안 되고 있다. 최근까지만 해도 새로운 자동차 모델을 구상해 그것을 실제 자동차 대리점에서 판매하기까지는 대략 10년이 걸린다는 게 업계의 일반적 통념이었다. 오늘날 거대 자동차 제조업체들은 그보다 좀 더 빨리 움직이지만, 일론 머스크를 비롯한 실리콘 밸리 출신들만큼 빨리 움직이진 못한다.

마크 타페닝은 내게 주요 자동차 제조업체들은 일하는 것이 "정말 믿기지 않을 만큼 굼뜨다"고 했다. 그에 비하면 그간 테슬라가 자동차를 시장에 내놓은 속도는 엄청나게 빨랐다. "허구한 날 일정을 못 맞추고 우리 생각보다 더 오래 걸리곤 했지만, 기존 자동차업계 사람들이 보기엔 우리가 엄청 빨랐던 모양입니다."[5]

다 그런 건 아니겠지만, 혁신은 어떤 한 사람의 작품이라기보다는 여러 사람의 힘이 쌓이면서 생겨나는 경우가 대부분이다. 설령 로버트 풀턴 Robert Fulton이 증기선을 개발하지 않았거나, 에디슨이 전기를 상업화하지 못했거나, 헨리 포드가 대량 생산 시스템을 만들어 내지 않았거나, 엘비스 프레슬리가 블루스를 백인 청소년들에게 유행시키지 않았거나, 빌 게이츠와 스티브 잡스가 컴퓨터를 대중화하지 않았다 해도, 조만간 누군가가 그런 일들을 해냈을 것이다. 그러나 그렇다고 해서 이들 선구자들의 업적이 조금이라도 빛바래는 건 아니다.

환경적 · 지정학적 이유들 때문이 아니더라도, 자동차의 전기화는 어차피 가야 할 길이다. 과학 기술 발전상의 다음 단계일 뿐인 것이다. 그러나 테슬라가 없었다면 아마 그 단계까지 가는 데 여러 해가 더 걸렸을 것이다. 2003년, 철통같은 독과점 체제를 유지하고 있던 주요 자동차 제조업체들이 입을 맞춘 듯 더 이상 전기 자동차 개발을 하지 않겠다는 뜻을 분명히 했기 때문이다. 더욱이 그들은 엄청난 자금력과 정치적 영향력을 갖고 있는 석유 산업과 떼려야 뗄 수 없는 밀착 관계에 있다. 따라서 아무리 청정에너지 자동차 수요가 늘어나고, 바이오 연료*나 보다 뛰어난 연비의 내연 기관 개발이 벽에 부딪힌다 해도, 전기 자동차 개발은 몇십 년이고 연구실 안에서나 진행됐을 것이다.

테슬라의 로드스터가 없었다면, 아마 십중팔구 쉐보레 볼트나 그 비슷한 자동차도 없었을 것이다. 테슬라로부터의 거센 도전이 없었다면, (그

* 곡물이나 식물, 나무, 해조류, 축산 폐기물 등에서 추출해 발효시키는 방식으로 만드는 연료

리고 전 GM 부회장 밥 루츠의 단호한 의지가 없었다면) GM은 아마 몇몇 테스트 시장에 볼트를 출시한 뒤 판매가 신통치 않을 경우 슬그머니 생산을 중단했을 것이다. 닛산 리프 역시 마찬가지다. 또한 모델 S가 없었다면, 고급 자동차 제조업체들도 전기 자동차에 별 관심이 없었을 것이고, 그 결과 BMW의 i3는 물론 고급 자동차 제조업체들의 차세대 플러그인 모델들도 나오지 않았을 것이다.

사람들의 생각과 달리, 기름을 아껴 주는 소형 시티카가 꼭 전기 자동차의 가장 유망한 틈새시장은 아닐 수도 있다. 낮은 비용으로 유지할 수 있는 소형 자동차를 찾는다면, 쉐보레 스파크Spark나 포드 피에스타Fiesta 같은 내연 기관 자동차들이 안성맞춤이다. 이 모델들은 지금도 전기 자동차는 명함도 못 내밀 만큼 가격도 싸다. 게다가 또 사람들의 생각과 달리, 가솔린 가격 역시 적어도 중산층이나 상류층 소비자들 입장에서는 그리 비싸지 않다. 우리는 너 나 할 것 없이 기름값이 비싸다고 투덜대지만, 정말 기름값이 그렇게 비싸다면, 거리에 자동차가 그리 많아 교통 체증이 일어나지도 않을 것이고, 허머Hummer나 콜벳 같은 고급 자동차들은 구경하기도 힘들 것이다.

사람들이 내연 기관 자동차 대신 전기 자동차를 사는 것은 돈을 절약하기 위해서도 아니고(전기 자동차를 상업적으로 이용하는 경우는 다르겠지만) 환경 문제에 지대한 관심이 있어서도 아니다. 결국은 전기 자동차가 더 좋기 때문에 그걸 선택하는 것이다. 전기 자동차는 내연 기관 자동차보다 운전하기가 더 즐겁고 더 편리하며 더 안전하고 유지비도 덜 든다. 게다가 실내 공간도 더 넓고, 성능도 더 뛰어나며, 오늘날의 에어컨이나 스테레오 시스템과 마찬가지로 조만간 꼭 필요하게 느껴질 온갖 최첨단 기능들을 다 갖추고 있다. 로드스터나 모델 S 같은 전기 자동차들이 고성능 고급 승용차 부문에서 강세를 보이고 있는 것도 바로 그 때문이다. 결국 고객들은 제품만 더 뛰어나다면 얼마든지 돈을 더 낸다는 것이다.

그리고 그런 사실을 온 세상에 입증해 보인 것이 바로 일론 머스크와 마틴 에버하드, 마크 타페닝처럼 스피드와 환경을 사랑하는 인물들이었다.

# 저자에 대해

찰스 모리스는 1990년대 초부터 글 쓰는 일을 하기 시작했다. 그는 자신의 형 및 조카(브루스 모리스와 키에프 모리스, 둘 다 각종 저서를 출간함)와 함께 컴퓨터 관련 잡지를 창간했으며, 후에 그 잡지를 '웹 개발자 저널Web Developer's Journal'이라는 온라인 출판물로 발전시켰다. 인터넷 골드 러시 시기에 그 '웹 개발자 저널'은 웹사이트 디자이너들 사이에서 가장 권위 있는 온라인 출판물 중 하나로 여겨졌다. 찰스와 그의 가족들은 첨단 산업이 위기를 맞게 되는 2000년대 초 직전에 그 잡지를 좀 더 큰 출판사에 팔았다. 기막힌 타이밍에 위기에서 벗어난 것이다.

'웹 개발자 저널' 발행 시기에 터득한 인터넷 관련 지식을 바탕으로, 찰스는 인터넷에 대한 책을 두 권 썼다. 유럽과 중앙아메리카를 소개하는 여행 안내서도 여럿 썼는데, 그 책들은 오픈 로드 출판사Open Road Publishing에서 출간됐다.

2011년, 찰스 모리스는 전기 자동차 전문지 『차지드』에 글을 기고했다.

그는 지금 전기 자동차의 모든 것을 다루는 블로그(www.chargedevs.com)를 운영하고 있으며, 꾸준히 잡지 기사를 쓰고 있다.

찰스는 2016년부터 테슬라 액세서리 시장 공급업체인 EV 에넥스를 위해 블로그(www.evannex.com/blogs/news)에 매일 테슬라 관련 글을 쓰고 있다.

찰스의 이 책이나 기타 저서와 관련된 정보를 알고 싶다면 웹사이트(www.teslamotorsbook.com) 또는 페이스북(www.facebook.com/Tesla MotorsBook)에서 최신의 테슬라 소식을 접할 수 있고, 독자가 직접 댓글을 달 수도 있다.

# 주

## 서문

1  http://gigaom.com/2012/10/18/solarcity-scores-first-utility-deal-and-why-thatsimportant/

2  한때 순전히 테슬라를 비판하기 위해 만들어진 웹사이트도 있었는데, 이 웹사이트는 이후 공격 대상을 실리콘 밸리와 거기서 일하는 진보적인 사람들로까지 확대했다.
   http://boycotttesla.wordpress.com

3  http://www.energy.wsu.edu/documents/EnergyImprovementAndExtensionActOf2008.pdf

4  http://www.wired.com/threatlevel/2012/10/romney-tesla-loser/

5  http://www.forbes.com/sites/toddwoody/2012/10/23/there-he-goes-again-romneystesla-gaffe/

6  http://cleantechnica.com/2013/06/12/bob-lutz-electric-car-future-definitely-comingvideo/

7  http://chargedevs.com/newswire/new-york-times-editor-weighs-in-on-the-teslacontroversy/


## 1장

1  http://www.britannica.com/EBchecked/topic/44957/automobile/259061/Earlyelectric-automobiles#ref=ref918099

2  http://en.wikipedia.org/wiki/Patent_encumbrance_of_large_automotive_NiMH_batteries

3  http://insideevs.com/insideevs-exclusive-interview-with-general-motors-ev1-marketing-director-john-dabels-part-1/

4  대부분의 디젤 기관차들과 일부 외항선들 역시 어떤 의미에서는 '하이브리드'인데, 그것은 전기 모터로 바퀴나 프로펠러를 돌리기 때문이다.

5  많은 주류 언론 매체들이 하이브리드 자동차를 '전기 자동차'라 부르지만, 전기 자동차 업계 종사자들은 대개 내연기관이 없는 순수한 전기 자동차에 한해 전기 자동차라는 말을 쓴다. 하이브리드 자동차, 플러

그인 하이브리드 자동차, 전기 자동차는 전부 '전기화된 차량'이라 불린다.

6   몇 가지 예를 보고 싶다면 http://www.evalbum.com을 참조할 것.

7   http://www.commutercars.com/

8   http://www.tazzari-zero.com/en/

9   https://www.mahindrae2oplus.com

10  http://en.wikipedia.org/wiki/Think_Global

11  http://www.gtaev.com/us. 하이브리드 자동차를 수리하는 미국 기업인 그린텍 오토와는 아무 관련이
    없다.

12  http://www.washingtonpost.com/local/virginia-politics/mcauliffes-businesspartners- receive-
    scrutiny-through-federal-inquiry-into-greentech/2013/08/24/885f3624- fa25-11e2-8752-
    b41d7ed1f685_story.html

13  http://electricdrive.org/index.php?ht=d/sp/i/20952/pid/20952

14  http://chargedevs.com/newswire/despite-record-sales-the-volt-still-makes-the-rightwing-see-red/

15  http://www.greencarreports.com/news/1091747_chevy-volt-how-it-really-works-vscommon-
    myths-misconceptions

16  http://www.latimes.com/business/autos/la-fi-electric-cars-20130506,0,3647114.story

17  같은 글

18  http://chargedevs.com/newswire/tesla-cleans-california-zev-credits/

19  『그린 카 리포츠』의 존 뷜커(자신은 겸손하게 그렇지 않다고 부정하지만) 그 용어를 만든 것으로 보이며
    한 기사에서 그것을 정의했다.
    http://www.greencarreports.com/news/1068832_electric-cars-some-are-real-most-areonly-
    compliance-cars--we-name-names

20  http://insideevs.com/monthly-plug-in-sales-scorecard/

21  https://www.greentechmedia.com/articles/read/is-the-third-time-a-charm-for-codasenergy-
    storage-business

22  http://www.privco.com/fisker-automotives-road-to-ruin/

23  그러나 이 얘기에 논란의 여지는 있다. 피스커 오토모티브가 배터리 공급 부족으로 어느 시점에서 생
    산을 전면 중단할 수밖에 없었다고 알려져 있지만, A123 임원들의 말에 따르면, 그런 일은 전혀 없었다
    고 한다. http://chargedevs.com/features/the-new-a123-looks-a-lot-like-the-old-a123-qa-with-jeff-
    kessen/

24  같은 글

25  http://www.nytimes.com/2012/12/23/automobiles/a-year-of-few-dullmoments.html?_r=1&

26  http://www.globes.co.il/en/article-1000910393

27  http://www.greenprophet.com/2013/11/gnrgy-buys-better-place-for-the-price-of-anapartment-in-
    tel-aviv/

28  http://www.fastcompany.com/3028159/a-broken-place-better-place

29  https://finance.yahoo.com/news/china-backed-electric-vehicle-startup-205246701.html

30  http://www.nextmobility.co/nio-fastest-growing-ev-company-increasing-workforce-61-6-months/

31  https://chargedevs.com/newswire/nextev-testing-electric-supercar-in-germanyautonomous-
    vehicles-in-california/

32  https://chargedevs.com/newswire/lucid-motors-unveils-lucid-air-luxury-sedan/

33  https://chargedevs.com/features/rimac-automobili-invents-the-croatian-autoindustry/

34  https://chargedevs.com/features/harley-davidsons-chief-engineer-on-thedevelopment-of-project-livewire/

35  https://www.autoblog.com/2017/05/11/harley-davidson-confirms-electricmotorcycle-100-new-models/

36  http://www.teslamotors.com/blog/secret-tesla-motors-master-plan-just-between-youand-me


## 2장

1   http://www.oninnovation.com/videos/detail.aspx?video=1259&title=Inspirations

2   애슐리 밴스, 『일론 머스크』(2015). 밴스는 머스크를 상대로 광범위한 인터뷰를 했는데, 내가 알고 있는 머스크의 어린 시절에 대한 정보는 전부 그의 책을 통해 얻게 된 것들이다.

3   http://www.oninnovation.com/videos/detail.aspx?video=1259&title=Inspirations

4   http://articles.latimes.com/2003/apr/22/business/fi-spacex22

5   Bloomberg Risk Takers. http://www.youtube.com/watch?v=CTJt547--AM#t=1634

6   End Conscription Campaign (ECC). South African History Online. Retrieved 2011-03-13

7   Belfiore, Michael (2007). Chapter 7: "Orbit on a Shoestring," Rocketeers. HarperCollins. pp. 166-195. ISBN 978-0-06-114902-3.

8   Entrepreneur aims for an economical gateway to space, Florida Today, Jan 29, 2005.

9   http://articles.latimes.com/2003/apr/22/business/fi-spacex22

10  같은 글

11  Belfiore, Michael (2007). Chapter 7: "Orbit on a Shoestring," Rocketeers. HarperCollins. pp. 166-195. ISBN 978-0-06-114902-3.

12  Success Stories: Queen's Business Consulting: A Tale of Two Consultants. Queen's University School of Business. Retrieved December 23, 2012.

13  Entrepreneur aims for an economical gateway to space, Florida Today, Jan 29, 2005.

14  Dot-Com Chef Meets Burning Man, Wall Street Journal, May 22, 2009.

15  http://teslarumors.com/HowTeslaBegan

16  Elon Musk: Tesla Motors CEO, Stanford GSB 2013 Entrepreneurial Company of the Year http://www.youtube.com/watch?v=MBItc_QAUUM

17  Compaq buys Zip2, CNet News.com. February 16, 1999.

18  https://www.thoughtco.com/elon-musk-profile-1992154

19  PandoDaily. https://www.youtube.com/watch?v=mOI8GWoMF4M

20  Bloomberg Risk Takers. http://www.youtube.com/watch?v=CTJt547--AM#t=1634

21  Belfiore, Michael (2007). Chapter 7: "Orbit on a Shoestring," Rocketeers. HarperCollins. pp. 166-195. ISBN 978-0-06-114902-3.

22  http://www.oninnovation.com/videos/detail.aspx?video=1259&title=Inspirations

23  X.com Scraps Bank Strategy To Focus on PayPal System, American Banker. http://www.siliconinvestor.com/readmsgs.aspx? subjectid=23511&msgnum=16538&batchsize=10&

batchtype=Previous

24  http://articles.latimes.com/2003/apr/22/business/fi-spacex22

25  http://en.wikipedia.org/wiki/Foundation_series

26  http://www.theguardian.com/technology/2013/jul/17/elon-musk-mission-marsspacex

27  http://www.esquire.com/features/75-most-influential/elon-musk-1008

28  http://articles.latimes.com/2003/apr/22/business/fi-spacex22

29  http://www.youtube.com/watch?v=MBItc_QAUUM

30  http://www.time.com/time/specials/2007/article/0,28804,1730759_1730843_1730983,00.html

31  http://www.greentechmedia.com/articles/read/is-the-solarcity-model-the-only-wayto-scale-residential-solar

32  http://www.teslasciencecenter.org

33  http://www.businessinsider.com/elon-musk-says-zuckerbergs-pac-cynical-2013-5

34  https://www.recode.net/2017/2/4/14508874/elon-musk-trump-business-counciltwitter-tesla-spacex

35  http://www.latimes.com/business/la-fi-elon-musk-climate-change-20170601-story.html

36  http://www.time.com/time/specials/packages/article/0,28804,1984685_1984745_1985495,00.html

37  http://jerrygarrett.wordpress.com/2010/05/06/how-iron-man-2s-wild-special-effectswere-filmed/

38  http://www.businessweek.com/stories/2006-01-23/is-the-web-the-new-hollywood-businessweek-business-news-stock-market-and-financial-advice

39  http://vator.tv/news/2010-08-11-a-candid-interview-with-tesla-ceo-elon-musk

40  https://www.vanityfair.com/news/2017/03/elon-musk-billion-dollar-crusade-to-stopai-space-x

41  https://openai.com/

42  http://en.wikipedia.org/wiki/Steven_Covey

43  http://www.teslamotors.com/blog/ethanol-ethanol-everywhere-time-stop-and-think

**3장**

1   일론 머스크는 자신이 AC 프로펄션 팀을 만나게 된 과정을 이렇게 기억하고 있고, 두 차례의 동영상 인터뷰에서도 그와 비슷한 말을 했다. 그러나 톰 게이지와 마크 타페닝은 자신들이 기억하기론 JB 스트로벨이 테슬라와 인연을 맺은 건 그 이후의 일이라고 했다.
    http://teslarumors.com/HowTeslaBegan

2   http://www.acpropulsion.com/

3   톰 게이지, 필자와의 개인 인터뷰 (2013. 10. 25)

4   http://www.funcar.com/sportech/

5   폴 카로사, 필자와의 개인 인터뷰 (2013. 10. 18)

6   http://en.wikipedia.org/wiki/AC_Propulsion_tzero

7   폴 카로사, 필자와의 개인 인터뷰 (2013. 10. 18)

8   http://en.wikipedia.org/wiki/Martin_Eberhard

9   마크 타페닝, 필자와의 개인 인터뷰 (2013. 10. 15)

10  http://teslarumors.com/HowTeslaBegan

11 마크 타페닝, 필자와의 개인 인터뷰 (2013. 10. 15)

12 http://www.greentechmedia.com/articles/read/tesla-founder-marc-tarpenning-howto-start-a-car-company

13 http://www.teslamotors.com/blog/ethanol-ethanol-everywhere-time-stop-and-think

14 2009년 『사이언스』 지에 실린 논문도 같은 결론에 도달했다. http://www.sciencemag.org/content/324/5930/1055.abstract

15 http://chargedevs.com/newswire/union-of-concerned-scientists-releasescomprehensive-study-of-evs-impact-on-climate-change-and-charging-costs/

16 State of Charge: Electric Vehicles' Global Warming Emissions and Fuel-Cost Savings Across the United States.
http://www.ucsusa.org/assets/documents/clean_vehicles/electric-car-global-warmingemissions-report.pdf

17 http://news.mit.edu/2016/electric-vehicles-make-dent-climate-change-0815
http://www.ucsusa.org/clean-vehicles/electric-vehicles/life-cycle-ev-emissions#.Vk9JEbnbcy
http://www.pnas.org/content/early/2014/12/10/1406853111.full.pdf+html?sid=7d92bdf2-3664-41aa-9738-b9ef2760f22e

18 http://www.eia.gov/tools/faqs/faq.cfm?id=427&t=3

19 http://www.teslamotors.com/blog/secret-tesla-motors-master-plan-just-betweenyou-and-me

20 에버하드와 타페닝은 2017년 스탠퍼드대학교에서 있었던 한 강연에서 '긴 배기관' 문제에 대해 자세히 얘기했으며, 또 자신들이 어떻게 전기가 최선의 선택이라는 결론에 도달하게 됐는지도 설명했다. 당시의 그 강연 비디오는 처음부터 끝까지 다 볼만한 가치가 있다.
https://www.youtube.com/watch?v=s47Cy8OUNcM

21 마크 타페닝, 필자와의 개인 인터뷰 (2013. 10. 15)

22 http://teslarumors.com/HowTeslaBegan

23 이언 라이트, 필자와의 개인 인터뷰 (2014. 1. 24)

24 http://en.wikipedia.org/wiki/Tesla_motors

25 http://www.youtube.com/watch?feature=player_embedded&v=HYiCjKEmwwA

26 http://www.automobilemag.com/features/news/1208_q_and_a_elon_musk_ceo_tesla/

27 Revenge of the Electric Car. http://www.revengeoftheelectriccar.com


## 4장

1 이언 라이트, 필자와의 개인 인터뷰 (2014. 1. 24)

2 http://alumni.stanford.edu/get/page/magazine/article/?article_id=31675

3 Innovators under 35, Kevin Bullis, MIT Technology Review.
http://www2.technologyreview.com/tr35/profile.aspx?trid=742

4 '에너지 밀도'라는 용어는 가끔 단위 '중량'당(kWh/kg) 한 시스템 안에 비축된 에너지의 양을 뜻하는 데 쓰이기도 하지만, 그런 걸 가리키는 전문 용어로는 '비比에너지'이다.

5 http://en.wikipedia.org/wiki/Energy_density#Energy_densities_of_common_energy_storage_materials

6    마크 타페닝, 필자와의 개인 인터뷰 (2013. 10. 15)

7    미국 화재방지협회에 따르면 미국에서만 연간 약 15만 대다.

8    http://en.wikipedia.org/wiki/Plug-in_electric_vehicle_fire_incidents

9    http://auto.howstuffworks.com/tesla-roadster.htm

10   Innovators under 35, Kevin Bullis, MIT Technology Review.
     http://www2.technologyreview.com/tr35/profile.aspx?trid=742

11   http://chargedevs.com/newswire/plug-in-america-study-tesla-roadster-batteriesretain-80-85-
     capacity-after-100k-miles/

12   https://pluginamerica.org/press-release/plug-in-america-research-shows-that-teslaroadster-battery-
     performance-bests-tesla-motors-own-projections/

13   핀란드의 한 택시 기사는 25마일(약 40킬로미터)을 주행한 뒤 애초 용량의 약 93퍼센트가 남았다고 했
     고(http://www.teslarati.com/tesla-model-s-400k-km-250k-mi-7-percent- batterydegradation/), 캘
     리포니아의 한 카센터는 20마일(약 32킬로미터)을 주행 한 후 원래 용량의 약  94퍼센트가 남았다고 했
     다(http://www.tesloop.com/blog/2017/8/30/tesla- model-s-hits-300k-mileswith-less-than-11k-
     maintenance-costs).

14   이언 라이트, 필자와의 개인 인터뷰 (2014. 1. 24)

15   Martin Eberhard, Lotus Position, July 25, 2006.
     http://www.teslamotors.com/blog/lotus-position

16   http://www.autofieldguide.com/articles/lotus-bonds-with-aluminum

17   http://en.wikipedia.org/wiki/Interaction_design

18   http://www.greentechmedia.com/articles/read/tesla-founder-marc-tarpenning-howto-start-a-car-
     company

19   http://en.wikipedia.org/wiki/Tesla_motors


5장

1    http://www.teslamotors.com/about/press/releases/gov-schwarzenegger-spotlightstesla-roadster-la-
     auto-show-speech

2    http://www.teslamotors.com/about/press/releases/tesla-roadster-%E2%80%98signature-one-
     hundred%E2%80%99-series-sells-out

3    http://www.teslamotors.com/nl_NL/about/press/releases/tesla-motors-receives-environmental-
     leadership-award-global-green-usa

4    http://www.teslamotorsclub.com/showthread.php/4633-Cliff-notes-on-Roadstertransmission-
     problems

5    http://www.greentechmedia.com/articles/read/tesla-founder-marc-tarpenning-howto-start-a-car-
     company

6    http://www.motortrend.com/roadtests/convertibles/112_0810_2009_tesla_roadster_one_speed/
     viewall.html#ixzz2eNksnWTM

7    http://www.greentechmedia.com/articles/read/tesla-founder-marc-tarpenning-howto-start-a-car-
     company

8 Innovators under 35, Kevin Bullis, MIT Technology Review. http://www2.technologyreview.com/tr35/profile.aspx?trid=742

9 http://www.greentechmedia.com/articles/read/teslas-elon-musk-rebuts-claims-bymartin-eberhard/

10 http://www.businessinsider.com/tesla-recalls-345-roadsters-2009-5

11 http://www.teslamotors.com/blog/driving-p1

12 http://www.slate.com/articles/news_and_politics/gearbox/2006/11/its_electric.html

13 First Drive: 2008 Tesla Roadster, March 2008 issue of Motor Trend. http://www.motortrend.com/roadtests/alternative/112_0803_2008_tesla_roadster/

14 http://www.motortrend.com/roadtests/convertibles/112_0810_2009_tesla_roadster_one_speed/viewall.html#ixzz2eNksnWTM

15 http://www.automobilemag.com/green/reviews/0911_2009_tesla_roadster_electric_car/

16 Tesla Roadster packs power in a flash of electricity, LA Times, February 06, 2009.   http://articles.latimes.com/2009/feb/06/business/fi-neil6

17 World Exclusive: First Complete Test of the 2009 Tesla Roadster, Road and Track, February 2009.

18 First Test: 2010 Tesla Roadster Sport, from the December 2009 issue of Motor Trend. http://www.motortrend.com/roadtests/alternative/112_0912_2010_tesla_roadster_sport_test/specs.html#ixzz0b8yiYKO0

19 Car and Driver, May 2009. http://www.caranddriver.com/reviews/2009-teslaroadster-road-test

20 The Surge in Electric Cars, Wall Street Journal, Dec. 16, 2009. http://online.wsj.com/news/articles/SB10001424052748704201404574589900770542192

21 http://www.thetruthaboutcars.com/2012/02/capsule-review-2011-tesla-roadster-2-5-s/

22 http://www.egmcartech.com/2008/12/16/tesla-clears-up-some-of-clarksons-calimsduring-tesla-roadster-test-drive/

23 http://www.wired.com/autopia/2008/12/tesla-cries-fou/

24 http://wheels.blogs.nytimes.com/2008/12/30/was-top-gears-test-of-tesla-roadstermisleading/comment-page-3/?apage=2

25 http://www.telegraph.co.uk/culture/tvandradio/3933517/Jeremy-Clarkson-in-Top-Gear-fakery-row-over-electric-car.html

26 http://www.theguardian.com/media/2013/mar/05/top-gear-tesla-jeremy-clarkson

27 http://www.wired.com/autopia/2008/12/top-gear-flogs/

28 http://www.wired.com/autopia/2008/12/tesla-cries-fou/

29 http://transmission.blogs.topgear.com/2011/04/02/tesla-vs-top-gear-andy-wilmanon-our-current-legal-action/

30 http://en.wikipedia.org/wiki/Top_Gear_controversies

31 http://www.iol.co.za/motoring/industry-news/tesla-losing-top-gear-courtchallenge-1.1162112#.UkTGC4asim4

32 http://www.theguardian.com/media/2013/mar/05/top-gear-tesla-jeremy-clarkson

33 http://www.theregister.co.uk/2008/12/22/bbc_top_gear_tesla/

**6장**

1 http://money.cnn.com/2008/07/07/technology/copeland_tesla.fortune/index3.htm
2 같은 글
3 Bloomberg Risk Takers. http://www.youtube.com/watch?v=CTJt547--AM#t=1634
4 같은 글
5 http://www.themarker.com/wallstreet/1.498870
6 http://articles.latimes.com/1988-01-26/business/fi-38667_1_auto-alarm
7 마크 타페닝, 필자와의 개인 인터뷰 (2013. 10. 15)
8 Bloomberg Risk Takers. http://www.youtube.com/watch?v=CTJt547--AM#t=1634
9 Newsweek, Nov 15, 2008
10 Revenge of the Electric Car. http://www.revengeoftheelectriccar.com
11 http://www.greentechmedia.com/green-light/post/wnen-martin-eberhard-was-nonpersoned-at-tesla/
12 http://www.faqs.org/patents/app/20120025765#b
   http://www.faqs.org/patents/app/20090143929#b
13 http://www.greentechmedia.com/articles/read/teslas-elon-musk-rebuts-claims-bymartin-eberhard/
14 Superior Court of California, County of San Mateo. 2009-07-17. Retrieved 2009-08-01.
15 http://www.bizjournals.com/sanjose/stories/2009/08/17/daily45.html
   http://www.wired.com/autopia/2009/08/eberhard-tesla-lawsuit/
16 http://legalpad.typepad.com/my_weblog/2009/09/tesla-cofounder-dammit-settlessuit. html
17 마크 타페닝, 필자와의 개인 인터뷰 (2013. 10. 15)
18 http://www.greentechmedia.com/articles/read/tesla-founder-marc-tarpenning-howto-start-a-car-company
19 같은 글
20 같은 글
21 http://www.marieclaire.com/sex-love/relationship-issues/millionaire-starter-wife? click=main_sr
22 Revenge of the Electric Car. http://www.revengeoftheelectriccar.com
23 같은 글
24 같은 글
25 Bloomberg Risk Takers. http://www.youtube.com/watch?v=CTJt547--AM#t=1634
26 Revenge of the Electric Car. http://www.revengeoftheelectriccar.com
27 같은 글
28 같은 글


**7장**

1 Bloomberg Risk Takers. http://www.youtube.com/watch?v=CTJt547--AM#t=1634
2 같은 글
3 http://www.wired.com/magazine/2010/09/ff_tesla/all/

4 이 현상에 대한 자세한 분석을 보고 싶다면, 클레이턴 M. 크리스텐센이 쓴 『혁신가의 딜레마 The Innovator's Dilemma』를 보라.

5 http://www.businessweek.com/bwdaily/dnflash/content/may2009/db20090519_566476.htm

6 http://www.teslamotors.com/about/press/releases/strategic-partnership-daimleracquires-stake-tesla

7 같은 글

8 http://www.autoblog.com/2012/09/05/elon-musk-the-credit-for-saving-teslashould-go-to-daimler/

9 http://www.teslamotors.com/about/press/releases/strategic-partnership-daimleracquires-stake-tesla

10 http://www.businessweek.com/bwdaily/dnflash/content/may2009/db20090519_566476.htm

11 같은 글

12 http://ev.sae.org/article/11923

13 http://insideevs.com/daimler-exits-tesla-investment-banks-780-million/

14 http://insideevs.com/daimler-terminates-all-ties-with-tesla/

15 https://global.handelsblatt.com/edition/271/ressort/companies-markets/article/allcharged-up-in-berlin

16 New York Times: Should Taxpayers Back a High-End Electric Carmaker? by Randall Stross. November 28, 2008.
http://www.nytimes.com/2008/11/30/business/30digi.html?fta=y&_r=0

17 http://techcrunch.com/2009/04/10/teslas-elon-musk-grows-a-pair-good-for-him/
오리지널 비디오는 웹 사이트에서 제거됐으나, 머니 라인은 『블룸버그 리스크 테이커즈』에서 볼 수 있다.
http://www.youtube.com/watch?v=CTJt547--AM#t=1634

18 Revenge of the Electric Car. http://www.revengeoftheelectriccar.com

19 Q&A with Bob Lutz, Charged, April/May 2012.
http://chargedevs.com/features/company-man-qa-bob-lutz

20 http://www.latimes.com/business/autos/la-fi-hy-lutz-qa-20170330-story.html

21 Revenge of the Electric Car. http://www.revengeoftheelectriccar.com

22 Charlie Rose interview, 2009

23 http://money.cnn.com/2017/06/05/investing/toyota-sells-tesla-stake/index.html

24 http://www.teslamotors.com/about/press/releases/tesla-motors-and-toyota-motorcorporation-formalize-agreement-develop-rav4

25 http://ev.sae.org/article/11923

26 http://www.bizjournals.com/sanfrancisco/stories/2010/05/17/daily65.html

27 http://www.wired.com/magazine/2010/09/ff_tesla/

28 같은 글

29 http://www.bizjournals.com/sanfrancisco/stories/2010/05/17/daily65.html

30 Revenge of the Electric Car. http://www.revengeoftheelectriccar.com

31 http://www.wired.com/magazine/2010/09/ff_tesla/all/

8장

1 http://www.greentechmedia.com/green-light/post/tesla-kills-its-gas-electric-hybrid- 586

2 http://www.teslamotors.com/about/press/releases/tesla-unveils-world %E2%80%99s-first-mass-produced-highway-capable-ev

3 Bloomberg Risk Takers. http://www.youtube.com/watch?v=CTJt547--AM#t=1634

4 같은 글

5 같은 글

6 http://gigaom.com/2013/11/06/how-tesla-overcame-the-challenges-of-electric-cardesign-from-the-ground-up/2/

7 http://www.automobilemag.com/features/news/1208_q_and_a_elon_musk_ceo_tesla/

8 http://www.proteanelectric.com/en/

9 Bloomberg Risk Takers. http://www.youtube.com/watch?v=CTJt547--AM#t=1634

10 http://www.bloomberg.com/video/the-tesla-model-s-designing-the-car-of-thefuture-zHOTD4KAQvyqHcBV~_esfA.html

11 Tesla blog: Franz von Holzhausen and Model S Program Director Jerome Guillen, July 21, 2011. http://www.teslamotors.com/blog/model-s-designing-perfect-enduranceathlete

12 같은 글

13 http://gigaom.com/2013/11/06/how-tesla-overcame-the-challenges-of-electric-cardesign-from-the-ground-up/2/

14 Tesla blog: Franz von Holzhausen and Model S Program Director Jerome Guillen, July 21, 2011. http://www.teslamotors.com/blog/model-s-designing-perfect-enduranceathlete

15 http://www.teslamotorsclub.com/showthread.php/10398-Model-S-Technical- Mechanical-Issues/page88

16 http://gigaom.com/2013/11/06/how-tesla-overcame-the-challenges-of-electric-cardesign-from-the-ground-up/2/

17 Two in-depth reviews: Lee Hutchinson. http://arstechnica.com/features/2013/10/review-tesla-model-s/4/ Joe Wiesenfelder. http://www.cars.com/tesla/model-s/2012/expert-reviews

18 http://www.automobilemag.com/features/news/1208_q_and_a_elon_musk_ceo_tesla/involvement.html

19 http://www.teslamotors.com/blog/model-s-designing-perfect-endurance-athlete

20 사실, 당시 언론에서는 피스커가 일시적으로 생산 라인을 멈출 수밖에 없었다고 보도했었다. 그러나 A123 대변인 제프 케센은 훗날 『차지드』 지와의 인터뷰에서 그건 사실과 전혀 다른 얘기라고 말했다. http://chargedevs.com/features/the-new-a123-looks-a-lotlike-the-old-a123-qa-with-jeff-kessen/

21 http://www.teslamotors.com/it_CH/about/press/releases/tesla-and-panasoniccollaborate-develop-nextgeneration-battery-cell-technology

22 http://ev.sae.org/article/11923

23 http://www.automobilemag.com/features/news/1208_q_and_a_elon_musk_ceo_tesla/involvement.html

24 http://chargedevs.com/newswire/nissan-leaf-warranty-will-now-cover-batterycapacity-loss/

25 http://www.pluginamerica.org/surveys/batteries/leaf/Leaf-Battery-Survey.pdf

26    http://www.automobilemag.com/features/news/1208_q_and_a_elon_musk_ceo_tesla/involvement.
html

27    http://ev.sae.org/article/11923

28    http://green.autoblog.com/2013/05/30/tesla-supercharger-network-goesnationwide-gets-faster-w-
video/

29    2014년 5월, 일론 머스크는 슈퍼 충전기를 같이 쓸 수 있게 기꺼이 다른 전기 자동차 제조업체들과 협력
할 용의가 있다고 되풀이해서 말했다.
https://www.youtube.com/watch?v=nDwEFvOh9co


## 9장

1    http://chargedevs.com/newswire/two-key-tesla-executives-jump-ship-stockmarket-is-not-
amused/

2    http://files.shareholder.com/downloads/ABEA-4CW8X0/0x0x567959/9429b5fe-3ebc-4e93-9fe9-
7655b15301f1/Q1%202012%20Tesla%20Shareholder%20Letter.pdf

3    http://www.ashleevance.com/

4    http://www.bloomberg.com/news/articles/2015-04-20/elon-musk-had-a-deal-tosell-tesla-to-
google-in-2013

5    같은 글. 이 글을 쓰고 있는 지금까지도, 두 회사 모두 이런 일이 있었다는 사실을 긍정도 부정도 하지 않
고 있다.

6    http://blogs.wsj.com/corporate-intelligence/2015/05/04/elon-musk-takesuncustomary-humble-
tone-for-teslas-sales/

7    http://www.autonews.com/article/20130116/OEM06/130119843/tesla-nimblyupdates-model-s-
over-the-air

8    Stalled Out on Tesla's Electric Highway, by John M. Broder, New York Times, February 8, 2013.
http://www.nytimes.com/2013/02/10/automobiles/stalled-on-the-evhighway.html

9    Musk Fires Back at NY Times: Bloomberg West, Feb 11, 2013.
http://www.bloomberg.com/video/musk-fires-back-at-ny-times-bloomberg-west-2-11-
KRQHYlsdTji9bBH9P1ay6g.html

10   The Charges Are Flying Over a Test of Tesla's Charging Network, by John M. Broder, New York
Times, February 12, 2013.
http://wheels.blogs.nytimes.com/2013/02/12/the-charges-are-flying-over-a-test-of-teslascharging-
network/

11   http://www.teslamotors.com/blog/most-peculiar-test-drive

12   http://news.consumerreports.org/cars/2013/01/rapid-charging-at-a-tesla-evsupercharge-station.
html

13   That Tesla Data: What It Says and What It Doesn't, by John M. Broder, New York Times, February
14, 2013. http://wheels.blogs.nytimes.com/2013/02/14/that-tesla-datawhat-it-says-and-what-it-
doesnt/

14   http://www.wired.com/autopia/2013/02/tesla-logs-nytimes/

15  모델 S를 소유하고 있는 피터 소쿱이 몇 가지 유용한 정보를 제공했다.
    http://www.plugincars.com/response-new-york-times-stalled-ev-highway-126416.html

16  http://publiceditor.blogs.nytimes.com/2013/02/18/problems-with-precision-andjudgment-but-not-integrity-in-tesla-test/

17  http://money.cnn.com/2013/02/15/autos/tesla-model-s/index.html

18  보다 긍정적인 리뷰들을 보고 싶다면 다음 주소 참조. http://www.teslamotors.com/about/press/press-mentions

19  http://www.motortrend.com/oftheyear/car/1301_2013_motor_trend_car_of_the_year_tesla_model_s/

20  http://www.automobilemag.com/features/awards/1301_2013_automobile_of_the_year_tesla_model_s/viewall.html

21  http://autos.yahoo.com/blogs/motoramic/tesla-model-2013-yahoo-autos-car-165907072.html

22  http://www.roadandtrack.com/car-reviews/road-tests/road-test-2013-tesla-model-s

23  http://www.nytimes.com/2012/09/30/automobiles/autoreviews/one-big-step-fortesla-one-giant-leap-for-evs.html

24  http://online.wsj.com/news/articles/SB10001424052702304211804577504632238740966

25  http://consumerreports.org/cro/magazine/2013/07/tesla-model-s-review/index.htm

26  훗날 이 '가격 계산기'는 사라졌다. 지금은 잠재 고객들이 설정 프로그램을 사용해 자신의 예상 기름값을 입력함으로써 연간 어느 정도의 연료비가 절감되는지 예측할 수 있다.
    https://www.tesla.com/models/design

27  http://www.bloomberg.com/news/2013-09-10/tesla-s-model-s-buyback-offerbuilds- in-used-car-revenue-boost.html

28  http://www.teslamotors.com/about/press/releases/tesla-motors-announcesofferings- common-stock-and-convertible-senior-notes

29  http://www.teslamotors.com/about/press/releases/tesla-repays-department-energyloan-nine-years-early

30  http://energy.gov/articles/moniz-tesla-repayment-shows-strength-energydepartment-s-overall-loan-portfolio

31  http://chargedevs.com/newswire/tesla-pays-off-doe-loan-early-taxpayers-profit/

32  http://blog.chryslerllc.com/entry/2081/not_exactly_tesla

33  http://www.greencarreports.com/news/1084340_tesla-repays-465-million-doeloan- chrysler-bites-back-at-claim

34  http://boycotttesla.wordpress.com

35  https://www.facebook.com/sarahpalin/posts/10151547784498588

36  http://green.autoblog.com/2013/04/09/sarah-palin-tesla-loser-wounds-elon-musk/

37  http://www.bloomberg.com/news/2013-05-17/tesla-raises-more-than-1-billion-torepay-u-s-loan.html

38  http://insideevs.com/video-fox-news-changes-its-stance-now-calls-tesla-motors-ahuge-success/

39  http://www.washingtonpost.com/business/economy/teslas-market-value-soars-butsome-see-a-bubble/2013/05/16/7589d84c-bcd1-11e2-97d4-a479289a31f9_story_1.html

40  http://gigaom.com/2013/05/16/after-loving-to-hate-tesla-tech-bloggers-andinvestors-scramble-to-prove-their-love/

**10장**

1    Jerry Hirsch, Los Angeles Times, May 5, 2013.
    http://articles.latimes.com/2013/may/05/business/la-fi-electric-cars-20130506

2    같은 글

3    http://www.bloomberg.com/news/2012-05-30/nissan-poised-to-sell-green-vehiclecredits-tesla-started.html

4    http://www.autonews.com/apps/pbcs.dll/article? AID=/20130829/OEM05/308299941/nissan-joins-tesla-in-selling-green-car-credits-toboost-revenue&cciid=email-autonews-daily&r=2137F4695801E6V#axzz2dOIlGj1o

5    같은 글

6    http://www.reuters.com/resources_v2/flash/video_embed.swf?videoId=243437843&edition=BETA US

7    http://insideevs.com/musk-provides-details-on-model-s-battery-swapping-saysinfrastructure-will-cost-tesla-less-than-100-million-wvideo/

8    http://chargedevs.com/newswire/tesla-battery-swapping-dead-or-just-delayed
    http://jalopnik.com/where-the-hell-are-teslas-battery-swapping-stations-1585415460

9    http://blog.caranddriver.com/musk-more-tesla-battery-swapping-stations-unlikely/

10    https://electrek.co/2017/08/24/tesla-model-3-exclusive-battery-pack-architecture/

11    https://www.freightwaves.com/news/teslas-electric-truck-end-game

12    http://www.bloomberg.com/news/2013-07-11/tesla-model-s-sedan-output-speedspast-400-a-week-ceo.html

13    http://chargedevs.com/newswire/musk-expands-on-teslas-q2-financial-report/

14    http://www.sfgate.com/news/article/Unions-press-for-place-with-Tesla-5109708.php#page-1

15    http://www.wired.com/business/2009/06/elon-musk-on-the-inevitability-of-the-evrunning-detroit-and-firing-a-certain-someone/

16    http://www.reuters.com/article/2013/10/08/tesla-norwayidUSL6N0HX1CH20131008

17    http://chargedevs.com/newswire/charging-pains-in-europes-ev-capital/

18    http://chargedevs.com/newswire/musk-in-germany-special-tuning-for-theautobahn- faster-superchargers-and-a-model-e-prototype-in-a-year/

19    http://chargedevs.com/newswire/musk-in-england-model-x-superchargers-andthat- famous-british-sunshine/

20    http://chargedevs.com/newswire/trademark-trolls-trouble-tesla/

21    http://fortune.com/2017/06/07/fortune-500-tesla-china/

22    http://chargedevs.com/newswire/tesla-goes-to-china-charging-is-a-genuinechallenge/

23    http://fortune.com/2015/03/10/tesla-china-problem/

24    http://money.cnn.com/2014/04/22/autos/tesla-china/

25    http://chargedevs.com/newswire/tesla-d-is-more-revolutionary-than-you-think/

27    http://www.teslamotors.com/blog/roadster-30

**11장**

1 2016년 말까지는 닛산 리프가 여전히 기록을 갖고 있었으나, 2017년에 모델 S가 그 기록을 넘어섰다.

2 이안 라이트, 필자와의 개인 인터뷰 (2014. 1. 24)

3 http://chargedevs.com/features/bmw-i3-the-launch-of-many-firsts/

4 http://chargedevs.com/newswire/musk-expands-on-teslas-q2-financial-report/

5 http://ev-sales.blogspot.ch/2017/08/norway-july-2017.html

6 http://chargedevs.com/newswire/do-luxury-models-make-more-sense-as-evs-thansmall-cars/

7 http://wardsauto.com/north-america/why-3-gasoline-problematic

8 http://chargedevs.com/newswire/sources-claim-that-porsche-717-ev-will-feature- 4wd-and-a-300-mile-range/

9 https://blogs.wsj.com/corporate-intelligence/2015/05/07/porsche-ceo-mullerignores- tesla-not-electric-cars/

10 https://electrek.co/2017/06/26/porsche-electric-vehicles-mission-e/

11 https://www.audi-mediacenter.com/en/press-releases/focus-on-the-future-audipresents-strategic-plans-to-shareholders-after-a-challenging-year-8573

12 http://chargedevs.com/newswire/mercedes-c350-plug-in-hybrid-debuts-in-detroitlots-more-phevs-on-the-way/

13 http://www.autonews.com/article/20170731/OEM05/170739961/mercedes-saysbye- bye-to-b-class-electric-drive

14 https://chargedevs.com/newswire/mercedes-asks-car-buyers-if-theyre-interested-inevs-and-gets-a-reality-check/

15 http://chargedevs.com/newswire/gm-reveals-200-mile-ev-concept-now-about-thatname/

16 http://chargedevs.com/newswire/nissan-ceo-we-will-continue-to-lead-the-evmarket/

17 http://chargedevs.com/newswire/tesla-and-daimler-is-the-honeymoon-over/

18 엄밀하게 말하자면 수소 연료 전지 자동차도 전기 자동차이다. 전기 모터가 사용되기 때문이다. 그러나 배터리 전기 자동차와 달리 수소 연료 전지 자동차는 전기 모터가 에너지 저장 수단으로만 쓰인다.

19 http://chargedevs.com/newswire/misleading-lexus-ad-trashes-plug-ins/

20 http://chargedevs.com/newswire/lexus-ad-ridicules-bmw-i3/

21 http://chargedevs.com/newswire/video-mister-musk-goes-to-detroit-pressesautomakers-to-get-serious-about-evs/

22 카터의 비평은 언론에 공개된 연설의 출판물에는 포함되지 않았지만 『워즈오토』에 의해 보도되었다. http://wardsauto.com/nada/toyota-s-carter-new-showroom-tactics-needed-still-life-leftscion

23 http://ecomento.com/2014/12/31/former-gm-ceo-gives-tesla-some-love/

24 http://www.bloomberg.com/news/articles/2015-02-18/former-gm-ceo-akersoncautions-apple-on-trials-of-making-cars

25 http://chargedevs.com/newswire/model-s-achieves-best-safety-rating-of-any-carever-tested/

26 http://chargedevs.com/newswire/nhtsa-theres-no-such-thing-as-a-safety-scorehigher-than-5-stars/

27 http://blog.axisofoversteer.com/2013/10/another-tesla-on-fire-after-crash.html

28 http://progresohoy.com/noticias/guiador-fantasma-choca-lujoso-vehiculo-electricoglorieta-del-

pocito-merida-13156/

29  http://www.motorauthority.com/news/1087408_surprise-cars-sometimes-catchfire- when-crashed-
    why-everyone-needs-to-take-a-breath-on-tesla

30  http://www.autonews.com/article/20131108/BLOG06/131109827/tesla-firetraps?- numbers-dont-
    back-it-up#!

31  http://www.longtailpipe.com/2013/11/a-third-tesla-model-s-car-fire-means.html

32  http://chargedevs.com/newswire/tesla-requests-nhsta-investigation-confirmssuspension-update-
    and-amends-warranty/

33  http://www.autonews.com/article/20140328/OEM11/140329874/nhtsa-closestesla-fire-inquiry-as-
    model-s-gets-new-battery-shield?cciid=email-autonewsblast&r=2137F4695801E6V#

34  https://medium.com/p/544f35965a0d

35  http://insideevs.com/tesla-wins-a-battle-against-dealership-association-with-natickshowroom-
    opening-today/

36  http://www.bloomberg.com/news/2012-10-23/dealer-group-leaving-tesla-retailchallenge-to-states.
    html

37  http://www.autonews.com/apps/pbcs.dll/article? AID=/20121120/RETAIL07/121129989/mass-
    dealers-denied-injunction-against-teslastore

38  http://insideevs.com/teslas-battle-with-store-blocking-legislation-in-minnesota-farfrom-over/

39  http://chargedevs.com/newswire/michigan-legislature-passes-anti-tesla-bill/

40  http://insideevs.com/musk-tesla-considering-plant-in-texas-to-build-electric-truckif-they-win-legal-
    fight/

41  https://petitions.whitehouse.gov/response/response-we-people-petition-teslamotors? utm_
    source=wethepeople&utm_medium=email&utm_content=teslaresponse

42  이 수치들은 몬태나 주 헬레나에 위치한 비영리 단체 미국정치자금연구소와 책임정치센터에서 나왔고,
    『블룸버그』와 『콜럼버스 디스패치』를 통해 전해졌다.
    http://www.bloomberg.com/news/2013-11-26/tesla-woos-carguys-with-rides-to-counter-dealers-
    cash.html
    http://www.dispatch.com/content/stories/business/2013/12/03/auto-dealers-seek-to-stopteslas-
    way-of-selling.html

43  http://www.bloomberg.com/news/2013-11-26/tesla-woos-car-guys-with-rides-tocounter-dealers-
    cash.html

44  http://www.greencarreports.com/news/1090801_nj-hearing-today-could-ban-teslastores-in-state-
    electric-car-maker-cries-foul

45  http://insideevs.com/anti-tesla-legislation-gets-passed-new-jersey-without-firstallowing-public-
    comment/

46  http://www.bloomberg.com/news/2014-03-06/christie-urges-party-to-promoteideas- not-just-
    complaints.html

47  http://www.nj.com/politics/index.ssf/2014/03/lawmaker_answers_christies_call_on_tesla_electric_
    car_sales.html

48  http://abcnews.go.com/blogs/politics/2014/03/chris-christies-tesla-problem/

49 http://www.laweconcenter.org/component/content/article/109-open-letter-to-newjersey-governor-chris-christie-on-the-direct-automobile-distribution-ban.html

50 http://www.nj.com/politics/index.ssf/2014/03/lawmaker_answers_christies_call_on_tesla_electric_car_sales.html

51 http://chargedevs.com/newswire/tesla-sales-resume-in-new-jersey-as-governorsigns-bill-allowing-direct-sales/

52 http://www.azcentral.com/story/money/business/consumer/2014/03/19/arizonabill- tesla-skip-dealers/6636337/

53 http://video.foxbusiness.com/v/3385374574001/gov-rick-perry-on-tesla/#sp=showclips

54 http://teslamondo.com/2014/03/26/one-little-two-little-three-little-victories/

55 https://cleantechnica.com/2017/08/22/tesla-wins-battle-war-michigan/

56 Ted Merendino, personal interview with the author, February 2013.

57 http://ev.sae.org/article/11923

58 https://www.youtube.com/watch?v=nDwEFvOh9co

59 http://chargedevs.com/newswire/dual-battery-pack-could-give-next-generationtesla-unprecedented-range/

60 http://chargedevs.com/newswire/teslas-li-ion-battery-supplier-to-increaseproduction/

61 http://chargedevs.com/newswire/japanese-mining-firm-triples-lithium-nickeloxide- production/

62 For Tesla Motors, Success Is All About the Batteries, Kevin Bullis, MIT Technology Review, November 6, 2013. http://www.technologyreview.com/view/521201/for-tesla-motors-success-is-all-aboutthe-batteries/

63 http://finance.yahoo.com/news/panasonic-suppliers-may-invest-1-202554864.html

64 http://azstarnet.com/business/local/tucson-going-after-tesla-s-newjobs/ article_8780e877-50d4-5e02-b334-3cbc671aa521.html

65 http://www.latimes.com/business/autos/la-fi-tesla-battery-factory-20140307,0,3104476.story#axzz2vIlKm25f

66 http://www.bloomberg.com/news/2014-03-27/panasonic-hesitant-to-commit-tomusk-s-tesla-battery-gigafactory.html

67 http://www.bloomberg.com/news/2014-04-29/tesla-plans-at-least-two-battery-asmusk-emphasizes-speed.html

68 http://fortune.com/inside-elon-musks-billion-dollar-gigafactory/

69 http://www.teslamotors.com/blog/house-always-wins

70 http://chargedevs.com/newswire/why-did-nevada-win-the-tesla-gigafactorytheories-abound/

71 http://www.latimes.com/business/autos/la-fi-hy-nevada-auto-dealers-okay-tesladirect-sales-20140909-story.html

72 https://chargedevs.com/newswire/tesla-shifts-focus-to-model-3-as-engineersprepare-to-start-work-at-the-gigafactory/

73 http://www.teslamotors.com/blog/all-our-patent-are-belong-you

## 12장

1 http://www.youtube.com/watch?v=MBItc_QAUUM

2 http://chargedevs.com/newswire/california-gives-tesla-tax-break-on-newmachinery/

3 http://www.bloomberg.com/news/articles/2014-07-21/tesla-idles-california-plantto-retool-for-electric-suvs

4 http://www.teslamotors.com/about/press/releases/model-x-fastest-selling-tesla-ever

5 http://gigaom.com/2013/11/06/how-tesla-overcame-the-challenges-of-electric-cardesign-from-the-ground-up/2/

6 다음 주소를 찾아가면 모델 X의 비포장 도로 주행 능력을 보여주는 비디오가 여럿 있다.
  https://evannex.com/blogs/news/off-roading-in-a-tesla-model-x

7 http://chargedevs.com/newswire/tesla-takes-aim-at-rear-view-mirrors/

8 Tesla media conference call, February 2014.

9 http://www.bloomberg.com/video/tesla-ceo-musk-on-battery-factor-model-xapple-LzHPROiTSoCyaQMM5Fg9lQ.html

10 https://electrek.co/2016/09/27/tesla-settles-in-court-with-supplier-over-thedevelopment-of-the-model-xs-falcon-wing-doors/

11 https://chargedevs.com/newswire/model-x-delivered-as-musk-admits-we-got-alittle-carried-away/

12 http://www.greencarreports.com/news/1096685_why-tesla-model-x-electric-suv-islate-range-towing-falcon-doors

13 https://chargedevs.com/features/tesla-model-x-the-all-electric-crossover-hits-theroad/

14 http://www.consumerreports.org/tesla/tesla-model-x-quality-issues/

15 https://www.wsj.com/articles/quality-woes-a-challenge-for-teslas-high-volume-car-1461093171

16 http://fortune.com/2016/04/20/why-this-tesla-model-x-owner-can-no-longer-usehis-car/

17 http://www.greencarreports.com/news/1103574_2016-tesla-model-x-electric-suvso-about-those-doors

18 https://www.consumerreports.org/suvs/2016-tesla-model-x-review/

19 https://chargedevs.com/newswire/former-tesla-nemesis-top-gear-raves-aboutmodel-x/

20 https://chargedevs.com/newswire/model-x-earns-5-star-crash-rating-in-everycategory/


## 13장

1 https://chargedevs.com/newswire/tesla-unveils-the-mass-market-model-3-reservations-flood-in/

2 http://www.autoexpress.co.uk/tesla/87867/tesla-model-3-to-challenge-bmw-3-series-world-exclusive

3 http://www.automobilemag.com/features/news/1208_q_and_a_elon_musk_ceo_tesla/viewall.html#ixzz2hY8yO230

4 http://www.engadget.com/2013/04/05/elon-musk-interview/

5 http://www.bloomberg.com/video/tesla-repays-u-s-early-musk-wants-affordabilityjVvVhuchQuGkYJeyp4RSDw.html

6 많은 사람들(이 책의 저자인 나를 포함해서)이 3만 5000달러가 적절한 가격이라고 생각하지 않을지 모

르지만, 2017년 1월 현재 미국에서 3만 5000달러라면 신차의 평균 가격과 거의 같다. 자동차 시장 분석가들에 따르면, 미국인 자동차 구매자의 약 3분의 1이 이 가격에 또는 이 가격보다 높은 가격에 자동차를 사고 있다고 한다.

https://mediaroom.kbb.com/2017-02-01-New-Car-Transaction-Prices-Remain-High-Up-More-Than-3-Percent-Year-Over-Year-In-January-2017-According-To-Kelley-Blue-Book

7   http://www.leftlanenews.com/elon-musk-tesla-wont-go-super-crazy-with-model-3-initial-design.html

8   https://www.reuters.com/article/us-tesla-assemblyline/teslas-big-model-3-bet-rideson-risky-assembly-line-strategy-idUSKBN17Q0DE

9   http://www.wired.com/2016/03/sorry-dont-expect-tesla-model-3-cost-30k/

10   http://www.forbes.com/sites/markrogowsky/2016/04/05/tesla-can-hack-the-taxcode-to-max-out-the-number-of-people-who-get-7500-back-heres-how/#1d234e862783

## 14장

1   Steven Johnson (2015). How We Got to Now: Six Innovations That Made the Modern World. Riverhead Books. ISBN 978-1594633935.

2   http://www.bloomberg.com/news/2013-05-07/tesla-ceo-talking-with-google-aboutautopilot-systems.html

3   http://gigaom.com/2013/10/09/teslas-cto-on-autonomous-vehicle-tech-inevitable transformational-already-here/

4   http://www.bloomberg.com/video/tesla-ceo-musk-on-battery-factor-model-xapple LzHPROiTSoCyaQMM5Fg9lQ.html

5   https://www.youtube.com/watch?v=gXeqFrwfIsA

6   https://www.nytimes.com/2015/08/06/business/tesla-earnings-2q.html

7   https://chargedevs.com/newswire/tesla-driver-killed-in-crash-with-autopilotengaged/

8   https://www.nytimes.com/2017/01/19/business/tesla-model-s-autopilot-fatalcrash. html

9   http://www.reuters.com/article/us-tesla-safety-idUSKBN1532F8

10   https://www.nytimes.com/reuters/2017/09/12/business/12reuters-teslaautopilot.html

11   http://www.reuters.com/article/us-tesla-crash-idUSKCN11K232

12   https://chargedevs.com/newswire/tesla-autopilot-was-not-active-duringpennsylvania-model-x-crash/

13   https://chargedevs.com/newswire/tesla-and-camera-tech-supplier-mobileye-partways/

14   https://teslamotorsclub.com/tmc/threads/inside-the-nvidia-px2-board-on-my-hw2- ap2-0-model-s-with-pics.91076/#post-2113392

15   https://www.consumerreports.org/car-safety/tesla-model-s-tops-consumer-reportsratings-after-getting-key-safety-feature/

16   https://electrek.co/2017/04/29/elon-musk-tesla-plan-level-5-full-autonomousdriving/

**15장**

1   https://cleantechnica.com/2017/06/25/28-40-ev-drivers-solar-panels-cleantechnicaev-report/
2   https://www.fastcompany.com/40422076/the-real-story-behind-elon-musks-2-6- billion-acquisition-of-solarcity-and-what-it-means-for-teslas-future-not-to-mention-theplanets
3   http://buffalonews.com/2017/06/23/750-million-question-solar-panel-jobs/
4   http://wivb.com/2017/08/04/musk-buffalos-solar-city-will-be-powerhouse-factory/
5   https://www.engadget.com/2016/11/22/tesla-runs-island-on-solar-power/
6   http://www.reuters.com/article/us-australia-power-tesla-atlassian-corpidUSKBN16M1DE


**16장**

1   https://www.youtube.com/watch?time_continue=827&v=a5jcA3TCW9s
2   http://evercharge.net/blog/tesla-doesnt-need-to-worry-about-production/
3   https://electrek.co/2017/04/20/tesla-semi-leasing-batteries-electric-truck/
4   https://www.reuters.com/article/us-tesla-truck-autonomous/exclusive-tesladeveloping-self-driving-tech-for-semi-truck-wants-to-test-in-nevada-idUSKBN1AP2GD
5   https://chargedevs.com/newswire/will-teslas-semi-truck-need-the-mother-of-allbatteries/
6   http://www.teslamotors.com/sites/default/files/blog_images/hyperloop-alpha.pdf
7   http://chargedevs.com/newswire/musk-in-england-model-x-superchargers-andthat- famous-british-sunshine/
8   http://uk.businessinsider.com/elon-musk-boring-company-tunnel-project-ted-2017-4
9   http://gigaom.com/2010/07/18/a-tesla-pioneer-paves-a-path-for-high-performancehybrids/
10  이언 라이트, 필자와의 개인 인터뷰 (2014. 1. 24)
11  http://wrightspeed.com
12  https://www.altamotors.co/
13  http://greenstart.com/
14  http://foothill.edu/
15  마크 타페닝, 필자와의 개인 인터뷰 (2013. 10. 15)
16  http://www.acpropulsion.com
17  폴 카로사, 필자와의 개인 인터뷰 (2013. 10. 18)
18  http://www.evgrid.com/
19  톰 게이지, 필자와의 개인 인터뷰 (2013. 10. 25)


**17장**

1   http://simpsons.wikia.com/wiki/The_Musk_Who_Fell_to_Earth
2   https://chargedevs.com/newswire/rocket-man-elon-musk-in-his-own-words-bookreview/
3   http://shitelonsays.com/
4   https://twitter.com/BoredElonMusk
5   마크 타페닝, 필자와의 개인 인터뷰 (2013. 10. 15)

# 이미지 출처